# HISTOIRE DE DÉOLS

ET DE

# CHATEAUROUX

PAR

## LE D<sup>R</sup> FAUCONNEAU-DUFRESNE

ANCIEN SECRÉTAIRE GÉNÉRAL DE LA SOCIÉTÉ DU BERRY;
INSPECTEUR, POUR L'INDRE, DE LA SOCIÉTÉ FRANÇAISE D'ARCHÉOLOGIE;
MEMBRE DU CONSEIL MUNICIPAL;
CHEVALIER DE LA LÉGION D'HONNEUR.

TOME DEUXIÈME

CHATEAUROUX

A. NURET ET FILS, ÉDITEURS

72, RUE GRANDE, 72

Décembre 1873

CHATEAUROUX — TYPOGRAPHIE ET STÉRÉOTYPIE A. NURCT ET FILS.

## PLAN DE CHÂTEAUROUX.

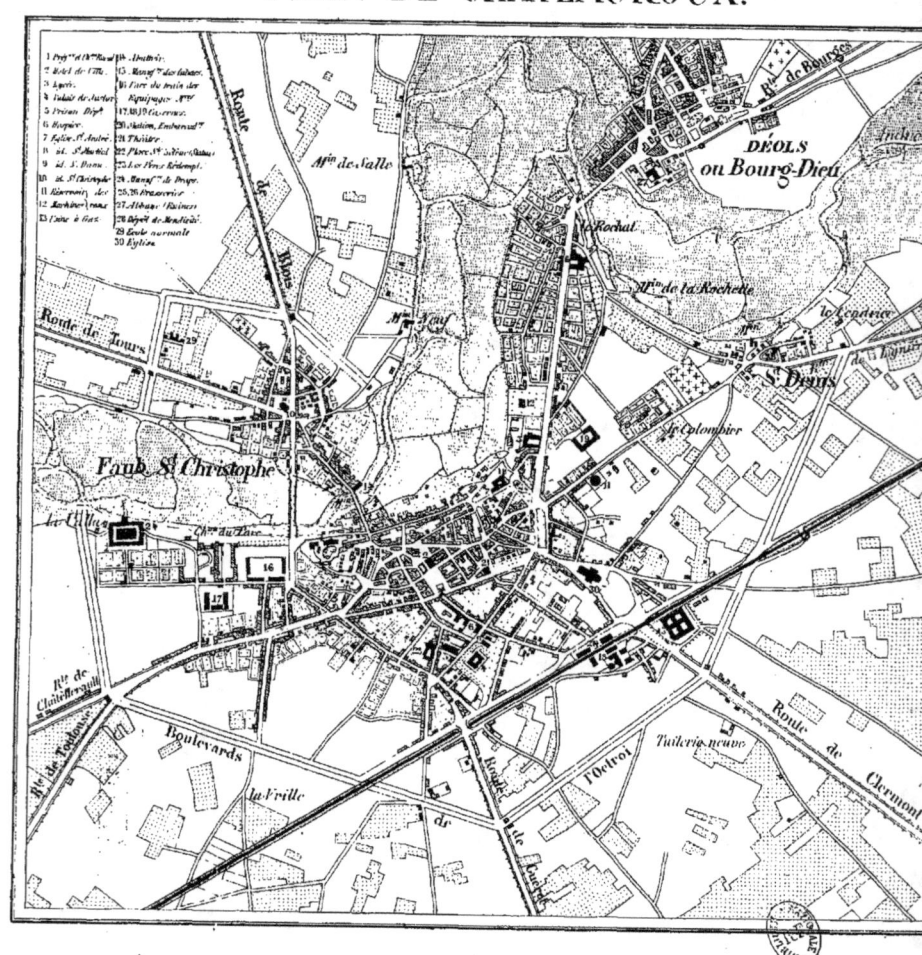

# DEUXIÈME SECTION

## HISTOIRE ÉCONOMIQUE

Dans la première section concernant l'histoire politique, nous avons fait connaître la fondation de Châteauroux, la série des princes qui ont habité le Château-Raoul ; nous avons poursuivi cette histoire sous la possession des Condé et de Louis XV, pendant l'apanage du comte d'Artois, dans les diverses phases de la révolution, sous le consulat et l'empire, pendant la restauration et sous le règne de Louis-Philippe. Dans cette deuxième section, que nous croyons devoir appeler *histoire économique,* nous avons à traiter, en particulier et dans une longue suite de chapitres, des enceintes du Château-Raoul et de la ville, des administrations politique, municipale et judiciaire, de l'état militaire, des eaux et forêts, des couvents, des églises et des chapelles, des hospices, de la prison, des travaux publics, des voies de communication, de la population, de l'instruction publique, des sociétés de secours mutuels, des établissements de bienfaisance et de prévoyance, des usages, habitudes, mœurs, langage, et des hommes remarquables nés à Châteauroux.

Mais, avant d'entrer dans les détails qui constituent l'économie de la ville, il convient de présenter sur elle quelques considérations générales.

*Situation de Châteauroux.* — Cette ville est à 46°, 48', 50" de latitude nord, et à 0°, 38', 32" de longitude. Elle est située à 263 kilomètres sud-ouest de Paris; à 60 kilomètres de Bourges et à 28 d'Issoudun; à 37 kilomètres de La Châtre et à 56 du Blanc; à 30 kilomètres de Vatan et à 41 de Valençay. Elle voit s'étendre à ses pieds la riante et fertile vallée de l'Indre, et elle est entourée d'un territoire abondant en grains et en bois. La majeure partie de la ville est bâtie sur un plateau assez élevé, tandis que la rue d'Indre et le faubourg Saint-Christophe se trouvent dans la vallée. — La formation géologique du plateau appartient, comme à Déols, à l'étage moyen du système oolithique. Dans la prairie, il existe de la tourbe.

*Météorologie.* — La température est assez modérée. Les vents les plus constants sont ceux du sud-ouest et du nord-est; ils règnent plus des trois quarts de l'année. Les orages ne sont pas fréquents et n'ont pas de périodicité remarquable. L'air est généralement sain; l'état du ciel est assez beau. Peu de maladies épidémiques affligent la ville.

*Rivière d'Indre.* — La rivière d'Indre, dont les eaux coulent silencieusement presque au niveau de ses rives, traverse Châteauroux. Elle prend sa source dans le département de la Creuse, un peu au-delà de Saint-Priest-La-Marche, passe à Sainte-Sévère, à La Châtre, à Ardentes, à Châteauroux, à Buzançais, à Châtillon, à Loches, et se jette dans La Loire ; mais nous n'avons à nous occuper que de son trajet dans la commune de Châteauroux. Elle entre dans cette commune à La Pingaudière, se porte à Mousseaux, à Saint-Denis, passe devant Déols, arrive dans notre cité (entre elle et son faubourg Saint-Christophe), fournit ses eaux au moulin de La Vallas et à l'usine de Valençay, où elle quitte la commune (1).

Sur le côté droit du faubourg Saint-Christophe, l'Indre reçoit une petite rivière appelée Ringoire ou Angolin, laquelle prend sa source dans la commune de Brion.

(1) L'Indre, tenue à un niveau assez élevé par des barrages, est sujette à des débordements dès qu'il survient des pluies abondantes ou continues dans l'arrondissement de La Châtre où elle compte beaucoup d'affluents. On constate alors ce phénomène remarquable : c'est que cette rivière n'ayant presque pas d'affluents à la suite de la vallée de Cerlay, l'inondation arrive en masse et lentement, ce qui permet d'avertir les meuniers de prendre leurs précautions. — Ces débordements, quand ils ne sont pas considérables, fertilisent la prairie. Celle-ci est couverte lorsque l'eau s'élève à la cote de 1 m. 60 c. au-dessus de l'étiage du Pont-Neuf. — Le 24 juin 1845, il y eut une inondation extraordinaire. Les eaux s'élevèrent à 3 m. 25 c. au-dessus de l'étiage. La rue d'Indre et le faubourg Saint-Christophe en furent couverts ; elles montaient à 1 m. 25 devant l'église de ce faubourg. Il fallut improviser des moyens de sauvetage de toute espèce.

*Fontaines et ruisseaux.* — Il ne faut pas oublier de noter parmi les cours d'eau de Châteauroux, deux ruisseaux, qui ont une certaine importance en raison des petits établissements qui en font usage : le ruisseau qui provient de la *fontaine des Cordeliers* ou *Font Charles* et celui qui est fourni par la *fontaine des Religieuses*. Ces deux cours d'eau marchent parallèlement tout le long des jardins de la rue d'Indre, passent sous la rue des Ponts, reparaissent dans les jardins du côté opposé, et vont, en se rapprochant, se jeter dans l'Indre. Les eaux de la Font Charles s'échappent de dessous deux voûtes : une de ces voûtes se dirige vers la fontaine des Religieuses, avec laquelle il est probable qu'elle communique, et l'autre se porte vers le Nord. Les eaux du ruisseau des Religieuses proviennent de la belle fontaine qui se trouve au lycée dans le jardin du proviseur. Sur le plan de 1783, on remarque un grand bassin qui était formé par cette fontaine. Il a été comblé en 1832 par les terres provenant de la petite place des Cordeliers et et des rues adjacentes, dont le sol a été abaissé. En 1861, lorsqu'on décida qu'on se servirait des eaux de la source des Religieuses pour le service de la ville, on la couvrit d'une voûte, et son écoulement ne se fit plus, à ciel ouvert, qu'en dedans des murs du lycée[1].

---

[1] Dans le cours d'eau de la fontaine des Religieuses, il s'en rend un petit venant des prés de Belle-Ile. — Une pêcherie, qui dépendait de l'ancien couvent des Cordeliers, était située entre la rivière d'Indre et l'un des bras du ruisseau venant de Belle-Ile. Un mur très-large, dont on peut remarquer encore les débris, la séparait de l'Indre. (Note de M. Guillard.)

En résumé, la fontaine des Cordeliers sert particulièrement aux industries diverses de la rue d'Indre, tandis que la fontaine des Religieuses, après avoir fourni les eaux du service de la ville, est employée pour l'irrigation de la prairie.

*Routes.* — Nous avons dit (p. 146) que Déols et Châteauroux étaient traversés par la route nationale n° 20, se portant du nord au sud, de Paris à Toulouse ; c'était la seule qui existât au commencement du siècle. Nous avons dit aussi que ces deux localités étaient également traversées par la route nationale n° 143, se portant de l'est à l'ouest, de Clermont à Tours. Sur cette dernière vient s'embrancher, à la hauteur de l'église Saint-Christophe, la route nationale n° 156, de Blois à Châteauroux. — Deux routes départementales partent de Châteauroux : la route n° 7, de Châteauroux à Châtellerault, et celle n° 8, de Châteauroux à Guéret. — Il y a, en outre, le chemin vicinal de grande communication de Châteauroux à Lignières, et le chemin d'intérêt commun de Châteauroux à Velles. — De plus, notre cité est traversée par le chemin de fer de Paris à Agen.

*Coup d'œil général sur les temps anciens sous les rapports religieux, administratif, judiciaire, financier et militaire.* — Dans la *province ecclésiastique* de Bourges, il y avait à la fin du XII° siècle, l'archidiaconé de Déols, qui devint plus tard celui de Châteauroux. L'archevêché de Bourges était divisé en vingt archiprêtres ; celui de Châteauroux contenait trente-neuf paroisses. Châteauroux dépendait de la juridiction des biens ecclésiastiques de Bourges. La constitution civile du clergé, comme nous l'avons vu (page 496), établit un diocèse par département. Le royaume fut alors divisé en dix arrondissements métropolitains, et Bourges devint le sixième, sous le nom de *métropole du centre*. L'évêque de Châteauroux en relevait. Après les excès révolutionnaires, le culte fut rétabli sous l'autorité presque dictatoriale du Premier Consul, et Bourges, parmi les dix archevêchés de France, devint le huitième. Le diocèse comprit les départements du Cher et de l'Indre ; Châteauroux en releva naturellement.

A l'époque où la France commença à être administrée d'une manière à peu près uniforme, Richelieu avait transformé le *gouvernement des provinces* en de magnifiques sinécures, en y nommant des princes du sang et des maréchaux de France ; mais l'administration était confiée à des intendants sortis ordinairement du conseil d'État qu'il avait organisé en 1630.

En 1653, Louis XIV donna à ces *intendants* des attributions très-étendues. On les nomma intendants de justice, de police et de finances. Ils portèrent eux aussi les titres de gouverneur, de lieutenant général pour le roi et de bailli d'épée. Un édit de 1704 créa les subdélégués des intendants, révocables à la volonté de ceux-ci. L'existence des subdélégués ne se maintint que dans un petit nombre de provinces. Ce titre avait fini par n'être plus qu'une distinction honorifique, accordée à quelques notables ; il ne conférait plus de fonctions et d'attributions précises. — Lorsque la position centrale de notre cité y eut fait fixer le siége de l'administration départementale, le département de l'Indre fut administré par une commission appelée *directoire de département ;* elle ne releva que des assemblées de la révolution. La constitution de frimaire an VIII établit quatre arrondissements dans l'Indre, et deux arrêtés des Consuls fixèrent à vingt-trois le nombre des cantons. L'avénement du consulat avait institué les préfets qui existent encore aujourd'hui et qui ne relèvent que du chef de l'État.

Le seigneur féodal, comme on a eu souvent l'occasion de le voir, avait le droit de rendre la *justice ;* c'était même une obligation à laquelle il ne pouvait se soustraire vis-à-vis de ses vassaux, des bourgeois, des hommes libres et des serfs. Il tenait ses audiences assisté des chevaliers de sa terre. Les épreuves auxquelles on avait encore recours dans le moyen âge pour s'assurer de l'innocence ou de la culpabilité d'un accusé s'appelaient *jugements de Dieu.* Ces épreuves, dont la nature a souvent varié, consistaient le plus souvent à plonger le bras dans un vase d'eau bouillante, ou à prendre avec la main une barre de fer rouge. C'étaient les jugements par l'eau et le feu. Pour le jugement par la croix, on faisait tenir, pendant un temps donné, les bras élevés en croix. On mettait aussi au nombre des jugements de Dieu, les combats singuliers (1). Saint Louis, en n'admettant plus que la preuve par témoins, mit fin à ces jugements barbares, dans lesquels la raison et la justice cédaient aux caprices du hasard ou à la fraude.

Le seigneur, contraint de s'absenter pour se rendre auprès de son suzerain ou pour conduire à la guerre ses hommes d'armes, déléguait son droit de justice à un officier que l'on nommait bailli. Lorsque, au commencement du XII° siècle, commença en Berry le mouvement qui portait les communautés d'habitants à régler, par des conventions précises, leurs obligations et leurs droits vis-à-vis de leurs seigneurs, les chartes d'affranchissement des villes et des paroisses constituèrent un droit écrit qu'il ne fut plus permis de violer. Le seigneur déléguait encore à son bailli l'exercice de la police et la présidence des assemblées. A l'époque où eut lieu l'érection de Châteauroux en duché-pairie, le lieutenant général du duché accomplit ces fonctions avec l'assistance du procureur fiscal du seigneur. Il présidait les assemblées générales de la ville ; il présidait aussi les réunions des habitants des quatre paroisses pour ce qui concernait leurs intérêts particuliers. Il avait dans ses attribu-

(1) Au temps de la minorité de Guy II de Chauvigny (1360), un chevalier, dit Le Bourt de La Roque, appela en champ clos Jehan de Saint-Maur, bourgeois de Châteauroux. La lice fut dressée dans les jardins situés entre la porte de Saint-Gildas et le fossé du château. Le combat allait avoir lieu en présence du seigneur et de son conseil, lorsque Le Bourt de La Roque, à qui il fut démontré que sa cause était mauvaise, paya l'amende à Jehan de Saint-Maur. (La Gogue, p. 402 de l'édition donnée par M. des Chapelles, et *Esquisses biographiques*, tom. 3.)

tions la taxe du pain et de la viande ; il s'occupait du bœuf-villé et de la désignation du boucher du carême ; il avait la police des marchés, des cabarets, des boutiques, des rues, des loteries, des comédiens ; il s'occupait de la vérification des poids et mesures, de l'ouverture des vendanges, des vigniers, de la surveillance des mendiants, de l'observation du dimanche ; il délivrait les lettres de maîtrises, etc.

Le Berry était un pays d'*Élections*, où l'impôt plus onéreux que dans les *pays d'États* n'avait pas, comme dans ces derniers, les formes tutélaires du don gratuit. En 1577, on établit les *généralités*. La généralité de Bourges se composait de sept élections ; l'élection de Châteauroux contenait quatre-vingt-sept paroisses. La juridiction de l'élection connaissait des différends relatifs à l'impôt.

Il existait autrefois à la frontière méridionale du Berry, sous le nom de *Traites Foraines*, une véritable ligne de douane. On acquittait à Châteauroux les droits des marchandises qui sortaient de la province, et à Argenton ceux des marchandises qui y entraient. Il y avait pour ces traites une juridiction spéciale, réglée par une ordonnance de 1687. Les principales fonctions des officiers de cette juridiction étaient de juger les différends civils et criminels qui naissaient à l'occasion des droits perçus sur les marchandises et denrées. On appelait de leurs décisions à la Cour des Aides de Paris. Les officiers des traites foraines étaient à peu près les mêmes que ceux de l'élection.

La maîtrise des *Eaux et forêts*, dont le siège était à

Bourges, comprenait le Blésois et le Berry. Châteauroux était une des dix-sept maîtrises qui en dépendaient.

Avant la révolution de 1789, Châteauroux avait une direction et une recette des *Aides*. On appelait ainsi les impôts levés sur les denrées et marchandises qui se vendaient et se transportaient dans toute l'étendue du royaume. Parmi les anciennes contributions, la plus odieuse, la plus sévèrement perçue, et en même temps l'une des plus productives, c'était la *gabelle* ou la vente exclusive du sel dans l'intérêt de l'État. Chaque habitant était contraint, sous des peines rigoureuses, d'acheter, chaque année, la quantité de sel jugée nécessaire à sa consommation. Châteauroux dépendait du grenier à sel de Buzançais et du bureau des présidents-trésoriers à Bourges. Il y avait des juridictions particulières instituées auprès des greniers à sel.

On distinguait les pays *rédimés*, c'est-à-dire ceux où il n'y avait qu'un impôt à l'extraction du sel; les provinces de *grandes* et de *petites* gabelles où la seule différence était dans le prix plus ou moins élevé du minot (mesure de 100 livres); les *bureaux de vente volontaire* dans lesquels chaque contribuable allait chercher à volonté son sel au grenier. Le Berry était un pays de grande gabelle. Il y avait des juridictions particulières instituées auprès des greniers à sel.

Les vassaux du seigneur de Châteauroux étaient assujettis vis-à-vis de lui au *droit de guet et de garde*, et nous avons vu que Louis XI confirma dans ce droit

Guy III de Chauvigny. L'édit de 1626, qui ordonnait la destruction des châteaux-forts qui ne servaient pas à la défense des frontières, enleva à ce droit son importance.

C'est de ce droit de guet et de garde que la *milice bourgeoise* a dû prendre sa source. — L'institution de la *maréchaussée* avait aussi une très-ancienne origine. La nécessité dut, en effet, s'en faire sentir pour la protection des villes et surtout des campagnes. On en trouve l'établissement à Châteauroux au XVIIe siècle ; mais ce ne fut qu'en 1733 qu'on y créa, pour ce corps, une juridiction spéciale. Auparavant les officiers du bailliage étaient compétents pour les cas prévôtaux. Les prévôts généraux et leurs lieutenants devaient avoir servi au moins quatre années dans les troupes royales. Avec leurs certificats de service, ils pouvaient obtenir des provisions et devaient prendre l'attache des maréchaux de France pour se faire recevoir à la connétablie et maréchaussée de France, au siége de la table de marbre à Paris. Leurs charges, qui avaient été d'abord héréditaires, ne le furent ensuite qu'à vie.

Nous nous bornons, ici, à ces considérations générales sur les temps anciens. L'étude en sera complétée dans les chapitres qui vont traiter des diverses administrations.

# CHAPITRE PREMIER.

### DES ENCEINTES DU CHATEAU ET DE LA VILLE.

Nous avons à nous occuper, dans ce chapitre, du Château-Raoul et de son enceinte, de l'enceinte de la ville et de celle de la rue d'Indre ; nous indiquerons ensuite les divers agrandissements de notre cité.

### ARTICLE PREMIER.

#### Le Château-Raoul et son enceinte.

Ce qu'on appelait le Château-Raoul était une place d'armes comprise dans l'enceinte fortifiée que nous allons bientôt décrire, et dans laquelle était renfermée l'église et le quartier Saint-Martin. Le donjon de cette place forte était construit, comme nous l'avons dit, sur un monticule abrupt, plongeant dans les eaux de l'Indre. Il avait des machicoulis, des toitures aiguës, d'étroites fenêtres, et il était défendu lui-même du côté de la place d'armes par un fossé profond.

Le vaste incendie de 1365 (p. 281) le détruisit en partie. La nouvelle construction offre, en avant, les caractères de la fin du XIV₉ siècle. Elle ne nous offre aujourd'hui de remarquable qu'une jolie tourelle à toit pointu, à fenêtres finement sculptées et dont les balcons sont délicieusement fouillés. La porte d'entrée, précédée de quelques marches, est un charmant spécimen du style ogival fleuri; l'écusson des Chauvigny y figure; elle est reproduite dans les *Esquisses pittoresques.* Cette tourelle relie les deux ailes du château (¹). C'est devant ce manoir que les vassaux venaient faire acte de foi et d'hommage.

Vers l'année 1825, époque à laquelle on a retranché une notable partie du château pour faire place à la préfecture actuelle, on a entamé, du côté de la rivière, le monticule où il repose. Une terrasse et des contreforts en ont maintenu la solidité et ont permis d'ouvrir une rue à ses pieds.

Le château fut compris dans la soumission que la municipalité de Châteauroux fit pour l'acquisition des biens nationaux, par suite du décret de l'Assemblée nationale du 11 juin 1791. Il lui fut adjugé pour la somme de vingt mille livres. Le 26 février suivant, elle en fit don à l'administration du département.

---

(1) Un plan spécial du château, avec ses bâtiments, cours, fossés et dépendances, a été levé, en 1791, par M. Crochet. Voici comment les diverses parties qui le composent sont indiquées : cour principale et talus, cour d'honneur, escalier du donjon ; antichambre et cabinet, salle du directoire, bureau de l'expédition, chartrier, chambre et cabinet de l'agent du ci-devant duché, salle de compagnie, chambre à coucher, cuisine voûtée, entresol au-dessus ; salle de l'assemblée du département auss. voûtée ; même disposition pour les trois étages et appartements de même grandeur ; — écuries et magasins, fossés.

On trouve encore partout les traces de l'enceinte du Château-Raoul. Nous allons les suivre en nous servant d'un plan de très-grande dimension qui se trouve à l'Hôtel-de-Ville, dans le cabinet du maire qui a bien voulu le mettre, à plusieurs reprises, à notre disposition (1). Remarquons d'abord que le donjon, dans sa partie extérieure gauche, offre trois tours. De ce point pour venir à l'entrée de la rue de la Préfecture, par laquelle on pénètre aujourd'hui dans l'enceinte du château, le plan indique quatre tours : celle reconstruite par M. Moulineau, celle du télégraphe et deux autres (2). Elles existent encore. Ces tours sont réunies par d'épaisses murailles. Le fossé extérieur, malgré le

(1) Ce plan a été dressé en 1783 d'après les ordres du comte d'Artois, sur une échelle d'une ligne par toise, par M. Crochet (cité dans la note précédente) qui y prend le titre d'arpenteur juré au bailliage de Châteauroux. Il a été vérifié, en 1784, par M. Bouchet, chevalier de l'ordre du roi, ingénieur des turcies et levées de France. Il a été donné à MM. les officiers de police de Châteauroux par M. de La Madelaine, intendant des domaines dudit comte d'Artois. Ses dimensions sont de sept pieds et demi de largeur sur cinq et demi de hauteur. M. Bouchet était le grand-père maternel du général Bertrand.

On s'occupe aujourd'hui de faire dresser un plan général de la ville. Une première adjudication, au prix de 7,000 fr., n'ayant pas abouti, on se propose de traiter à l'amiable avec un géomètre.

(2) Entre ces deux tours, il y avait une tour carrée appelée *donjon* ou *grande tour de Vaux*. Elle n'est plus visible à l'extérieur, parce qu'on a plaqué contre elle quelques mauvaises constructions ; mais on peut en reconnaître les diverses parties, en pénétrant dans la maison de M. Baron, huissier, située rue de la Préfecture. Là on constate un certain nombre de voûtes, des murs très-épais, et la forme carrée de l'ensemble. La maison de M. Baron est bâtie contre cette tour qui en fait partie. Les titres de propriété de cette maison font mention du *donjon* ou *grande tour de Vaux*. Ce donjon était, on ne saurait en douter, un moyen particulier de défense ajouté à l'enceinte du château.

temps, est bien loin d'être comblé. C'est dans ses bas fonds qu'on a formé le parc de la préfecture et une série de jardins. Il est curieux d'en constater l'aspect imposant en entrant dans les maisons de la rue Porte-Neuve qui ont vue de ce côté. En 1784, la rue de la Préfecture était déjà ouverte ; elle était seulement rétrécie par un jardin occupant, à droite, l'espace où l'on a construit des maisons.

Depuis la tour de droite à l'entrée de la rue de la Préfecture, le plan ne montre pas d'autres tours jusqu'à la porte, anciennement unique, du château ; mais on constate les restes du mur d'enceinte, et les fossés sont indiqués par la rue du Palan et la fin de la Descente de la ville. L'arcade et les tours, dites *de la Vieille prison*, constituaient cette porte du château. La tour de gauche a été détruite, mais on en retrouve encore la base. Sous l'arcade, on remarque les rainures de la herse. L'abord de cette porte était très-difficile : c'était un moyen de sûreté très-recherché dans les temps anciens. Toutes ces constructions sont d'une très-grande solidité. Sous la tour de droite est une sorte de loge de concierge où se tient aujourd'hui un menuisier. Sur son sol voûté est une ouverture fermée par une pierre ; elle donnait entrée à deux étages de caves, probablement des *oubliettes*.

Entre cette porte si fortifiée et le château, le plan n'indique pas de tours, mais un mur continu qui borde la rue de la Fontaine ; on en suit parfaitement les restes dont on peut reconnaître la hauteur et la solidité.

## ARTICLE DEUXIÈME.

### Enceinte de la ville.

L'enceinte de la ville, telle que nous allons la décrire d'après les traces les plus évidentes et le grand plan de 1783, n'était certainement pas celle qui existait en 1187, lorsque Philippe-Auguste fit le siége de Châteauroux. Comme il n'y avait alors que 237 ans que la ville avait commencé à se construire, elle ne pouvait avoir encore acquis une aussi grande dimension. C'est tout au plus si l'on peut l'admettre en 1356, année dans laquelle le prince de Galles, appelé le *Prince Noir,* à cause de la couleur de ses armes, la brûla, car ses premières constructions ne dataient encore que de 406 ans. Si l'on ne connaît pas ses primitives enceintes, qui en faisaient cependant pour le temps une place de premier ordre, on peut toutefois présumer, par la direction des rues et la condensation des maisons, qu'une première enceinte devait se terminer au carrefour de la rue du Puits-Brûlé, de la rue Grande et de la rue du Marché, et une seconde au niveau des rues du Tripot et Bertrand. Les documents, qui nous apprennent que l'église Saint-Martial a été bâtie en pleine campagne, viennent encore à l'appui de cette supposition.

Nous ne savons même pas au juste, car il n'existe pas d'anciens plans, à quelle époque il faut faire remonter l'enceinte de la ville indiquée par celui de M. Crochet. La date de 1737 qui se lit sur un des piliers de la Porte-Neuve, est une réparation, car cette porte est indiquée en 1567 par Nicolay. « Quatre portes principalles, écrit-il, situées selon les quatre principaux vents, dont la première qui regarde l'orient, est appellée la Porte Saint-Denis; celle de l'occident la Porte Neufue, anciennement appellée Poicteuine; du costé du midy, la Porte aux Guesdons, et celle du septentrion la Porte de Malconseil. »

Pour parcourir l'enceinte de la ville, plaçons-nous en dedans de la Porte-Neuve. On y remarque deux piliers : le pilier de droite, celui qui porte la date de 1737, se relie à l'enceinte du château par un mur en partie conservé : le pilier de gauche n'a plus sa partie supérieure [1]. De la Porte-Neuve à l'ancienne porte aux Guédons, il n'y a plus de tours ni de mur d'enceinte, mais on reconnaît les fossés extérieurs par les jardins bas des maisons qui existent dans ce trajet et par l'égout qui part de la place aux Guédons et qui va se jeter dans l'Indre après avoir traversé les jardins pratiqués dans les fossés qui de la Porte-Neuve s'étendent jusqu'au parc de la préfecture ; l'égout, dans son parcours au travers de ce parc, est recouvert.

La *porte aux Guédons* ou des Capucins était en quelque sorte monumentale. Elle consistait en deux tours rondes, réunies par une arcade surmontée d'un pavillon. Elle avait été élevée, en 1645, par Henri II de Condé, une année avant sa mort. Elle

[1] Il y avait deux tours à la porte primitive ; l'une d'elle se voit encore dans le jardin de l'hôtel du Lion d'argent.

portait son écusson (¹). Nous y reviendrons en parlant des prisons.

En suivant encore à gauche (toujours en se plaçant en dedans de l'enceinte), on ne trouve ni tours ni murailles jusqu'à la rue Guymon de Latouche, où était une autre porte appelée *Porte Bourbon*. Mais les anciens du pays, parmi lesquels je dois me ranger, ont vu les traces des fossés dans les jardins Royon, Dupertuis et Vivier-Deslandes, sur l'emplacement desquels le nouveau marché au blé a été établi. Le plan de 1783 indique une série d'escaliers qui, des terrasses, descendaient dans des jardins profonds, lesquels étaient la trace des anciens fossés. Ces fossés s'étendaient dans les jardins faisant suite aux précédents. Là où existe aujourd'hui la rue du Puits-Brûlé et l'hôtel de France, j'ai vu, dans ma jeunesse, un vaste enfoncement où fonctionnait une tuilerie ; plus loin, il y avait encore des jardins creux parmi lesquels on remarquait surtout le *jardin Pigny*, qui contenait un *Tivoli* et qui servait de passage jusqu'à la rue Juive. Ce jardin s'étendait jusqu'à la Porte Bourbon (²), laquelle était placée au niveau de la rue de la Cueille.

---

(1) La Porte aux Guédons constitue encore aujourd'hui, malgré sa destruction, les armes de la ville. Ces armes sont ainsi décrites : *d'argent à un château de gueules, girouetté d'or, flanqué de deux tours, maçonné, couvert et ajouré de sable, essoré*. — Cette porte n'était sans doute qu'une reconstruction, puisque Nicolay la mentionne en 1567.

(2) La rue Guymon de Latouche s'appelait autrefois rue Bourbon.

Après la porte Bourbon, le mur et le fossé s'étendaient jusqu'à la *porte Thibaut*. La maison de M. Duret, construite en 1810 par M. Charles Liborel, ingénieur, est placée dans le fossé et est appuyée sur l'ancien mur de ville. Le *Marché aux bœufs*, aujourd'hui *promenade d'Orléans*, était donc en dehors de l'enceinte.

L'enceinte se retournait alors à angle droit, laissant aussi en dehors la *promenade d'Artois*, aujourd'hui *La Fayette*, et venait aboutir à la *porte Saint-Denis*, où l'on voit deux piliers et qui forme le commencement de la rue Grande. Elle se prolongeait entre les murs du jardin de M. Duris-Dufresne et la promenade Sainte-Hélène (appelée alors *promenade des Cordeliers*) et renfermait, en descendant dans la prairie, l'enclos du couvent de ce nom, sans comprendre ni le lavoir public ni la rue du Gué-aux-Chevaux.

En dedans du lavoir public, une tour est indiquée sur le plan. On croit en trouver la base dans la partie droite du terrain des *bains du Paradis*. Cette tour, ainsi qu'une autre qui existait là où finit le jardin de l'hôtel dit du général Bertrand, occupé aujourd'hui par M. le président Dubois, constituaient la *Porte du Machet* qui formait de ce côté l'entrée de la rue d'Indre.

Le rempart de la ville dominant la rue d'Indre et sur lequel sont établies les rues des Pavillons, du Grand-Mouton et des Notaires, venait finir à la Descente-de-Ville. Une autre porte, appelée *Malconseil*, était située au bas de la Descente-de-Ville et formait, dans cette partie, la clôture de la ville du côté de la rue d'Indre. Dans la rue des Ponts, enfin, existait la *porte Saint-Gildas* qui faisait communiquer la ville et la rue d'Indre avec le faubourg Saint-Gildas, (depuis Saint-Christophe).

Toutes ces portes n'étaient pas aussi fortifiées que celle du Château-Raoul. Elles n'étaient, selon toute probabilité, que des clôtures selon la mode du temps, établies pour la sûreté de la cité qui, à la suite de la féodalité et malgré la puissance qu'avaient acquise les rois de France, éprouvait encore le besoin de se protéger.

Après l'ordonnance de Louis XIII de 1626, les murs de la ville ne furent pas détruits, mais on cessa de les réparer, et les deniers d'octroi qui, dès avant Charles VII, avaient été concédés pour leur entretien, furent employés à d'autres usages. Aussi, en 1724, il y existait des brèches qui allaient jusqu'aux fondations ; on y avait même pratiqué de nombreuses ouvertures. En 1729, on abattit le portail de la Porte-Neuve qui menaçait ruine, et l'on récépa l'une des tours de cette porte ; on vient de voir que l'autre tour existe encore au milieu des bâtiments de l'auberge du Lion d'argent. Toutefois, la porte Saint-Denis fut réparée en 1719 et en 1732, et un habitant obtint un logement dans le pavillon qui la surmontait. La porte aux Guédons fut aussi réparée en 1728, car on la considérait comme un ornement de la ville.

## ARTICLE TROISIÈME.

### Enceinte de la rue d'Indre.

La rue d'Indre avait son enceinte particulière. Nous avons dit que la porte du Machet était son entrée du côté du couvent des Cordeliers, et que la porte Saint-Gildas, au bout de la rue des Ponts formait sa sortie du côté opposé. Séparée de la ville par le rempart élevé de celle-ci, la rue d'Indre était protégée vers la prairie par un mur garni de tours. Le plan de 1783 indique parfaitement ce mur et cinq tours, dont une carrée (1). On remarque encore des vestiges de ce mur et de ces tours qui étaient placés en dedans du ruisseau des Religieuses. Le mur, en s'approchant de la rue des Ponts, se retournait à angle droit pour aller rejoindre la dernière tour placée sur le bord de la rivière. Cette tour et les murs qui la précèdent offrent encore des meurtrières.

Deux ruelles, à pentes rapides, faisaient communiquer la rue d'Indre avec la ville : la *grande échelle* qui existe encore ; la *petite échelle* ou *montée poltronne* aujourd'hui fermée.

La création de la rue d'Indre est postérieure à celle de la ville. Cette rue ne constituait qu'un faubourg en 1450 ; mais, au XVIe siècle, elle était habitée par grand nombre de drapiers qui étaient, à cette époque,

---

(1) M. le conseiller d'État Edmond Charlemagne m'a dit avoir vu un petit plan de ce mur et de ces tours à l'appui de titres que possédait son beau-père, M. Crublier de Miran, à l'époque où il était propriétaire des prés Brault qui longent la rue d'Indre.

des personnages importants. Leurs maisons étaient situées du côté de la prairie à cause des cours d'eau dont ils avaient besoin. Nous avons vu (p. 218) comment, dans les vicissitudes des guerres, la rue d'Indre a formé une baronnie particulière, qui, de même que la paroisse de Saint-Christophe et les seigneuries de Levroux, Bouges, Villegongis, Vineuil, Villers, etc., relevaient du comté de Blois. La rue des Ponts faisait partie de la baronnie de la rue d'Indre.

### ARTICLE QUATRIÈME.
#### Extension de la ville.

Châteauroux, qui avait pris un rapide accroissement sous la protection du Château-Raoul, accroissement qui avait nécessité les enceintes de protection que nous venons de décrire, se trouva bientôt trop à l'étroit dans ses murs. Des constructions nouvelles s'élevèrent en dehors. Autour de l'abbaye de Saint-Gildas et du prieuré de Saint-Denis, il s'était constitué des agglomérations.

Les habitations et les jardins qui entouraient la ville finirent par se joindre aux agglomérations plus éloignées. Nous étudierons bientôt les établissements qui se fondèrent en dehors de l'enceinte de la ville ; mais, dès à présent, si nous jetons un coup d'œil sur le plan de 1783, nous verrons des étendues considérables où se sont formés les faubourgs.

On remarque, au sud-ouest, la *manufacture royale* dont l'enclos comprenait, le long de la rivière, outre l'emplacement actuel, tout ce qui appartient aujourd'hui à l'établissement des équipages militaires, le faubourg des Marins, les rues du Pressoir, de la Bouquerie, du Bombardon, de l'Hospice, l'Hôtel-Dieu et son cimetière, l'enclos des Capucins. A l'ouest, le plan indique le moulin de Vindoux, le Pont de Bois, le faubourg Saint-Christophe, la chapelle Saint-Marc, séparée de l'abbaye de Saint-Gildas par le chemin de Buzançais et de Levroux. Vers l'est, le Marché-aux-Bœufs, la rue Chevrière, le chemin de la Pingaudière, la chapelle Saint-Fiacre, le faubourg Saint-Luc et la chapelle de ce nom; la promenade d'Artois, le chemin de Mousseaux, de Saint-Denis (où se trouvaient déjà des maisons). Au nord-est, la route de Paris, l'enclos des Religieuses.

Un *plan panoramique* colorié, que possède le musée, nous montre l'aspect de Châteauroux, également en 1783. Ce dessin est de *Bataille*, ingénieur. La vue est prise en dehors du faubourg Saint-Christophe. On aperçoit, à droite, la manufacture royale composée de nombreux bâtiments, au centre desquels s'élève un clocheton, vestige de l'ancien château du parc; presque en face, le vieux Château-Raoul avec son monticule abrupt; une tour qui appartenait à l'une des maisons de la rue des Pavillons; l'élégant clocher de l'ancienne église Saint-André, orné du coq gaulois; cette église dominait toutes les maisons. L'église ancienne de Saint-Christophe avait un petit clocher qui se présente en contre-bas. Le clocher de l'église Saint-Martial est l'édifice le plus élevé. Enfin, à gauche, on découvre le couvent des Cordeliers, et son église surmontée à cette époque d'un flèche.

Depuis l'année 1783, Châteauroux s'est considérablement accru, car sa population, qui n'était, en 1800, que de 6,000 à 7,000 âmes est arrivée aujourd'hui à près de 18,000. Conséquemment une grande quantité de maisons se sont successivement construites, soit dans la ville même, soit dans les faubourgs, surtout sur le bord des routes qui aboutissent à la ville.

# CHAPITRE DEUXIÈME

## ADMINISTRATION POLITIQUE.

Avant la division de la France en départements, chaque province avait son administration particulière, laquelle n'était même pas partout uniforme. Nous jeterons d'abord un coup d'œil sur l'administration ancienne et sur l'administration moderne, et nous nous occuperons ensuite du local occupé par les préfets, des bureaux de la préfecture et des archives, et nous terminerons en rapportant un curieux procès-verbal d'une cérémonie féodale au Château-Raoul.

### ARTICLE PREMIER.
#### Administration ancienne.

Voyons sommairement quelle a été l'organisation ancienne ; nous nous occuperons ensuite de son personnel.

§ I<sup>er</sup>. — **Organisation de l'administration ancienne.**

On a vu comment Richelieu avait constitué le gouvernement des provinces. L'administration véritable était confiée à des intendants. Il y en avait eu un pour le Haut-Berry et un autre pour le Bas-Berry. Leurs attributions étaient analogues à celle des préfets actuels. Les subdélégués, qui étaient sous eux et révocables par eux, transmettaient leurs ordres aux maires, échevins et syndics des communautés, tenaient la main à leur exécution, assistaient le commissaire dans la répartition des tailles et autres impositions et s'enquéraient de l'état des paroisses et de toutes les affaires pour en rendre compte à l'intendant. Ils recevaient les requêtes et les lui adressaient avec des éclaircissements et leurs avis. Il y avait près des subdélégués une commission présidée par eux, un procureur du roi et un greffier. Les appels des ordonnances rendues par les subdélégués avaient lieu devant l'intendant. A l'époque de la révolution de 1789, l'intendant de Bourges avait de nombreux subdélégués répartis dans les villes de la généralité. Il y en avait ordinairement deux à Châteauroux (1).

### § II. — Personnel de l'administration ancienne.

Voici les renseignements que nous avons pu nous procurer sur les noms des subdélégués qui administrèrent le Bas Berry :

En 1709, Antoine Pinette était subdélégué en titre de l'intendant du Berry ; en 1715, il était en même temps président des traites foraines. Cette même année, il fut remplacé, comme subdélégué, par Gaulin, lieutenant criminel. — En 1720, Louis Couturier devint subdélégué. Cette charge fut

---

(1) Raynal. Notions préliminaires, T. Ier, p. LXXIV.

occupée, en 1722, par Henri Bertrand, seigneur de Greuille ; il remplissait en même temps les fonctions de capitaine des chasses et de maître particulier des eaux et forêts. Nous trouvons, en 1770, comme subdélégué, Henri Bertrand, seigneur de Boislarge, Touvent et autres lieux (1); et, en 1787, Joseph Lecapelain.

### ARTICLE DEUXIÈME

#### Administration moderne.

Nous prenons l'administration moderne à l'année 1790, époque à laquelle elle changea tout à fait de forme par suite de la division de la France en départements. Elle comprend deux périodes très-distinctes; celle de la révolution et celle depuis l'année 1800 d'où date la création des préfets.

§ I*er*. — **Administration pendant la révolution.**

Pendant la révolution, le département de l'Indre fut administré par la commission appelée *directoire de département*. Voici quels furent les administrateurs :

1790. Vivier, Fassardy, Dupertuis, Collet de Messine, procureur général, et Guérinet, secrétaire général. — En 1792, Gaigneau, Fassardy, Forest, Guillemet, Arthuis, Bernard, Périgois, procureur général, et Guérinet, secrétaire général. — En 1793, Maheux, président; Cuinat, Simon, Robert, Dubrac, Huart, et Forest, secrétaire-général. — Dans le cours de cette année 1793, le personnel fut changé : Fleury, président, Cuinat, vice-président, Peneau, Couturier, Selleron, Simon,

---

(1) C'était le père du général Bertrand.

Robert, Labrosse, administrateurs; Gautier, procureur général syndic, et Guérinet, secrétaire général. — En 1794, Hamart, président, Couturier, Simon, Benafort, Robert, Dubrac et Barbier. — La même année, un changement a lieu et l'on trouve : Robert, président, Simon, Dubrac, Maheux, Charlemagne, Flamant, procureur général, syndic provisoire, et Forest, secrétaire général. — La même année, nouveau changement : Maheux, président, Simon, Robert, Charlemagne, Cuinat, Godeau, Boëry, procureur général syndic, Forest, secrétaire général. — 1794-1796. Godeau, président, Périgois, Simon, Charlemagne, Barbier, secrétaire en chef, et Boëry, commissaire du pouvoir exécutif. — 1797. Robert, président, Charlemagne, Crublier d'Obterre, Barbier, secrétaire général, Boëry, commissaire du pouvoir exécutif. — 1798. Vivier, président, Crublier d'Obterre, Montferrand, Bataillé, Fretel, Barbier, secrétaire général, Juhel, commissaire du pouvoir exécutif. (L'administration changeait alors tous les trois mois). — 1799. Charlemagne, président, Montferrand, Bataillé, Fretel, Gastebois, Barbier, secrétaire général, Forest, commissaire du gouvernement.

## § II. — Administration depuis la révolution.

Cette administration a commencé en 1800, à la constitution de l'an VIII. Elle a presque toujours été composée d'un préfet, d'un secrétaire général et d'un conseil de préfecture, enfin d'un conseil général formé de 23 membres représentant les cantons du département et se rassemblant une fois l'année pour discuter et voter les propositions faites par le préfet. — Il y a aujourd'hui deux sessions de ce conseil par an, et une commission, dite *permanente,* nommée par lui, se réunit tous les mois à la préfecture.

## Voici la liste des préfets depuis leur origine :

### SOUS LE CONSULAT.

M. Dalphonse, nommé le 13 avril 1800.

### SOUS LE PREMIER EMPIRE.

M. Prouveur, nommé le 16 juin 1804.

### SOUS LA PREMIÈRE RESTAURATION.

M. Dessolles, nommé le 8 décembre 1814.

### DANS LES CENT JOURS.

M. Prouveur, nommé le 29 mars 1815. — M. Mallarmé, nommé en avril 1815.

### SOUS LA DEUXIÈME RESTAURATION.

M. Dessolles, nommé le 10 août 1815.
M. Brochet de Vérigny, nommé le 26 février 1817 (1).
M. le comte de Milon, nommé le 10 août 1820.
M. Hermann, nommé le 22 janvier 1823.
M. le baron Locard, nommé le 11 août 1823.
M. le vicomte de Fussy, nommé le 22 novembre 1828.

### SOUS LE RÈGNE DE LOUIS-PHILIPPE.

M. Meynadier, nommé le 8 novembre 1830.
M. le baron de Villeneuve, nommé le 11 janvier 1836.
M. de Freulleville, nommé le 1er août 1837.
M. Bonnet, nommé le 26 août 1839.
M. Ferdinand Leroy, nommé le 29 novembre 1842.
M. Dubessey, nommé le 1er août 1847.

### SOUS LA RÉPUBLIQUE DE 1848.

M. Fleury, commissaire du gouvernement, nommé le 8 mars 1848.

M. Marc Dufraisse, commissaire du gouvernement, nommé le 15 mai 1848.

---

(1) Le célèbre Troplong, président du sénat sous le second empire, était alors secrétaire particulier de M. de Vérigny.

M. Jules Chevillard, nommé le 15 juillet 1848.
M. Léon Berger, nommé en décembre 1851.

### SOUS LE DEUXIÈME EMPIRE.

M. Loyer, nommé le 28 octobre 1852.
M. le comte de Bouville, nommé le 8 avril 1855.
M. Segaud, nommé le 27 juillet 1859.
M. Sohier, nommé le 10 janvier 1860.
M. De Laire, nommé le 14 mai 1862.
M. le baron de Vougy, nommé le 8 novembre 1869.

### SOUS LA RÉPUBLIQUE DE 1870.

M. Charles Bigot, nommé le 6 septembre 1870.
M. Cantonnet, nommé le 11 novembre 1870.
M. de Crisenoy, nommé le 11 novembre 1871.
M. De Cazes, nommé le 27 mai 1873.

En 1815 et 1816, l'arrondissement de Châteauroux a eu un sous-préfet ; nous y avons vu successivement en cette qualité MM. de Saint-Geniès, Hil. Lemor et de Mecflet.

### ARTICLE TROISIÈME

#### Local de l'administration préfectorale.

Nous avons dit que le vieux Château-Raoul logeait les diverses administrations du duché depuis que les seigneurs de Châteauroux l'avaient abandonné. Au commencement du siècle, notre premier préfet, M. Dalphonse, s'y installa avec ses bureaux ; ses successeurs continuèrent à y résider jusqu'à la construction de la nouvelle préfecture. Le Château-Raoul, aujourd'hui mutilé, prolongeait une de ses ailes jusqu'à l'endroit où prend naissance l'hôtel actuel de la préfecture. Comme elle gênait pour la nouvelle construction, l'architecte la fit démolir. Cette partie du château, qui n'était pas la moins curieuse, renfermait sous sa voûte la chapelle et le trésor des chartes. Aujourd'hui le vieux château ne contient plus que les bureaux de la préfecture, la salle du conseil de préfecture et les archives.

### § I$^{er}$. — Hôtel de la Préfecture.

L'*Hôtel* actuel *de la préfecture* date de 1827. Ce fut M. le comte de Milon qui, pendant son préfectorat, obtint du gouvernement, avec l'appui des diverses autorités locales, les fonds nécessaires pour construire un vaste édifice, destiné non-seulement à loger le préfet et sa famille, mais encore, à l'occasion, le souverain et les princes, s'ils venaient à passer à Châteauroux.

Le bâtiment de la préfecture est de forme rectangulaire ; il est orné d'un fronton supporté par deux rangs de colonnes superposées avec balcon. Son style est celui qui était généralement adopté, du temps de l'empire, pour les édifices publics. Le rez-de-chaussée contient des pièces de réception d'une grande dimension, très-élevées d'étage et d'une très-belle distribution. Le premier étage est destiné à l'habitation. La vue, qui s'étend sur le cours de l'Indre, sur la prairie et le faubourg Saint-Christophe, est des plus riantes en été ; mais pendant l'hiver, le règne du vent de nord-ouest, rend ce côté de l'hôtel pénible à habiter. — En avant de l'hôtel est une belle pelouse entourée de grands arbres. Dans les anciens fossés du château, on a formé un parc très-accidenté (¹).

### § II. — Bureaux de la préfecture.

Les bureaux de la préfecture sont restés dans le vieux Château-Raoul. Nous pensons qu'une histoire détaillée de la ville doit faire mention des attributions de ces différents bureaux.

1. Le *bureau du secrétariat* a les attributions suivantes : — Correspondance générale. — Ordres et décorations. — Belles actions. — Personnel administratif. — Fonctionnaires et agents dont la nomination ou la révocation sont attribuées au préfet. — Fêtes publiques. — Théâtres et concerts. — Recherches dans l'intérêt des familles. — Passeports et secours. — Colonisation en Algérie. — Police sur les débits de boissons. — Cafés. — Débits forains. — Autorisations. — Police de la médecine et de la pharmacie.— Vaccine. — Inspection des pharmacies et des drogueries. — Épidémies. — Police rurale et municipale. — Gardes-champêtres et particuliers. — Commissariat de police. — Appariteurs. — Bulletins des actes administratifs. — Presse. — Colportage et affichage. — Estampillage. — Imprimerie et librairie. — Réfugiés étrangers. — Naturalisation. — Expulsion du territoire. — État-civil. — Chasse. — Louveterie. — Permis de chasse. — Vente de poudre. — Armes prohibées. — Sociétés particulières. — Loteries et quêtes. — Visa et légalisations.— Sociétés maternelles.— Sociétés de secours mutuels. — Maires et adjoints. — Secours pour position malheureuse. — Vente des coupes de bois.

II. 1ʳᵉ DIVISION, 1ᵉʳ BUREAU. *Attributions.* — Administration communale. — Érection et suppression des communes. —

---

(1) L'entretien des bâtiments de l'hôtel et des bureaux de la préfecture est évalué à 3,000 francs dans les rapports du préfet au conseil général.

Échange de territoires. — Rectification de limites. — Dépôt de mendicité. — Monuments historiques. — Érection de cures, succursales et annexes. — Vicariats, chapelles, congrégations. — Fabriques paroissiales. — Dons et legs aux établissements religieux — Ateliers de charité. — Secours. — Aliénés. — Asiles publics et privés. — Hospices et hôpitaux. — Bureaux de bienfaisance. — Monts de piété. — Orphelinat de Déols. — Receveurs. — Budgets. — Conseils municipaux. — Élections. — Convocation des plus imposés. — Commissions municipales. — Biens ruraux. — Bâtiments communaux. — Dons et legs. — Octrois. — Droits d'abattage, de place, pesage et jaugeage. — Cotisations municipales. — Amendes de police. — Impositions communales. — Emprunts. — Dépôts de fonds à la caisse de service.

III. 2° BUREAU. *Attributions.* — Chemins vicinaux. — Exécution des prestations. — Impositions extraordinaires. — Emprunts. — Voirie urbaine. — Chemins ruraux. — Entretien. — Service médical gratuit. — Malades indigents. — Contentieux. — Recrutement. — Tirage. — Révision. - Remplacements. — Garde nationale mobile. — Recherches des déserteurs. — Adjudications pour l'armée. — Chevaux réformés. — Écoles polytechnique, de Saint-Cyr, de la Flèche, navale, forestière et de Saint-Étienne.

IV. 2° DIVISION, 1er BUREAU. — *Attributions.* — Routes nationales. — Chemins de fer. — Routes départementales. — Tribunaux. — Prisons. — Casernes de gendarmerie. — Mobiliers appartenant à l'État ou au département. — Usines. — Prises d'eau. — Curages, dessèchements, irrigations. — Machines à vapeur. — Contentieux. — Élections. — Assemblée nationale. — Conseil général, conseil d'arrondissement. — Placement des sourds-muets et des jeunes aveugles. — Chambre consultative d'agriculture. — Comices agricoles. — Sociétés d'agriculture. — Dépôts d'étalons. — Encouragements pour l'élève des chevaux. — Ferme-école. — Médecins, vétérinaires. — Foires, marchés et assemblées. — Boulangerie et boucherie.

— Tribunaux de commerce. — Brevets d'invention. — Exposition des produits de l'industrie. — Poids et mesures. — Mouvement annuel de la population. — Dénombrement quinquennal. — Forêts et pêche. — Défrichements. — Postes — Mercuriales. — Liste du Jury.

V. 2⁰ BUREAU. — *Attributions.* — Finances. — Contributions directes. — Assiette et répartement de l'impôt. — Dégrèvement, secours à raison de pertes pour inondations, grêles, incendies, épizooties. — Visas des récépissés de versements et des inscriptions de rentes sur l'État. — Caisses de retraite. — Comptabilité générale et départementale.

VI. BUREAU DE L'INSTRUCTION PUBLIQUE. — *Attributions.* — Conseil départemental. — Instruction secondaire, lycées, collèges et bourses. — Institutions libres. — Inspections primaires. — École normale. — Instituteurs communaux et nominations. — Traitements. — Écoles libres. — Cours d'adultes. — Ouvroirs. — Salles d'asile. — Maisons d'école : constructions, réparations, demandes de secours. — Mobiliers scolaires et mobiliers personnels des instituteurs et institutrices. — Liste des élèves gratuits. — Secours aux anciens fonctionnaires de l'instruction publique. — Bibliothèques scolaires.

VII. A tous ces bureaux nous devons joindre le *service des enfants assistés*, qui a pour chef l'inspecteur départemental. Cet inspecteur est chargé de la surveillance générale des enfants depuis leur naissance jusqu'à 21 ans et de l'admission à la maternité des filles-mères.

VIII. Enfin l'*architecte du département et de la ville de Châteauroux*, a les attributions suivantes : — Rédaction des projets, plans, devis et direction des constructions exécutées dans les bâtiments de la préfecture, des sous-préfectures, des tribunaux, des prisons, des casernes de gendarmerie et de l'asile des aliénés. — Achat et entretien de mobilier des bâtiments départementaux.

## § III. — Archives de la préfecture.

L'importance de ce dépôt et le mérite des archivistes qui en ont été et qui en sont encore chargés, nous détermine à lui consacrer un paragraphe spécial. Nous parlerons d'abord des archives, puis des archivistes, et nous terminerons par l'énumération de leurs fonctions.

I. *Les archives*. — Elles occupent le troisième étage du vieux château. On pense depuis longtemps à leur créer un local particulier, car, entourées de cheminées et de tuyaux de poêles, on peut redouter un incendie qui causerait des pertes irréparables. En attendant, on institue un chauffage à l'eau chaude.

Après l'acquisition du duché par Louis XV, on s'occupa de mettre un peu d'ordre dans le chartrier de ce domaine. Deux employés d'assez bas étage y furent envoyés et se conduisirent si mal qu'un bulletin judiciaire qui les concerne se trouve dans le fonds actuel du duché.

Le sieur Marchand, avocat général au parlement et le sieur Leveigneur, dont la qualité n'est pas spécifiée, furent chargés par le contrôleur général des finances Orry de la confection d'un inventaire complet des titres du duché. Ils produisirent, en moins de deux ans (1738-1739), les quatre premiers volumes de cet important travail où ils maintinrent la division des titres par *armoires*, en ouvrant un sous-chapitre particulier pour *les différentes cotes ou paquets*.

Lorsque les droits féodaux furent abolis, on s'était efforcé d'en anéantir les traces en détruisant les titres sur lesquels ils étaient fondés. A cette époque de délire, on brûla une énorme quantité de documents du plus grand intérêt pour nos contrées. Cependant, ce premier mouvement passé, on recueillit tout ce qui avait échappé aux flammes ou à la dispersion, et on réunit au chef-lieu du département les débris du régime déchu. A peine si l'on donna quelque attention à rapprocher entre eux ceux qui avaient la même origine. Les titres provenaient des établissements religieux supprimés (abbayes, chapitres, prieurés); d'autres présentaient un caractère féodal et avaient été trouvés chez les émigrés; d'autres encore ayant le même caractère avaient été extraits des études des notaires, etc. Toutes ces pièces ont été placées, vers 1820, dans la plus vaste pièce de la partie conservée du Château-Raoul. Pour éclairer cette salle on y a ouvert une fenêtre ogivale à vitraux coloriés dont un préfet, homme de goût, à fourni le dessin (1).

La translation des pièces originales du duché de Châteauroux à la chambre des comptes de Paris eut lieu une vingtaine d'années après. On remplit de nos archives locales vingt-deux tonneaux et trois caisses qui, pour le plus grand profit de la centralisation monarchique, furent dirigés sur la capitale. Une qua-

(1) M. de Freulleville.

trième caisse contenant les quatre premiers volumes de l'inventaire fut jointe à cet envoi. La réception en eut lieu, en 1841, par le ministère de MM. Pierre-André Titon et Pierre-Thomas Perrot, conseillers maîtres ordinaires des comptes. — La plupart des sceaux attachés aux diplômes avaient été fondus en 1793 pour en vendre la cire.

II. *Les archivistes.* — Pendant longtemps les nombreuses pièces existant encore dans nos archives restèrent dans l'abandon. On sentit enfin la nécessité de mettre quelque ordre dans ces vieux documents. Un homme aussi intelligent que modeste, doué d'une patience de bénédictin, M. Lemaigre, fut chargé de ce travail. Par ses soins, ces milliers de titres vinrent se mettre en ordre sur les tablettes qui leur avaient été destinées. Ces soins ont été appréciés et encouragés par quelques visiteurs assidus et par les administrateurs, ainsi que par les membres du conseil général sous les yeux desquels ils avaient lieu. Les labeurs du respectable M. Lemaigre ont permis à M. Raynal, à M. de La Tramblais, à M. le comte de Maussabré, etc., de puiser dans nos archives pour leurs importants ouvrages.

M. Desplanque, le savant élève de l'école des Chartes, qui fut, à l'époque de l'organisation générale du service des archives, placé à la tête de celles de Châteauroux, et dont son prédécesseur, M. Lemaigre, resta le collaborateur, continua le dépouillement et l'arrangement de notre précieux dépôt. Il en démontra surtout l'importance en y puisant les matériaux qui servirent à la composition de ses intéressants mémoires (1). Il faut voir, dans les *Comptes-rendus de la Société du Berry* (10° année) la liste des pièces étudiées et mises en ordre par M. Desplanque.

M. Hubert, également élève de l'école des Chartes, a succédé à M. Desplanque ; il a eu la collaboration de M. Ch. Aubépin, aujourd'hui archiviste à Limoges, et actuellement il est secondé par le jeune M. Autorde. Continuant le travail commencé par M. Desplanque, il vient de publier un volume de l'*Inventaire sommaire* de nos archives. Deux autres volumes suivront le premier. Le même travail, exécuté dans toutes les archives de l'État, permettra aux savants et aux archéologues de découvrir facilement les sources dont ils pourront avoir besoin.

III. *Fonctions des archivistes*. Il ne sera pas sans intérêt d'ajouter à ces renseignements quelles sont les fonctions des archivistes vis-à-vis des personnes qui

---

(1) Pendant les quatre années que M. Desplanque a été archiviste de l'Indre, il a publié les mémoires suivants : — *Du pillage de quelques abbayes de l'Indre dans le courant du XVI° siècle*, 1861. — *L'abbaye de Fontgombaud et les seigneurs d'Allogny de Rochefort*; esquisse historique, suivie d'une *note sur le culte de la Sainte-Vierge dans le diocèse de Bourges*, 1861. — *L'église et la féodalité dans le Bas-Berry au moyen âge* : le chapitre de saint Sylvain de Levroux et les seigneurs de Chauvigny ; le prieuré de Saint-Benoît et les vicomtes de Brosse, 1862. — *Mézières-en-Brenne et la famille Turquet de Mayerne*. (1re partie : ville et seigneurs de Mézières ; 2° partie : famille Turquet de Mayerne.

désirent connaître diverses pièces pour leurs affaires ou dans un but historique. Le public est admis auprès d'eux tous les jours de 2 à 4 heures.

*Communications de pièces.* — Les communications de pièces aux particuliers ont lieu sans frais et sans déplacement, et seulement au bureau en présence de l'archiviste ou d'un employé. — En général, il n'est communiqué à chaque personne qu'un dossier à la fois. — Aucun droit n'est perçu pour la recherche des pièces. Les demandes de recherches par les particuliers seront motivées et inscrites sur des bulletins qui devront être tout préparés. Les parties y mettront leurs noms, qualités et domiciles, et les signeront. L'autorisation donnée, s'il y a lieu, par le secrétaire général sera inscrite au bas de chaque bulletin.

Les pièces d'un intérêt privé sont communiquées seulement aux personnes qui justifieront qu'elles ont qualité pour en prendre connaissance. Le refus d'autorisation est donné par écrit. Les communications des documents personnels ou de famille ne peuvent être accordées que sur une autorisation du préfet.

*Expéditions des pièces.* — Les expéditions ou extraits de pièces déposées aux archives ne sont délivrés au public par l'archiviste que sur une demande écrite et d'après l'autorisation du secrétaire général ; ce dernier a seul qualité pour les signer. L'archiviste a soin, au préalable, de les viser pour collation. Les expéditions sont marquées du timbre de la préfecture. Les frais et droits de délivrance, fixés conformément à la loi, sont relatés en marge.

*Prix des expéditions.* — Deux lois des finances veulent que ces expéditions ne soient délivrées que sur papier timbré. Le droit d'expédition a été fixé à raison de 75 c. le rôle, et une instruction aux préfets a décidé que ces expéditions ne contiendront que vingt lignes à la page.

*Délivrance gratuite des expéditions.* — La délivrance gratuite est faite sans frais dans quatre cas : 1° quand il s'agit de certificats, actes de notoriété et autres pièces exclusivement relatives à la loi du 18 juin 1850 sur la caisse de retraites pour la vieillesse ; 2° quand il s'agit de pièces destinées à servir à la célébration d'un mariage entre indigents, à la légitimation ou au retrait de leurs enfants naturels déposés dans les hospices. Pour l'assistance judiciaire, la loi du 22 janvier 1851 prescrit, article 16 : « Les notaires, greffiers et tous autres dépositaires publics, ne sont tenus à la délivrance gratuite des actes et expéditions réclamés par l'assisté, que sur une ordonnance du juge de paix ou du président. — Enfin, l'article 22 du règlement général formule ainsi la quatrième exception : « Conformément à l'article 7 de la loi du 12 septembre 1791, il sera délivré sans frais aux administrateurs des domaines et des forêts, et dans l'intérêt des divers services de l'Etat ou des départements, des extraits ou copies des actes, titres et autres documents déposés dans les archives. Mention sera faite au bas de ces pièces de l'administration à laquelle elles sont destinées.

## § IV. — Commission des monuments historiques.

Cette commission, instituée par arrêté du 18 février 1842, était chargée : 1° de rechercher les monuments historiques et les antiquités du département et d'en dresser la statistique ; 2° d'indiquer les anciens édifices dont il importe d'assurer la conservation et d'en constater l'état actuel ; 3° d'examiner les projets de travaux de toute nature à faire à ces édifices et de surveiller, sous le rapport de l'art, l'exécution de ces travaux ; 4° de recueillir les actes et les documents de toute nature qui se rattachent à l'histoire du pays. — On trouvait dans cette commission, présidée par le préfet, MM. le général de Rigny, de La Tramblais, Grillon des Chapelles, Thabaut-Linetière, Navelet, Anselin, l'abbé Molat, Hil. Lemor, Ferdinand de Maussabré, Des Méloises, Henri Charlemagne, Albans Duhail, Pichot, et Lemaigre, secrétaire. — Il y avait, pour l'arrondissement de Châteauroux, des commissaires inspecteurs des antiquités. Nous trouvons dans cette liste, MM. Hercule Robert, l'abbé Legay, Ferdinand Lecomte et Mercier-Génétoux. — Cette commission et cette inspection, dont un certain nombre de membres n'existe plus, ne figurent plus aujourd'hui dans les indicateurs.

### ARTICLE QUATRIÈME
#### Ancienne cérémonie féodale au Château-Raoul.

Nous croyons devoir introduire à cette place, faute d'en trouver une meilleure, le procès-verbal d'une cérémonie féodale singulière, qui se faisait au Château-Raoul et qui consistait dans la présentation d'un pot de fleurs au seigneur de Châteauroux (1). La dernière veuve remariée de la rue d'Indre devait se présenter, chaque année, à la porte du château, en grand costume, ayant sur sa tête un pot rempli de roses et entouré de rubans. Le seigneur ou l'un de ses officiers s'approchait et brisait le pot solennellement.

---

(1) Cette espèce de droit féodal était, dit-on, le prix de l'affranchissement, au profit des habitants de la rue d'Indre, de la dîme que le seigneur de Châteauroux prenait sur la prairie. Ce droit a cessé, comme bien d'autres, à l'époque de la révolution.

Cela se faisait en présence du public, avec accompagnement de couplets malins.

Ce droit de la présentation d'un bouquet de fleurs, dit M. de La Tramblais (*Esquisses pittoresques de l'Indre*) n'existait pas seulement pour le seigneur de Châteauroux. On le retrouvait sur d'autres points du Bas-Berry. Ainsi, à Palluau, tous les ans, le jour de la Pentecôte, les femmes d'une partie de la paroisse étaient tenues de s'assembler pour présenter au seigneur un chapeau de roses rouges et de chanter chacune une chanson en danse ronde en sa présence. Cette cérémonie était précédée des courses de l'*éteuf* (1), auxquelles étaient obligés, sous peine de trois livres d'amende, tous les mariés de l'année. Ceux qui l'étaient en secondes noces devaient, en outre, casser la *oulle*; c'était un pot de terre que l'on mettait au haut d'une perche et qu'il fallait casser à coups de pierre ou de fusil. Le seigneur se faisait aussi payer un pot neuf par tous les nouveaux mariés. — A Saint-Chartier, « il était dû au seigneur, par chacun an, à chacun jour de Saint-Jean-Baptiste, un bouquet de fleurs ou cinq sols de devoir seigneurial. » (2).

Voici le procès-verbal de la cérémonie qui avait lieu au Château-Raoul. Il a été trouvé dans les archives de la préfecture par M. Hubert, archiviste actuel, qui s'était empressé d'en envoyer une copie à la

---

(1) Petite balle pour jouer à la paume.

(2) Aveu et dénombrement du marquisat de Presles, 1757.

Société du Berry, à Paris ; cette pièce a été insérée dans les comptes-rendus de cette société (1).

MINUTE DU PROCÈS-VERBAL D'UNE CÉRÉMONIE FÉODALE, *qui avait lieu tous les ans, le mardi de la Pentecôte, au Château-Raoul, à Châteauroux.* — 20 *mai* 1777.

« Aujourd'hui mardy, dernier jour de la feste de la Pentecôte, 20 mai 1777, à quatre heures après midi ; au réquisitoire de messire Henry Beugnet, écuyer, conseiller du roy en ses conseils et de tous les conseils de monseigneur le comte d'Artois, fils de France, frère du roy, et intendant de ses maisons, domaines et finances, étant de présent en la ville de Châteauroux : Nous, Antoine Briaune, notaire royal et de mondit seigneur en Berry, au bailliage royal de Châteauroux, y résidant, soussigné, nous sommes transporté au château et donjon de cette ville, où, étant monté dans une salle, y avons trouvé mondit sieur Beugnet ; lequel nous a requis de dresser procès-verbal de la cérémonie observée tous les ans, à ce dit jour, à l'honneur de monseigneur et de la présentation d'un pot de fleurs, qui doit lui être faite, en sa qualité de duc de Châteauroux, audit château, en présence et au nom des habitants et propriétaires de la rue d'Indre, par la veuve la plus nouvellement remariée de ladite rue ; laquelle en même temps doit chanter une chançon, suivant la tradition, et au même instant lesdits habitants de la rue d'Indre en grand nombre étant comparus au devant de la grand'porte dudit château, nommément dans les personnes de Michel Pauplin père, fabriquant; Michel et Jacques Driot frères ; Jean Ameüille ; Louis Morillonnet ; Joseph Communeau ; Louis Alamargot ; Jacques Defond ; François Morillonnet ; Claude Vollant ; Pierre Mabille ; accoignés de chacun une femme et ayant à leur chapeau un *aille vert*, et lesdites femmes ayant un *aille* à leur teste, ont fait prier mondit sieur Beugnet, au dit nom de les admettre à luy offrir,

(1) Onzième année, p. 260.

pour monseigneur, avec tout le respect et l'obéissance qu'ils lui doivent, ledit pot de fleurs qu'ils sont obligés de luy présenter suivant l'usage par eux observé de toute ancienneté. A quoy mon dit sieur Beugnet a bien voulu obtempérer, sous la réserve expresse de tous droits respectifs. En conséquence étant descendu à la porte de l'escalier dudit château, et ayant fait ouvrir les grandes portes de la cour, lesdits habitants de la rue d'Indre sont entrés dans icelle cour et ont salué mondit sieur Beugnet en sa dite qualité, et de suite Geneviève Morillonnet, cy-devant veuve de François Veillat, tondeur, et qui a dernièrement convolée avec Pierre Mabille, tondeur, habitant ladite rue d'Indre, ayant chanté une chançon à l'honneur de mondit seigneur, a présenté à mondit sieur Beugnet, audit nom, un pot remply de fleurs, que mondit sieur Beugnet, audit nom, a agréé (toujours sans aucunement préjudicier aux droits et intérêts respectifs), après quoy ledit pot a été cassé par ladite dame Mabille. Ce fait, lesdits habitants de la rue d'Indre ont sallués de rechef mondit sieur Beugnet et se sont retirés sans signer, quoyque de ce par nous dit notaire requis, sauf les soussignés.

Dont et du tout ce requérant mondit sieur Beugnet audit nom et sous lesdites réserves, nous dit notaire avons audit château et donjon de Châteauroux fait et dressé le présent procès-verbal pour servir et valoir ce que de raison, en la présence de MM. Antoine-François Bonnin de Treüillaud, conseiller du roy, président, lieutenant général civil et de police ; Jean Guymon de Latouche, conseiller du roy, assesseur civil et criminel; Henry Bertrand, conseiller du roy, maître particulier des eaux et forêts ; Nicolas Crublier de Chandaire, écuyer, conseiller, procureur du roy et de monseigneur ès-siéges royaux de cette ville ; Louis-Joseph Bertrand, seigneur de Greüille, maire de cette dite ville ; Edme Crublier de Saint-Cyran, avocat au parlement et ès-juridictions royales de Châteauroux et encore en présence de messire Louis Girard, écuyer, seigneur de La Rivière et autres lieux, chevalier de l'ordre royal et militaire de Saint-Louis, ancien capitaine d'infanterie ; Nicolas Cougny de La Presle, écuyer; messire Claude Guymon, seigneur de La Touche et de La Rivière, colonel de la milice bourgeoise de cette ville ; et Étienne Degalle-Bezanceau, négociant; tous demeurants en cette dite ville, paroisses Saint-André, Saint-Martin et Saint-Denis, qui ont signé avec mondit sieur Beugnet et nous dit notaire, lesdits jours, an et heure susdits, lecture faite.

(Suivent les signatures dont les deux dernières sont celles des notaires Huard et Briaune, celui-ci notaire recevant, c'est-à-dire ayant dressé l'acte, l'autre n'apparaissant que comme signataire.)

On lit en marge : Con[lle] (controlé) à Châteauroux, le 22 may 1777, sous la réserve du droit en cas qu'il soit dû.

A. DESQUER.

# CHAPITRE TROISIÈME.

### ADMINISTRATION MUNICIPALE.

Il y aurait tout un volume à faire sur l'administration municipale de Châteauroux. On en trouverait les matériaux dans les archives de la mairie. Mais il suffira d'analyser quelques documents. Nous nous occuperons de l'ancienne administration, puis de la nouvelle, et nous terminerons par l'historique du local de la mairie.

### ARTICLE PREMIER.
#### Administration municipale ancienne.

L'ancienne administration nous offre à examiner son organisation et son personnel.

#### § I$^{er}$. — Historique et organisation de l'administration ancienne (1).

L'origine des communes remonte à la plus haute antiquité. Les cités gauloises jouissaient d'immunités et de franchises sous la domination romaine ; une

---

(1) Dictionnaire général d'administration : — Macarel, *Droit administratif*. — Henrion de Pansey, *Pouvoir municipal*.

*curie* élue administrait leurs affaires. Pendant l'invasion des barbares, ces institutions s'altérèrent. Les comtes que les rois francs mirent à la tête des villes dominaient les corps municipaux. La féodalité acheva de faire disparaître l'institution romaine. Louis le Gros, au XII° siècle, favorisa l'établissement des communes pour combattre le système féodal. C'est de cette époque que datent les *chartes de communes*, octroyées par les rois moyennant un prix de rédemption. Les seigneurs affranchirent leurs domaines aux mêmes conditions. Au milieu de variétés infinies, l'autorité municipale resta soumise, sous beaucoup de rapports, à l'influence des seigneurs. Les rois eux-mêmes, par la création de juridictions spéciales, retiraient peu à peu leurs concessions. Les communes conservaient encore des droits essentiels lorsque, sous Louis XIV, la France étant appauvrie par les guerres, on eut recours aux édits bursaux par lesquels les villes rachetaient le droit de nommer leurs magistrats. — Vers 1771, les communes recouvrèrent une partie de leurs droits.

Par suite de tous ces changements, on vit les maires soumis à l'élection et ne rester en charge que pendant une année. En 1690, on créa des offices de procureurs du roi et de greffiers des hôtels de ville. L'office de maire fut déclaré héréditaire; puis, en 1701, ce magistrat ne fut confirmé dans sa charge que pour sa vie. En 1702, on nomma des lieutenants de maires. En 1706, on dédoubla les offices de maires; leurs fonctions se firent alternativement d'année en année.

Depuis 1709 jusqu'en 1772, c'est-à-dire pendant soixante trois ans, on trouve encore, dans la nomination des fonctionnaires municipaux, la plus grande divergence. On rend aux habitants leurs franchises. A trois reprises, on rétablit les offices en titre pour les supprimer de nouveau. Les titres de maires, lieutenants de maires, échevins et greffiers sont vainement mis en vente. On forme une liste de candidats sur laquelle le gouverneur du Berry doit choisir le maire. Une commission royale est ensuite chargée de conférer ces fonctions. Le roi, enfin, choisit les maires sur une liste de trois candidats. On essaye un autre genre d'élection : chaque corporation élit un délégué ; les délégués réunis choisissent le maire et les échevins. Toutes ces formes ne réussissant pas plus les unes que les autres, le roi nomme directement.

### § II. — Personnel de l'administration ancienne.

La recherche des noms des anciens maires a été faite, d'une manière très-complète depuis 1595, par une personne intelligente et laborieuse, qui désire réserver son travail pour elle-même et ne veut pas être citée. Il faut espérer qu'une prochaine publication en enrichira notre histoire locale. Nous nous bornerons à reproduire une liste moins ancienne, donnée par M. des Chapelles [1], avec l'indication des années où les maires étaient en fonctions :

1639, Étienne Moreau. — 1641, Philippe Villiers, sieur de

[1] Esquisses biographiques. t. 3, p. 156 ; 2ᵉ édition.

Menas, avocat au parlement. — 1650, Pierre Riant. — 1651, Jean Ballier. — 1655, honorable Claude Pinette. — 1656, noble messire Claude Moussac, conseiller du roi, grénetier au grenier à sel de la ville de Buzançais...... — 1717, Simon Savary, substitut au duché de Châteauroux. — 1720, Bernard Philippo (ou Philippe). — 1722, André Blanchard. — 1726, Michel Crublier, sieur de Saint-Cyran. — 1728, N. Bottin. — 1729-1730, Pierre Libault. — 1731, Gilbert Cartier, sieur du Boisdouin. — 1731, Joseph Blanchard, sieur de Valençay, avocat en parlement. — 1732, Claude Veillat. — 1735, Guymon de La Touche. — 1736, Jean Rouet (nommé Louis dans les lettres royaux du 18 juillet 1736). — 1749, Jean Cartier. — 1752, Jean Crublier, sieur de La Rivière. — 1753, Jean Boyer, sieur de Mousseaux, conseiller du roi. — 1758-1761, N. Crublier des Crubliers. — 1762, Pierre Moreau. — 1763-1764, le même Pierre Moreau. — 1765, Léon Crublier de Chandaire, sieur de Menas, Charon, Miran, etc. — 1766-1768, le même. — 1769, Savary des Tournets. — 1770-1771, le même. — 1772, Bonjouan de La Varenne. — 1773-1775, le même. — 1776, Louis-Joseph Bertrand de Greuille. — 1777-1779, le même. — 1780, N. Bertrand de Greuille.

### ARTICLE DEUXIÈME.
#### Administration municipale moderne.

L'Assemblée constituante consacra l'individualité communale ; mais, sous la Convention, l'administration de district étant devenue despotique, la Constitution de l'an III anéantit l'individualité communale en créant l'administration cantonale. Pendant le Consulat et l'Empire, le chef de l'État nomma directement les fonctionnaires municipaux des villes au-dessus de 5,000 habitants. Ce système se perpétua jusqu'en 1831, époque à laquelle les communes rentrèrent dans leurs droits.

## § Iᵉʳ. — Personnel de l'administration municipale pendant la révolution.

Il est assez curieux de rechercher comment était composée l'administration de notre ville pendant la révolution. Avec la commission du district, il y avait encore un conseil général de la commune. Voici les noms que nous avons recueillis dans les registres de la municipalité :

1790. Bertrand, vice-président ; Simon, substitut du procureur syndic ; Thabaud, Bourdillon, Gendre, Selleron, Galles, Crublier de Grand-Maison, Lemor, Marin, étaient officiers municipaux.

1792. Barbançois, président ; Guérineau, procureur syndic ; Moreau, secrétaire ; Selleron, Bourdillon, Blanchard, Desjobert, officiers municipaux.

Le *conseil général de la commune* était composé de Jean Sallé, faisant fonction de président ; Étienne Morin, Louis Godin, Clément Blanchard, officiers municipaux ; Philippe Briaune, Louis Blanchard, Jean Pineau et Bottard-Lemor, notables. En décembre, Mathurin Crochet devint maire.

1793. Crochet reste maire, et le conseil est composé de Gilbert, Lallemand, Veillat-Brochetel, Charles Forget, Lemoine, J. Souet, Vincent Thabaud, Moulinet, officiers municipaux. Claude Peyrot, fait fonction de procureur de la commune ; Jablin, Claveau, Coulon père, Gallas-Robin, Edme Cluis, Chauvet, Lavie-Bourdesol, Pierre Devaux, Veillat-Degalle, Peyrot jeune, Vollant père, sont notables.

1794. Blanchard, maire, Lemoine, Moulinet, Forget, Gilbert, Lallemand, N. L. Crublier, Veillat-Degalle, officiers municipaux ; Bottard-Lemor, secrétaire greffier. Chédin, vice-président ; Gautier, Mallard, Robert, administrateurs, Devaux, agent national ; Quazy, secrétaire.

An V. Savary fils et Duris, administrateurs.
An VI. Grillon-Villeclair et Champois, administrateurs.

## § II. — Personnel de l'administration municipale depuis 1800.

Nous diviserons ce personnel en plusieurs époques, comme pour celui des préfets. Liste des maires :

SOUS LE CONSULAT ET L'EMPIRE :

M. Grillon-Villeclair.

SOUS LA PREMIÈRE RESTAURATION :

Le même M. Grillon-Villeclair.

PENDANT LES CENT JOURS :

M. André Bertrand, notaire.

SOUS LA DEUXIÈME RESTAURATION :

MM. Grillon-Villeclair ; Grillon-Brauderie ; Girard.

SOUS LE RÈGNE DE LOUIS-PHILIPPE :

MM. Amador Grillon ; Godard ; Eugène Grillon ; Testaud-Marchain ; Th. Trumeau.

SOUS LA RÉPUBLIQUE DE 1848 :

MM. Moreau de Laporte ; Eugène Grillon ; Paul Bertrand, médecin.

SOUS LE RÈGNE DE NAPOLÉON III :

MM. Paul Bertrand ; Raoul Charlemagne ; Rue, notaire.

SOUS LA RÉPUBLIQUE DE 1870 :

M. Auguste Balsan.; M. Pigornet.

## ARTICLE TROISIÈME.

### Local de l'administration municipale.

Après l'historique de ce local, nous dirons quelques mots des services de l'hôtel de ville actuel, de ses archives, de la bibliothèque et du musée.

## § 1ᵉʳ. — **Historique du local de l'Hôtel de Ville.**

Le local occupé primitivement par l'administration municipale appartenait à la commanderie de l'Ormeteau de l'ordre du Temple (1). Ce local était affermé par bail emphytéotique (2). Des difficultés survinrent pour la location, et, en 1742, le *palais royal*, c'est-à-dire le local où la justice royale était autrefois rendue, fut réparé et agrandi de manière à contenir toutes les juridictions, ainsi que l'administration de l'hôtel de ville, qui y fut, peu de temps après, transportée (3).

Voici encore ce qu'on trouve à ce sujet dans les archives de l'Indre, série H, nᵒˢ 684 à 688. « Arpentement de la commanderie de l'Ormeteau, fait à la diligence du commandeur de Saillant, en 1743. — Temple de Châteauroux, membre dépendant de la commanderie de l'Ormeteau. — Ville de Châteauroux. — Le 23 septembre 1743, nous Jean-Baptiste Renaudon, arpenteur royal, nous sommes transporté chez le sieur Nuret, fermier des revenus du temple de Châteauroux, et à l'instant ledit sieur nous a conduit sur la place publique dudit Château-

---

(1) On devrait dire *Ormetiaud*, mais nous conservons l'ortographe des titres.

(2) Inventaire sommaire des archives de l'Indre, 1704-1752 : Commanderie de l'Ormeteau, affermée par la ville par baux emphytéotiques au profit du maire et des échevins et destinée à faire la maison de ville. — (Les biens de l'ordre du Temple passèrent en partie à celui de Malte.)

(3) M. Amador Grillon a donné au musée un plan qui, bien que grossièrement fait, fournit des documents utiles sur la position de l'église Saint-André et sur le bâtiment qui occupait l'emplacement de l'hôtel de ville actuel, lequel est désigné sous le nom de *Palais royal*. Ce plan porte la date de 1784. — Il est probable que l'ancien hôtel de ville était en face, et que la porte gothique qu'on y remarquait, il y a quelques années, et qu'on a transportée au musée, en faisait partie.

roux où est situé un grand corps de bâtiment qu'on nous a dit être le chef-lieu du Temple, lequel consiste en un grand corps de logis servant actuellement d'hôtel de ville, dans lequel on monte par un perron fait en pierre de taille, en face duquel est un *portal*. On entre dans une grande cour. Le bâtiment servant d'hôtel de ville à quarante-huit pieds de longueur sur dix-huit de largeur. »

La mairie et le tribunal ont continué d'être réunis dans le même local, mais ces deux administrations s'y trouvaient très-gênées. Vers 1821, sous la direction de M. Murison, architecte du département, une assez grande construction fut faite. Deux salles, ainsi qu'un certain nombre de pièces accessoires furent destinées à la justice. De son côté, la mairie trouva de nouveaux espaces pour ses divers services. La construction de M. Murison, sans être très-bien entendue, offre un certain caractère. Sa façade présente cinq arcades fermées par des grilles de fer, de grandes fenêtres, un fronton contenant une horloge. Sauf un côté, l'édifice est isolé des maisons. Il est regrettable qu'on ait laissé acquérir de la valeur à celles qui lui restent adhérentes, car il en résulte un obstacle pour les communications.

En 1855, le service de la justice a été transféré dans une nouvelle construction. Nous en parlerons en nous occupant de l'administration judiciaire.

### § II. — Les services de l'Hôtel de Ville.

Depuis le départ du tribunal, les divers services de

la mairie se sont trouvés très à l'aise. Le maire a eu un beau cabinet ; les adjoints ont aussi le leur. Une salle convenable est destinée au conseil municipal ; cette salle sert en même temps pour les mariages. Le secrétaire et les employés ont été mis, par une disposition toute récente, mieux à la portée du public. Une pièce spéciale est affectée à l'état-civil, ce qui était une amélioration très-désirée. Un bureau pour l'octroi, un autre pour l'agent-voyer (nouvellement créé), un espace pour les archives municipales, enfin une salle pour le bureau de police, un corps de garde et une loge de concierge ont trouvé place dans le reste du rez-de-chaussée (1). Au premier étage, on a pu installer une salle pour le tirage de la conscription et des loteries, pour les élections, les expositions, les cours publics, des répétitions musicales, etc., une grande et belle pièce pour la bibliothèque, plusieurs pour le musée, et tout récemment la justice de paix.

### § III. — Archives de la mairie.

Nous avons dit, en commençant ce chapitre, qu'on trouverait les matériaux d'un ouvrage dans les archives de la mairie. Il devient donc convenable de donner un aperçu de ses richesses.

---

(1) Il est juste de faire connaître que ces améliorations sont dues à l'administration de M. Pigornet.

Voici les attributions des divers employés des bureaux de la mairie :
— Service militaire, pensions et secours aux anciens militaires ; contributions ; mercuriales ; etc. — Etat-civil, mouvement de la population, etc. — Recrutement, engagements volontaires ; maternité ; cimetière, etc. — Correspondance du cabinet du maire ; tenue des registres des actes administratifs ; voie urbaine et rurale ; éclairage, etc.

Les archives de la mairie se divisent en deux parties : la première, antérieure à 1790, est la plus considérable et la plus intéressante ; la seconde date de cette époque jusqu'à nos jours.

I. Les ARCHIVES ANTÉRIEURES A 1790 commencent à l'année 1370, on y trouve les subdivisions suivantes :

*Actes constitutifs et politiques de la commune.* — Transactions entre Guy de Chauvigny et ses successeurs avec les bourgeois, manants et habitants de Châteauroux. Affranchissement du cens envers diverses personnes. Sentences rendues par divers fonctionnaires du bailliage. Nominations des députés des divers états. Correspondances adressées aux maires et échevins.

*Administration communale.* — Délibérations relatives au grenier à sel. Délibérations diverses. Règlement de la milice bourgeoise. Projet du comte d'Esseville sur la navigation de l'Indre.

*Impôts et comptabilité.* — Confection des rôles de la taille. Service funèbre pour le dauphin. Comptes relatifs à la corvée. Reconnaissance de rentes. Dépenses municipales. Péages. Revenus patrimoniaux. Droits réunis. Dons gratuits. Tailles et gabelles. Provisions diverses. Anciens droits royaux. Comptes de la ville. Manufacture royale de draps. Casernement.

*Propriétés communales.* — Liste des corvéables. Travaux sur les routes, places et promenades. Réparations aux églises. Adjudication des lavoirs, des pavages, etc. Maison du Temple. Construction des pilastres de la porte Saint-Denis. Traité relatif au collège.

*Affaires militaires.* — Transports de troupes. Milice bourgeoise. Tarif pour les étapes. Logements militaires.

*Justice, procédure et police.* — Procès. Contestations. Création des gardes-vignes, etc. Procès avec la commanderie de l'Ormeteau. Procès divers.

*Culte, instruction, assistance publique.* — Service de Saint-

Cosme pour les médecins et chirurgiens. Réception des aspirants, etc. Fabrique de l'église Saint-André. Église d'Arthon. Fabrique de l'église Saint-Martin. Collége. Bureau de secours. Subsistances.

*Etat-civil.* — Paroisses Saint-Martin, Saint-Christophe, Saint-André, Saint-Denis. Hôtel-Dieu.

*Commerce, industrie, agriculture.* — État nominatif des employés de la manufacture royale. Mercuriales. Dons gratuits.

*Documents divers.* — Rentes. Droits de francs-fiefs. Ordres. Rôles de suppléments, etc. Lettres patentes. Proclamation du roi.

II. ARCHIVES DEPUIS 1790. — Cette partie des archives est relative aux lois, aux actes administratifs de la préfecture, aux livres divers, aux actes de l'administration municipale, à l'état-civil, à la population et à la statistique, aux affaires militaires, à la police, au personnel, à la comptabilité, aux biens communaux servant à usage public, aux biens communaux affermés ou livrés à la jouissance commune, à la voirie, aux pièces diverses et au mobilier de la mairie.

### § IV. — Bibliothèque.

La bibliothèque de Châteauroux a été fondée en l'an XI de la République (1783). Elle fut composée à son origine des volumes recueillis dans les couvents qui venaient d'être supprimés, et, entre autres, dans celui des Augustins, du Blanc. Aux ouvrages ainsi rassemblés, on put joindre un certain nombre de livres provenant des bibliothèques particulières.

Cette bibliothèque qui, il y a peu d'années, ne contenait pas plus de 5,000 volumes, en contient aujourd'hui 10,000, grâce à des dons divers, aux envois du gouvernement et aux acquisitions faites par la ville.

Conservée, d'abord, dans une salle du lycée actuel, elle a trouvé dans l'hôtel de ville un local magnifique, donnant sur la place du marché, et très-bien disposé par les soins de M. Dauvergne, architecte du département. On y accède par un bel escalier. Près du dépôt des livres est une salle de lecture. Un bibliothécaire est attaché à ce service ; elle est ouverte au public de midi à quatre heures, le dimanche excepté.

Parmi les dons qui lui ont été faits, il faut mettre en première ligne le *legs Bourdillon*. Ce personnage, dont la famille avait quitté Châteauroux à l'époque de la révocation de l'édit de Nantes, vivait à Genève. Après avoir fait des affaires commerciales, il se livrait aux lettres et au culte des livres. L'idée lui a pris de léguer sa bibliothèque, avec divers objets précieux, et même des rentes et des maisons, à la ville de Châteauroux, le *berceau de sa famille*. Ces livres sont nombreux, bien reliés ; quelques-uns sont rares. On y remarque le prétendu manuscrit de la chanson de Roland, et un *bréviaire*, dont la bibliothèque nationale a offert 10,000 francs ([1]). Parmi les objets pré-

---

([1]) Cet ouvrage est si précieux que nous ne pouvons nous dispenser de le faire connaître. C'est un manuscrit magnifique orné de 300 miniatures. M. Van Praët le fait remonter aux premières années du XVe siècle et l'attribue à l'auteur du fameux bréviaire du duc de Bedfort. — Les bréviaires ordinaires se divisent en quatre volumes, un pour chaque saison ; chacun de ces volumes commence et finit par des textes communs à toute l'année ; au milieu d'eux, on intercale, suivant la saison, une autre partie variable qu'on appelle *les Propres du temps*. Le manuscrit Bourdillon n'a qu'un seul volume qui donne en entier la partie commune, mais ne contient que les *propres* de l'été et de l'automne, qu'il confond sous la dénomination de *tempus œstivale*. — La

cieux, nous noterons une pendule moderne, une table ornée d'une mosaïque, une pierre gravée et une tabatière avec le portrait de la duchesse de La Vallière, par Petitot. — Plusieurs objets du legs Bourdillon ont été déposés au musée.

Le général Bertrand a enrichi aussi la bibliothèque d'objets ayant appartenu à l'empereur Napoléon Ier : le sabre qu'il portait à la bataille d'Aboukir, un nécessaire de campagne, le manuscrit de la campagne d'Égypte, écrit sous sa dictée et corrigé de sa main. Ces objets ont été placés dans des vitrines spéciales. Entre les vitrines, la ville a fait placer un portrait en pied du général Bonaparte dans son costume de général en chef de l'armée d'Égypte.

§ V. — **Musée**.

L'institution d'un musée à Châteauroux a été entreprise avec le plus grand zèle par M. Just Veillat ; sous sa direction et par ses soins éclairés, elle a pris une prompte et réelle importance. On a répondu à son appel : une foule d'objets ont été envoyés. Le conseil municipal a donné une subvention ; une société s'est

---

provenance de notre manuscrit est des plus illustres. Sorti de l'abbaye de Prémontré, il entra plus tard parmi les livres du duc de La Vallière. C'est à la vente de cette célèbre collection que la bibliothèque nationale a fait l'acquisition du bréviaire du duc de Bedfort, en 1783. Le manuscrit de M. Bourdillon provient de cette même vente. — Le congrès archéologique, qui a examiné avec soin ce splendide travail, a félicité la ville de Châteauroux de posséder, un pareil trésor. (Voir, dans les comptes rendus de la société du Berry, 4e année, 1866-1867, une notice très-intéressante de M. J. Veillat sur le testament et la bibliothèque de M. Bourdillon.)

formée, dont chaque membre fournit une cotisation ; et, avec ce double fonds, on a pu acheter des tableaux d'une certaine valeur. Le gouvernement, d'un autre côté, a envoyé des objets d'art assez remarquables. Des vitrines contiennent une intéressante collection de médailles. Chaque jour les collections s'augmentent. Les trois salles que le musée occupe sont déjà remplies et il serait à désirer qu'on pût en obtenir une autre.

Le musée a été institué par un arrêté du maire, en date du 28 novembre 1863 ; il a été ouvert au public le 14 avril 1864 (¹).

En entrant, on remarque une collection de riches échantillons de minéralogie, recueillis en partie dans le département ; beaucoup de fossiles qui nous reportent aux grandes convulsions des époques primitives ; une collection d'objets algériens ; deux belles gravures de Callot, représentant le *siège de La Rochelle par Richelieu* et *le siège de l'île de Ré*. Enfin, le fauteuil du joyeux curé de Meudon, de Rabelais, qui fut abbé de Saint-Genou, et dans lequel il présidait les réunions des moines.

---

(1) Nous ne devons pas omettre de mentionner, parmi les bienfaiteurs du musée et de la bibliothèque, M. Marcel Mars, neveu de M. Just Veillat, enlevé prématurément à l'affection de sa famille et de ses compatriotes. Non-seulement il a légué une partie de ses livres à la bibliothèque où il a travaillé, pendant plusieurs années, à la confection d'un catalogue ; mais il a laissé encore au musée, dont il a dirigé la collection numismatique, sa collection de médailles, une grande quantité de fibules gallo-romaines trouvées dans les fouilles faites à Levroux, et plusieurs autres antiquailles d'un grand intérêt, un modèle de vaisseau à trois mâts qu'il désigne dans son testament sous le nom de « mon petit navire » parce qu'il l'avait fabriqué pendant son voyage d'Amérique, une petite figurine byzantine sur cuivre, deux tableaux à l'huile de son oncle J. Veillat, et une somme de 500 francs destinée à l'acquisition d'un tableau.

La seconde salle, affectée spécialement à la peinture, possède une belle statue en marbre blanc, *la vocation* par Roubaud, œuvre médaillée à l'exposition de 1865. — Parmi les tableaux, nous citerons une admirable copie de Schidone, du *Saint-Jérôme* du Corrège, par Jean Vliet ; un *Intérieur d'écurie*, par Cuip; une fort belle copie de l'*Antiope* du Corrège ; — un petit Franck sur cuivre, représentant l'histoire d'*Esther aux pieds d'Assuérus, le Triomphe de Mardochée* et le *Supplice d'Aman* ; — Trois tableaux de Gaudar de Laverdine (grand prix en 1779, mort à Rome en 1804 il était oncle de M<sup>me</sup> de Lancosme-Brèves); — une *Tentation de saint Antoine*, par Breughel d'Enfer ; — un charmant petit tableau sur cuivre, représentant la *Sainte-Famille*, par Breughel, dans un médaillon entouré de fleurs de la main de Van Balen ; — une *Vierge*, peinture byzantine du XIV<sup>e</sup> siècle, provenant de la collection du Louvre et envoyée récemment par le gouvernement ; — un *Effet d'orage*, par Denis, etc.

Dans la salle du fond, affectée aux gravures, aquarelles, monnaies, objets d'histoire naturelle, et aux poteries de toute espèce trouvées dans les tombeaux romains et gallo-romains, on distingue une belle collection numismatique, et, dans une vitrine spéciale, celle léguée par Marcel Mars dans son testament, avec un beau paysage de Valain. — L'attention est aussi attirée par des œuvres originales de Rubens, Jordaens, Prud'hon, Gros, Cabat, Lantara, Desfriches, Tony Johannot, par deux beaux tableaux à l'huile représentant l'un, *la femme adultère*, et l'autre, *le Denier de César*. — Enfin le portrait de Just Veillat et plusieurs tableaux de sa main.

L'administration municipale a eu l'heureuse idée de faire exécuter pour son musée un moulage en plâtre du tombeau de saint Ludre.

Sous l'escalier du musée et dans la cour de la mairie, sont des débris antiques provenant des fouilles de Saint-Marcel et des ruines de l'abbaye de Déols. On a fait dresser récemment, contre le mur de la cour, une cheminée curieuse qui était au château de Mazières. Nous avons parlé (p. 164) d'une tombe d'un prieur de Saint-Gildas, entourée d'une inscription et placée aussi dans la cour de la mairie. — Il serait à souhaiter qu'on pût arriver à recouvrir cette cour d'un vitrage pour y constituer un musée de pierre.

Il existe une société du musée, fondée par J. Veillat; elle se divise en trois sections : Beaux-arts, archéologie et histoire naturelle. Son bureau se compose comme il suit : Président d'honneur, M. le Préfet; président, M. le Maire; conservateur principal, M. Émile Barboux; secrétaire, M. Le Grand; trésorier, M. Grumel. Il est à regretter qu'elle ne se réunisse pas régulièrement et qu'elle n'adresse pas à ses adhérents un bulletin annuel (1).

(1) Au mois de juin de cette année 1873, la Société française d'Archéologie est venue tenir sa session annuelle à Châteauroux. Le directeur, M. de Cougny, a insisté pour l'établissement dans notre ville d'une société d'archéologie. Tout annonce que cette fondation aura lieu et que le concours de tous les hommes distingués du département de l'Indre nous fera explorer et connaître toutes ses richesses.

# CHAPITRE QUATRIÈME.

## ADMINISTRATION JUDICIAIRE.

L'administration judiciaire a déjà été considérée dans son origine. Lorsque la puissance de la royauté eut grandi, elle établit, tout en conservant les bailliages, l'appel de la justice en son parlement. Nous avons à examiner d'abord l'administration ancienne, puis nous nous occuperons de l'administration moderne.

### ARTICLE PREMIER.
#### Administration judiciaire ancienne.

Dans l'administration judiciaire ancienne on distinguait la juridiction du bailliage et celle de l'élection.

##### § I$^{er}$. — Juridiction du bailliage.

Voyons d'abord l'organisation de cette juridiction ; nous donnerons ensuite la liste des officiers qui y ont rempli des fonctions.

I. *Organisation de la justice du bailliage.* — La formation des bailliages ne date que du XIII$^e$ siècle. Auprès du bailli se trouvait le procureur fiscal qui représentait l'intérêt du seigneur, du faible, des mineurs et requérait par écrit, et l'avocat fiscal qui pour eux prenait la parole aux audiences. — On distinguait la juridiction du bailliage de Châteauroux en justice foncière et en justice de ressort. La première s'étendait aux paroisses dont les procès se jugeaient en première instance, la seconde aux seigneuries ayant une justice particulière dont les sentences se relevaient par appel au bailliage. — Les appels du bailliage de Châteauroux se faisaient à celui de Bourges, sauf pour la rue d'Indre qui relevait du bailliage de Blois.

En 1616, Henri II de Condé ayant obtenu du roi Louis XIII l'érection de la terre de Châteauroux en duché-pairie, et par suite la réunion de la rue d'Indre à la justice foncière de cette ville, les décisions sur appel des châtellenies et justices subalternes ne relevèrent plus du bailliage d'Issoudun. La ville de Châteauroux prit, depuis cette époque, un notable accroissement. Les offices de justice, de procureurs, de notaires y retinrent et y attirèrent la bourgeoisie et les commerçants. Le prince de Condé retira également, de l'extension de la justice de son duché-pairie, un profit considérable, car la seigneurie d'une terre concédait alors les charges de justice moyennant finance. Ces offices prirent eux-mêmes une plus grande valeur par l'extension du ressort. Henri II obtint encore à son profit la création de nouveaux offices de procureurs et d'huissiers ; il fit créer, en outre, deux conseillers au bailliage. Le titre de bailli fut changé en celui de lieutenant général et celui de lieutenant en lieutenant criminel. Le bailliage de Châteauroux avait dans son ressort 146 paroisses en totalité et 14 en partie (1). Ses audiences se tenaient trois fois par semaine (2).

II. *Officiers du bailliage.* — Nous ne ferons qu'indiquer, dans la liste qui va suivre, les noms qui ont laissé des souvenirs.

MM. Lejay ; Mars ; Bouilhat, seigneur de Coings ; Fougueau, seigneur de La Bernaise ; Crublier, seigneur de La Tremblaire ; Crublier de Chandaire ; Crublier de Corbilly ; Crublier de La Rivière ; Bonnin, seigneur de Grangeroux ; Bonnin, seigneur de Treuillault ; de Beaumont ; Yvert ; Gaulin, seigneur de Marban ; Couturier ; Parthon ; Guymon de Brelay ; Guymon de La-Touche ; Penier ; Blanchard de Valençay ; Savary ; Moreau ; Henri Bertrand ; Briaune ; Tolozé de La Garenne, conseiller rapporteur du point d'honneur ; Lecapelain ; Legrand (3).

Nous trouvons, dans une pièce manuscrite fort intéressante que M. Jules Duris-Dufresne a bien voulu nous communiquer (4), le *tableau du bailliage* en date du 10 mai 1770 ; le voici :

---

(1) Raynal. T. I. p. LXV.

(2) Les officiers du bailliage se rendaient au palais en costume. Les huissiers étaient tenus d'aller, les jours d'audience, les chercher à leurs demeures et les y reconduisaient. — A la rentrée des vacances, le bailliage assistait à la messe du Saint-Esprit célébrée en l'église Saint-André ; il s'y rendait également le jour de la fête de Saint-Yves, patron des avocats et des gens de loi.

(3) La liste complète des officiers du bailliage a été recueillie depuis 1609 par la personne indiquée à la page 463.

(4) Calendrier des *vaccations* du bailliage du Berry, siége royal de Châteauroux, fait, délibéré et arrêté en la Chambre du Conseil du pa-

*Magistrats.* MM. Antoine-François Bonnin, seigneur de Treuillault, conseiller du roi, président, lieutenant-général civil et de police, commissaire enquêteur et examinateur. — N. lieutenant-général criminel. — Jean Guymon de La Touche, conseiller du roi, assesseur civil et criminel. — Henri Bertrand, conseiller du roi. — Antoine-Joseph Lecapelain, conseiller du roi. — Léon Crublier de Chandaire père, conseiller honoraire du roi.

*Gens du roi.* MM. Étienne-Sulpice Parthon, avocat du roi. — Jean Crublier de Chandaire fils, procureur du roi. — Pierre Moreau, substitut.

*Greffiers.* Antoine Briaune, greffier en chef. — Pierre Colombier, greffier expéditionnaire.

*Avocats exerçants.* MM. Crublier de Saint-Cyran. — Moreau. — Cartier du Bouché. — Delaleuf. — Legrand. — Boëry.

*Procureurs.* MM. Bonjouan de La Varenne. — Delaleuf. — Basset-Malard. — Briaune. — Blanchard. — Basset-Dupuy. — Durand de Vilbertaud. — Moreau Delouche — Ledoux l'aîné. — Bourdillon. — Pascaud. — Ledoux le jeune.

*Huissiers.* MM. Blanchard-Pineau. — Blanchard l'aîné. — Alély.

### § II. — Juridiction de l'élection.

Comme pour le bailliage, nous dirons d'abord quelques mots de l'organisation de la juridiction de l'élection, puis nous indiquerons quelques-uns de ses fonctionnaires.

I. *Organisation de la juridiction de l'élection.* — On nommait élection une juridiction d'officiers qui connaissait en première instance des différends concer-

lais royal de Châteauroux, par nous Antoine-François Bonnin, seigneur de Treuillault, etc., lieutenant général etc., et autres MM. les officiers du bailliage, les avocats et procureurs, le jeudi 10 mai 1770.

nant les tailles, subsides, aides et autres impôts. Ce nom vient de ce que, dans l'origine, ces fonctions étaient données à l'élection. En 1578, les charges des élus furent érigées en offices et vendues avec le titre de conseillers du roi. En 1579, sous le règne de Henri III, les officiers de l'élection de Châteauroux virent condamner la prétention qu'ils avaient de connaître de la levée des octrois de cette ville. La juridiction de l'élection se composait d'un président, d'un lieutenant et de deux élus. Il y avait un procureur du roi et un greffier. C'était une justice royale ; ses officiers avaient le pas, dans les cérémonies, après ceux du bailliage. — Henri II de Condé avait, à l'élection de Châteauroux, le droit d'occuper, dans la chapelle de Saint-André, le banc que les seigneurs de La Tour-Landry y avaient fait établir. — Les appels des sentences de l'élection de Châteauroux se relevaient à la cour des aides de Paris.

II. *Officiers de l'élection.* — Parmi ces officiers, voici quelques noms que nous avons recueillis :

MM. Mallard ; Blanchard ; Pénier ; Pommier de Pontmallet ; Ledoux, sieur de Fleurandry ; Delacoux de Mesnard ; Boyer ; Guymon, élu ; Michel Guymon ; Savary ; Lecomte ; Patureau ; Mousseaux; Crublier de Grand'Maison; Crublier des Crubliers; Crublier de Grangeroux; Crublier de Saint-Cyran; Robert, médecin; Douard de Fresne; Boëry ; Selleron ; Prévost; Delaleuf.

### ARTICLE DEUXIÈME.
#### Administration judiciaire moderne.

A l'époque de la révolution et depuis, l'administration judiciaire a subi de grands changements. Nous allons les mentionner et nous donnerons ensuite le nom des principaux magistrats qui ont occupé les diverses fonctions de notre magistrature.

### § Ier. — Organisation judiciaire depuis 1789.

Elle se distingue en deux époques: pendant la révolution et après la révolution.

I. *Pendant la révolution*. — L'Assemblée nationale décida que l'ordre judiciaire serait reconstitué en entier. Par le décret des 16-24 août 1790 furent créés les tribunaux de district, et Châteauroux eut un tribunal composé de cinq juges élus pour six années et de quatre suppléants. Près de ce tribunal siégeait un officier chargé des fonctions du ministère public et portant le titre de commissaire du roi, et un greffier, avec deux commis greffiers, étaient attachés à ce tribunal. — Aux tribunaux de district établis par l'Assemblée constituante, la constitution de l'an III substitua des tribunaux de département, composés de vingt juges au moins, élus pour cinq ans, et Châteauroux eut un tribunal de cette sorte jusqu'en l'an VIII.

Quant à la juridiction criminelle, elle fut organisée par le décret des 20 janvier-25 février 1791, qui créa, dans chaque département, un tribunal criminel, composé d'un président nommé par les électeurs du département, et de trois juges pris chacun, tous les trois mois et par tour, dans les tribunaux du district, le président excepté, avec un accusateur public nommé par les électeurs, un commissaire du roi et un greffier.

II. *Depuis la Révolution*. — La loi du 27 ventôse an VIII, organisa les tribunaux d'arrondissement, tels à peu près qu'ils existent encore aujourd'hui, et sous l'empire de cette loi, le tribunal de Châteauroux se composa de quatre juges et de trois suppléants, avec un commissaire du gouvernement et un greffier. Le président dut être choisi, tous les trois ans, parmi les juges par le premier consul, qui nommait également le greffier, lequel, d'après la loi de 1790, était élu par les juges. — Le sénatus-consulte du 26 floréal an XII, sans apporter de modifications dans les tribunaux, donna aux commissaires du gouvernement le titre de procureurs impériaux. — L'empire institua et organisa des juges auditeurs auprès des tribunaux par les décrets du 16 mars 1808. — Par le décret du 18 août 1810, le tribunal de Châteauroux fut composé de neuf juges avec quatre suppléants, d'un procureur impérial et de deux substituts, avec un greffier et deux commis greffiers. Les juges auditeurs furent supprimés par la loi du 10 décembre 1830. Enfin, par un décret des 12-24 du même mois, le nombre des juges a été réduit à sept. C'est la dernière modification qui ait été apportée dans la composition du tribunal de Châteauroux.

Les tribunaux criminels furent supprimés par la loi du 27 ventôse an VIII qui en organisa de nouveaux, dont un dans chaque département, et celui de l'Indre, séant à Châteauroux, fut composé d'un président, choisi tous les ans par le premier consul parmi les juges du tribunal d'appel, de deux juges et de deux suppléants, d'un commissaire du gouvernement et d'un greffier. Enfin, ces derniers tribunaux, appelés cours criminelles, ont été supprimés par la loi du 20-30 avril 1810, qui, avec le décret du 6 juillet 1810, a organisé les cours d'assises à peu près comme elles existent encore aujourd'hui. D'après la loi de 1810, les cours d'assises étaient composées d'un président, pris parmi les conseillers de la cour d'appel, et de quatre juges, pris parmi les juges du tribunal civil. A la cour d'assises était attaché un procureur impérial criminel. La loi du 4 mars 1831 a réduit à trois le nombre des conseillers ou juges appelés à composer la cour d'assises. Cette dernière juridiction criminelle est encore en vigueur aujourd'hui.

Le tribunal de première instance de Châteauroux relève de la cour d'appel de Bourges.

### § II. — Fonctionnaires de la magistrature à partir de la Révolution.

Nous ferons l'énumération de ces fonctionnaires pendant la révolution, et depuis cette époque jusqu'à nos jours.

I. *Pendant la Révolution.* — Les noms des magistrats du tribunal de district et du tribunal criminel sont les suivants :

*Tribunal de district.* — De 1790 jusqu'au 4 mai 1791, Bonnin de Treuillault, président ; Guymon de La Touche, Lecapelain, juges ; Prévost et Gilbert Desjobert, suppléants ; Nicolas Crublier de Chandaire, commissaire du roi. — Le 18 décembre 1790, Henri Bertrand, accusateur public. — 1792, le tribunal est composé de Antoine-François Bonnin, Guymon de La Touche, Lecapelain, Jérôme Legrand, juges; N. Crublier de Chandaire, commissaire du roi. (A dater du mois d'octobre, les jugements sont rendus au nom de la nation.) — 1793, Guymon de La Touche est président; Turquet, Blanchard, Boëry et Pascaud, juges; Guérineau, suppléant; Belleau, commissaire national. — En cette année 1793, le tribunal criminel est composé de Joseph Bertrand de Greuille fils, accusateur public; André Jaymebon, président; Louis Turquet, Pierre Néraud et Gaillard, juges (statuant après la déclaration du jury). — En l'an III, au tribunal du district, Boëry est remplacé par Legrand; Veillat de Galle est juge. — Au 28 nivôse de l'an IV, Jean Blanchard fait les fonctions de la deuxième section du tribunal civil du département; Desjobert, Soumain, Auclerc sont juges. — En l'an V, Guérineau est président; Néraud, Perrot, Puvreau et Baudichon, juges.

II. *Depuis la Révolution.* — Nous nous bornerons à indiquer les noms et l'époque des nominations des présidents et des procureurs impériaux, royaux ou de la république de notre tribunal civil.

*Présidents* : MM. Guérineau, 1804; — Boëry, 1818; — Moreau-Lucas, 1819; — Diard, 1830; — Duhail, 1842; — Lemor, 1848; — Patureau-Miran, 1858; — Dubois, 1872. — M. Jaymebon fut président de la cour de justice criminelle tant qu'elle exista.

*Procureurs, chefs de parquet* : MM. Blanchard, procureur impérial, 1804; — Bertrand de Greuille, 1805; — Blanchard, 1816; — Bertrand de Greuille, 1819; — Edmond Charlemagne, 1829; — Girard de Vasson, 1842; — Prothade Martinet, 1859; — de Beauregard, 1852; — Baucheton, 1856; — Hardouin, 1858; — Ragon, 1861; — Adenise de La Rozerie, 1856; — Dopffer, 27 septembre 1870; — Pouradier-Dutheil, 8 mai 1871 (1).

(1) Avant l'agrandissement de l'ancien tribunal, les juges n'y ayant pas de vestiaire se rendaient encore, revêtus de leurs robes et de leurs

## § III. — Services divers auprès du tribunal de première instance.

Il nous paraît inutile d'indiquer pour notre époque les noms des personnes qui composent ces divers services ; ce ne serait qu'une copie des almanachs de l'année. Il suffira d'établir :

1° Que le greffe est composé d'un greffier et de deux commis greffiers ;
2° Qu'en ce moment neuf avocats sont inscrits au tableau ;
3° Que sept avoués sont en exercice ;
4° Ainsi que cinq huissiers ;
5° Qu'il existe un bureau d'assistance judiciaire ;
6° Que notre ville possède cinq notaires ;
7° Un commissaire-priseur.

## § IV. — Justice de paix.

*1. Organisation de cette justice.* — Par décret des 16-24 août 1790 sur l'organisation judiciaire, il a été ordonné qu'il y aurait dans chaque canton un juge de paix et des prud'hommes comme assesseurs ; que le juge de paix et quatre notables destinés à faire les fonctions d'assesseurs du juge de paix seraient élus pour deux ans ; et que le juge de paix siégerait assisté de deux assesseurs et d'un secrétaire greffier. — En conséquence de ce décret et de celui des 1er-10 décembre relatif à la constitution des justices de paix, il a été installé à Châteauroux un juge de paix jugeant

---

bonnets, de leur domicile à l'audience. — Un usage surtout, usage qui existait aussi pour les avocats, c'était d'étaler leurs longs cheveux poudrés. Après l'audience, le perruquier venait les relever en queue ou en tresses.

assisté de deux prud'hommes assesseurs et d'un secrétaire greffier.

Par le décret du 29 ventôse an IX (20 mars 1801), les assesseurs des justices de paix ont été supprimés, et il a été ordonné qu'à l'avenir le juge de paix siégerait seul, qu'en cas d'empêchement il serait remplacé par un suppléant, et qu'à cet effet il y aurait deux suppléants, et un greffier.

Le décret du 28 floréal an X (18 mai 1803) a supprimé, tant pour le juge de paix que pour ses suppléants, le principe de l'élection, et, à partir de cette époque, ces magistrats sont devenus révocables, et ont été nommés par le pouvoir exécutif comme tous les autres membres de la magistrature.

*II. Juges de paix depuis l'origine.* — MM Mallard, 1791. — Selleron, 1792. — Devaux, 1793. — Godin, 1797. — Selleron, 1698. — Simon, 1799. — Delhomme 1801. — Selleron, 1803. — Claveau-Cartier, 1824. — Malbay de Lavigerie, 1831. — Thabaud-Bussière, 1836. — Lafaye, 1848. — Musnier, 1848. — Vidal, 1873.

### § V. — Tribunal de Commerce

*I. Organisation de ce tribunal.* — Le décret des 16-24 août 1790 sur l'organisation judiciaire ordonnait qu'il serait établi un tribunal de commerce dans les villes où l'administration du département en formerait la demande, et que chaque tribunal de commerce serait composé de cinq juges élus pour deux ans et renouvelés tous les ans par moitié, et d'un greffier. En conséquence de ce décret et de la loi des

14-24 septembre 1807, il a été créé, par le décret du 6 octobre 1809, un tribunal de commerce à Châteauroux, composé d'un président, de quatre juges et de quatre suppléants, tous élus par les notables commerçants, et d'un greffier.

*II. Présidents du tribunal de commerce depuis l'origine.* — Nous intercalerons dans cette liste la manière dont ces présidents ont été nommés suivant les époques.

*Élection par les négociants, banquiers, marchands et fabricants de la ville et commune de Châteauroux.*

1791, M. Patureau (François). — An IV, M. Grillon-Brauderie. — An VIII, M. Patureau (François.) — An X, M. Grillon-Brauderie.

*Élection par 25 notables commerçants.*

1810, M. Grillon-Brauderie. — 1812, M. Patureau, fils aîné. — 1814, M. Grillon-Brauderie. — 1817, M. Godard, fils aîné. — 1819, M. Grillon-Brauderie. — 1821, M. Claveau-Martineau. — 1823, M. Grillon-Brauderie. — 1826, M. Godard, fils aîné. — 1826, M. Desgrey, aîné.

*Élections par 30 notables commerçants.*

1831, M. Godard, fils aîné. — 1833, M. Muret de Bort. — 1835, M. Claveau-Martineau. — 1837, M. Godard, fils aîné. — 1839, M. Muret de Bort. — 1843, M. Délibéré-Duret. — 1845, M. Muret de Bort. — 1847, M. Muret de Bort.

*Élection par le suffrage de tous les commerçants de l'arrondissement.*

1848, M. Muret de Bort. — 1849, M. Ollivier (Hippolyte.)

*Élection par 30 notables.*

1850, M. Muret de Bort. — 1853, M. Trumeau (Pierre-Théophile). — 1855, M. Muret de Bort. — 1857, M. Ollier. — 1858, M. Trumeau. — 1859, M. Damourette (Claude.) — 1860, M. Bonnichon (Antoine.) — 1862, M. Bonnichon. — 1864, M. Gaudet (Edmond.) — 1866, M. Gaudet. — 1868, M. Pauplin-Trotignon.

*Élection par le suffrage de tous les commerçants de l'arrondissement.*

1871, Pauplin-Trotignon.

## ARTICLE TROISIÈME.

### Archives du palais de justice.

On trouve au greffe du palais de justice un état sommaire des registres et papiers qui constituent les archives [1]. Cet état sommaire est divisé en deux parties principales : archives avant 1790, et archives depuis 1790. Nous croyons devoir le transcrire ici.

### § Iᵉʳ. — Archives avant 1790.

Justices seigneuriales. Minutes depuis 1400. — Bailliage de Châteauroux. — Duché. — Élection de 1600 à 1790. — Bailliage d'Issoudun, de 1651 à 1790. — Bailliage de Châtillon, de 1705 à 1792. — Marquisat du Blanc (bailliage, élection, tribunal de district.) Argenton (élection, grenier à sel, district). — Buzançais (comté et bailliage). — Valençay (justice seigneuriale). — Justices diverses. — Minutes de notaires.

[1] Cet état sommaire a été fait à l'occasion du transport des archives de l'ancien tribunal dans le palais de justice actuel. Il porte la date du 17 septembre 1857, et il est signé par M. Gauthier, greffier en chef.

## § II. — Archives après 1790.

Tribunal du district de Châteauroux, créé par la loi du 24 août 1790.

Tribunal de département établi à Châteauroux, divisé en deux sections, créé par la loi du 5 fructidor an III.

Registres. — Tribunal de première instance, créé par la loi du 27 ventôse an VIII. — Jugements civils. — Renonciations et acceptations bénéficiaires.

Papiers et registres divers concernant principalement la partie correctionnelle et criminelle. — Procédures forestières. — Affaires correctionnelles jugées sur appels. — Procédures criminelles. — Cours d'assises. — Arrêts rendus en matière criminelle. — Appels. — Jugements correctionnels. — Pourvois en cassation. — Interdictions. — Casier. — Papiers divers en matière civile appartenant aux tribunaux de district, de département et de première instance qui se sont succédé depuis 1790. — Adjudications et ordres. — Adjudications seules. — Ordres et distributions. — Référés. — Expropriations pour cause d'utilité publique. — Rôles. — Droits de greffe. — Nomination de fonctionnaires et officiers ministériels. — Répertoires. — Délibérations du tribunal. — Pièces annexées à l'état civil. — Bulletin des lois.

En tout 3,414 pièces.

### ARTICLE QUATRIÈME.
#### Nouveau Palais de Justice.

Il a été question, dans le chapitre consacré à l'administration municipale, du local de l'ancien tribunal. Nous avons à nous occuper maintenant du palais de Justice actuel. Cet édifice, placé sur la partie antérieure du Bois-des-Capucins, est dû à M. Dauvergne, architecte du département, qui a mis deux ans à l'élever. Il a été livré en 1855. M. le Préfet

Loyer, depuis conseiller d'État, en a posé la première pierre.

Les divers services sont au rez-de-chaussée. La distribution en est commode et très-complète ; on reproche à ce rez-de-chaussée d'être trop surbaissé, ce qui ôte de la grâce à l'ensemble de l'édifice ; mais cela tient, d'après l'architecte, à ce que, par économie, on a réduit deux mètres de son soubassement. Au premier étage, il y a trois belles salles pour le tribunal civil, le tribunal de commerce et les assises. On arrive au vestibule ou salle des Pas-Perdus, qui est d'un bel aspect, par un vaste escalier dont la plate-forme est surmontée d'un fronton d'une hauteur disproportionnée ; disposition qui a été nécessitée par un passage souterrain qui relie le palais de Justice avec la prison.

L'édifice est dans le style néo-grec, adopté depuis le premier Empire pour les constructions de cette espèce.

Le devis primitif, qui s'élevait à 297,000 francs, a été réduit à 200,000. Le département a fourni cette somme, sauf 40,000 francs qui ont été mis à la charge de la ville pour représenter ce que le département avait payé dans la construction de l'ancien tribunal qui lui a été abandonné. La ville a concédé de plus l'emplacement. Cette somme de 200,000 francs paraît modique en raison des dimensions de la construction et du nombre des services auxquels il a fallu satisfaire.

# CHAPITRE CINQUIÈME.

### ADMINISTRATION ET ÉTAT MILITAIRES.

Ce chapitre contient l'historique des anciennes forces militaires, l'administration et l'état des forces militaires modernes, ainsi que les établissements de la guerre.

#### ARTICLE PREMIER.
#### Des anciennes forces militaires à Châteauroux.

Ces forces consistaient dans la milice bourgeoise et dans la maréchaussée.

##### § I<sup>er</sup>. — Milice bourgeoise.

Occupons-nous de l'organisation de cette milice et de son personnel.

*I. Organisation de la milice.* — La milice bourgeoise, qui existait à Châteauroux avant la révolution, était divisée en trois compagnies : celle du quartier de la porte Saint-Denis, celle du quartier de la porte aux Guédons, et celle du quartier de Saint-Gildas. Chaque compagnie avait un drapeau. On distribuait des prix pour le tir, et cette cérémonie avait une certaine solennité. La milice était appelée à maintenir le bon ordre et à faire des patrouilles, à porter secours dans les incendies ; elle était convoquée pour toutes les cérémonies.

*II. Officiers de la milice.* — Avant 1694, les officiers de la milice bourgeoise étaient à la nomination des habitants ; mais, par un édit de cette même année, le roi créa, en titre d'office, un colonel, un major, trois capitaines et quatre lieutenants. Ces officiers étaient sous les ordres du maire. — Il ne sera pas sans intérêt de recueillir quelques noms des chefs de cette milice : nous trouvons ceux de Michel Parthon, sieur de Von ; de Pierre Libault, sieur de La Saura et du sieur Guymon des Écharbeaux.

### § II. — Maréchaussée.

La maréchaussée était, comme à présent, un corps à cheval, établi pour parcourir les campagnes, empêcher les désordres, arrêter les vagabonds, les malfaiteurs, etc. C'était la seule force de l'État qui résidât à Châteauroux. Examinons, comme pour la milice, son organisation et son personnel.

*I. Organisation de la maréchaussée.* — Pour exercer leurs fonctions, les archers de la maréchaussée avaient des commissions scéllées du grand sceau. Ils prêtaient serment. Ils pouvaient assigner les témoins et signifier les actes nécessaires à l'instruction des procès prévôtaux. Ils jouissaient de l'exemption de la collecte et de quelques autres immunités.

*II. Officiers de la maréchaussée.* — Voici quelques noms de ces anciens fonctionnaires. Le 6 mai 1773, le roi nomma Jérôme Legrand aux fonctions d'assesseur de la maréchaussée du Berry, à la résidence de Châteauroux ; Jean-Baptiste Savary-Destournets à celles de procureur du roi, et Durand de Villebertaut à celles de greffier. Par lettres patentes du 18 février 1774, Gabriel Douard de Fresne, lieutenant de la maréchaussée à Châtillon-sur-Indre, fut appelé à Châteauroux pour y remplir les mêmes fonctions, et il lui fut accordé des lettres de dispense à cause de sa parenté avec Savary-Destournets, son oncle. Nous trouvons encore, en 1784, Thabaud de Bois-la-Reine, prévôt des maréchaux, comme successeur de Roger du Plessis, et, en 1789, Henri Bertrand, conseiller au bailliage, est reçu assesseur de la maréchaussée de Châteauroux, en l'absence de Joseph Legrand, député aux États généraux.

### ARTICLE DEUXIÈME.

#### Forces militaires modernes.

La division de la France en départements a motivé l'organisation militaire moderne. Toutefois, pendant la révolution, il n'y eut, en fait de force militaire, que la garde nationale et la gendarmerie. Ce n'est qu'à l'époque du Consulat et de l'Empire que l'organisation militaire s'est nettement établie. Nous avons eu alors habituellement à Châteauroux un général de brigade commandant le département. Nous verrons, en parlant de la subdivision, les modifications qu'elle a reçues aux différentes époques.

Commençons par nous occuper de la garde nationale, puis il sera question de la subdivision militaire, de la garnison et de la gendarmerie ; un dernier paragraphe fera mention du passage des troupes.

### § I<sup>er</sup>. — Garde nationale.

La garde nationale, dont nous avons vu l'origine à la page 491, fut une sorte d'imitation de la milice bourgeoise. Formée d'abord spontanément, son organisation fut réglée par un décret de 1791 ; mais, en 1792, elle fut décomposée et remplacée par des gens soldés. Ce fut par cette nouvelle garde que nos honorables concitoyens étaient surveillés pendant leur détention dans le couvent des Religieuses. Désarmée au 13 vendémiaire, la garde nationale fut réorganisée en 1805 et mobilisée en 1806. A cette époque, notre garde nationale fut commandée par M. André Girard de Vasson. Une nouvelle réorganisation eut lieu en 1814, et le 13 mai de cette année, le comte d'Artois fut nommé colonel-général de toutes les gardes nationales du royaume ; les officiers étaient à la nomination du roi. — En 1815, Napoléon se servit de la garde nationale pour la défense des frontières. Nous avons dit que, lorsqu'il se rendit à Rochefort, après la bataille de Waterloo, il y trouva un bataillon de la garde nationale du département de l'Indre (1). — Négligée sous la restauration, la loi du 22 mars 1831 réorganisa la garde nationale dans tout le royaume ; elle forma alors une masse imposante qui, sous certains rapports, remplaçait l'armée, démoralisée par la Révolution de 1830. Nous avons noté aussi qu'à cette époque, celle de Châteauroux, commandée par M. Eugène Grillon et M. Urbain de Vasson, se fit remarquer par sa bonne tenue, et nous avons raconté son rôle dans l'expédition sur Issoudun. — Le 10 août 1848, le commissaire A. Fleury réorganisa la garde nationale à Châteauroux et dans l'Indre, d'après un arrêté du ministre de l'intérieur en date du 26 mars. On n'a pas oublié son départ pour Paris au mois de juin suivant, lorsque le général Cavaignac fit un appel aux gardes nationales des départements. — Enfin un décret des 11-22 janvier 1852 a dissous les gardes nationales de France, sauf à réorganiser des bataillons là où le besoin s'en ferait sentir, et le gouvernement présidentiel de M. Thiers les a définitivement supprimées à la suite de la grande insurrection de la Commune.

## § II. — Subdivision militaire.

La subdivision de Châteauroux a toujours relevé de la division de Bourges ; mais celle-ci a changé plusieurs fois de numéro. En 1804, c'était la 21ᵉ, plus tard ce fut la 15ᵉ. En cette année 1804, l'empereur, pour donner une plus grande importance à la fon-

---

(1) M. Talbot, ancien notaire à Châteauroux, commandait une compagnie.

dation de la Légion d'honneur, divisa celle-ci en cohortes, et Châteauroux appartint à la 15°. A cette époque, la force armée de Châteauroux fut composée de six compagnies d'infanterie, d'une compagnie de vétérans et de deux brigades de gendarmerie ; ces brigades faisaient partie de la 6° légion et du 12° escadron de cette arme.

Nous rappellerons ici le nom des généraux qui ont commandé notre département.

En 1804, le général de brigade Ruby, remplissait cette fonction ; en 1808, c'était le général Suden ; en 1815, une nouvelle organisation eut lieu : les départements de l'Indre et de la Creuse formèrent une subdivision, dont le quartier général fut à Châteauroux. Cette subdivision fut commandée par le baron Amey, général de division. — Dans la même année, on rétablit la subdivision de Châteauroux et elle fut confiée au maréchal de camp baron Moreau. En 1816, il fut remplacé par le général Oméara. — En 1820, la subdivision fut supprimée et les affaires militaires se traitèrent directement à Bourges. — Une subdivision composée de deux départements (le Cher et l'Indre) eut encore lieu en 1823 : ce fut le lieutenant-général baron Bruny qui en eut le commandement. — La subdivision de Châteauroux fut rétablie en 1824, et nous avons vu y arriver le général vicomte de Saint-Geniez ; en 1832, le général Verbigier de Saint-Paul ; en 1839, le général vicomte de Rigny ; en 1853, le général Delhomme ; en 1856, le général comte de Clérambault ; en 1860, le général de Lavaucoupet ; en 1868, le général de Fontanges ; en 1869, le général Signorino ; en 1870, le général baron de Montfort. — Pendant la guerre avec la Prusse, on nous envoya le général de Cheffontaines ; après lui, le colonel de gendarmerie Delorme fut chargé du service. — Enfin, aujourd'hui, c'est M. le général Ferri-Pisani qui est à la tête de la subdivision.

Le général de brigade qui commande les forces militaires du département de l'Indre a pour aide de camp un capitaine d'état-major et pour officier d'ordonnance un lieutenant.

La subdivision comprend, en outre, un sous-intendant militaire, lequel emploie pour ses bureaux deux officiers d'administration, un garde du génie, un capitaine commandant le recrutement, un lieutenant adjoint et deux sergents.

Le général habite une maison affermée par le ministère de la guerre.

### § III. — La garnison.

Comme Châteauroux, autrefois, n'avait point de casernes, il ne pouvait recevoir de garnison. Il est mention, cependant qu'avant 1789, quelques fragments de corps ont résidé à plusieurs reprises. Les officiers logeaient dans les auberges et les soldats là où l'on pouvait les placer. — Depuis la création des casernes, notre ville a pu recevoir quelques bataillons d'infanterie, quelques escadrons de cavalerie et même une batterie d'artillerie. Aujourd'hui la garnison est formée par le premier régiment du train des équipages (sauf quelques compagnies qui sont détachées à Lyon ou à Versailles.)

### § IV. — La gendarmerie.

Le lieutenant-colonel chef de la légion de la gendarmerie réside à Bourges. La compagnie de l'Indre est commandée par un chef d'escadron. Cet officier supérieur a auprès de lui un sous-lieutenant trésorier, un maréchal-des-logis adjoint au trésorier, un capitaine commandant l'arrondissement de Châteauroux, un maréchal-des-logis chef, un brigadier à cheval et un brigadier à pied, 12 gendarmes, 8 à cheval et 4 à pied. La gendarmerie est soumise aux ordres du général commandant la subdivision. Elle a son quartier sur la place Lafayette. On a loué, moyennant 6,500 francs, pour la loger, l'ancien hôtel de la Promenade, et l'on a dépensé 37,000 francs pour approprier le local.

### § V. — Passage des troupes.

Nous avons parlé des nombreux passages de troupes qui avaient eu lieu sous le premier empire pendant les six années qu'a duré la guerre d'Espagne, ainsi qu'en 1815, lorsque l'armée de la Loire fut licenciée dans les départements du centre. Les changements de garnison sont une occasion assez fréquente de ces passages. L'absence d'une caserne pour loger ces troupes se fait péniblement sentir dans les faubourgs, dont les habitants, n'ayant souvent qu'un lit, sont obligés de le céder ou d'en partager les parties. Dans la dernière guerre avec la Prusse, si funeste pour notre malheureuse patrie, les mobiles et les mobilisés des départements du midi ont fait de longs séjours à Châteauroux, et, après la défaite de l'armée de la Loire, nous les avons reçus, mêlés à des troupes de ligne, dans le plus déplorable état. Toutes les salles publiques, tous les locaux de la ville avaient été requis pour leur donner asile. Lorsqu'on eut la pensée de défendre la ligne de la Creuse, il se trouva, pendant quelques jours, 25,000 hommes dans notre ville ; on y avait aussi amené de l'artillerie.

### ARTICLE TROISIÈME.

#### Établissements militaires.

Ces établissements consistent dans le parc de construction et la caserne des ouvriers de ce parc, ainsi que dans plusieurs autres casernes.

§ Ier. — **Parc de construction des équipages militaires ; caserne des ouvriers de ce parc.**

Le 12 juin 1787, M. Grillon des Chapelles acheta l'emplacement où est à présent le train des équipages, avec les bâtiments qui s'y trouvaient [1]. Cet emplacement, qui faisait partie du château du Parc, est magnifique par son étendue, sa situation le long de l'Indre et sa vue sur la prairie. M. Grillon des Chapelles, son fils [2], l'a revendu à l'État, le 29 août 1818, moyennant 20,000 francs.

L'État, pour y établir le parc de construction des équipages militaires, y a fait construire de suite deux grands bâtiments, et, en 1822, de vastes hangars. On y a ajouté, il y a peu d'années, trois groupes de docks, dans la partie basse du terrain. En ce mo-

---

(1) C'est dans ces bâtiments que, pendant le blocus continental, on avait essayé d'établir une fabrique de sucre de betterave ; cette opération, confiée à M. Grillon-Villeclair, n'avait produit aucun résultat.

(2) Père de l'auteur des *Esquisses biographiques*, etc.

ment ces docks contiennent 1,500 voitures de tous les modèles, et 7,000 harnais au complet.

Depuis la nouvelle organisation, le parc construit les voitures pour le matériel du génie.

Les matières premières se composent de bois en grume, de fers, d'outils, de cuirs, de cordes, de quincailleries, de matières pour peintures. Les bois sont achetés dans le pays, ainsi que la quincaillerie et les huiles. Les fers sont tirés des forges de la Nièvre, ainsi que les limes et les tôles. La fabrication de ces matières est surveillée par une commission d'officiers d'artillerie résidant à Nevers. — Tous les magasins sont parfaitement tenus.

Le parc de Châteauroux doit constamment avoir en magasin de quoi mettre sur le pied de guerre un demi régiment du train. Il se borne à faire des distributions à cette arme. — On dépense par an 40,000 francs pour le matériel des voitures et 20,000 francs pour le harnachement.

Par suite du décret de 1852 et des décrets complétifs, le personnel du parc de construction se compose d'un chef d'escadron commandant le parc, de deux capitaines et deux lieutenants. Ces officiers forment l'état-major et sont chargés des écritures et des approvisionnements de l'établissement. Il y a, en outre, treize employés pour la tenue des magasins et la comptabilité-matière ; l'un d'eux est chargé de la comptabilité-finance.

Le service du train des équipages, dans lequel on construit tous les moyens de transport (le matériel roulant, ainsi que celui à dos de mulet, pour vivres, fourrages, ambulances et campements), relève du ministère de la guerre, cinquième direction, bureau de l'intendance.

Une *compagnie d'ouvriers* est attachée au parc de construction. Aujourd'hui, on en emploie deux cents ; cet effectif s'augmente beaucoup en temps de guerre. Ces ouvriers gagnent 70 centimes par jour ; mais, à la tâche, leur salaire peut s'élever à 1 franc 25 et à 1 franc 50. Pour commander cette compagnie, il y a deux capitaines, deux lieutenants, deux sous-lieutenants et dix sous-officiers ; ceux-ci ont la surveillance des travaux, tandis que les officiers en ont la direction. — La compagnie d'ouvriers est logée dans une caserne très-saine attenant au parc de construction. Cette caserne date de 1846.

Le parc de construction des équipages militaires a joué un rôle important pendant la dernière guerre. Il a été obligé de cesser de construire par lui-même, ses soldats ouvriers ayant été appelés sous les drapeaux ; mais les officiers dirigeaient les constructions demandées à l'industrie privée. En même temps il équipait et formait des sections qui rejoignaient continuellement les corps d'armée. — Le parc de Vernon avait été évacué à Châteauroux ; lorsque la ville d'Orléans fut de nouveau occupée par l'ennemi, on crut prudent d'évacuer sur Toulouse tout le matériel renfermé dans l'établissement de Châteauroux.

Depuis le 1er janvier 1872, le train des équipages

militaires fait partie de l'administration de l'artillerie.

### § II. — Les casernes.

Nous avons dit un mot, dans l'article précédent, de la caserne des ouvriers du parc de construction. Il y en a trois autres dont nous avons maintenant à nous occuper.

I. *Caserne du Champ-aux-pages.* — Cette caserne est située en face de celle des ouvriers du parc de construction. L'emplacement qu'elle occupe est assez considérable. Trois bâtiments la composent : un au fond, et deux sur les côtés ; chacun a un premier étage et des mansardes. L'entrée de la caserne est constituée par une belle grille de fer. Les bâtiments ont été commencés en 1844 et n'ont été complétés qu'en 1854. Ils ont été faits par le génie militaire. On ne marchait qu'à mesure que des fonds étaient votés. Le tout a coûté 300,000 francs.

La caserne peut contenir 112 chevaux et 379 hommes. Il serait possible d'y réunir une bien plus grande quantité de chevaux, en faisant des écuries tout autour de l'emplacement, et beaucoup plus d'hommes en élevant la caserne d'un étage ou en prolongeant ses bâtiments. — Ce quartier renferme les magasins, ateliers et logements des maîtres ouvriers ; une cantine avec logement des blanchisseuses (cantinières) ; une infirmerie pour 18 malades ; une forge et une salle d'escrime. Dans la cour, il y a :

1° une écurie-infirmerie pour les chevaux blessés; (les chevaux douteux et les contagieux sont isolés); 2° cuisine, latrines, fourneau (système François Vaillant) à 6 marmites de 75 litres chacune; 3° magasin à poudre pour munitions réglementaires d'une contenance de 6 barils de 50 kilogrammes.

II. *Caserne des Cordeliers.* — Ce casernement est l'ancien couvent des Cordeliers dont on trouvera l'histoire dans le chapitre suivant. On y a construit de grandes écuries et les bâtiments ont été réparés. 94 chevaux et 188 hommes peuvent y être logés. Les inspecteurs militaires se plaignent constamment du mauvais état et de l'insalubrité de ces bâtiments, ce qui n'étonnera pas quand on apprendra qu'ils datent de près de 700 ans. Ce quartier adossé à l'église Saint-André est, d'ailleurs, une chose déplorable. Les cérémonies du culte sont constamment troublées par le bruit des trompettes. On ne saurait assez désirer qu'une nouvelle construction de casernes permette d'en faire sortir les militaires.

III. *Quartier Veillat.* — Cette caserne, construite en 1848, a été destinée à recevoir des chevaux. Son propriétaire, M. Veillat, qui était un grand agriculteur, avait eu pour but de recueillir le fumier pour ses exploitations. L'emplacement, situé sur le côté droit de l'avenue de Déols, est assez considérable; il est entouré d'écuries et de greniers. Il y a aussi des logements pour les cavaliers. 240 chevaux et 358 hommes peuvent y trouver place. — Ce quartier est loué à la ville, par les héritiers de M. Veillat pour la somme de neuf mille francs (y compris la caserne des Cordeliers qui appartient aux mêmes personnes). On reconnaît qu'il est tellement défectueux et insuffisant qu'on s'occupe de le remplacer (1).

Pendant la dernière guerre, le quartier Veillat a servi à loger des mobiles, des mobilisés et des troupes de ligne. Le bâtiment de gauche, destiné à des écuries, avait été transformé en ambulance ; à cet effet on l'avait garni de mauvais lits. Le grenier au-dessus était destiné à recevoir les varioleux.

### § IV. — Nourriture des hommes et des chevaux de la garnison.

Le gouvernement s'est occupé d'abord lui-même de nourrir les hommes et les chevaux de la garnison. Un officier comptable faisait toutes les acquisitions de vivres et de fourrages. Vers 1853, ce service a été mis à l'entreprise. Il y a deux entrepreneurs distincts, l'un pour les vivres et l'autre pour les fourrages. La fourniture de la viande est adjugée par trimestre ; mais la prochaine adjudication sera faite pour l'année. La fourniture du pain et du fourrage est concédée pour toute l'année. Les adjudications se font pour toutes les troupes du département, briga-

---

(1) Le Conseil municipal, désirant avoir en garnison un régiment de cavalerie pour augmenter le produit de son octroi, a pris des renseignements d'où il résulte qu'il faudrait dépenser pour cela douze cent mille francs, dépense dont l'État payerait la moitié. Il a voté 400,000 francs et le conseil général 200,000 francs. La loi relative au casernement des troupes n'étant pas encore rendue, on ne sait pas si les offres de la ville seront acceptées.

des de gendarmerie comprises (1). Le grand magasin de fourrages de la rue de la Bouquerie est loué par l'État qui s'en fait rembourser par l'entreprise.

(1) Chaque homme reçoit par jour 750 grammes de pain et 250 grammes de viande. Les fournitures accessoires sont payées avec l'ordinaire (retenue). — On donne aux chevaux de trait du train et à ceux des gendarmes 5 kilogrammes de foin, 5 kilogrammes de paille, et 3 kilogrammes 800 grammes d'avoine.

# CHAPITRE SIXIÈME.

## ADMINISTRATION DES FORÊTS.

Comme pour les autres administrations, nous examinerons l'état ancien et l'état moderne.

### ARTICLE PREMIER.

#### Administration et justice des eaux et forêts dans l'ancien régime.

Il y avait autrefois, dans la seigneurie de Châteauroux, une administration et justice des eaux et forêts (1). Occupons-nous d'abord de l'historique de cette administration ; nous indiquerons ensuite son personnel.

*I. Historique et organisation de l'administration ancienne.* — La nécessité de soumettre les forêts à un régime particulier se fit sentir dès le XVI° siècle. Depuis François I°ʳ jusqu'à Henri IV, des ordonnances nombreuses déterminèrent les règles à imposer aux forêts appartenant au roi, aux princes, aux communautés religieuses et aux particuliers. On créa les offices suivants: maître particulier, lieutenant,

---

(1) Il y avait aussi une administration subalterne qu'on appelait *gruerie*. La gruerie était une juridiction où les officiers, commis pour la garde des bois et forêts, jugeaient les délits et dommages qui s'y commettaient.

conseiller, gardes-marteau, procureur du roi, greffier.

La célèbre ordonnance de 1669 réglementait d'une manière générale la police, la conservation des forêts et la répression des délits. Un grand nombre d'arrêts de l'ancien conseil, d'arrêtés, de décrets, d'ordonnances intervenus sur des objets spéciaux, formait la jurisprudence ; puis à côté de ces débris législatifs et judiciaires de l'ancien régime, venaient se placer les lois des 15-29 septembre 1791 et 16 nivôse an IX sur l'administration forestière, celle du 19 ventôse an X sur l'administration des biens communaux, et enfin celle du 9 floréal an XI sur le régime des bois appartenant aux particuliers, aux communes et aux établissements publics. Il n'était pas toujours facile de discerner, au milieu de ces dispositions éparses, celles qui avaient pu survivre aux modifications apportées par le temps aux formes du gouvernement et des institutions judiciaires.

La loi des 15-29 septembre 1791 voulut remédier à cet état de choses, en déterminant les bois qui seraient soumis au régime de l'administration publique et ceux qui en seraient affranchis. Ce fut à cette époque que l'administration des eaux fut séparée de celle des forêts et attribuée en grande partie à l'administration des ponts-et-chaussées. La loi de 1827 constitua le code général des forêts actuellement en vigueur [1].

[1] Cours de l'école forestière, communiqué à l'auteur par M. Laurent, inspecteur des forêts, à Châteauroux.

*II.ˉOfficiers de l'administration ancienne.* — Voici ce que nous avons pu recueillir à ce sujet :

En 1612, lors de l'acquisition de la terre de Châteauroux par Henri II de Condé, François de Sceaux, capitaine du château, était maître des eaux et forêts de la seigneurie, et Claude Mars, bailli, était lieutenant, (Voir page 360). — Nous trouvons, en 1614, la création d'un office de procureur fiscal des eaux et forêts de Châteauroux en faveur de Claude Vigner (1). — En 1677, le sieur Bridajou est conseiller des eaux et forêts.— En 1714, Gabriel Patault est maître particulier et juge. — 1721, Antoine Boyer, procureur fiscal.— 1722, Henri Bertrand, seigneur de Greuille, maître des eaux et forêts, et subdélégué. — 1731, Paul Bertrand, maître particulier. — 1741, Guillaume Godin, greffier de la maîtrise. — 1752, Jean-Michel Savary-Destournets, lieutenant des eaux et forêts (en même temps que receveur du bureau général du tabac). — 1723, Bertrand de Greuille, maître particulier; Catherinot, garde-marteau; Penier de La Rue, procureur du roi, et Godin, greffier. — 1769, Charles Grillon d'Anvault, lieutenant de la maîtrise. — 1775, François Crublier de Saint-Cyran, garde-marteau. — 1778, Henri Bertrand, maître particulier.

## ARTICLE DEUXIÈME.

### Administration des forêts dans les temps actuels.

Les attributions de l'administration actuelle des forêts ont pour objet la conservation, la surveillance, l'exploitation, l'amélioration des bois et des forêts soumis au régime forestier, et la poursuite des délits. Cette administration est encore chargée de faire exécuter les lois générales sur la chasse dans les bois et

---

(1) En 1615, un bail du greffe des eaux et forêts est fait moyennant 142 livres par an.

forêts de l'État, des communes et des établissements publics. Elle doit, en outre, surveiller les bois des particuliers en ce qui concerne le défrichement. Enfin, elle est chargée du reboisement et du gazonnement des montagnes.

Châteauroux n'est le siége que d'une inspection qui appartient à la 20° conservation; cette conservation est composée des départements du Cher, de l'Indre et de la Nièvre; son siége est à Bourges. Un commis est attaché à l'inspection. — Le département de l'Indre est divisé en deux cantonnements: le premier comprend les arrondissements de Châteauroux, du Blanc et de La Châtre; le second, l'arrondissement d'Issoudun. Un sous-inspecteur, qui réside également à Châteauroux, est chargé du premier cantonnement. Deux brigades, la première formée de trois gardes et d'un brigadier, au Poinçonnet, la seconde de quatre gardes et d'un brigadier, à Dressais, sont attachées à ce premier cantonnement; il y a, en outre, quatre gardes cantonniers et deux communaux.

Un garde général stagiaire réside aussi à Châteauroux.

*Service de la Louveterie.* — On doit joindre ce service à celui de l'administration des forêts. La destruction des loups a été, de tout temps, l'objet de mesures générales. François I$^{er}$ créa, en 1500, une charge de grand louvetier. Des ordonnances successives établirent des rassemblements d'hommes à ce sujet. Un arrêté de pluviôse an V fit rechercher les moyens les plus efficaces, et un règlement de 1814 détermina, dans chaque département, le mode de nomination des lieutenants de louveterie, leurs uniformes, leurs avantages, et spécifia les primes à accorder (louve pleine, 18 fr.; non pleine, 15 fr.; louveteau, 6 francs.

Nos almanachs n'indiquent le personnel du service de la louveterie qu'après 1830 ; nous voyons alors figurer successivement, pour l'arrondissement de Châteauroux, MM. de Saint-Cyran, de Menou, de Montagnac, de Béthune-Sully, de Châteauvillars, de Fougères, Auguste Verdier, Bernardeau-Lambron. Aujourd'hui MM. Jallerat et Ch. Lelarge sont chargés de ce service.

# CHAPITRE SEPTIÈME.

## COUVENTS.

Les anciens couvents étaient au nombre de trois : le couvent des Cordeliers, celui des Capucins et celui de la Congrégation de Notre-Dame. Ces couvents ont pris fin à la révolution de 1789. Il y a aujourd'hui trois autres couvents de date récente : celui des Pères rédemptoristes, celui des Clarisses et celui des sœurs de l'Espérance. Nous allons nous occuper de tous ces couvents dans une série d'articles.

### ARTICLE PREMIER.
#### Couvent des Cordeliers.

Le couvent des Cordeliers, ou de l'ordre de Saint-François, dont l'église forme aujourd'hui celle de la paroisse Saint-André, a été le premier de cet ordre fondé en France. Il était un des plus importants. Pour en faire l'histoire, nous avons à notre disposition une série de documents, parmi lesquels nous devons citer le fonds des Cordeliers, qui se trouve aux archives de la préfecture.

*Fondation du couvent.* Guillaume Ier de Chauvigny, seigneur de Châteauroux, est le fondateur de ce couvent. Ce seigneur étant venu à Rome, en 1212, pour rendre ses hommages au prince de l'église, alors Innocent III, avait résolu, à l'exemple de plusieurs seigneurs de son temps, de fonder un monastère. Pendant son séjour à Rome, le nom de Saint-François était dans toutes les bouches, et la renommée de ses miracles préoccupait tous les esprits.

Saint François, né à Assise, en Ombrie, l'an 1182, avait trente ans à cette époque. A 24 ans, il avait quitté le monde, abandonné ses biens, fait vœu de pauvreté, et s'était consacré tout entier à la prédication et aux œuvres pieuses. De nombreux disciples s'étaient rassemblés autour de lui, et, en 1208, il avait fondé un ordre qu'il nomma, par humilité, *Frères Mineurs*; il leur donna une règle qui fut approuvée en 1215 par le pape. Il défendait à ses disciples de rien posséder en propre, leur prescrivait de vivre d'aumônes et de se répandre par toute la terre pour convertir les pécheurs et les infidèles.

Le baron de Châteauroux désira connaître cet homme extraordinaire. Comme tous ceux qui l'approchaient, il subit la douce influence de sa vertu; il admira sa haute pauvreté, son entier détachement des choses terrestres, son zèle pour les intérêts de Dieu. Il crut qu'il rendrait un service inappréciable, non-seulement à sa ville, mais encore à toute sa principauté, s'il pouvait fixer, au chef-lieu de son petit état, quelques-uns des disciples de ce saint homme.

Il se trouvait en même temps à Rome le frère *Filponti*, prêtre romain, qui, touché des vertus et surtout de l'humble abnégation de François, avait renoncé également au monde pour s'attacher à cet illustre serviteur de Dieu, et avait voulu embrasser son genre de vie. Il était entré, en 1210, chez les Frères Mineurs ; un an plus tard, après son noviciat, avait eu lieu son admission définitive dans l'ordre.

Guillaume de Chauvigny ayant fait part de son désir à saint François, celui-ci jeta les yeux sur Filponti pour cette mission. Il lui adjoignit un frère, car il n'était pas d'usage qu'il envoyât seuls ses enfants. Il fit entendre à Filponti les paroles qu'il avait coutume d'adresser dans ces occasions solennelles. Les religieux destinés à la France se prosternèrent aux pieds de leur chef, qui les bénit, les pressa contre son cœur et dit à chacun d'eux, avec le prophète : « Abandonnez au Seigneur le soin de tout ce qui vous concerne, et lui-même se chargera de vous nourrir. » La piété, la modestie et la grande pauvreté de ces religieux affermirent l'estime de Chauvigny pour eux.

Guillaume de Chauvigny quitta l'Italie. Arrivé à Châteauroux, il présenta Filponti à sa famille et aux habitants de la ville, et il fit connaître quelles merveilles François et ses enfants opéraient au-delà des monts.

Faut-il attribuer aux circonstances que nous venons de retracer le surnom de *Bonencontre* sous lequel Filponti fut connu à Châteauroux et en Berry, ou bien François lui-même, touché des éminentes vertus de ce digne prêtre et heureux de l'avoir trouvé pour en faire un des siens et lui conférer une mission importante, lui aura-t-il donné ce surnom, comme il donna plus tard celui de *Bonaventure* au jeune fils de Fidensa? M. l'abbé Damourette, qui a fait ce récit dans la *Semaine religieuse* du Berry (1), nous paraît pencher vers cette dernière supposition, comme étant en conformité avec les habitudes de François.

Le bienheureux Bonencontre, accueilli à Châteauroux avec une grande faveur, et soutenu par Guillaume, dont la puissance s'étendait au loin, entreprit la construction d'un grand couvent et d'une vaste église. Ces constructions, placées alors bien en dehors de la ville, furent fortifiées. Une tour, appelée tour Saint-Claude, était placée du côté du chœur.

*Consécration de l'église.* Trois ans plus tard, le 1ᵉʳ mai 1216, Girard de Cros, archevêque de Bourges, patriarche, primat des Aquitaines et successeur immédiat de saint Guillaume, vint à Châteauroux consacrer à Dieu, sous le vocable de l'apôtre saint Jean l'évangéliste, l'église des Franciscains et bénir leur couvent encore inachevé.

Cette consécration, disent les historiens, fut un jour solennel de fête pour la ville, de grande joie pour Bonencontre et son puissant protecteur et de douce consolation pour les pauvres.

Les soins, les labeurs, la munificence de Guillaume de Chauvigny ne tardèrent pas à donner au couvent tout son développement, et bientôt des novices en grand nombre vinrent se ranger sous la conduite du

---

(1) Du 14 septembre 1867.

bienheureux Bonencontre. En peu de temps, il se forma une communauté fervente.

Les franciscains ou religieux de l'ordre de saint François ont été connus sous différents noms : Frères Mineurs, Grands Frères, Conventuels de Saint-François, Frères de l'Observance, Cordeliers. Ce dernier nom devint le plus commun. Voici, dit-on, à quelle occasion il leur fut donné : Dans la croisade de saint Louis, après un combat dans lequel les Frères Mineurs ne s'étaient pas ménagés, un seigneur qui en faisait le récit, ne trouvant pas le nom des religieux qui avaient tant contribué à la victoire, ne put les distinguer qu'en disant : *Les religieux qui sont liés avec des cordes.*

Les Cordeliers étaient originairement habillés de gris. Dès avant Ganganelli (Clément XIV), qui avait été cordelier, leur costume avait été mis en noir. Ce pape y a joint une mosette noire.

*Visite de saint Antoine de Padoue.* Environ dix ans après la consécration de l'église, un hôte illustre, un vénérable apôtre, honora le couvent de Châteauroux de sa visite ; c'était saint Antoine de Padoue, le thaumaturge, le grand prédicateur dont la réputation égalait presque celle de saint François.

Antoine, né à Lisbonne en 1195, après s'être fait religieux de saint François, s'était embarqué pour aller en Afrique convertir les infidèles. Un coup de vent l'ayant jeté en Italie, il s'y arrêta et y fit briller ses talents pour la théologie et la prédication. Il n'avait que trente-un ans lorsque sa mission l'appela à Bourges, où l'un de nos plus grands archevêques, Simon de Sully, cardinal et légat du pape Honorius III, lui confia le soin de travailler à la conversion des Albigeois. En se rendant dans cette ville, où ses prédications devaient être autorisées par d'éclatants miracles, Antoine se reposa de son long voyage dans le couvent de Châteauroux. La cellule habitée par ce saint était celle à l'usage du maître des novices. Une tradition porte qu'il donna des leçons de théologie aux frères, avides d'entendre un homme dont le savoir égalait l'éloquence. Ces leçons, Antoine les donnait dans les diverses établissements où il s'arrêtait, afin de communiquer aux jeunes religieux le feu dont son cœur était embrasé.

Bonencontre s'occupait avec lui de la prédication. C'est à leur zèle que l'on doit rapporter l'institution de la confrérie du Saint-Sacrement, qui a édifié, pendant tant de siècles, la ville de Châteauroux. Ces pieux laïques étaient au nombre de plus de deux cents pères de famille. Cette association, sans être riche, entretenait la paroisse de Saint-Denis de tout ce qui lui était nécessaire pour célébrer avec pompe les cérémonies religieuses. L'habit de ses membres ressemblait au costume des Cordeliers.

*Mort de Bonencontre.* Après avoir mené une vie exemplaire et avoir maintenu dans l'esprit de ses religieux les maximes de saint François, Bonencontre mourut dans son couvent, le 4 octobre 1230, quatre ans après le trépas de son bon maître.

Son corps fut déposé dans la nef de l'église, au bas

des degrés par où l'on monte au chœur, du côté de la voie publique, devant l'autel de saint François. « Des miracles nombreux, dit M. l'abbé Damourette, s'opérèrent sur sa tombe et accrurent, après sa mort, la réputation de sainteté qu'il avait eue pendant sa vie. » Les fidèles de Châteauroux et des environs, ainsi que les religieux du couvent, honorèrent sa mémoire avec une grande ferveur.

Une balustrade en bois renfermait la tombe, qui était élevée à six pouces au-dessus du pavé de l'église. Un concours de peuple prenait de la pierre de cette tombe ; plusieurs *ex voto* l'ornaient. On y remarquait un tableau représentant un Félix de Poix voué à saint François (1).

*Description du couvent.* « Le monastère des Cor-

---

(1) Sur des indications fournies par l'obituaire des Cordeliers, M. de Quincerot, curé de Saint-André, a fait commencer, le 28 juin 1871, des travaux pour découvrir les restes du bienheureux Bonencontre. On ne tarda pas à arriver sur une petite arcade, placée le long du mur de l'église. Elle se composait de deux rangs de moëllons, recouverts par de plus grands, le tout scellé avec du mortier. Les os reposaient sur la terre nue ; les pieds étaient dirigés vers le chœur de l'église. M. le curé, en présence de ses vicaires, de M. l'abbé Verdier, aumônier du lycée, et de quelques autres personnes, recueillit avec respect les ossements dans une serviette et y apposa un cachet de cire rouge ; puis il les enferma dans une caisse de bois blanc qu'il scella également avec soin en présence des mêmes personnes. Mgr l'archevêque de Bourges, ayant pensé que ces restes précieux devaient être conservés dans l'église, M. de Quincerot fit disposer dans le mur, au-dessus du tombeau, une petite niche au-dessous de laquelle les reliques de Bonencontre, renfermées dans une seconde caisse en plomb, furent placées dans une crédence. Sur le côté gauche de la petite niche, on a fixé une inscription en pierre relative à un *obit*, qui n'a aucun rapport avec le tombeau du bienheureux.

deliers, dit La Thaumassière, est situé en la rue Basse, sous les murs de la ville et sur la pente du coteau de l'Indre. » Ce ne fut donc qu'après lui qu'on l'enferma dans l'enceinte urbaine, comme on le voit sur le plan de Châteauroux de 1783.

L'église est spacieuse, mais sans transept. Il y avait au fond une chapelle carrée, dédiée à Saint-Claude, vis-à-vis de laquelle était située la tour de ce nom; cette tour était renfermée dans le couvent. Une peinture à fresque, placée au-dessous de l'orgue et qu'on a détruite dans la révolution de 1789, représentait les moines dans leur premier costume, qui était de couleur grise. Grand nombre de ces religieux étaient chargés d'une croix qu'ils portaient à la suite de Jésus-Christ.

Le cloître était vaste, soutenu de chaque côté par quatorze doubles piliers; ceux des quatre coins étaient à quatre colonnes. La pierre qui les formait était très-dure. Tout le long du cloître, du côté de l'Orient, se trouvait un vaste promenoir soutenu par quatre grands piliers; au bout était le chapitre, sous lequel on avait établi deux chambres qui servaient de prison pour les religieux délinquants. Au passage qui conduisait au cloître, il existait une bibliothèque considérable. Au-dessus du cloître étaient deux dortoirs, l'un plus grand que l'autre, dont la vue plongeait sur les prairies et la rivière d'Indre. Vers le couchant, on apercevait l'abbaye de Saint-Gildas; vers l'orient et le septentrion, le couvent des Religieuses ou congrégation de Notre-Dame, et la célèbre abbaye de Déols.

A l'extrémité du petit dortoir était la chambre qui fut habitée par saint Antoine de Padoue.

Le réfectoire annonçait que cette maison pouvait contenir une grande quantité de religieux et d'élèves. Il était décoré d'une chaire en pierre et orné de vitraux très-bien peints dans le genre du célèbre Cousin. A l'extrémité de cette salle, on remarquait une chapelle où les élèves faisaient l'office.

Il y avait deux jardins, l'un plus élevé que l'autre ; ils étaient arrosés par trois belles sources d'eau vive, d'où sortaient des ruisseaux. La première de huit pieds en carré, fort haute et profonde, était au-dessous de la cuisine ; elle servait à distribuer l'eau par tout le couvent. La seconde, de même largeur, était dans le jardin haut. La troisième, plus grande et plus agréable que les deux autres, était dans le jardin bas (1).

*Histoire spéciale du couvent des Cordeliers.* Il y a véritablement lieu de s'étonner qu'on ne connaisse presque en aucune façon les détails de l'existence de ce couvent, dont la durée a été de près de six siècles. Très-peu de documents particuliers se trouvent aux archives de la préfecture, et il est même douteux qu'on en rencontre ailleurs. On en a peut-être l'explication dans la règle de saint François, si l'on se rappelle que ce saint recommande de préférer les pratiques de

---

(1) J'ai entre les mains un plan du couvent des Cordeliers, qui se trouvait parmi des titres appartenant à M. Veillat et qu'il a bien voulu me confier. On y trouve toutes les parties décrites par La Thaumassière.

l'oraison à l'étude des lettres humaines. Toutefois, quelques hommes distingués par leur savoir et leur talent de prédication se sont fait remarquer dans le couvent. Parmi eux, on doit mentionner le P. Péan, auteur d'une chronique des princes de Déols et barons de Châteauroux.

On ignore donc absolument la série des noms des directeurs de cet établissement, ainsi que les événements qui ont dû s'y passer pendant un laps de temps aussi considérable. Ce n'est qu'en parcourant l'obituaire et les livres de dépenses, dont nous parlerons plus loin, qu'on peut saisir quelques bribes de ce long mystère.

Le couvent était dirigé par un *custos* ou gardien. Voici quelques noms de ces pères que nous retirons du cahos des registres, et encore l'écriture est si mauvaise qu'on ne peut en garantir l'exactitude : en 1699, le R. P. Berge ; en 1712, le R. P. Sehon ; en 1715, le R. P. Lafon ; en 1777, le R. P. Mallard ; en 1779, le R. P. Pineau ; en 1781, le R. P. Valleray ; en 1786, le R. P. Selleron ; en 1787 et jusqu'à la fin du couvent, le R. P. Galland.

Nous trouvons encore que le couvent des Cordeliers a été visité, en 1776, par le père provincial ; qu'il a reçu, en 1779, cette même visite et qu'elle a occasionné 27 livres de frais. En 1785, la visite a été faite par le R. P. François Bernard, ministre provincial ; le même en a fait une autre l'année suivante. En 1787, on mentionne la visite du R. P. Brunet, supérieur. Tous les comptes du couvent étaient, à ce qu'on indique quelquefois, soumis à ces chefs d'ordre.

On remarque, dans ces comptes, quelques aménités en faveur du père gardien. C'est ainsi qu'on lui concède, pour robe et chapeau, 42 livres 5 sous ; pour mouchoirs, 12 livres ; pour bas et jarretières, 5 livres 10 sous ; pour souliers, 4 livres 5 sous ; pour tabac, 3 livres 3 sous.

Cet ordre avait des administrateurs temporels ; nous notons parmi ceux-ci : en 1701, Philippe Dupuis, conseiller du roi ; en 1728, maître Bernard, Philippe, procureur du duché-pairie de Châteauroux ; en 1752, Bonin ; le dernier père temporel était M. Crublier de Chandaire.

Quand on est privé de renseignements essentiels, on se rattache aux plus petites indications. Nous reproduisons, à ce titre, le fait suivant : « En 1650, Antoine Ratier, tailleur, demeurant au faubourg, veut qu'au jour de son enterrement, si faire se peut, ou le lendemain, il soit dit et célébré, dans l'église du couvent des Cordeliers, un service à trois grandes messes, avec diacre et sous-diacre, qu'à la dernière d'icelles le *dies iræ*, et qu'il y soit fait offerte de treize petits pains, treize terriers de vin et treize cierges. »

La ville payait aux Cordeliers, depuis un temps immémorial, 20 livres d'aumône, appelée l'*aumône de beurre*, pour le sermon de la dominicale dans les églises de Saint-André et de Saint-Denis. Les mêmes religieux recevaient 60 livres pour une messe qu'ils disaient, alternativement avec les Capucins, tous les dimanches et fêtes (excepté les annuelles et l'octave du Saint-Sacrement) à onze heures, pour la commodité des voyageurs, des vieillards et des convalescents [1].

Des abus graves s'étaient sans doute introduits dans le couvent, puisque, selon nos historiens, Guy III de Chauvigny, qui régna de 1422 à 1482, fit deux voyages à Rome pour en obtenir la réforme. Cependant ce prince, ainsi qu'on l'a vu (page 297), fonda trois autres couvents du même ordre, par lettres patentes du 14 septembre 1459, les deux premiers à Argenton, le troisième au Plaix, près de Cluis.

Nous trouvons encore qu'en 1614, permission fut donnée aux Cordeliers, par le prince de Condé, de renfermer en leur enclos les sources de la fontaine et les jardins bas; on a vu, en effet, que ces annexes s'y trouvaient à l'époque de la publication de l'ouvrage de La Thaumassière, c'est-à-dire en 1690.

*Fin du couvent.* Dès 1766, il fallait que le couvent eut beaucoup décliné, car les religieux donnaient en location, moyennant 40 livres de rente et 15 livres de pot-de-vin, à Christophe Claveau, négociant, et à Solange Berthet, son épouse, la partie des terrains hauts et bas au-devant des grands corps de bâtiments. Le bail est fait par Galland, gardien, et Girard prêtre. — L'année suivante, le ministre provincial des

---

[1] Archives municipales. Communication de M. Hubert, archiviste.

religieux mineurs conventuels de la province de Touraine autorisait le père gardien et les religieux du couvent de Châteauroux à arrenter aux mêmes époux Claveau, une portion de la maison conventuelle pour en former une manufacture de draps et une filature ; cette portion contenait le prédicatoire, le chapitre et tout le haut, ainsi que la plus grande partie du petit carré du jardin du couvent, en face du cours d'eau qui devait leur servir de lavoir; pour cela, ils devaient payer annuellement et à perpétuité une somme de 300 livres.

La révolution de 1789 mit fin à l'existence du couvent des Cordeliers, qui devint propriété nationale (1).

*Inventaire du couvent en* 1790. Un inventaire, fait le 2 mai 1790, en conséquence des lettres patentes du roi du 26 mars, sur décrets de l'Assemblée nationale du 20 février, et dressé par Cartier, maire, Basset, Mallard, Blanchard, Degalle et Guérineau, officiers municipaux, et par Bourdillon-Basset, secrétaire-greffier, et signé par F. Galland, gardien, et Louis Bourruche, prêtre, nous fait connaître l'état des affaires et des possessions du couvent des Cordeliers.

(1) Le couvent des Cordeliers avait eu beaucoup à souffrir en 1569. Il était tombé aux mains des hérétiques qui le dépouillèrent et brûlèrent ses archives. Des meurtres furent commis : Le lecteur du couvent, Pierre Odion, fut attiré près d'Ausan et y fut massacré dans une embuscade. Un autre religieux, gardien de la maison, le père Guy Lallemand, fut atteint au bourg de Saint-Genou où il fut mis à mort avec une perfide cruauté. — Desplanque. *Pillage de quelques abbayes de l'Indre.* (Comptes-rendus de la Société du Berry. 7º année, p. 186.)

45

On va voir, par l'énumération succincte que nous allons présenter, que cet établissement était loin d'être fortuné, ce qui se comprend en se rappelant que les ordres de saint François faisaient vœu de pauvreté.

Dans la sacristie, on trouva deux calices, un soleil ou ostensoir, un ciboire, une croix, un encensoir, un bassin et deux burettes en argent (le tout pesant 23 marcs, y compris trois couverts d'argent); deux bénitiers, une lampe, six petits chandeliers en cuivre. Dix-huit nappes d'autel, dix garnitures d'autel, dix-sept aubes, neuf surplis et douze amicts, quelques corporaux et purificatoires étaient en très-mauvais état. Les ornements consistaient en une chasuble rouge et deux dalmatiques, une chasuble violette et deux dalmatiques, une chasuble verte, deux chasubles blanches, une rouge, une noire avec deux dalmatiques, douze chapes de différentes couleurs, vingt-un devants d'autel, le tout paraissant être de la fondation du couvent, à en juger par la vétusté.

Pour tous meubles, il n'y avait dans les chambres que huit matelas, six couettes, six traversins, neuf couvertures de laine, cinq paillasses, cinq bois de lit; trois de ces lits avaient de très-mauvais rideaux. — Quant au linge, on ne trouva que neuf douzaines de serviettes tant anciennes que neuves, quelques essuie-mains et tabliers de cuisine, et dix paires de draps vieux et neufs. — La cuisine était garnie des objets nécessaires à une petite communauté et le réfectoire contenait à peine les meubles indispensables.

Une trentaine de volumes détachés constituaient toute la bibliothèque, qu'on a vu avoir été considérable.

Vérification faite du couvent, les commissaires reconnurent qu'il n'était plus composé que de six chambres en état, dont quatre à feu (l'une servant d'infirmerie), une cuisine, un petit réfectoire ou salle, et un ancien réfectoire non habitable.

L'église était en bon état. Il y avait un petit buffet d'orgues délabré. Le morceau de menuiserie sculptée, paraissant ancien, et dont il sera question plus tard, recouvrait le maître-autel.

Les commissaires, s'étant fait représenter les registres des recettes et dépenses, ont constaté que celui des recettes faites par le P. Galland, gardien, depuis le 1er juin 1787, jusque y compris le 2 mai 1790, s'est trouvé monter à la somme de 9,558 livres 8 sous, et celui des dépenses à 11,084 livres 18 sous; d'où il résulte que la dépense excédait la recette de 1,526 livres 10 sous; l'excédant se trouvait dû au P. Galland.

Les religieux devaient à une série de fournisseurs une somme de 1,207 livres 18 sous. Leurs créances n'étaient que de 527 livres 11 sous. Leurs dettes excédaient donc leurs créances de 680 livres 7 sous. En y comprenant la somme de 1,526 livres 10 sous que le P. Galland réclamait, il résultait, en définitive, que la communauté était redevable, tant aux particuliers qu'au P. Galland, de la somme de 2,206 livres 17 sous.

L'inventaire des papiers indiquait cinquante-quatre dossiers, lesquels se trouvent aux archives de la préfecture dans le fonds des Cordeliers. Ils contiennent tous les titres de rentes ou donations qui appartenaient à la communauté.

En conformité des lettres patentes du roi sur les mêmes décrets de l'Assemblée nationale, les religieux ont déclaré, savoir : René-Gille Galland, gardien, âgé de 58 ans, vouloir rester dans une communauté de son ordre et de sa province, particulièrement dans la communauté d'affiliation de la ville de Niort, sa patrie, si elle était du nombre de celles conservées, ou dans une communauté adjacente ; préalablement ledit P. Galland désirait être instruit des nouvelles constitutions et du nouveau régime dicté à MM. les commissaires par l'Assemblée nationale, conformément au décret du 21 avril ; — et frère Louis Bourruche, prêtre affilié à Poitiers, âgé de 30 ans, a déclaré vouloir se retirer à Châtellerault, en Poitou, chez sa mère qui avait besoin de ses secours.

On laissa, à la charge et garde desdits religieux, tout ce qui s'était trouvé dans la maison pour en faire la représentation à qui il appartiendrait.

Il n'est pas mention des autres religieux qui, à l'époque de cet inventaire, pouvaient se trouver dans le couvent. Il est probable qu'ils étaient partis. Les six chambres mentionnées semblent indiquer le nombre de ceux qui y étaient au moment de la révolution. L'obituaire nous apprend qu'au XV⁰ siècle, en 1482, il y en avait cinquante ; ce nombre a dû être dépassé, si l'on considère l'étendue des constructions.

*Registre des dépenses du couvent.* Dans le même fonds des Cordeliers, nous avons encore trouvé un registre non dépourvu d'intérêt. Il contient 894 feuillets cotés et paraphés par le P. Jean Benoist, et Marion, scribe du directoire. Sa destination n'était autre que d'inscrire toutes les mises et dépenses de la maison. Il est signé par frère Jean-Augustin Charrier, bachelier de Sorbonne, ancien lecteur en théologie, custode de la custodie de Touraine, et nommé commissaire pour la première visite du T. R. P. Bernard, docteur en Sorbonne et provincial des conventuels de la province de Touraine. Ce registre, qui porte en tête la date du 14 septembre 1773, indique la nature et le prix des vivres à l'usage des religieux. Nous nous bornerons à noter que la dépense d'un trimestre, par exemple celle du premier de 1774, s'était élevée à 341 livres 16 sous ([1]).

---

([1]) Le registre, ainsi que l'inventaire, sont arrêtés de la manière suivante :

Nous, officiers municipaux de la ville de Châteauroux, en conformité des lettres patentes du roi du 28 mars sur décrets de l'Assemblée nationale des 20 février, 19 et 20 mars derniers, avons arrêté l'inventaire et le présent registre des dépenses faites par le P. Galland, gardien, ainsi qu'il suit, etc.

Fait et arrêté au couvent des Cordeliers le 22 mai 1790.

Bourdillon-Basset ; Basset-Mallard ; Guérineau ; Blanchard ; Degalle ; Cartier ; Bourruche, prêtre.

*Obituaire des Cordeliers* (¹). L'église des Cordeliers a servi de sépulture, non-seulement à beaucoup de seigneurs de Châteauroux, mais encore à un grand nombre de personnes distinguées de la ville et des environs. Comme il n'y avait point de caveaux, les inhumations se faisaient sous les dalles de l'église, et, sur ces dalles, on inscrivait les noms et les titres des décédés (²). A cet égard, de curieux renseignements nous sont fournis par un obituaire qui fait partie des pièces composant le fonds des Cordeliers. C'est un cahier très-allongé, relié en parchemin ; on lit sur la couverture l'indication suivante :

Dans ce livre doivent être inscrits : 1° les fondateurs et seigneurs de céans ; 2° les religieux qui meurent céans ; 3° les religieux de céans qui meurent ès-autres couvents et ailleurs ; 4° les principaux et plus recommandables pères de l'ordre et de cette... ; 5° tous ceux qui sont inhumés céans ; 6° ceux qui laissent quelques legs ou rentes céans, quoique inhumés ailleurs ; 7° les principaux bienfaiteurs et meilleurs amis, nobles et habitants de cette ville et lieux circonvoisins, qui ont le plus obligé et assisté de leurs biens, grâces et faveurs, tout le couvent en général et les pauvres religieux en particulier.

---

(1) Cet obituaire était entre les mains de M. le conseiller d'État Edmond Charlemagne, qui l'a remis aux archives du département. M. Crublier de Chandaire, son beau-père, l'avait conservé en sa qualité de dernier père temporel des Cordeliers.

(2) Les religieux avaient dans l'intérieur du couvent un cimetière particulier.

Cet obituaire s'étend de l'an 1220 à l'an 1782, c'est-à-dire qu'il comprend quatre cent soixante-deux ans. On y mentionne les titres et qualités de cent cinquante-neuf personnes. Bien qu'un certain nombre de celles qui y sont désignées n'aient pas été déposées dans l'église de la communauté, il y a apparence que le nombre des corps qui y ont été inhumés était encore plus considérable, car le registre offre beaucoup de lacunes.

Guillaume I$^{er}$ de Chauvigny, le fondateur du couvent, n'y fut cependant pas inhumé ; ce fut à l'abbaye de Déols que son corps fut déposé, mais plusieurs membres de cette famille illustre y eurent leurs sépultures. Ainsi, le 14 octobre 1242, Jean de Chauvigny ; le 5 janvier 1270, le cœur seulement de Guillaume, fils du fondateur, y fut porté ; le 23 juin 1432, dame Jacqueline de Chauvigny ; le 11 janvier 1457, demoiselle Catherine de Chauvigny, dame de La Grange ; le 20 janvier 1480, André de Chauvigny, seigneur de Laval. Guy II de Chauvigny, seigneur de Châteauroux, qui avait fondé un couvent à Argenton, voulut y être enterré ; mais Guy III, ainsi qu'André III de Chauvigny, et son épouse, furent inhumés aux Cordeliers de Châteauroux ; l'inhumation d'André III, dernier des Chauvigny, eut lieu le 4 janvier 1502 ; le cœur de ce prince fut déposé sous le maître-autel et son corps dans les cloîtres.

Après les Chauvigny, nous trouvons les sépultures de leurs successeurs : en 1530, Gabriel d'Aumont ; en 1534, Françoise de Maillé, épouse de Jean d'Aumont, marquis de Châteauneuf ; en 1540, Françoise de Sully, épouse de Pierre d'Aumont.

Nous noterons, parmi les familles nobles, les sépultures suivantes : 1312, Agathe de Preuilly, dame de Buzançais ; 1317, Jeanne de Vendôme, dame de Châteauroux ; 1329, Huguette de Lespinode, dame de Châteaubrun ; 1365, Hélie de Naillac, seigneur de Châteaubrun ; 1432, Geoffroy de Sully, seigneur d'Ainay-le-Vieux.

Parmi les familles considérables de Châteauroux inhumées aux Cordeliers, nous remarquons particulièrement celle des Crublier : en 1645, Catherine d'Aubourg, née Crublier ; en 1666, François Crublier, sieur de Pied-Moreau ; en 1668, le fils de ce dernier, près de son père ; en 1670, Catherine Delouche, femme Crublier ; en 1671, François Crublier, sieur du Callou ; même année, Marie Crublier ; en 1701, M$^{me}$ de Saint-Cyran, femme de Crublier de Saint-Cyran. Vers la même époque, M$^{lle}$ de Fleuranderie est placée dans la sépulture des Crublier ; en 1727, Messire François Crublier de La Villeneuve ; en 1732, Crublier de Saint-Cyran ; en 1757, dame Perault, veuve de Messire Crublier de Corbilly ; en 1767, Nicolas Crublier, seigneur de Chandaire, écuyer, président-trésorier de France au bureau des finances de Bourges ; en 1771, dame Jeanne Crublier de La Villeneuve, veuve de Messire de Scévole, veuve encore de Duménil ; en 1772, Madeleine Duris, épouse de Crublier, seigneur de Chandaire ; en 1774, Jean Crublier de

Corbilly, conseiller au siége royal de Châteauroux.

Il n'est pas sans intérêt de faire remarquer que des personnes dévotes et attachées au couvent demandaient à être enterrées dans les habits des religieux.

Nous avons raconté (p. 532) les dévastations qui eurent lieu dans cette église en 1793. Nous continuerons son histoire à partir du moment où elle est devenue église paroissiale sous le vocable de Saint-André.

*Le couvent devenu caserne.* Nous avons dit qu'une vente par arrentement avait été consentie à Christophe Claveau et à son épouse. Lorsque les derniers religieux furent partis, la portion restée disponible n'ayant pas été aliénée (ainsi que l'église) resta à l'État. Elle ne fut longtemps employée à aucun usage. On y plaça, enfin, la gendarmerie, par suite d'un arrangement avec la famille Claveau. Un nouveau bail fut passé, en 1828, par Claveau et son gendre Langoumois, avec la préfecture, au prix annuel de 1,500 francs.

Après la mort de Claveau, une licitation eut lieu et Langoumois se fit adjuger la propriété moyennant 20,000 francs. En 1841, il en fit vente, pour 25,000, à M. Veillat-Malbay, qui avait l'intention de traiter avec la ville pour l'établissement d'une caserne destinée à la garnison, la gendarmerie ayant été logée ailleurs. Depuis ce temps, tous les bâtiments du couvent ont servi à ce même usage.

Les jardins et les fontaines ont été séparés de la caserne par des murs.

M. Veillat n'a acheté qu'une partie du couvent. La partie qui est du côté de l'entrée de l'église et qui appartenait au département a été cédée à la ville. Elle a servi de maison de correction ; elle a été aussi la prison de la garde nationale. La ville l'a cédée, à son tour, à l'autorité militaire pour agrandir la caserne.

### ARTICLE DEUXIÈME.
#### Le couvent des Capucins.

L'ordre des Capucins, né en 1525 et introduit en France en 1572 par Catherine de Médicis et Charles IX, était comme un enfant posthume de saint François. De même que les Cordeliers, les Capucins faisaient vœu de pauvreté et vivaient d'aumônes.

En 1624, quelques révérends pères de cet ordre insinuèrent aux habitants de Châteauroux que leur établissement dans cette ville serait agréable au prince de Condé. Les habitants prirent une délibération par laquelle ils déclarèrent qu'ils s'efforceraient de les assister, et le prince lui-même ne tarda pas à donner son consentement. Une requête fut aussi présentée à l'archevêque de Bourges, qui autorisa la fondation d'un couvent.

Il fut décidé que le couvent serait bâti par les habitants de la ville, des faubourgs et des villages dépendant des paroisses, et qu'il serait placé dans le faubourg de la place aux Guédons. A cet effet, chaque habitant fut tenu d'aller ou d'envoyer, un jour par mois, travailler à sa construction. L'exécution de cette décision éprouva des difficultés. Les capitaines de quartier déclarèrent que certains habitants refusaient de se rendre à leurs avertissements. Les avocat et procureur du prince de Condé furent obligés d'enjoindre aux défaillants d'obéir et de les soumettre au payement de huit sous pour le premier défaut, et du double pour le second, avec saisie de leurs meubles pour garantie.

Les capucins assistaient les condamnés à mort exécutés à Châteauroux. On a vu, dans l'article précédent, qu'ils prêchaient dans les églises Saint-André et Saint-Denis, et que la ville leur payait à ce sujet des gratifications. A la fin du carême, il se faisait une quête assez fructueuse pour le prédicateur. En 1770, l'archevêque de Bourges ayant envoyé un prédicateur étranger à la ville, le maire et les habitants protestèrent contre cette innovation et refusèrent de lui attribuer la subvention que recevaient les capucins, et qui leur était indispensable. Mais l'archevêque insista en faisant observer que les communautés des Cordeliers et des Capucins étaient réduites à un si petit nombre de pères, qu'il lui était utile de pouvoir choisir le prédicateur en dehors. A cette époque, en effet, le couvent des Capucins de Châteauroux ne se composait que de deux pères, et il n'y en avait jamais eu plus de cinq ou six.

Bientôt après, un édit ordonna que les communautés composées de moins de dix religieux seraient supprimées ou réunies à d'autres, afin de rassembler les religieux épars et de les ramener à l'observation de la règle. Les révérends pères capucins, désirant rester à Châteauroux, s'adressèrent au comte de Clermont (1) et réclamèrent sa protection. Les curés de la ville s'intéressèrent aussi à eux auprès de ce prince, car les pères Barnabé et Fulgence étaient très-estimés. Malgré les espérances données, un arrêté du conseil, du 20 avril 1780, prescrivit la suppression de seize couvents de la province de Touraine et la vente des constructions, afin de pouvoir réparer les maisons conservées. La maison de Châteauroux dut être évacuée au mois de juillet 1783.

Aucun titre n'expliquait si le fonds sur lequel le couvent était bâti appartenait à la ville; on pouvait cependant le présumer, attendu que les capucins n'y possédaient pas de propriété et que le prince de Condé ne paraissait pas avoir fait de concession à cet égard. D'autre part, on ne savait pourquoi, malgré la teneur de la bulle de sécularisation des abbayes, le collége des Jésuites n'avait pas été établi à Châteauroux ; mais la tradition apprenait que les habitants avaient préféré une maison de Capucins. M. Boëry, premier échevin, après s'être livré à des recherches pour éclairer la question, établit que la ville était en droit de réclamer la propriété du terrain et des constructions. Dans le but d'associer l'intérêt public avec la reconnaissance qu'on avait pour les religieux, il proposa de faire servir leur couvent à l'établissement d'un collége dans lequel on les logerait pour le reste de leur vie.

(1) Louis IV de Condé, cinquième duc de Châteauroux.

Cette proposition ayant été approuvée par les habitants, il fut décidé qu'on achèterait, moyennant douze cents livres, tout le matériel de la communauté, et que les officiers municipaux s'y transporteraient pour accepter la remise des objets et prendre possession des clefs. Les douze cents livres furent remises au procureur de l'ordre et à M. Léon Crublier de Chandaire, qui était père temporel de la communauté, lesquels en donnèrent quittance et signèrent le procès-verbal de possession par la ville.

Mais des lettres patentes vinrent autoriser l'ordre des Capucins à vendre l'église et les lieux claustraux. De là, opposition de la ville à leur enregistrement, arrêt de partage en la grand'chambre du parlement et renvoi à la deuxième chambre des enquêtes. La Révolution mit fin au procès [1].

Nous avons dit (page 462) que l'église des Capucins servit pour les élections des États-Généraux de 1789.

L'église des Capucins n'avait aucun caractère ; nous verrons, dans le chapitre suivant, qu'elle est devenue une paroisse de la ville. Depuis longtemps, il ne reste aucune trace de l'habitation des religieux. Ils possédaient un beau bois entouré de murs ; ce bois offrait un rond-point et des allées qui y aboutissaient. Dégagé de son entourage de mauvaise maçonnerie, abattu et replanté, il est devenu la *promenade* dite du *Bois des Capucins*.

---

[1] Procès-verbaux des séances de la municipalité.

## ARTICLE TROISIÈME.

### Couvent de la congrégation de Notre-Dame.

Le beau et vaste local occupé aujourd'hui par le lycée, a été en grande partie construit par une *congrégation* dite de *Notre-Dame*, de l'ordre de saint Augustin (1). Il convient d'en présenter l'historique.

Cette congrégation a pris son origine à Mattincourt, en Lorraine, par le bienheureux père Fourrier (2). Un monastère de cet ordre, établi à Laon, envoya cinq de ses religieuses à Châteauroux. On ne nomme parmi elles que la *mère Buvelet*, d'une des premières familles de Marle, en Picardie. Ces religieuses s'y établirent sous l'autorité et avec l'agrément d'Henri II, prince de Condé, par suite de lettres patentes signées par le roi en 1624.

Les différentes demeures qu'elles occupèrent, toutes très-incommodes et très-resserrées, les jetèrent, d'abord, dans les embarras et les frais de plusieurs déménagements. Leur patience ne se rebuta pas, et la pauvreté qui les suivait partout ne refroidit point leur zèle dans l'accomplissement de leur mission pour l'instruction gratuite de la jeunesse.

Il y eut deux personnes de la ville, qui, malgré les incertitudes de ces commencements, demandèrent,

---

(1) Cette qualification se trouve dans les actes authentiques de la communauté.

(2) Un tableau assez remarquable de ce saint personnage se voyait, encore il y a quelques années, d'après M. l'abbé Damourette, dans une des chapelles de l'église Saint-Martial.

dès 1641, à s'engager dans ce nouvel institut. Elles furent reçues à faire leurs vœux en 1643, après le noviciat prescrit par la règle.

Les bourgeois de la ville furent si touchés de la ferveur avec laquelle ces novices suivaient les pas de leurs anciennes, qu'ils ne balancèrent plus à se les assurer par des lettres d'établissement. Il n'en fallut pas davantage pour faire accourir un grand nombre de postulantes des meilleures familles du pays, qui formèrent bientôt un monastère considérable qui s'est soutenu dans la ferveur et dans la régularité avec lesquelles il avait été établi.

Au commencement du XVIIIe siècle, les bâtiments étaient devenus si caducs que ni postulantes ni pensionnaires n'osaient y rester. La mère *Alix Basset*, alors supérieure, pleine de courage et de confiance en Dieu, entreprit de les refaire à neuf. Le cardinal de La Rochefoucauld, archevêque de Bourges, l'encouragea et les bâtiments furent terminés vers 1760. La route de Toulouse qu'on venait d'ouvrir avait permis d'acquérir le vieux chemin d'Issoudun à Châteauroux [1].

Dans le tumulte des constructions, les exercices

---

[1] C'est depuis ce temps là que le chemin de Belle-Ile aboutit par un coude à l'avenue de Déols. Nous avons vu que le chemin d'Issoudun à Châteauroux passait sous le beffroi de Déols, suivait la rue du Pont-Perrin et traversait l'Indre sur le vieux pont. Il suivait ensuite le chemin dit de Belle-Ile, passait dans le terrain du Couvent, remontait derrière la place Ste-Hélène, suivait la rue Saint-Martial, et, après avoir traversé des espaces aujourd'hui bâtis, arrivait à la porte unique du Château-Raoul.

des classes et de la religion n'avaient subi aucune interruption. Les classes furent très-commodément aménagées et un bel appartement fut disposé pour les pensionnaires. La charité y avait pris de nouveaux accroissements par la pratique que la fervente supérieure établit de nourrir treize pauvres le jeudi saint, d'habiller un pauvre le jour de Noël et de le nourrir pendant quarante jours (1).

Cependant des dettes avaient été contractées par le couvent qui vendit ses fonds et resta sans revenus. Heureusement, Mgr. de Phelippeaux, qui avait succédé au cardinal de La Rochefoucauld, lui fit avoir du roi, pendant plusieurs années, un secours de 6,000 francs, et il obtint ensuite pour lui, en 1772, la réunion de la mense couventuelle de l'abbaye de Miseray, ce qui le fit vivre jusqu'en 1790.

C'est dans ce couvent qu'ont été élevées la plupart des jeunes filles des familles aisées du Bas-Berry.

En 1790, au moment de sa suppression, ce couvent se composait de quarante-quatre religieuses de chœur et huit sœurs converses.

Le local du couvent de la congrégation de Notre-Dame, devenu national, fut successivement le siége de l'évêché constitutionnel, de l'école primaire, de

---

(1) Ces renseignements ont été tirés des archives du *Couvent des Oiseaux*, rue de Sèvres, à Paris, lequel appartient encore à la congrégation de Notre-Dame. Je les dois à M. l'abbé Damourette.

Des registres, déposés aux archives de l'Indre, font connaître les noms des personnes qui ont fait profession dans le couvent de la congrégation de Notre-Dame.

l'école normale primaire et même d'une caserne. Sous le Consulat, on y fonda une école centrale, et sous l'Empire, on le donna pour palais, sous le titre de sénatorerie, au général Garnier de La Boissière, sénateur, et, après lui, au sénateur Huguet de Sémonville. Ce dernier résida à Bourges.

Sous la Restauration, une religieuse d'une famille distinguée, M<sup>me</sup> d'Houet, de Bourges, obtint la concession gratuite de ces bâtiments; elle y monta un pensionnat. Elle avait avec elle des religieuses qui formaient un ordre spécial. La révolution de 1830 la força de quitter les lieux.

Pendant le règne Louis-Philippe, on organisa dans ce même local un collége communal, en octobre 1835. Il relevait alors de l'académie de Bourges. Il se soutint avec diverses vicissitudes.

Ces bâtiments furent repris par la ville sous la Restauration, après un procès avec l'État. M. Hilaire Lemor fut, comme avocat, chargé, dans cette affaire, des intérêts de la ville. Il rédigea un mémoire dont nous extrayons ce qui suit :

« La maison fondée par les dames religieuses de la congrégation de Notre-Dame a été, comme tous les biens ecclésiastiques, mis à la disposition de la nation par la loi du 2 novembre 1789. En vertu des lois des 5 février 1790 et 17 août 1792, qui ont supprimé toutes les communautés religieuses et ordonné la vente de leurs maisons, elle est entrée définitivement dans le domaine national, mais elle n'a point été vendue, comme le prescrivaient les lois citées.

» Le gouvernement établit, pour l'instruction publique, une école centrale dans chaque département, en vertu de la loi du 3 brumaire an IV, et décida que, dans tous ceux où il n'existerait pas d'anciens colléges dont les bâtiments leur seraient affectés, les autres édifices nationaux pourraient leur être consacrés par une loi particulière, (ce fut la loi du 25 messidor an IV.) Une loi du 16 nivôse an V, consignée au *Bulletin des lois* seulement par son titre, a destiné, à l'école centrale du département de l'Indre, la maison des ci-devant religieuses de la congrégation.

» Quelques années après, le système d'instruction publique ayant été changé, la loi du 11 floréal an X créa des écoles primaires et secondaires, et des lycées. Par l'article 2 de cette loi, le bâtiment de l'école centrale était concédé à la commune de Châteauroux pour l'usage de son école secondaire, à des conditions qui ont été remplies.

» Mais, le 4 nivôse an XI, un sénatus-consulte ayant créé une sénatorerie pour chaque arrondissement de tribunal d'appel et décidé que chaque sénateur serait doté d'une maison et d'un revenu annuel de biens nationaux de 20 à 25 mille francs, un décret du 2 thermidor an XII, oubliant la concession déjà faite, affecta la maison des religieuses à la dotation de la sénatorerie de Bourges.

» Cependant, le Sénat et les sénatoreries ayant été supprimés par la charte constitutionnelle, une ordonnance du 4 juin 1814 réunit leur dotation au domaine de la couronne.

» Le conseil municipal de Châteauroux voyant la ville privée d'un établissement qui lui était très-utile, sur lequel elle pouvait compter, et qui était encore occupé à cette époque par sa bibliothèque, crut devoir réclamer auprès du gouvernement. M. le marquis de Lauriston, ministre de la maison du roi, ne voulut pas se dessaisir de ce domaine de la couronne. »

Nous réservons pour le chapitre de l'instruction publique ce que nous avons à dire sur cet établissement qui est devenu le lycée.

## ARTICLE QUATRIÈME

### Couvent des Pères Rédemptoristes.

Saint Alphonse de Liguori, né en 1696, mort en 1787, appartenait à une famille noble et considérable du royaume de Naples. Il a fondé une congrégation de missionnaires, auxquels le pape Benoît XIV a donné le nom du *très-saint Rédempteur*, d'où leur est venu le nom de Rédemptoristes. Cette congrégation s'est étendue rapidement dans le nord de l'Italie, en Allemagne, en Suisse, en Autriche, en Amérique, en Belgique, en Angleterre. Enfin elle est arrivée en France, où elle compte une douzaine de maisons. Celle de Châteauroux fut fondée en 1854, rue de la Manufacture. La maison mère est à Avon, près Fontainebleau (Seine-et-Marne).

Complétement étrangère à l'enseignement et surtout à la politique, cette congrégation a pour but spécial de donner des missions et des retraites dans les villes et les campagnes et principalement dans les paroisses les plus abandonnées sous le rapport spirituel. Les pères Rédemptoristes remplissent toutes les fonctions du saint ministère avec un zèle et une simplicité tout apostoliques.

En 1859, ils se transportèrent rue du Crucifix pour occuper l'emplacement de l'ancienne gendarmerie, et, en 1862, ils y ont bâti une très-jolie chapelle de style ogival, d'après les plans de M. Perlat, architecte.

Le personnel de la maison se compose de sept pères missionnaires et de quatre frères servants.

Leurs ressources consistent dans l'apport de leurs biens personnels, les honoraires libres de leur ministère et la charité des fidèles.

Pendant la dernière guerre, les pères Rédemptoristes se sont prodigués auprès des militaires malades. Leur maison était convertie en hôpital et tout le monde sait avec quel dévoûement ils ont accompli leur œuvre.

### ARTICLE CINQUIÈME

#### Couvent des Clarisses.

Lorsque saint François prêchait à Assise, sainte Claire, issue d'une des plus nobles familles de cette ville, vint se ranger sous sa conduite pour embrasser la profession évangélique. Sainte Agnès, sa jeune sœur, et quelques autres, désireuses de mener une vie plus parfaite, se joignirent à Claire. Saint François les sépara du monde et leur donna une règle basée sur la pauvreté.

Ainsi fut fondé, en 1212, l'ordre connu sous le nom de *Pauvres dames*, et désigné plus ordinairement sous le nom de *Clarisses*, du nom de sainte Claire qui en fut la première abbesse. Il se répandit en Italie, en Allemagne et en France. Au XVIII° siècle, il comptait 900 maisons. La révolution de 1789 le supprima en France, mais il ne tarda pas à renaître.

En 1865, avec l'approbation de Mgr. de La Tourd'Auvergne, archevêque de Bourges, et par les démarches d'une famille pieuse de notre ville, cinq religieuses vinrent du Puy-en-Velay s'établir à Châteauroux. Ce monastère compte maintenant douze religieuses pratiquant les plus grandes austérités, soumises à une clôture absolue et vivant du produit de leur travail et d'aumônes.

Trois sœurs tourières, demeurant en dehors de la clôture, leur rendent les services indispensables.

Leur chapelle est ouverte au public.

Les sœurs Clarisses confectionnent ou brodent ordinairement des ornements d'église ; mais, pendant la guerre, leur travail s'appliqua aux broderies de la garde nationale mobilisée.

### ARTICLE SIXIÈME.

#### Couvent des sœurs de l'Espérance.

Ces sœurs ont pour nom général celui de *Sainte famille* ; cet ordre se divise en plusieurs branches, et celle qui est à Châteauroux se nomme de l'*Espérance*. La maison mère est à Bordeaux ; elle a été fondée en 1820, par l'abbé Noaille.

Les sœurs de l'Espérance ont pour mission de veiller les malades. Elles ont été appelées à Châteauroux, en novembre 1854, par un prêtre de la ville et par une famille pieuse. D'abord logées rue des Bouchers, elles se sont établies, en 1863, dans l'ancienne église de Saint-Martin par suite du don qui leur en a été fait par M. Théodore Patureau. Cette église, vendue en 1792, servait de grange, d'écurie et de greniers à fourrages et à grains. La communauté des sœurs de l'Espérance a fait approprier à son usage cette ancienne construction, et sa chapelle a été installée dans l'abside de l'ancienne église. Une petite chapelle, qui était accolée au mur nord du sanctuaire, est devenue elle-même le sanctuaire de la nouvelle chapelle dont la porte a été pratiquée dans le mur latéral sud sur la rue de la Préfecture. Une deuxième chapelle ancienne et du côté du nord (celle où devait se trouver le tombeau de la princesee de Condé) est devenue un petit bas côté du chœur nouveau. Une sacristie et une tribune au-dessus ont été ajoutées à la chapelle nouvelle. Tout le surplus de l'église Saint-Martin a été distribué en deux étages sous comble pour le logement des sœurs.

M. Dauvergne, architecte du département, chargé de cette réparation, a adopté pour la chapelle le style du XVe siècle qui est celui des chapelles anciennes conservées. A l'habitation des sœurs, au contraire, il a donné le caractère le plus simple des maisons ordinaires du pays. Les travaux effectués se sont élevés savoir : pour l'habitation à 11,000 francs ; pour la chapelle à 7,000 francs ; ces travaux ont été dirigés, à titre gratuit, par l'architecte.

Ce petit sanctuaire, où l'on remarque une belle verrière de Lobin, de Tours, représentant la sainte famille, ainsi qu'un autel en pierre sculptée et décorée d'une peinture par le même artiste et ayant pour sujet Jésus avec Marthe et Marie, est placé sous le vocable de Notre-Dame de l'Espérance et de Saint-Martin.

Un reliquaire contient une parcelle du corps du grand thaumaturge des Gaules. La bénédiction de cette chapelle a eu lieu le 19 novembre 1863 (¹). La messe y est dite tous les jours par un des vicaires de la paroisse de Saint-André.

Les sœurs du couvent sont au nombre de dix, y compris la supérieure.

---

(1) L'autel a été consacré le 1ᵉʳ août 1873, par Mgr. l'archevêque de Bourges.

# CHAPITRE HUITIÈME.

## ÉGLISES ANCIENNES ET MODERNES.

Nous avons à nous occuper, dans ce chapitre, de l'église Saint-André (ancienne), ainsi que de l'église Saint-Martin, de l'ancienne église des Cordeliers devenue église Saint-André (nouvelle), de l'église des Capucins devenue église de Notre-Dame, de l'ancienne et de la nouvelle église Saint-Christophe, enfin de l'église principale, en ce moment en construction.

### ARTICLE PREMIER

#### Église Saint-André (ancienne).

Il ne reste aucun vestige de cette église qui occupait une partie de la place de l'Hôtel-de-Ville ; mais nous devons recueillir les documents et les traditions qui s'y rapportent [1]. Nous en devons une grande partie à l'obligeance inépuisable de M. l'abbé Damourette.

---

(1) Inventaire des titres du duché, t. IV, p. 627 et suiv. — Titres non inventoriés de la cure et Saint-André, archives de l'Indre.

L'église Saint-André, construite en 1171, avait eu pour fondateur Humbaut, doyen et chantre de Saint-Étienne de Bourges. Il l'avait donnée à Notre-Dame de Déols à condition que les moines contribueraient à la desserte de la cure et payeraient 34 sols *en monnaie qui aura cours au temps du payement*. L'acte de donation est signé par Humbaut qui y est qualifié de « bonhomme et le grand chantre ». Il porte aussi la signature de Guillaume, archidiacre de Châteauroux, et d'Odon, archi-écolâtre. L'original de cet acte existe aux archives nationales, fond de l'abbaye de Déols.

Cette église était d'un style roman très-pur; elle avait trois nefs. La tour des cloches correspondait au milieu du transept. On a vu que l'église Saint-André fut détruite en 1793 [1].

M. Guillard, ancien agent-voyer de l'arrondissement d'Issoudun, possède une épave intéressante provenant de l'église Saint-André. C'est une épitaphe sur marbre noir dont les lettres conservent encore la

---

[1] Liste des chapelles de l'église Saint-André, d'après le procès-verbal d'expertise du sieur L. Audebert, constatant les réparations à faire à cette église et au logis curial. — (Archives départementales de l'Indre, fonds de la cure de Saint-André, note communiquée par Hubert, archiviste en chef).

*Chapelle du Rosaire* et *Chapelle de Sainte-Catherine,* toutes deux adossées au pignon du chœur dans la nef. Ces deux chapelles étaient, de temps immémorial, à la charge des habitants de la paroissse.

*Chapelle de Sainte-Marthe,* aussi à la charge des habitants. Dans cette chapelle il y avait une porte communiquant au « logis presbytéral ».

trace de la dorure qui les faisait ressortir. Ce marbre mesure 36 centimètres de hauteur sur 30 de largeur. L'épitaphe est celle d'un de ses ancêtres, président de l'élection de Châteauroux, mort en 1643, et inhumé dans la chapelle Saint-Michel. On voit au-dessus de l'inscription les armoiries du défunt qui sont de gueules au chevron d'azur, accompagnées de trois faisanes d'argent aigrettées et surmontées en chef d'un soleil d'or. L'écu timbré d'un casque d'argent foré de trois quarts à sept grilles d'or et les bords de même, est orné de ses lambrequins (1).

*Chapelle Notre-Dame de pitié*, pratiquée dans un bas côté du chœur. L'entretien était à la charge de la famille Delouche.
*Chapelle Saint-Martial.* Appartenant à MM. Bonnin.
*Chapelle Saint-Joseph.* Appartenant à MM. Selleron et Crublier de Saint-Cyran.
Ce procès-verbal d'expertise, daté du 11 septembre 1788, est signé par l'expert L. Audebert, et par deux marguilliers portant le titre de procureurs fabriciens (Bourdillon et Pascaud).
En outre, par ordonnance de l'intendant de la généralité du Berry, il devait être dressé en présence de : 1° messire André Bertrand, écuyer, secrétaire du roi ; messire Louis Girard de Vasson, écuyer, chevalier de l'ordre militaire de Saint-Louis ; maître Joseph Soing, greffier de la maîtrise des eaux et forêts ; du sieur Jean-Baptiste Crochet, ingénieur géographe ; du sieur Louis Volant, marchand, et du sieur François Matheron, fils, fermier ; tous les six propriétaires externes de la paroisse Saint-André (c'est-à-dire habitant hors de cette paroisse, mais y possédant un ou plusieurs immeubles.) ; 2° de maître Pierre Moreau, substitut ; de M. le procureur du roi ; de maître Buffet procureur au bailliage ; des sieurs Boullier, orfèvre ; du sieur Devaux et des sieurs Dout et Plaut, marchands ; tous habitant la paroisse.
Une partie seulement des personnages ci-dessus ont signé au procès-verbal.

(1) En 1793, on avait déjà profané les tombeaux de l'église Saint-André pour en retirer le plomb, lorsque M. Peyrot, ancien maître

Lorsque les prêtres séculiers succédèrent aux moines de Déols pour desservir l'église Saint-André, ils furent comme les hommes-liges de l'abbaye. Ils n'avaient pas même le droit de transmettre à leurs héritiers le fruit de leurs économies ; à leur mort, tous leurs biens meubles devenaient la propriété du trésor de l'abbaye (¹).

Le curé de Saint-André n'avait pas de vicaires. Un acte des archives de l'Indre nous apprend qu'ils étaient remplacés par des *communalistes* ou *enfants prêtres* (²). Ils administraient les sacrements, confessaient et faisaient le catéchisme ; ils étaient spécialement tenus d'acquitter les *obits* ou fondations, et d'assister à tous les offices, aux processions, aux saluts, etc. Il y avait eu d'abord trois communalistes ; leur nombre fut réduit à deux par une délibération des habitants approu-

---

d'institution, oncle de M. Guillard, chargea quelqu'un, moyennant une récompense pécuniaire, de lui apporter cette inscription. On l'enleva pendant la nuit, dans la crainte des vengeances démagogiques.

(1) Cependant Jean de Varilhe, qui était, en 1450, curé de la paroisse Saint-André, ayant demandé au Cellerier de Déols la permission de disposer de ses biens à sa mort, elle lui fut accordée. Il en fut si pénétré de reconnaissance qu'il constitua au profit de l'abbaye, une rente de 30 livres sur des vignes qu'il possédait près de Châteauroux, au clos de Saint-Ladre.

(2) *Communalistes*, c'est-à-dire vivant en communauté ; *Enfants prêtres*, parce que c'étaient des enfants de chœur qu'on élevait successivement à la prêtrise. Il fallait qu'ils fussent nés et baptisés dans la paroisse. Ils étaient élus par les habitants et l'élection était soumise à l'approbation de l'archevêque.

vée par l'archevêque (¹). Le curé se qualifiait en toutes circonstances de premier des enfants prêtres. Il y avait encore à Saint-André une maîtrise composée de clercs qui se destinaient au sacerdoce. En 1763, les notables accordèrent au curé deux chantres. Ils devaient chanter les dimanches et fêtes, même les veilles de Saint-André et de Saint-Sébastien, ainsi qu'à la grande procession de Saint-Sébastien et le jour de l'office du grand salut. Leur gage était de 30 livres par an, à prendre sur les deniers de la fabrique. Une messe qui se disait chaque jour, à Saint-André, à cinq heures du matin, s'appelait *messe Gratin*; c'était une fondation faite par un fidèle de ce nom. Chaque dimanche, à l'issue de la grand'messe, ou chantait l'hymne *Languentibus in purgatorio*, chant qui était très-goûté par les paroissiens.

Les paroisses de Saint-André et de Saint-Denis avaient un cimetière commun (²). Les habitants de chacune d'elles étaient obligés de s'imposer une contribution pour subvenir aux réparations. Cette contribution était levée avec la permission de l'intendant de la généralité de Bourges.

En 1552, François de La Tour-Landry, seigneur de Châteauroux, fit une transaction avec le curé et les

---

(1) Étienne Blanchard, l'un des prêtres communalistes, à laissé une mémoire très-vénérée. Il avait été le bienfaiteur des pauvres. C'est lui qui a été le premier fondateur de l'hospice. Il devint chanoine de Saint-Martin.

(2) Chemin de Saint-Denis, sur l'emplacement de la rue de l'ancien Cimetière.

communalistes de la paroisse de Saint-André à l'occasion d'un legs laissé par feu son père.

Les vicairies de Salles et de la Motte furent réunies le premier mai 1456 à l'église Saint-André, et celles du Crucifix, de Notre-Dame du Rosaire et de Vilaines y furent fondées le 28 mars 1564. La dernière était dotée sur les moulins de ce nom.

Les comtes de Châteauroux avaient leur sépulture dans l'église Saint-André. François de La Tour-Landry, l'un d'eux, y fit construire une chapelle en 1598. On vient de lire la note où le nom des diverses chapelles est indiqué.

Il serait oiseux de s'arrêter sur les querelles de cette église avec le chapitre de Saint-Martin. Notons, cependant que, en 1706, le R. P. Quentin, recteur des Jésuites, se présenta à ce chapitre avec le mandement de l'archevêque pour sa mission [1]. Les corps séculiers, convoqués par les chanoines, se rendirent pour commencer la procession générale dans l'église Saint-Martin ; mais M. La Fleur, curé de Saint-André, ne vint pas à la procession et le chapitre décida qu'il le ferait assigner.

Ce curé La Fleur n'était pas commode, à ce qu'il paraît. Il voulait priver le chapitre de Saint-Martin du droit d'administrer ses chanoines à la mort et les forcer de passer par son église avant qu'ils fussent

---

[1] Après la sécularisations des abbayes, le prince de Condé, au lieu de fonder à Châteauroux un collége de Jésuites, avait remplacé cette obligation par des missions que les RR. PP. viendraient faire dans cette ville et aux environs.

enterrés dans la leur. Voici ce que nous trouvons à ce sujet dans une consultation qui fut faite par Mᵉ Blanchard, avocat, et signée par Brunet, procureur (1) :

« Le 9 septembre 1692, le sieur Damourette, l'un des chanoines, étant tombé malade, le chapitre lui administra tous les secours de la religion, et sa mort ayant eu lieu le 20 du même mois, les chanoines, après les prières accoutumées, levèrent le corps et se mirent en marche, revêtus de leurs habits d'église, pour le conduire au lieu de sa sépulture.

» Une femme alla avertir le curé de Saint-André. Il quitta brusquement les vêpres, sortit déjà en colère de son église, s'écria à la porte et dans les rues jusqu'à ce qu'il eut joint le convoi : « *A moi, mes habitants ; main forte, je suis garant de tous événements, arrêtez le corps.* » Arrivé à l'endroit où le convoi avait été arrêté par des émissaires qu'il avait envoyés devant lui, parce que étant boiteux il courait lentement ; il commença par donner un soufflet au bedeau, arracha le chapeau d'un des porteurs et le jeta dans la boue, puis il frappa de sa canne les doigts des autres porteurs pour leur faire quitter prise. L'abbé et les membres du chapitre voulurent soutenir leurs droits ; mais le curé, de plus en plus animé, oubliant ce qu'il devait au caractère du prêtre et aux ornements de l'officiant, donna aussi un soufflet au sieur Gaulin de Marban, hebdomadaire, revêtu de l'étole, en le traitant de jeune barbe. Suivant toujours son entreprise, il pousse les porteurs du corps, excite ses associés, les relève de la crainte qu'une telle impiété leur inspire et leur promet l'absolution. Ces violences forcèrent les porteurs de quitter prise et le cercueil tomba par

---

(1) Cette consultation a été imprimée à Paris, chez la veuve d'André Knapen, en bas du pont Saint-Michel, à l'entrée de la rue Saint-André-des-Arts, au bon Protecteur, en 1735. — C'est dans ce mémoire signifié que nous avons pris le récit que nous rapportons. Il nous a été communiqué par M. Caillau, de Déols.

terre. Le corps ayant été emporté à Saint-André, le chapitre se retira sans avoir voulu augmenter le scandale.

» Le curé, arrivé dans son église, commanda de faire la fosse, mais les officiers de la ville intervinrent. Ils lui représentèrent qu'il ne lui appartenait pas d'enterrer le chanoine, qu'il devait l'être par le chapitre dont il était membre, et dans son église, lieu naturel de sa sépulture, puisqu'il ne l'avait pas demandé ailleurs. — Le curé calmé se rendit et prit le parti de venir, assisté de notaires, au chapitre, et de le sommer de se transporter à Saint-André pour y prendre le corps de leur confrère et l'enterrer dans l'église Saint-Martin *à la manière accoutumée.* Les chanoines vinrent à Saint-André, conduisirent le corps à leur église et l'enterrement fut fait par le chapitre seul.

» Le curé fut assigné par le chapitre et subit un interrogatoire devant le conseil ; mais, comme il n'y avait pas de peines afflictives à imposer, l'affaire se réduisit à des défenses de récidives et à des dommages et intérêts.

» Cependant l'arrêt du conseil ayant converti l'information en enquête, le chapitre voulut établir : 1º que le curé devait porter la peine du scandale qu'il avait causé et des violences qu'il avait commises ; 2º que le chapitre avait le droit d'administrer et d'enterrer ses confrères sans porter les corps dans les églises des paroisses où ils décédaient. »

Le curé La Fleur était de Paris. Le prince de Condé, en désignant un étranger à la paroisse, ne s'était pas conformé aux intentions des fondateurs de la communauté des enfants prêtres. Aussi, dès que sa nomination eût été confirmée par l'archevêque, La Fleur fit tout ce qu'il put pour arriver à la dissolution de l'institution.

Voici ce que M. l'abbé Damourette a pu recueillir

sur les noms des curés de l'ancienne église de Saint-André :

1450, Jean de Varilhe. — 1572, Edme Hugant. — 1636, André de Bayle. — 1655, René Buart. — 1675, Antoine Bigot. — 1676, Antoine Poirion. — 1698, Jacques La Fleur. — 1747, Nicolas de Boismorand. — 1769, Benoît Marin. — 1775, Jean-René Richet. — 1788, Jean Grillon.

## ARTICLE DEUXIÈME

### Ancienne église Saint-Martin.

Cette église doit être classée au nombre des monuments élevés pour conserver le souvenir des voyages dans nos contrées de saint Martin, évêque de Tours. Elle existait en 1212, d'après une bulle d'Innocent III ([1](#)) qui la prit sous sa protection. En 1622, lorsque l'abbaye de Déols, qui avait été incendiée et presque détruite par les protestants, fut sécularisée par le pape Grégoire XV, ses religieux eurent le choix d'entrer dans le chapitre de Notre-Dame de Saint-Martin que l'on instituait en le dotant avec les revenus de l'abbaye, ou de vivre, sans être attachés à un office, avec une pension viagère. Les moines les plus valides entrèrent dans le nouveau chapitre. Leur chef, quoique séculier, était revêtu de la dignité abbatiale pour perpétuer le souvenir des anciens abbés du célèbre monastère. En sa qualité d'abbé, il portait dans ses armoiries la crosse et la mitre, et c'était à lui qu'était réservé le droit de

(1) Baluse, liv. 15, t. 2. p. 662.

convoquer, pour les cérémonies publiques, les clergés séculier et régulier, ainsi que les autorités civiles et militaires. Il eut bien de la peine à faire reconnaître cette haute prééminence, et il fallut, plus d'une fois, avoir recours à l'intervention des archevêques de Bourges et des seigneurs de Châteauroux.

Ce fut à cette époque qu'on construisit les deux chapelles latérales dont le style accusait la date du XVI° siècle. Dans l'une, on tenait les assemblées capitulaires ; l'autre, dédiée à saint Sébastien, possédait une crypte où fut inhumée la princesse de Condé. Depuis, cette chapelle a porté le nom de *Chapelle de Madame ;* chaque jour, après matines, un des moines célébrait une messe pour le repos de son âme (¹).

Le 17 décembre 1770, Mgr Phélippeaux, archevêque de Bourges, ayant uni le chapitre de la chapelle de Notre-Dame-des-Miracles de Déols à celui de Notre-Dame et Saint-Martin de Châteauroux, les chanoines, à partir de cette époque, se firent un devoir d'aller, chaque année, le jour de la fête de l'Annonciation de la très-sainte Vierge, célébrer solennellement une grand'messe en l'église de Notre-Dame-des-Miracles de Déols, et d'aller pareillement chaque année, le jour de la fête de la Nativité, y chanter un salut avec bénédiction du Saint Sacrement.

Dans l'église de Notre-Dame et Saint-Martin exis-

(1) Archives, fonds Saint-Martin.

tait la confrérie de Saint-Sébastien, dont il sera question plus loin (1).

Le chapitre de Saint-Martin, devenu héritier de celui de Déols, pensa qu'il avait droit de propriété sur les cloches restées dans l'abbaye. Il résolut de les enlever, et, à cet effet, on expédia des charpentiers, une charrette attelée, et, pour protéger le tout, une escouade de la maréchaussée. Les cloches furent descendues, puis chargées sur la charrette sans opposition ; mais, au retour, l'expédition trouva le pont obstrué par une foule furieuse qui se disposait à faire un mauvais parti aux *voleurs de cloches*. Les charpentiers s'éclipsèrent ; l'exempt de la maréchaussée piqua des deux et s'enfuit avec sa troupe ; le charretier détela son cheval, monta dessus et prit le galop. En un instant, la charrette fut dépecée et ses débris jetés dans la rivière ; les cloches rentrèrent dans leur clocher (2). — A l'époque de la révolution, les habitants de Déols livrèrent spontanément les mêmes cloches pour en faire des gros sous.

Nous avons dit que la princesse de Condé fut inhumée dans l'église Saint-Martin et que son tombeau fut détruit à l'époque de la révolution. Nous

---

(1) Le chapitre de Saint-Martin allait aussi, tous les ans, en procession à la chapelle du prieuré de Saint-Sébastien. Cette chapelle existe encore, avec la petite statue du saint, dans la propriété de M$^{me}$ Mars. Cette procession se faisait le 25 juillet, dans le but d'obtenir la protection du saint contre le fléau de la peste. Ce jour-là, les chanoines étaient suivis de tous les membres de l'un et de l'autre sexe de la confrérie de Saint-Sébastien.

2) Communication de M. le conseiller d'État, Ed. Charlemagne.

avons dit aussi que M. Théodore Patureau a fait don de cette église aux sœurs de l'Espérance.

L'église Saint-Martin, dont la forme a été conservée, n'offrait aucun caractère architectural. Dans le plan de Châteauroux de 1783, elle est indiquée comme possédant un enclos triangulaire qui était son cimetière. En effet, dans le jardin de M. Martinet, qui en faisait partie, on a trouvé beaucoup d'ossements.

## ARTICLE TROISIÈME.

### Ancienne église des Cordeliers, devenue église Saint-André nouvelle.

L'histoire de cette église a été présentée dans l'article du couvent des Cordeliers. Nous n'avons plus qu'à la reprendre depuis le moment où elle est devenue église paroissiale, sous le nom d'église Saint-André nouvelle.

Lorsque le premier Consul rétablit le culte catholique, l'ancienne église Saint-André, qui était située sur la place du Marché (actuellement de l'Hôtel-de-Ville), se trouvait hors d'état de servir ; elle avait été attaquée et presque démolie par l'effervescence révolutionnaire. On pensa à transférer la paroisse principale de la ville dans l'église des Cordeliers. Cette église elle-même était dans le plus misérable état ; elle se ressentait aussi des désastres de la révolution. On y fit à la hâte les appropriations les plus indispensables.

Nous avons déjà fait mention du *grand baldaquin*

qui recouvrait l'autel. A cette époque, ce bel ornement de sculpture était à l'entrée du chœur. En 1808, M. Claveau, fabricien, du consentement de la fabrique, le fit reculer ainsi que l'autel, à la place où ils sont aujourd'hui. Cette opération fut faite, dit-on, sans en démonter les pièces.

Voici la description que donnait de ce baldaquin Dalphonse, premier préfet de l'Indre, dans sa statistique de ce département, publiée l'an XII de la République :

« Il est de forme circulaire. Il a cinq mètres de diamètre. Il est supporté par six colonnes torses, d'ordre corinthien, ornées de vignes. Les membres de l'entablement sont enrichis de guirlandes de différents feuillages. Au-dessus s'élève une couronne de forme élégante et svelte, dont les branches sont un chef-d'œuvre d'assemblage et de sculpture. Ce baldaquin a neuf mètres de hauteur. On distingue la beauté des proportions, l'adresse et la solidité des constructions, la délicatesse et la vérité des sculptures. Cet ouvrage mérite d'autant plus d'exciter l'admiration qu'il est d'un menuisier de campagne, qui n'a eu d'autre maître que son père, menuisier comme lui, d'autre atelier que sa boutique, d'autre modèle que son imagination (1). »

(1) Ce baldaquin avait un écusson aux armes royales. A l'époque de la révolution, il en fut détaché par un menuisier qui l'a conservé longtemps dans son grenier. Le congrès archéologique a reconnu une très-grande importance à cette belle œuvre d'art et a donné le conseil de la placer dans le transept de la nouvelle église.

Cette version de l'honorable préfet nous paraît difficile à admettre. Il est plus probable que cette œuvre remarquable est due aux religieux, car on sait que, dans ces ordres, il se trouvait quelquefois des artistes doués de véritables talents en ce genre. Nous n'avons pu, toutefois, découvrir quand ce travail a été fait et à quelle date il a été placé dans l'église des Cordeliers.

Les deux grands tableaux qui sont près du chœur ont été donnés, vers 1807, par le général Bertrand. Rien n'indique le nom de leurs auteurs, malgré leur mérite artistique. L'un représente le mariage de la Vierge ; l'autre le voyage de la Vierge : le moment choisi par le peintre, dans ce dernier tableau, est le repos dans le désert ; la Vierge est entourée d'une gloire d'anges.

Le chœur est garni de stalles anciennes. — Des trois lustres dorés qui décorent l'église, l'un a été donné par une dame de la paroisse ; les deux autres ont été acquis par la fabrique. — L'orgue endommagé par la foudre en 1868, a été réparé au moyen de fonds donnés par la mairie et par des souscriptions.

Il y avait autrefois sur les murs de l'église douze croix de consécration ; les apôtres y étaient représentés portant des croix. Les litres seigneuriales des Chauvigny s'y trouvaient aussi. Malgré le badigeonnage, on peut encore reconnaître la place de ces diverses peintures.

Cette église de Saint-André, qui a près de 700 ans d'existence, n'était pas, bien qu'assez solide, dans les conditions convenables pour qu'on y fît les dépenses nécessaires à son objet ; aussi a-t-elle été négligée et s'est-on constamment occupé de la remplacer.

Depuis le rétablissement du culte, nous n'avons eu que quatre curés à la paroisse de Saint-André : M. Delaage, à l'origine ; — M. Desgorces, en 1810 ; — M. Molat, en 1826 ; — M. d'Haranguier de Quincerot, en 1870.

La paroisse Saint-André comprend l'enclos Saint-Martin, avec la préfecture, la rue de la Fontaine, une partie de la rue des Ponts, la Descente-de-Ville, le Palan, la gauche de la rue des Bouchers, de la Place-aux-Guédons, l'hôtel Sainte-Catherine, la rue Bombardon à partir de la rue de l'Hospice, la rue de l'Écho, la rue Chevrière, la rue de la Gare, le quartier Saint-Luc, la route de La Châtre et toute la partie de la banlieue, villages et hameaux, située à gauche de la route de La Châtre jusqu'à la rivière de l'Indre et au pont de Déols, le Rochat, la route de Déols, le Lycée, toute la partie gauche du ruisseau des religieuses jusqu'à son embouchure dans l'Indre.

ARTICLE QUATRIÈME.

### Église Saint-Martial.

L'église Saint-Martial fut construite en dehors de la ville. Ce n'était alors qu'une succursale du prieuré de Saint-Denis ; elle fut même considérée comme telle jusqu'à la révolution (1). Un *ruisseau*

---

(1) Lorsque, le jeudi saint, on visitait les églises, on avait coutume d'aller de celle de Saint-Martial à celle de Saint-Denis.

dit *de la Rouille* qui passait derrière la rue Pinette, séparait cette église de la ville.

La nef peut remonter à la fin du XI° siècle, si l'on en juge par ses corbeaux de figures grimaçantes. L'architecture intérieure est très-simple ; deux tronçons de colonnes, engagés dans les pieds droits de l'arc, la séparent du chœur. Des chapelles, qui appartenaient aux anciennes familles de la ville, ont été prises dans l'épaisseur des murs latéraux, lesquels ont été doublés à cet effet. Elles sont éclairées par des fenêtres dont le style indique le XIV° siècle. Le chevet de l'église est carré : il a été revêtu, il y a une trentaine d'années, d'une boiserie qui lui donne une forme absidiale. Sa façade, à l'extérieur, est de 9 m. 30 c. Les deux fenêtres qui y ont été ouvertes paraissent également du XIV° siècle. La longueur de la nef est de 31 m. 60 c. La charpente de cette nef est tellement chargée de tuiles qu'elle en est toute contournée et semble menacer ruine.

Le clocher est du XV° siècle. Il a été érigé par un bourgeois de la ville, nommé, d'après La Thaumassière, Pierre Urignon (1). Il consiste en une tour carrée, en pierres de taille, soutenue latéralement par des pilastres ou contreforts décorés de niches. Cette tour, large de 5 m. 90 c. et haute de 22 m. est surmontée d'une flèche en charpente de 13 m. et cou-

---

(1) Suivant la tradition, cet habitant aurait été inhumé sous le porche de l'église du couvent des Cordeliers. L'obituaire de cet établissement mentionne, à la date du 13 septembre 1472, l'inhumation de Bertrand Varignon, sans autre mention.

verte d'ardoises. Ce clocher, d'une hauteur totale de 35 m. a formé un point de mire pour la direction de plusieurs de nos routes. Depuis quelques années, on y a placé une horloge.

La porte de l'église est ogivale ; elle est surmontée d'une niche ornementée, mais vide. L'étage superposé offre une fenêtre à trois compartiments qui est aussi ogivale. Celui du beffroi présente deux ouvertures arrondies. Il n'y a pas d'ouvertures entre ces deux étages. Toute cette façade porte des traces de dévastations.

Le clocher n'est pas dans la même direction que l'église. Ce n'était pas pour la régularité de la place qu'il en a été ainsi, car elle n'existait pas quand il a été construit, mais on a voulu obéir au symbole de *l'inclinato capite*, comme cela se remarque dans beaucoup d'autres églises.

Le premier étage du clocher, par sa forme, servait incontestablement à une chapelle. Il y a lieu de penser que cette chapelle était destinée à la confrérie du précieux corps de Notre Seigneur, fondée en 1362 dans l'église Saint-Martial, par Guy II de Chauvigny, et que c'était là qu'était placé le *vaisseau* en argent doré qu'il lui donna et dans lequel l'hostie consacrée était portée dans la procession (p. 282). Dans plusieurs églises il était d'usage, à cette époque, de placer les reliques au-dessus du porche, pour que les fidèles passassent constamment dessous. — Il y avait encore dans l'église Saint-Martial, d'après M. l'abbé Damourette, une fondation de chapellenie par un abbé de Fillon, dont la famille nommait le titulaire.

Les statues en pierre peinte qui sont sur les côtés du chœur proviennent de l'ancienne église Saint-André.

Lorsqu'en 1868, les dalles de l'église furent renouvelées, on retira de ce travail une pierre où se trouvait une inscription du XVI° siècle ainsi conçue :

*Le curé de céans doit, tous les mardis de l'an, à perpétuité, une messe devant l'autel Nostre-Dame pour feu Simon Mallet* ou AXMCOBES-RABRAME.

*Plus la messe, une absolution sur la fosse du dit.*

CLOCHES DE L'ÉGLISE SAINT-MARTIAL. — Il y en a trois. La plus grosse est la plus ancienne ; mais elle est fêlée et ne sert plus ; on y lit l'inscription suivante :

GROSSE CLOCHE. — « *L'an 1790, j'ai été bénie par messire Pierre Guyot, prêtre, curé de Saint-Denis de Châteauroux, et nommée* DENIS *par maître François Audebert, entrepreneur et expert de bâtiments, et par dame* THÉRÈSE GENDRE, *épouse de maître Joseph Passajeon, négociant en cette ville. — MM. Louis Lemort, Pinault, et David Nabert, procureurs fabricien.*

*Jean Baptiste Collin, N. Peigney m'ont fait.* »

Il y a trente-six ans que la petite cloche et la moyenne ont été fondues. Voici leurs inscriptions :

PETITE CLOCHE. — « *M. Joseph Delaleuf, receveur général des finances de l'Indre, chevalier de la Légion d'honneur, parrain. — Dame Marie Adrienne Jenny Crublier de Fougères, vicomtesse de Montbel, marraine. — J'ai été bénite par M. Etienne-Sulpice Molat, chanoine honoraire de la cathédrale de Bourges et curé de Châteauroux. — Les Gouyot, fondeurs à Brevannes, Haute-Marne, m'ont faite en 1837.* »

CLOCHE MOYENNE. — « *J'ai été bénite par* M. *Étienne-Sulpice Molat, chanoine honoraire de la cathédrale de Bourges et curé de Châteauroux.* — *J'ai eu pour parrain* M. *Joseph Delaleuf, receveur général des finances de l'Indre, chevalier de la légion d'honneur, et marraine dame Marie-Adrienne-Jenny Crublier de Fougères, vicomtesse de Montbel.* — *Gouyot.* 1837. »

Nous joindrons à l'article sur l'église Saint-Martial, deux notes; l'une sur ce qu'on a appelé l'hospice Saint-Jacques, et l'autre concernant une crypte fort curieuse, située tout près de cette église.

*I. Hospice Saint-Jacques.* — Sur le flanc droit de l'église Saint-Martial et comme sous sa protection, existe, de l'autre côté de la rue, une construction de forme ancienne. C'est l'hospice Saint-Jacques, qui était destiné à loger les pèlerins, allant en Espagne prier sur le tombeau de Saint-Jacques de Compostelle. Deux grandes fenêtres semblables et les grosses pierres qui entrent dans sa construction indiquent un établissement public. Cette maison, vendue à l'époque de la révolution, est occupée aujourd'hui par un boulanger.

*II. Crypte de la place Saint-Martial.* — On ignore complétement quelle a été sa destination. Elle n'en est pas moins remarquable. Elle consiste en deux nefs, séparées par six arcades, lesquelles sont soutenues par des colonnes dont les chapiteaux offrent des sculptures qui rappellent le XII° siècle et un peu le XIII°. Sur les côtés, on remarque des niches, comme celles qui existaient dans les cloîtres et dans lesquelles les religieux déposaient leurs livres de prières. On descend dans cette crypte par deux escaliers, l'un plus raide qui s'ouvre sous la boutique du boulanger *Ruby* (dont la maison est superposée), l'autre plus facile dont l'ouverture se trouve derrière la maison. Ce souterrain est éclairé par deux petites fenêtres grillées donnant du jour par la rue Descente des Cordeliers.

Cette crypte appartiendrait-elle à l'église? Mais il n'en est mention nulle part, et alors pourquoi n'aurait-elle pas été pratiquée sous l'église même? On fait remarquer que les terrains du voisinage appartenaient à l'ordre du Temple et en portaient le nom, que l'hôtel Bertrand, qui est tout à côté, a été bâti sur ces mêmes terrains, et l'on se demande si cette crypte n'aurait pas été une cave des Templiers. — Deux salles souterraines du même genre, fort remarquables, l'une à Vouillon et l'autre à Saint-Marcel, sont figurées dans les *Esquisses pittoresques.*

### ARTICLE CINQUIÈME.

#### Église Notre-Dame ou des Capucins.

Ce n'a été que le 24 août 1806 que cette église est devenue paroissiale. La nécessité en ayant été reconnue, trente-un habitants s'étaient engagés solidairement envers la ville à subvenir à toutes les dépenses et à payer le traitement du desservant.

M. Moulinet, aujourd'hui curé de la cathédrale de Bourges, par ses soins et au moyen de ses économies, ainsi que par des quêtes, a fait agrandir et orner l'église. Un porche avec deux petites tours a été élevé au-devant de la construction ancienne. Il faut signaler à l'abside une belle verrière de Lobin, de Tours, représentant l'apparition de la Vierge à Saint-François d'Assise. On remarque dans l'église une copie de Lebrun et une autre de Raphaël.

Cette paroisse comprend, en partant de la place du Palan, la droite de la rue des Bouchers, de la place aux Guédons, de la rue du Bombardon jusqu'à la rue de l'Hospice, la rue de l'Hospice, la rue du Four-à-Chaux, et tous les villages et hameaux qui sont situés à droite de la route de La Châtre, Notz et Fonts, y compris la rue des Marins, et elle est limitée par la rivière de l'Indre jusqu'au Pont Neuf.

Depuis que l'église des Capucins est devenue paroisse, elle a eu six curés : M. Lemut, à l'origine ; M. Rochereau, en 1829 ; M. Geoffroy, en 1843 ; M. Moulinet, en 1858 ; M. Bedu, 1864 ; et M. Lesachet de Laneuville, en 1870.

### ARTICLE SIXIÈME.

#### Église Saint-Christophe.

Dans le faubourg Saint-Christophe, il y avait autrefois une petite et vieille église sans caractère déterminé. Le passage des routes de Buzançais et de Levroux, par suite de la construction du Pont Neuf, a exigé sa destruction. On l'a remplacée par une autre église située entre l'amorce des deux routes.

La nouvelle église est d'un style ogival avec quelque

intention ornementale. Mise à l'entreprise, la solidité a paru douteuse et toute la partie antérieure a été refaite en pierres de taille. Au lieu d'une tour carrée, on a construit un clocher.

Dans l'ancienne église Saint-Christophe, il y avait la chapelle Sainte-Solange. Elle a été transférée dans l'église actuelle. Le 10 mai, elle attire encore un grand nombre de personnes qui se font dire des évangiles. Il y avait aussi, dans l'ancienne église, la chapelle de Saint-Abdon et Saint-Sennen, martyrs. Cette chapelle a été aussi reproduite dans l'église nouvelle. La fête de ces saints se célèbre le 30 juillet.

La paroisse de Saint-Christophe comprend tout le faubourg de ce nom avec la banlieue qui est au nord de la rivière de l'Indre, plus la partie de la rue des Ponts jusqu'au ruisseau de la fontaine des Religieuses qui la sépare de la paroisse Saint-André.

La mention des curés de Saint-Christophe ne commence, dans les almanachs de l'Indre, qu'en 1831. Dans cette année, nous trouvons M. Collas ; en 1838, M. Sautereau ; en 1851, M. Trumeau ; en 1868, M. Lesachet de la Neuville ; en 1870, M. Blin.

## ARTICLE SEPTIÈME.

### Église principale.

Depuis la destruction de l'ancienne église Saint-André, Châteauroux sentit le besoin de construire une église principale. L'église des Cordeliers était sans aucun ornement et l'église Saint-Martial était trop petite.

En 1844, M. Eugène Grillon étant maire, on avait décidé cette construction, et, sous la direction de M. Bisson, architecte, un édifice avait été commencé sur le terrain de Saint-Luc, donné à la ville pour cette destination spéciale par M. Bertrand-Boislarge, en échange du terrain de la place Sainte-Hélène, sur laquelle on devait faire le monument érigé à la mémoire du grand-maréchal Bertrand, son frère. Mais, par suite de mauvaises dispositions de toutes sortes, dès avant 1848, cette construction, à laquelle on avait déjà dépensé près de 130,000 francs, avait été abandonnée.

Après bien des projets successifs et des discussions nombreuses sur le choix de l'emplacement, on procéda, le 26 novembre 1869, à une adjudication de travaux à faire pour la construction de la nouvelle église, d'après les plans et devis dressés par M. Dauvergne, architecte du département, et acceptés par le conseil municipal.

Ces travaux étaient évalués à la somme de 750,000 f. avec toute l'ornementation. On ne devait placer aux fenêtres que des vitraux blancs ordinaires et l'on ne comprenait pas, dans la dépense, l'ameublement général. L'adjudication, déduction faite des honoraires de l'architecte et d'une somme à valoir de 31,737 fr. 25 c. fut prononcée, avec un rabais de 9 fr. 22 c. par 100 fr. de l'estimation du devis, au profit de MM. Talichet et Papet, entrepreneurs de travaux à Châteauroux, moyennant la somme de 621,053 fr. 77 c.

Pour faire face à tous les frais de construction, la ville possédait, en première ligne, les ressources provenant d'une grande loterie autorisée depuis plusieurs années par l'État, et qui devait produire, en capital et intérêts, par prévision, jusqu'au jour de son emploi, une somme de.......... 375,000 francs.

De plus, le conseil municipal avait ajouté une somme de 180,000 francs à prélever, à raison de 20,000 francs par an, sur ses ressources ordinaires à partir de 1868 jusqu'en 1875........... 180,000

Un emprunt de 120,000 francs à rembourser en douze annuités, à l'aide des 12 centimes additionnels au principal des quatre contributions.................... 120,000

Enfin, l'on comptait sur une souscription volontaire qui n'a pas encore été réalisée et qu'on évaluait à..................... 45,000

Il y avait encore la revente des matériaux de l'église commencée en 1844 et évalués à....... 30,000

Tot. général des ressources calculées 750,000 francs.

Les travaux sont en cours d'exécution depuis quatre années. Aux termes du cahier des charges de l'adjudication, ils devraient être achevés au 30 novembre 1873, jour de la Saint-André, patron de la paroisse. Mais, par suite de difficultés rencontrées dans les fondations, qui ont atteint, en certains endroits, jusqu'à 11 mètres de profondeur, et ont donné lieu à un supplément de dépense de 16,000 francs environ, et surtout des événements politiques de 1870 et 1871, qui, d'une part, ont enlevé les hommes et les chevaux aux travaux, et d'autre part, ont apporté une dépréciation considérable sur les titres de rente provenant de la loterie, il faut craindre une moins value assez importante ([1]). Les travaux ont donc dû subir un retard forcé. Ce retard ne peut être estimé à moins de 15 à 18 mois et l'on ne saurait aujourd'hui espérer de voir l'église livrée au culte avant le milieu ou la fin de l'année 1875.

Cependant l'édifice, construit en style ogival le plus simple du XIIIe siècle et qui se fait remarquer par son élégance et sa légèreté, s'élève déjà dans toute son étendue à 24 mètres au-dessus du sol et l'on peut juger par aperçu de son ensemble. Il reste encore à élever les deux tours de la façade, qui atteindront la hauteur de 60 mètres au-dessus du sol de la place, les trois pignons de la nef et des transepts qui doivent avoir 32 mètres de hauteur, et l'on commence aujourd'hui (1er juillet) à monter les charpentes

---

(1) Pour couvrir le déficit probable, l'administration municipale a adressé à l'État une demande de secours de 80,000 francs, laquelle a été appuyée par le Conseil général sur le rapport de M. Périgois, conseiller général du canton de Châteauroux.

du grand comble. Avant l'hiver prochain, on espère couvrir plus des trois quarts de l'édifice.

Une fois cette couverture en place, on s'occupera des voûtes, des callages et des ravalements intérieurs et extérieurs, de la pose des meneaux des fenêtres et des rosaces des pignons. Déjà quelques arcs-boutants extérieurs sont commencés. Dans le courant de 1874, on espère voir achever le gros-œuvre à l'extérieur, car il reste encore de disponible, sur les fonds produits par la loterie, une somme de près de 300,000 francs. Aujourd'hui, il y a environ 400,000 francs de dépensés.

Il faut attendre l'achèvement de cette importante construction et l'enlèvement des derniers échafaudages pour juger de son aspect général, ainsi que de l'harmonie de ses proportions et de ses détails. — L'édifice devra pouvoir contenir 2,500 personnes environ ; sa longueur est de 87 mètres mesurés extérieurement.

La route de La Châtre sera reportée au côté gauche de l'église, de manière à pouvoir comprendre dans un vaste square le terrain qui se trouve à droite. Derrière l'église s'étendra une grande terrasse d'après les plans d'ensemble soumis au conseil municipal.

# CHAPITRE NEUVIÈME.

## CHAPELLES, SIGNES RELIGIEUX, PROCESSIONS, CONFRÉRIES.

### ARTICLE PREMIER.
#### Chapelles.

On comptait autrefois, dans la commune de Châteauroux, un certain nombre de chapelles : celles du Crucifix, de Saint-Luc, de Saint-Fiacre, de Saint-Blaise, de Notre-Dame-des-Salles et de Saint-Lin.

*I. Chapelle ou vicairie du Crucifix.* — Par un acte du 23 avril 1575, le titulaire de cette chapelle, Antoine Bernoline, afferma à Étienne Johannet, marchand à Déols, les revenus, fruits et émoluments de cette vicairie, excepté les prés en dépendant, pour la somme de 45 livres, payables chacun an. — Du 11 janvier 1587, prise de possession de cette vicairie par Louis de Lachassagne, prieur de l'abbaye de Déols, pour M. Étienne Pinette, clerc tonsuré. — Le curé de Notz-sur-Coings avait des droits ou redevances sur cette chapelle. Elle était situé à la Croix-Normand, et la Croix de Pierre que l'on voit au coin de cette place et de la rue de la Bouquerie en est un vestige [1].

---

[1] Inventaire des titres du duché de Châteauroux, 4e vol., p. 524.

Chaque année, le jour de l'Ascension, les curés de Saint-Denis et de Saint-André se réunissaient à la chapelle du Crucifix, et en partaient pour aller en procession à la chapelle Saint-Marc ; on va aujourd'hui à l'église Saint-Christophe, la chapelle Saint-Marc étant fermée.

*II. Chapelle Saint-Luc.* — Sur l'emplacement où l'on construit actuellement l'église principale existait une chapelle, qui avait un bénéfice ou dotation constituée par d'anciens fidèles. Cette propriété était tombée entre les mains de la famille Bertrand, qui en avait fait une *locature*. Cette famille a vendu les terres, et le terrain de la chapelle a été donné à la ville par M. Bertrand-Boislarge.

*III. Chapelle ou Vicairie de Saint-Fiacre.* — Le bâtiment de cette chapelle existe encore dans le faubourg Saint-Fiacre, situé derrière l'usine à gaz. Il sert de grange.

La chapelle Saint-Fiacre avait aussi une dotation établie probablement par les jardiniers, dont saint Fiacre est le patron. Les terres qui constituaient cette dotation ont été vendues à l'époque de la révolution. Voici ce qu'on trouve, au sujet de cette chapelle, dans l'inventaire des titres du duché de Châteauroux (1) : « Du 27 juillet 1628, copie en papier d'un échange fait entre Gabriel Quinçat, chambrier

---

(1) 4ᵉ vol., p. 526.

de Saint-Gildas, vicaire de la vicairie de Saint-Fiacre, fondée proche de la ville de Châteauroux, en la paroisse de Saint-Denis, d'une part, et M. Jean Georges, seigneur de la Pingaudière, lès-Châteauroux, d'autre part, par lequel ledit Quinçat, en sa qualité de vicaire de Saint-Fiacre, a cédé audit Georges deux pièces de terre, à la charge du quart de dîme. »

*IV. Chapelle ou Prieuré de Saint-Blaise.* — Cette chapelle était édifiée dans l'enceinte du Château-Raoul, près de son ancienne porte. Elle ressortissait de l'abbaye de Saint-Gildas. Le prieur était messire Barré, prêtre-chanoine de Notre-Dame et Saint-Martin. Le cardinal de La Rochefoucauld, archevêque de Bourges, la supprima en 1743 comme tombant en ruines et manquant des objets nécessaires à la célébration de la messe ; il en reporta les fruits et revenus sur une autre chapelle à construire à la Porte aux Guédons, dans l'enclos des prisons de la ville. Cette nouvelle chapelle fut bénie en 1759, par ordre de Mgr de Phélippeaux, devenu archevêque de Bourges, et mise sous le vocable de *saint Pierre ès-liens et de saint Blaise*. Messire Barré en resta le prieur.

*V. Autres Chapelles.* — Il y avait dans le Château-Raoul une petite *chapelle* portant le nom de *Notre-Dame-des-Salles*. — Dans l'une des tours de la porte de ce même château, il y avait encore la *chapelle Saint-Cosme*, où les médecins se livraient à des études anatomiques. — Enfin la *chapelle Saint-Lin* (vulgairement appelée Sainte-Line) était sur la paroisse de Saint-Denis.

## ARTICLE DEUXIÈME.

### Signes Religieux.

Il y avait beaucoup de *madones* dans la ville avant la révolution de 1789, et nous avons vu, en parlant des fêtes du culte républicain (p. 538), qu'on les avait ramassées et brûlées. On en trouve encore aujourd'hui en plusieurs endroits : c'est ainsi que, rue Porte-Neuve, N° 3, on voit entre deux fenêtres du premier étage, l'image sacrée connue dans l'église sous le nom de *Notre-Dame de Pitié*, c'est-à-dire la Sainte-Vierge tenant le Christ sur ses genoux. Cette image est en pierre et coloriée. Elle avait été cachée pendant la révolution et elle a été remise en place au rétablissement du culte. On remarque encore dans la ville quelques autres madones, par exemple, à l'angle de la rue d'Indre et de celle du Gué-aux-Chevaux.

On a vu, dans l'histoire de Déols, que les croix servaient quelquefois de limites. On en trouve un certain nombre dans la ville ; la plus remarquable est celle qui est au coin de la rue de la Bouquerie et de la place Croix-Normand ; nous avons dit qu'elle faisait partie de la chapelle du Crucifix. C'est une colonne en pierre ornementée, et surmontée d'un crucifix, également en pierre sculptée.

## ARTICLE TROISIÈME.

### Processions.

Outre les processions générales, communes à toutes les églises chrétiennes, le clergé de Châteauroux fait des processions qui sont spéciales à la ville.

### § I$^{er}$. — Processions communes aux églises chrétiennes.

Ce sont les processions des Rameaux, des Rogations, de la Fête-Dieu, et du vœu de Louis XIII.

I. — La procession des Rameaux a pour but de rappeler et d'honorer l'entrée de Jésus-Christ à Jérusalem.

II. — La procession des Rogations se fait aux trois jours qui précèdent l'Ascension ; l'Église veut ainsi attirer les bénédictions de Dieu sur tous les biens de la terre.

III. — Les processions de la Fête-Dieu ont lieu en France depuis le concordat, les dimanches qui suivent la fête du Saint-Sacrement.

IV. — Louis XIII avait consacré son royaume à la Sainte-Vierge, et la procession du 15 août se fait à l'intention de perpétuer ce vœu.

### § II. — Processions spéciales de la ville.

Parmi ces processions, deux sont abolies :

*I. Processions abolies.* — Autrefois, le 1$^{er}$ mai, on allait en procession à la chapelle des miracles à Déols, en souvenir d'un vœu fait par les échevins contre la peste. Tous les corps de la ville y assistaient. Une autre procession se faisait à la chapelle de Saint-Sébastien par les membres de la confrérie établie dans l'église Saint-Martial. C'était encore pour obtenir la protection de ce saint contre la peste. — Pour le *feu de la Saint-Jean*, le clergé venait en procession sur la place de l'église Saint-Martial pour le bénir. Le maire s'y rendait en habit de cérémonie et allumait le feu. On offrait un bouquet au curé. Les cloches sonnaient. Cet usage, qui était de toute antiquité et même de discipline ecclésiastique, a cessé à l'époque de la révolution [1]. Nous avons vu (p. 152) qu'il s'est conservé à Déols.

*II. Processions spéciales qui existent encore*. — Le jour de l'Ascension, les paroisses de Saint-André et de Notre-Dame vont en procession à l'église Saint-Christophe et y portent les reliques de leurs saints. — Le lundi de la Pentecôte, le curé de Saint-Christophe est dans l'usage de faire une longue procession dans la campagne à l'intention d'obtenir la protection de saint Abdon et de saint Sennen contre la grêle. Chaque mardi soir, un salut du Saint-Sacrement, se rapportant à cette dévotion, a lieu dans l'église de cette paroisse.

---

[1] Le receveur des deniers communs payait 27 livres pour le feu de la Saint-Jean, ainsi que le prix de la poudre nécessaire aux salves d'artillerie que l'on tirait aux processions de la Fête-Dieu.

## ARTICLE QUATRIÈME

*Associations ou confréries, fêtes patronales.*

Il a existé autrefois et il existe encore à Châteauroux, une quantité d'associations ou confréries. Les unes appartiennent aux corps d'états et ont un certain caractère religieux ; les autres sont purement religieuses.

### § I$^{er}$. — Confréries des corps d'état.

Rappelons d'abord les confréries anciennes ; nous énumérerons ensuite celles qui existent aujourd'hui.

*I. Confréries anciennes.* — La *confrérie de Saint-Blaise* remonte à 1492. Elle se réunissait dans l'église Saint-Martial. Tous les ouvriers en laine, *tissiers*, drapiers, cardeurs, foulons, etc., en faisaient partie [1]. Le travail des draps était à cette époque l'industrie la plus importante de Châteauroux. — Cette confrérie, annihilée à la révolution, a été reconstituée vers 1808, et de nouveaux statuts lui ont été donnés en 1815 ; mais l'introduction des *métiers mécaniques* n'a pas tardé à la faire tomber de nouveau. — Il était de tradition que les procès civils entre les confrères se jugeaient par des délégués ou syndics.

La *confrérie de Saint-Sébastien*, purement religieuse, avait été instituée en 1642 dans la paroisse de Saint-Martin. Elle fut confirmée par une bulle du pape

---

[1] Inventaire des titres du duché, 4$^e$ vol. p. 585, note communiquée par M. Guillard.

Urbain VIII. Elle s'étendait aux hommes et aux femmes ; en conséquence, des procureurs et des procureuses y étaient élus tous les ans. Cette confrérie avait une chapelle spéciale non-seulement dans l'église de Saint-Martin, mais encore dans celle de Saint-André. Parmi les statuts conservés, nous citerons les suivants : Art. 15 : « Si quelque frère ou sœur a quelque différend avec quelqu'autre de la *confrairie*, sera accordé ledit différend, la veille de la feste de Monsieur Saint-Sébastien, par le curé de Saint-Martin et par les procureurs de la confrairie, et celui qui refuserait l'accord sera expulsé de ladite confrairie. » Art. 16 : « Si quelque frère ou sœur vient à être surpris de justice, en tort qu'il y ait sentence d'infamie, sera mis hors de ladite confrairie et son nom rayé du livre de ladite confrairie. »

Dans l'église de Saint-Christophe on avait fondé, en 1672, la *confrérie des glorieux martyrs SS. Abdon et Sennen*, pour ramener l'esprit de piété et de zèle dans la pratique des œuvres de charité et attirer les bénédictions du ciel sur les fruits de la terre ; cette confrérie, autorisée à certaines époques par les archevêques de Bourges, a été enrichie d'une bulle du pape Clément X, en date du 26 juin 1674. Nous avons parlé, dans l'article précédent, de la procession qui se fait encore sous l'invocation de ces saints. Cette confrérie continue d'exister.

En faisant l'histoire du couvent des Cordeliers, nous avons parlé (p. 698) de la *confrérie du Saint-Sacrement* qui comprenait plus de 200 pères de familles et qui entretenait la paroisse de Saint-Denis. Les confrères avaient des robes qui, à leurs décès, étaient vendues au profit de la confrérie.

*II. Confréries modernes.* — Presque toutes célèbrent par une messe la fête de leurs patrons, et font bénir un petit pain pour chacun des membres. Celui qui rend le pain bénit conserve le bouquet à sa maison. Voici celles qui existent aujourd'hui : la confrérie de Saint-Pierre comprend tous les états ; — la confrérie de Sainte-Solange est pour les ouvriers de la manufacture des tabacs ; — celle de Saint-Éloi pour les ouvriers en métaux ; — de Sainte-Anne pour les menuisiers ; — de Saint-Laurent pour les pompiers ; — de Saint-Vincent pour les vignerons ; — de Saint-Fiacre pour les jardiniers ; — de Saint-Honoré pour les boulangers ; — de Sainte-Cécile pour les musiciens ; — de Saint-Joseph pour les charpentiers ; — de Saint-Jean-Porte-Latine pour les typographes et les lithographes ; — de Sainte-Croix pour les fabricants de la rue d'Indre. — Les sociétés ou confréries de Sainte-Agathe et de Sainte-Marie sont pour les ouvriers de la manufacture de draps. — Dans certaines confréries, on porte en cérémonie l'image bon patrons [1].

Nous aurons à revenir sur quelques-unes de ces confréries ou associations.

---

[1] Les bâtons qui servaient à transporter l'image des saints patrons étaient conservés avec soin et faits avec un certain luxe. Nous trouvons, en date du 29 septembre 1786, une quittance de vitrier de 24 livres pour avoir peint et doré le bâton de la confrérie de Saint-Abdon. (Note de M. Guillard.)

## § II — Confréries purement religieuses.

Il y en a aussi d'anciennes et de modernes. Nous avons vu qu'il y avait, dans l'église Saint-Martial, la confrérie du Saint-Sacrement ou du précieux corps de Jésus ; une confrérie dite du corps de Dieu existait dans la paroisse Saint-Chistophe. — De nos jours, on a fondé les confréries du Sacré-Cœur, du Rosaire, des Mères-Chrétiennes, etc.

N. B. — Notons, bien que ce soit en dehors de notre ville, qu'à certains jours, de temps immémorial, la population de Châteauroux se joignait à celle des campagnes et remplissait l'église de Lourouer (*Oratorium*). Depuis, on a porté ses prières à la *Bonne-Dame du Chêne* dont la fête se célèbre encore aujourd'hui dans la forêt de Châteauroux. La Bonne Dame était dans le tronc d'un gros chêne. On a établi, depuis une quinzaine d'années, une petite chapelle où les curés du voisinage disent des évangiles. C'est autour de cette chapelle qu'a lieu la fête. Des marchands de toute espèce s'y rendent, et vers le soir on se livre à des danses.

# CHAPITRE DIXIÈME.

## HOSPICES.

Nous comprenons sous ce titre l'hospice situé dans la rue de ce nom et le dépôt de mendicité qui est plutôt un hospice.

Avant les hospices actuels, il y avait autrefois le petit hospice Saint-Marc qui datait du XIII° siècle; il était situé au bout des jardins de l'abbaye de Saint-Gildas (de l'autre côté du chemin de Buzançais), à la place des maisons qui forment un renfoncement derrière la chapelle Saint-Marc dont il a été question à la page 163. Cet hospice dépendait de l'abbaye de Saint-Gildas; il avait été antérieurement une léproserie. Le prince de Condé, en faisant séculariser les abbayes, avait augmenté les revenus de cet hospice et de la chapelle Saint-Marc. Il leur avait donné plusieurs terrains, une rente de 20 livres, une autre de 2 livres et 10 livres de pain par semaine pour distribuer aux pauvres de la ville. — Nous avons aussi parlé du petit hospice Saint-Jacques, près l'église Saint-Martial.

## ARTICLE PREMIER.

### Hospice de Châteauroux.

Cet établissement prend tous les jours une nouvelle importance. On s'intéressera à sa fondation et à ses progrès successifs, à son état actuel, à ses divers services et en particulier à celui des enfants assistés.

*1. Fondation et progrès successifs de l'hospice.* — Vers l'époque où le prince de Condé obtint la sécularisation des abbayes de Déols et de Saint-Gildas, il s'était formé à Châteauroux une confrérie de dames de charité, dont les statuts avaient été approuvés par Mgr Jean de Montpezat, archevêque de Bourges. Cette confrérie soignait les malades pauvres.

En 1628, Étienne Blanchard dont nous avons déjà parlé, prêtre communaliste de l'église Saint-André et chanoine de Saint-Martin, loua une maison dans le faubourg qui s'étendait de la place Saint-André à Saint-Fiacre, pour les malades que la confrérie prenait à sa charge. Cette maison qui, à l'origine, ne pouvait admettre que douze malades, était entretenue par des offrandes et des quêtes.

Le nombre des malades augmentant, on présenta une requête au prince de Condé pour qu'il fût affecté, à ce commencement d'hospice, le revenu de la chapelle Saint-Marc et les 250 livres qui étaient distribuées par les moines de Saint-Martin. Le 18 février 1675, on put acheter aux nommés Nicolas et Marguerite Trotignon la maison qu'ils louaient à l'hospice. La qualité de fondateur fut offerte au prince de Condé. Les habitants se cotisèrent pour 200 livres de rentes et 24 boisseaux de blé par an. Un conseil d'administration fut nommé et l'hospice reçut le nom d'Hôtel-Dieu par lettres patentes. Étienne Blanchard, à sa mort lui fit diverses donations.

Un procès-verbal de 1796 indique qu'il n'y avait qu'un corps de logis, composé de quatre chambres basses et de quatre hautes, une grange, un jardin et un puits (1). Le revenu était alors de 1,200 livres. L'Hôtel-Dieu continuait d'être protégé par la même confrérie de charité. — En 1697, on donna à l'Hôtel-Dieu de Châteauroux les biens de l'hospice Saint-Jacques d'Ardentes, de Saint-Benoît-du-Sault, de la Maladrerie de Villedieu ; ce fut par ordre de Henri-Jules de Bourbon, prince de Condé, troisième duc de Châteauroux. — L'établissement fut placé sous le patronage de saint Louis.

A cette époque, l'Hôtel-Dieu avait pris du développement ; on y avait fait de nouvelles constructions, en particulier le rez-de-chaussée actuel, surmonté de mansardes. Cet accroissement tenait surtout à ce qu'on avait obtenu, par exception, de Louis XV, la permission de recevoir des legs, ce qui était défendu pour les biens de main-morte. On avait fait venir

---

(1) Le bâtiment qu'on détruit en ce moment et où l'on voyait deux œils-de-bœuf était cette première fondation de l'hospice.

Ces renseignements sont extraits d'un travail que M. l'abbé Saliquet, aumônier de l'hospice, a eu l'obligeance de me communiquer. M. Saliquet les a relevés dans les papiers de l'hospice.

de Paris des sœurs de charité et les revenus s'élevaient à 3,952 livres, plus 86 livres pour l'acquit des fondations.

En 1793, on substitua le nom d'Hospice à celui d'Hôtel-Dieu.

En 1839, un don de 30,000 francs fait par M$^{me}$ veuve Henri Patureau, a permis de construire le quartier des incurables. — C'est en 1843 et en 1844 qu'a eu lieu la construction d'une salle de malades de 36 lits et la chapelle, au moyen de 13,000 francs provenant de secours de l'État et de fonds appartenant à l'hospice.

En 1848, on a exhaussé le quartier des femmes civiles, ainsi nommées pour les distinguer de celles de la maternité. La dépense, prise sur les fonds de l'hospice, s'élevait à 6,000 fr. — Un quartier pour les enfants trouvés a été construit en 1859 ; une somme de 24,000 francs a été fournie à cet effet en partie par le gouvernement et en partie par l'hospice.

Enfin, M$^{me}$ Balsan, mère, ayant fait, l'année dernière, une maladie grave, a donné 20,000 francs à l'hospice, et celui-ci ayant reçu, d'une autre part, un legs de M$^{lle}$ Délibéré d'une somme à peu près égale, à prendre sur sa maison de la rue Grande, l'administration de cet établissement s'est décidée à construire sur la rue de l'Hospice une nouvelle entrée, une plus grande cuisine, une salle pour le conseil, un logement pour les religieuses, et diverses autres pièces jugées nécessaires au service.

*II. État actuel de l'hospice.* — L'hospice a aujourd'hui 215 lits : 16 pour les incurables des deux sexes, 40 pour les malades civils (dont 16 pour les femmes en couches), 100 pour les militaires et 60 pour les enfants assistés des deux sexes. Quelques cabanons sont destinés à renfermer les aliénés dangereux, en attendant qu'ils soient envoyés à la maison centrale de Limoges où ils coûtent 1 fr. 25 par jour.

Le département, pour le séjour des enfants, fournit 15,000 francs. Le ministère de la guerre, pour les lits militaires, paye 1 fr. 25 c. pour les sous-officiers et soldats et 2 fr. pour les officiers. Pour les filles-mères, le département donne 1 fr. 30 c. par jour, et 20 c. pour les journées d'allaitement des enfants. Les communes doivent 1 fr. par jour pour leurs malades ; le département leur vient en aide proportionnellement à leurs ressources. — Enfin, l'hospice a environ 12,000 fr. de revenu en rentes et immeubles.

Dix sœurs de charité (8 de chœur et 2 converses) de l'ordre de la Charité de Bourges donnent leurs soins aux malades. Quatre docteurs en médecine sont chargés du service médical qui se répartit comme il suit : M. Maurice Robert, *salle des militaires* ; M. Godinat père, *salle des hommes civils* ; M. Raoul Patureau, *salle des femmes* ; M. Jouslin, *salle de la Maternité*.

L'administration est composée du maire, président, et de cinq administrateurs. Il y a, en outre, un receveur (M. Th. Mayet) et un secrétaire [1].

---

[1] D'après l'article 9 de la loi du 7 août 1851, la commission des hospices délibère sur les objets suivants : acquisitions, échanges, alié-

*III. Service des enfants assistés.* — Nous en avons dit déjà un mot en nous occupant des bureaux de la préfecture. Ici nous placerons quelques renseignements tirés de l'intéressant ouvrage de M. Boucheron, inspecteur départemental de ce service ([1]).

Aujourd'hui, tous les enfants abandonnés s'appellent *enfants assistés*. Leur tutelle s'étend jusqu'à la majorité, et ils ont droit aux salaires départementaux jusqu'à l'âge de 12 ans. La suppression des tours a fait admettre une catégorie nouvelle, celle des enfants de filles-mères, que celles-ci conservent et élèvent, moyennant un secours temporaire du département.

Il naît, chaque année, dans le département de l'Indre, environ 450 enfants naturels, dont 200, en moyenne, sont admis aux secours temporaires, sur la demande des familles. On ne les réclame pas pour les autres enfants (2).

Ce qui prouve les bons résultats du secours temporaire, qui est de 7 francs par mois, c'est que les filles-mères élèvent leurs enfants, et que les abandons n'ont, en général, lieu qu'à l'expiration de ce secours.

nation de propriétés, affectation aux services et en général tout ce qui intéresse leur conservation et leur amélioration ; projets de travaux pour construire et dont la valeur excède 3,000 francs. — D'après l'article 10, les délibérations comprises dans l'article précédent sont soumises à l'avis du conseil municipal : toutefois, l'aliénation des biens immeubles formant la dotation des hospices et hôpitaux ne peut avoir lieu que sur l'avis conforme de ce conseil. — L'article 1048 de l'instruction générale du 20 juin 1859 porte que le conseil municipal est toujours appelé à donner son avis sur les budgets et les comptes des établissements de charité et de bienfaisance, même lorsque la commune ne leur fournit pas de subvention. Les budgets des bureaux de bienfaisance sont définitivement réglés par le préfet.

(1) M. Boucheron : *Les enfants assistés et la famille*, 1869.

(2) Les poursuites pour infanticide, tant en cour d'assises qu'en police correctionnelle, ont été : en 1861, de 3 ; en 1862, de 2 ; en 1864 de 5 ; en 1865, de 6 ; en 1866, de 6 ; en 1867, de 5 ; en 1868, de 6 ; en 1869, de 5 ; en 1871, de 6 ; en 1872, de 7.

Depuis la suppression des tours, le nombre des enfants assistés est moins considérable. Dans l'Indre, le nombre de ces enfants, qui s'élevait à plus de 1,200, est réduit aujourd'hui à moins de 300.

L'hospice est chargé de recevoir en depôt les enfants assistés, de pourvoir à leur placement, sous l'autorité du préfet. Souvent les enfants restent là où ils ont été mis en nourrice. On les place pour les travaux de la campagne. On place aussi dans la campagne ceux qui sont débiles, en payant une pension plus élevée.

Les enfants vicieux sont un embarras très-grand pour les hospices. On ne veut pas les garder dans les campagnes. Dans l'hospice de Châteauroux, il manque un local pour les isoler. Il serait à désirer que la législation sur la matière permît d'user des établissements pénitentiaires, comme moyen de répression.

Les dépenses intérieures occasionnées par l'entretien des enfants constituent, pour les hospices dépositaires, une charge intolérable. Le mieux serait de mettre toutes ces dépenses à la charge du département. (1)

Il y a dans les enfants trouvés mis en nourrice une grande mortalité. Leur infériorité physique est établie par les relevés de la conscription ; ils sont quelquefois conservés et même adoptés dans la famille nourricière. Mais les secours donnés à ces enfants sont insuffisants ; on n'accorde que 8 francs par mois quand l'enfant a 7 ans, et 6 francs seulement à sa dixième année, ce qui fait qu'on recherche la compensation des dépenses dans les services qu'on demande à ces pensionnaires.

L'enfant, une fois élevé, est confié à des patrons. Si le nourricier s'y attache, il n'y a rien de mieux à souhaiter. Deux voies sont ouvertes aux autres enfants : l'agriculture et les métiers. L'agriculture est la voie d'élection de l'administration.

(1) La loi du 5 mai 1869 a mis ces dépenses pour 3/5mes à la charge du département et pour 2/5mes à la charge de l'État.

Pour les métiers, les villes offrent des ressources particulières ; mais la liberté que les jeunes filles y trouvent est chose funeste ; l'état domestique est bien préférable.

Dans l'Indre, les comités de patronage sont composés du maire, du préfet et de l'instituteur. Dans ce département, l'épreuve du secours temporaire paraît concluante, car, depuis 4 ans, il n'y a pas eu d'admission d'enfants trouvés. Le principe du secours est que les filles-mères nourrissent leurs enfants. C'est ainsi qu'elles se retrempent dans les grands devoirs de la maternité. Les enfants secourus, élevés chez leurs parents, partagent leur sort et retombent dans la position ordinaire.

M. Boucheron voudrait que le secours temporaire fût de dix ans ; qu'il fût de 7 francs par mois pendant les 4 premières années ; qu'à partir de la quatrième, il descendît à 5 francs par mois, et qu'à l'âge de 6 ans, l'enfant fût envoyé à l'école.

## ARTICLE DEUXIÈME.

### Dépôt de mendicité de Saint-Denis.

Le Dépôt de mendicité a été établi dans les bâtiments de l'ancien prieuré de Saint-Denis qui dépendait de l'abbaye de Déols. Ce prieuré doit dater d'avant l'an 917, car il est porté dans l'acte de fondation de l'abbaye (1). Il n'en est séparé que par la rivière d'Indre. Nous avons vu que l'église Saint-Martial relevait de lui.

---

(1) L'église du prieuré de Saint-Denis, d'après M. Hercule Robert, d'Argenton, aurait été bâtie sur les vestiges d'un temple de Bacchus. (Feuilleton d'archéologie départementale du *Journal de l'Indre*, numéro du 7 octobre 1837.)

Quelques ouvertures de souterrains placés auprès de la rivière ont fait dire, mais sans fondement, que le prieuré de Saint-Denis communiquait avec l'abbaye de Déols.

Le prieuré de Saint-Denis, vendu nationalement, a constitué successivement une poterie, une filature et une vinaigrerie. En 1844, la famille Grillon a vendu cette propriété au département pour y établir le dépôt de mendicité ; on y a fait de suite les dispositions convenables. Il y a aujourd'hui 100 lits pour hommes et pour femmes. Ils sont occupés par des idiots, des épileptiques (dont le nombre représente en moyenne les neuf dixièmes de la population ordinaire), des vieillards et des mendiants repris de justice.

Il est pourvu aux dépenses annuelles : 1° par une subvention de 20,000 francs fournie par le département sur les centimes facultatifs ; 2° par les contributions des communes qui y placent leurs infirmes [1] : elles s'élèvent à 4 ou 5,000 francs ; 3° par le produit des jardins, cultivés par le personnel de l'établissement : ce produit peut monter à 3,000 francs ; enfin, dans les cas de pénuries, on fait une demande à l'État qui donne rarement.

Cinq sœurs de charité de Bourges, du même ordre que celui de l'Orphelinat, dirigent l'établissement ; elles ont sous leurs ordres sept domestiques ou servantes ; le premier vicaire de Saint-André fait le service de l'aumônerie, et le docteur Godinat père est chargé du service médical.

---

[1] Le Conseil général a fixé le contingent à payer par les communes d'après les bases suivantes :

| | |
|---|---|
| Communes de 1,000 âmes et au-dessous............. | 50 francs. |
| — 1,000 à 3,000 âmes................... | 60 — |
| — 3,000 à 5,000 âmes................... | 75 — |
| — Au-dessus de 5,000 âmes............. | 100 — |

Le conseil de surveillance est composé du préfet, président, du secrétaire général, du maire, du président du tribunal civil, du procureur de la République, de quatre membres électifs et du receveur-économe. D'après le règlement préfectoral de 1843, approuvé par le ministre de l'intérieur, les admissions sont ordonnées par le préfet, soit qu'il s'agisse d'individus condamnés pour cause de mendicité et qui ont subi leur peine, soit qu'il s'agisse de mendiants qui se présentent volontairement pour obtenir leur admission et qui justifient de leur indigence absolue, ainsi que de leur impossibilité de pourvoir à leurs besoins par le travail. Les mises en liberté des reclus sont également ordonnées par le préfet.

L'asile que donne l'établissement aux mendiants, ainsi qu'aux idiots et épileptiques, est un bienfait indiscutable au point de vue de la charité, et un grand avantage sous le rapport de l'extinction de la mendicité, car les idiots et les épileptiques, qui sont recueillis au dépôt, seraient obligés de mendier pour vivre.

## CHAPITRE ONZIÈME.

### LA PRISON.

*I. Prisons anciennes.* — La prison a été primitivement dans les tours de la porte du Château-Raoul. En 1774, elle fut transférée dans les tours de la porte aux Guédons, où l'on avait fait quelques travaux d'appropriation. On avait acheté une maison pour le logement du geôlier. Nous avons déjà décrit ces tours. Les terrasses bombées qui suppléaient les couvertures servaient de préaux. Chaque tour renfermait deux cachots superposés, dont les murs avaient deux mètres d'épaisseur; de petites croisées, défendues par trois rangées de barreaux en fer, laissaient à peine entrer le jour dans ces cachots. D'énormes boucles de fer avaient été scellées à demeure pour attacher au besoin les condamnés. Les voûtes de ces quatre cachots étaient très-élevées au-dessus des dalles de pierre. Les femmes occupaient une chambre située entre les deux tours au-dessus de la porte. Une chapelle avait été disposée à l'extrémité de quelques constructions adjacentes. Cette porte, comme on l'a vu, a été détruite vers 1845. Sous le rapport archéologique, on peut le regretter;

mais elle privait d'espace et de lumière un des quartiers les plus peuplés de la ville et elle gênait surtout la circulation des voitures. Sa démolition a permis de donner plus de développement à la place aux Guédons.

*II. Prison nouvelle.* — En 1836, une nouvelle prison, située rue du Crucifix, a été édifiée. Comme elle ne répondait pas à tous les besoins, on y apporté, depuis, des modifications qui ont permis d'y disposer convenablement tous les services. — Un bâtiment sur la rue a été affecté au logement et aux bureaux du directeur qui administre les prisons des départements de l'Indre et de la Creuse.

En nous occupant du Palais de justice, il a été fait mention du souterrain qui fait communiquer ce Palais avec la prison.

La dépense générale pour la construction a été d'environ 300,000 francs.

Le sytème employé dans la prison est mixte, moitié cellulaire, moitié par quartiers. — La population moyenne des prisonniers, jusqu'en 1852, a été de 70 environ. Aujourd'hui, elle n'est plus que de 35. Cette proportion, qui est partout la même, tient à ce que les tribunaux condamnent à des peines moins longues (1).

---

(1) Il résulte des recherches de M. Arondeau, chef de bureau de la statistique au ministère de la justice, que le nombre des crimes, dans le département de l'Indre, loin de s'accroître avec la population comme l'a fait le nombre des délits, a plutôt diminué. (Comptes-rendus de la Société du Berry, 4e année.)

Le régime se compose de deux rations de soupe maigre et de 800 grammes de pain ; on fournit une boisson salubre. Le dimanche le régime est gras. Les détenus peuvent avoir un supplément maigre sur le produit de leur travail.

Le travail est imposé aux condamnés ; il consiste dans diverses industries (triages des laines, corderie, cordonnerie, sellerie, vannerie, tresses en jonc et paillassons, chapellerie, couture, écritures, etc.) Pendant l'année 1872, les travaux exécutés dans la prison de Châteauroux ont été évalués à 2,904 fr. 95 c. Leur produit est partagé entre l'État, l'entrepreneur et le détenu.

Tous les frais sont payés par le gouvernement. Le département, cependant, est chargé de l'entretien des bâtiments. — La dépense de la nourriture pour chaque détenu est variable. Cette année (1873) elle est de 62 centimes.

Outre la célébration, dans la chapelle, des offices le dimanche et les jours de fêtes et les instructions religieuses, il a été établi un service de lectures en commun ou particulières ; pour le faciliter, l'administration centrale a augmenté le nombre des volumes des bibliothèques pénitentiaires.

Il y a, pour le personnel un gardien-chef, deux gardiens ordinaires, une surveillante pour les femmes, et un gardien-portier.

# CHAPITRE DOUZIÈME.

### TRAVAUX PUBLICS.

Nous comprenons, sous ce titre, le service des Ponts et chaussées et la direction de la voirie départementale, bien que ces deux services dépendent aujourd'hui d'administrations différentes. Nous mentionnerons la commission des bâtiments civils.

### ARTICLE PREMIER.

#### Service des Ponts et chaussées.

C'est seulement à 1740 qu'on doit faire remonter une administration régulière des Ponts et chaussées. L'intendant des finances Trudaine, aidé du célèbre ingénieur Perronet, donna une grande impulsion à cette partie importante de l'administration publique. Sous leur influence fut créée, en 1747, l'École des Ponts et chaussées. Du ministère des finances ce service passa dans le ministère de l'intérieur, et l'on établit un Conseil général, des inspecteurs généraux, et les rapports avec les diverses autorités et les particuliers.

*I. Administration actuelle des Ponts et chaussées.* — Voici quelles sont ses attributions :

La construction, la réparation et l'entretien des ponts, des routes nationales ; le règlement des usines établies sur les divers cours d'eau du département.

La constatation des délits et des contraventions aux lois et règlements sur la police de la grande voirie et du roulage ; la surveillance de la pêche, surveillance exercée par des agents spéciaux placés sous les ordres des ingénieurs.

Les irrigations, l'assainissement de la Brenne et le drainage. Les ingénieurs prêtent leur concours gratuit aux personnes qui, désirant faire étudier un projet de drainage dans leurs propriétés, le demandent par écrit au préfet (1).

Le préfet statue, d'après le rapport et l'avis des ingénieurs, sur toutes les demandes qui lui sont présentées par des particuliers pour obtenir l'autorisation de faire, le long des routes ou des cours d'eau, les travaux suivants : construction de bâtiments, murs de clôture ou de soutènement ; réparations aux constructions existantes ; établissement de trottoirs, de bancs, de lanternes, d'enseignes ou autres attributs ; plantations d'arbres ou de haies vives ; ouvertures de carrières ; constructions, sous les chaussées, d'aqueducs destinés à conduire dans les fonds riverains l'eau nécessaire aux irrigations ; pose, sous ces mêmes chaussées, de tuyaux pour conduites d'eau et de gaz dans les villes ; recouvrement des fossés des routes pour permettre aux propriétaires d'accéder à leurs terrains ; abattage des plantations établies sur les propriétés rive-

---

(1) On avait fondé à Châteauroux, en 1866, un établissement de pisciculture, surveillé par M. Naline, conducteur des Ponts et chaussées, et dirigé par M. Arnaud, ingénieur de ce même corps. Cet établissement a cessé de fonctionner depuis la guerre, attendu que la ville d'Huningue, d'où l'on tirait les œufs fécondés, a cessé d'appartenir à la France. Pendant son existence, 20,000 petits saumons, 7,500 petites truites ont été versés dans la Creuse et dans l'Indre.

raines, lorsque le dépérissement des arbres a été constaté par les ingénieurs.

Le préfet statue aussi, d'après le rapport et l'avis des mêmes fonctionnaires, sur les demandes tendant à obtenir l'autorisation d'établir des barrages, des ponts, des moulins ou des usines ; sur les demandes relatives à la création des établissements insalubres ou incommodes.

Toute personne qui désire installer un ou plusieurs appareils à vapeur dans ses ateliers, ou modifier ceux qui y sont en activité doit, préalablement, en faire la déclaration au préfet (décret du 25 janvier 1865). Ses chaudières et ses machines restent sous la surveillance des ingénieurs, qui doivent les visiter et les éprouver toutes les fois qu'ils le jugent à propos.

Le service des Ponts et chaussées du département de l'Indre fait partie de la 4° inspection et dépend du ministère des travaux publics. Il est soumis à un inspecteur général.

Le bureau de l'ingénieur en chef se compose d'un conducteur principal, chef de bureau, d'un conducteur embrigadé et de trois agents secondaires.

*II. Liste des ingénieurs en chef, depuis* 1800 [1] :

MM. Bourin, à l'origine; — Cadet de Limay, 1809; — Anselin, 1823 ; — Lacave, 1841 ; — Mangeot, 1843 ; — Lepère, 1844 ; — Dufaut, 1849 ; — Adamoli, 1852 ; — Ravisy, 1869.

### ARTICLE DEUXIÈME.

#### Service de la voirie départementale.

Ce service nouveau a été créé par suite des décisions du Conseil général de l'Indre, prises au com-

---

[1] Avant la révolution de 1789, les ingénieurs dépendaient de la généralité de Bourges et résidaient dans cette ville. Il n'y a pas lieu de les comprendre dans l'histoire de Châteauroux.

mencement de cette année 1873. D'après ces décisions, le service des routes départementales et celui des chemins vicinaux viennent d'être réunis sous la direction d'un ingénieur qui prendra le titre de *directeur de la voirie départementale*. Les routes départementales et les routes agricoles seront classées sous le nom de chemins de grande communication.

Ce service comprendra donc les vingt-trois routes départementales, les douze routes agricoles, ainsi que les attributions de l'ancien service de la vicinalité. Il est formulé comme il suit :

Chemins vicinaux de grande communication et chemins vicinaux d'intérêt commun. Étude, construction et entretien de ces chemins, ainsi que des chemins vicinaux ordinaires. Direction de l'emploi des prestations en nature sur les chemins vicinaux de quelque catégorie que ce soit. Avis sur les demandes d'alignement, lorsque les constructions doivent être établies le long d'une voie vicinale ; abornement des chemins ; constatation des contraventions aux lois et règlements commises sur les chemins vicinaux.

### ARTICLE TROISIÈME.

#### Commission des bâtiments civils.

Cette commission est chargée de l'examen des projets de travaux communaux et des établissements de bienfaisance. Elle est composée du préfet, président, d'un conseiller de préfecture, vice-président, de l'ingénieur en chef, d'un ingénieur ordinaire, d'un conducteur principal des Ponts et chaussées, de l'architecte du département, du directeur de la voirie départementale et d'un conseiller général.

# CHAPITRE TREIZIÈME.

## VOIRIE URBAINE.

Le service de la voirie urbaine a été récemment organisé par la nomination d'un agent voyer ayant son bureau spécial à la mairie. Pour traiter ce sujet, nous aurons d'abord à faire l'énumération des rues, places, promenades, etc.; nous donnerons ensuite un certain nombre d'étymologies sur les noms des rues, et nous terminerons en citant les maisons les plus remarquables.

### ARTICLE PREMIER.

#### Rues, Places, Promenades, etc.

L'énumération des rues, etc., bien que sans intérêt en apparence, constituant cependant, en quelque sorte, le fond d'une ville, nous ne pouvons nous y soustraire.

## § Ier. — **Rues, ruelles, avenues.**

Le nombre des rues ou ruelles est de 104. En voici la liste :

### I. — RUES.

Argenton (d').
Basse.
Bertrand.
Bombardon (du).
Bouchers (grande des).
Bouchers (petite des).
Bouquerie (de la). (1)
Bourie (de la).
Brauderie (de la).
Bretine.
Buzançais (route de).

Capucins (des).
Capucins (allée des).
Capucins (petite des).
Capucins (promenade des).
Châtellerault (de).
Chaume (de la).
Chevrière.
Cimetière (du vieux).
Cluis (de).
Couture (de la).
Couture (ruelle de la).
Croix-Normand.
Croix-Perrine.

Crucifix (du).
Cygne (du).

Dauphin (du).
Dauphine.
Descente-de-la-Ville.
Descente-des-Cordeliers.
Dorée.

Échelle (grande).
Échelle (petite).
Écho (de l').

Fonts (de).
Fontaine (de la).
Fontaines (des).
Fuie (de la).

Gare (de la).
Grande.
Grand'-Maison.
Grand-Mouton.
Grenouillère.
Gué-aux-Chevaux (du)
Gué-Jacquet.
Guymon de La Touche.

Halles (des).
Hospice (de l').

Indre (d').

Jeux-Marins (des).

---

(1) En 1849, on a établi, dans la rue de la Bouquerie, la traverse de la route départementale N° 8.

## RUES *(Suite).*

Jeux-Saint-Christophe (des).
Jours (des).
Juive.

La Châtre (de).
La Cueille (de).
Lézerat.

Manufacture (de la).
Marché (du).
Marché (neuve du).
Marins (des).
Martyrs (des).
Montaboulin (grande).
Montaboulin (petite).
Mousseaux (de).

Notaires (des).

Palan (du).
Palan (petite du).
Palan (ruelle du).
Parc (du).
Pavillons (des).
Père-Adam (du).
Perrières (des).
Pilier (du).
Pinette.
Pingaudière (de la).

Pont-Neuf (du).
Ponts (des).
Portail (du).
Porte-Neuve.
Porte-Thibaut.
Préfecture (de la).
Pressoir (du).
Puits-Brûlé (du).

Rabier.
Rempart (du).
Rochette (chemin de la).

Saint-Christophe (grande).
Saint-Christophe (petite).
Saint-Denis.
Saint-Fiacre.
Saint-Jacques.
Saint-Luc.
Saint-Martial.
Saint-Martin.
Salle (chemin de).
Seine (de la).

Vieille-Prison (de la).
Villegongis (de).
Vrille (de la).
Tripot (du).

## II. — AVENUES.

Déols (de).
Pont-Neuf (du).

Manufacture (de la).
Marins (des).

## § II. — Les places.

Il n'y a que deux places principales : 1° L'ancienne place du Marché, devant l'Hôtel-de-Ville. Elle a pris, depuis la nouvelle place du Marché, le nom de *place de l'Hôtel-de-Ville*. Nous avons vu que c'était sur cette place qu'avait existé l'ancienne église Saint-André. Elle a été agrandie successivement et devra l'être encore en raison de l'augmentation de la population et de l'importance que prend le marché (1). 2° La *place du Marché*. Elle est de création assez récente et n'a été établie qu'après la révolution de 1830, par les soins de M. E. Grillon, alors maire. Tout le monde reconnaissait que l'ancien marché était insuffisant. Il n'y avait pas alors de loi d'expropriation, et ce ne fut qu'avec une peine extrême qu'on parvint à acheter les maisons qui occupaient l'emplacement du marché actuel (2). Il faut dire que M. Grillon fut puissamment secondé par quelques membres du conseil municipal et particulièrement par M. Damourette, devenu depuis directeur de la succursale de la Banque de France. Cette place s'est vite entourée de maisons et est devenue un nouveau centre commercial. Le marché s'y tient le samedi et y est à l'aise ; on y passe des revues, etc.

Il y a encore la place Saint-Cyran, la place Saint-

---

(1) C'est dans le fond de cette place qu'ont lieu les exécutions, heureusement très-rares.

(2) C'étaient les maisons Royon, Falchéro, Dupertuis, Dagama (veuve Brisson), les jardins Vivier, etc.

Martial et la place aux Guédons. 1° La *place Saint-Cyran* est de création récente. A l'époque de la construction du théâtre, on jugea convenable d'élargir ses abords et la ville acheta les maisons et jardins qui étaient du côté droit. Le samedi, le marché aux légumes se tient sur cette place. 2° La *place Saint-Martial* est petite et carrée ; elle est située devant l'église de ce nom. 3° La *place aux Guédons*, située devant la principale entrée de l'hôtel Sainte-Catherine, a été agrandie, comme nous l'avons dit, par la démolition de la porte de ce nom. Elle n'a aucune destination.

Deux autres petites places ont un caractère différent en ce qu'elles sont plantées de quelques arbres. C'est d'abord la *place du Palan* qui, le samedi, sert d'étape aux vins. On a modifié récemment cette place qui avait un talus dangereux en pierre, en le remplaçant par une terrasse, munie d'un parapet et de deux escaliers. Ce travail, qui a été dirigé par M. Dauvergne, a coûté 6,800 francs. L'autre *place* est celle *de la Croix-Normand*, qui n'a aucun usage particulier.

On remarque que la rue du Père-Adam a une largeur disproportionnée avec les autres rues qui l'entourent ; cela tient à ce qu'il y avait là autrefois un marché qui touchait à l'ancienne halle.

### § III. — Les promenades.

Il y a quatre promenades : celles d'Orléans, de Lafayette, de Sainte-Hélène, et celle appelée Bois des Capucins. Les trois premières se suivent :

1° La *promenade d'Orléans* est devant le théâtre ;

elle est plantée de tilleuls et bordée de maisons dont quelques-unes sont assez bien bâties. Cette promenade s'appelait autrefois le *Marché-aux-Bœufs*, parce qu'elle constituait le champ de foire. C'était à un arbre du milieu, à gauche, qu'on pendait autrefois les criminels. Les travaux de nivellement de cette place ont été adjugés en 1755.

2° La *promenade Lafayette* est plantée de beaux marronniers. On la désignait jadis sous le nom de *Bourbon*. Elle est entourée, comme la précédente, de maisons bien construites.

Ces deux promenades sont longées par la route de Paris à Toulouse.

3° A la suite de la promenade Lafayette est celle de *Sainte-Hélène*, appelée autrefois des *Cordeliers*. Sa vue sur la prairie et le faubourg Saint-Christophe est splendide. Cette place et la précédente furent établies en 1732, lorsqu'on combla les fossés de la ville. A cette époque, elles furent plantées en ormeaux.

C'est sur la place dite de Sainte-Hélène, qu'a été érigée la *statue du général Bertrand*. Nous la devons au célèbre sculpteur Rudde. Elle a été solennellement inaugurée en 1854. L'Empereur s'était fait représenter à la cérémonie par le général Gustave de Montebello. Le général Schram y assistait au nom de l'armée. Les généraux de Lavœstine et Paulin, amis et compagnons d'armes du général Bertrand, avaient tenu à prendre part à la cérémonie. Le cardinal Dupont, archevêque de Bourges, suivi de son clergé, avait voulu bénir lui-même la statue. Toutes les autorités, MM. Amédée Thayer et le marquis de Barbançois, sénateurs, MM. Delavau et le comte de Bryas, députés, tous en grand costume, une nombreuse et brillante société, entourés de la population entière, occupaient les estrades. Des discours furent prononcés par les généraux Schram et Lavœstine, par M. Delavau et par le préfet M. Loyer. Des fêtes de toutes sortes suivirent cette belle cérémonie. La soirée qui eut lieu dans le bel et historique hôtel de la famille Bertrand fut remarquable par le nombre et la distinction des invités, car de grands personnages avaient tenu à rendre hommage, par leur présence, à la mémoire de notre illustre compatriote.

L'artiste a représenté le grand-maréchal au moment où il débarque du canot du navire arrivé de Sainte-Hélène. Son pied gauche est appuyé sur le sol français, indiqué par une borne sur laquelle est écrit : France. A l'anneau de cette borne est attaché un câble amarrant le navire. Le pied droit porte encore sur le canot, au bordage duquel on lit : *Sainte-Hélène*, 1821. Le comte Bertrand est revêtu de l'uniforme de général de division du temps. Il porte le grand cordon de la Légion d'honneur. De son épaule gauche se détache un manteau, qui laisse apercevoir son épée et une feuille de papier déroulée qui porte cette inscription : Ceci est mon testament, NAPOLÉON, 15 *avril* 1821. Ses mains présentent à la France l'épée d'Austerlitz, reposant sur une draperie parsemée d'abeilles et ayant au milieu un N couronnée.

La statue est haute de 3 mètres ; elle est de la fonderie de MM. Eck et Durand.

L'attitude du général est grave, religieuse et triste : présenter l'épée et le testament de Napoléon, c'est annoncer à la France que le héros qui l'a rendue si glorieuse vient de mourir sur son rocher, au milieu de la mer Atlantique !...

4° Enfin la *promenade* dite du *Bois des Capucins*. Nous en avons déjà dit un mot en parlant du couvent de cet ordre et de l'emplacement du Palais de Justice. Cette promenade, peu fréquentée, est assez négligée. Elle est plantée de tilleuls et d'ormes. On a le projet de l'assainir au moyen d'un égout. C'est sur cet emplacement que se tiennent le marché aux laines, les comices agricoles et qu'ont eu lieu les concours régionaux de 1857 et de 1866.

## § IV. — Les avenues.

La principale *avenue* est celle de *Déols*. Elle est plantée de beaux ormes. On y a fait un commencement de trottoirs ; mais l'administration des Ponts et chaussées, à qui elle appartient comme route nationale, a beaucoup à faire pour les perfectionner. De belles maisons sont construites et se construisent chaque jour sur cette avenue qui est une promenade fréquentée.

Il y a *deux autres avenues*. La première suit l'établissement du parc de construction des équipages militaires, les casernes, la manufacture de draps et le jardin de M. Lataille. La seconde descend vers le Pont-

Neuf et en forme la chaussée jusque sur la place de l'église Saint-Christophe en traversant la prairie. Il est question d'en construire une autre qui réunirait l'avenue de Déols avec le faubourg Saint-Christophe.

On pourrait comprendre encore dans les avenues les boulevards établis en dedans et en dehors des fossés d'octroi, ainsi que les plantations d'arbres sur les routes qui traversent nos faubourgs.

### § V. — Les ponts.

Il y a trois ponts sur l'Indre. — Le premier, le *Pont de Déols*, dont nous avons parlé à l'histoire de Déols, appartient pour moitié à cette commune. — Le *Pont de bois* est le plus ancien ; il était autrefois le seul moyen de communication entre la ville et le faubourg Saint-Christophe. Il a été plusieurs fois reconstruit, et aujourd'hui, malgré des consolidations faites à plusieurs reprises, il menace ruine. Son accès, du côté de la ville, est difficile. — Le *Pont-Neuf* est en pierres et d'une grande solidité, mais on lui reproche de manquer d'élévation. Il est composé de cinq arches en plein cintre de huit mètres de diamètre, plus d'un arche de secours de même débouché, établi à l'extrémité de la prairie vers Saint-Christophe. Ce pont, destiné à remplacer le pont de bois, conduit aux routes de Buzançais et de Levroux. Pour y aboutir de la ville, il a fallu séparer le jardin de la préfecture du parc de construction des équipages militaires par une large voie qui constitue le commencement d'une des avenues dont nous venons de parler. Il a été construit, de 1825 à 1828, par l'ingénieur en chef Anselin ; l'ensemble des travaux a coûté environ 200,000 fr.

Il existe un quatrième pont, celui jeté sur le chemin de fer pour conduire à la route de Cluis ; il n'a qu'une seule arche.

### § VI. — Les faubourgs.

On compte sept faubourgs à Châteauroux : ceux de Saint-Christophe, des Marins, du Crucifix, de Saint-Luc, de Saint-Fiacre, de Saint-Denis et du Rochat.

*I. Le faubourg Saint-Christophe*, séparé de la ville par la rivière d'Indre, communique avec elle par les deux ponts dont il vient d'être question. Il est divisé en plusieurs parties par les routes de Levroux et de Buzançais, et par sa Grand'Rue. Sa population, qui s'élève à 2,365 individus ([1]), est principalement composée de vignerons. Nous avons parlé de son église. Le faubourg de Saint-Christophe a été longtemps dans une grande misère ; un certain nombre de ses maisons, placées dans la prairie, souffrent dans les inondations ; mais il se relève et s'enrichit. L'industrie des fleurs et du jardinage lui donne quelque aisance, mais surtout les deux manufactures de draps et des tabacs, car sa population des deux sexes fournit un grand nombre de bras aux travaux de ces deux établissements.

*II. Le faubourg des Marins* est situé à droite et à gauche de la route nationale de Châteauroux à Argenton. Il se confond avec la ville et ne contient guère

---

([1]) Y compris l'École normale. Ce chiffre est celui de la population de la paroisse.

que des ouvriers ; cependant des maisons bourgeoises commencent à s'y construire.

*III*. — Le *faubourg du Crucifix* s'étend à droite et à gauche de la rue de ce nom jusqu'au chemin de fer et au delà.

*IV*. — Le *faubourg Saint-Luc* est placé à gauche de la route de La Châtre et se porte jusque vers le chemin de Saint-Denis.

*V*. — Le *faubourg Saint-Fiacre* est situé à droite de la même route de La Châtre ; il est séparé de la ville par le chemin de fer.

*VI*. — Le *faubourg Saint-Denis* est distinct de la ville. Il commence après le cimetière et s'étend à droite et à gauche de la route de Lignières et sur les bords de l'Indre. C'est là qu'est le Dépôt de mendicité.

*VII*. — Enfin, le *faubourg du Rochat*, qui tend de plus en plus à se confondre avec la ville, est au bout et à droite et à gauche de l'avenue de Déols. La rivière d'Indre forme sa limite et le sépare de Déols. La brasserie de MM. Grillon est dans ce faubourg.

§ VII. — **Les égouts.**

Les égouts sont un moyen essentiel pour assainir une ville. Depuis des siècles, on n'en avait pas pratiqué de nouveaux. Le principal partait de la place aux Guédons, suivait les anciens fossés de la ville, pour aller se jeter dans ceux du château et aboutir, à travers des propriétés particulières et le parc de la préfecture, dans l'Indre, près du Pont-Neuf. Les autres égouts ont encore l'inconvénient de traverser des propriétés particulières ou de se trouver à jour dans des rues qu'ils salissent. Le conseil municipal, sur la proposition de M. Auguste Balsan, alors maire, et d'après les plans présentés par M. Dauvergne, architecte du département, est entré dans une large voie d'assainissement, en votant une somme de 100,000 francs ([1]) pour la construction d'un égout collecteur partant de la Banque de France, passant devant le théâtre et suivant les rues du Bombardon, du Pressoir, de la Manufacture, l'avenue du Pont-Neuf, et allant se jeter dans l'Indre près de ce pont. Ce travail est aujourd'hui terminé. Des égouts secondaires seront successivement, suivant les ressources de la ville, votés et entrepris.

### § VIII. — Le pavage et l'enlèvement des boues.

Le pavage, autrefois, était on ne peut plus défectueux. On se servait de cailloux non taillés. Peu à peu on a employé du grès taillé. Les grandes rues sont aujourd'hui pavées avec assez de soin ; les autres laissent beaucoup à désirer et on y retrouve encore des cailloux bruts. Les grandes voies et quelques rues sont macadamisées. Le conseil municipal

---

[1] Sur ces 100,000 francs, 22,000 ont été distraits pour le payement de la maison Degalle, destinée d'abord à agrandir l'abattoir, mais qui sert aujourd'hui à l'école primaire de Saint-Christophe, et 2,000 pour un ponceau sur le ruisseau des Cordeliers à la suite du Gué-aux-chevaux. La ville, pour se procurer ces 100,000 francs a émis en juillet 1872, pour 100,000 francs de titres avec intérêt à 6 0/0, remboursables en huit années, à raison de 250 obligations par an.

ne peut guère consacrer, chaque année, que de 6 à
8,000 francs pour les travaux de pavage. Les trottoirs, qui sont à la charge des particuliers, sont très-mal entretenus.

On se plaint généralement de ce que les boues ne sont pas suffisamment enlevées pendant l'hiver. Pour ce service, la ville est divisée en quatre quartiers pour chacun desquels il y a un adjudicataire. L'enlèvement des boues est loué en totalité pour la somme de 528 francs. Malheureusement les conditions du cahier des charges ne sont pas remplies. Les baux vont prendre fin cette année et l'on se propose d'exiger des garanties. Quand les neiges sont abondantes, on se borne à les relever, mais on ne les enlève pas ; aussi au dégel, la ville est dans un état de saleté déplorable.

### ARTICLE DEUXIÈME.

#### Étymologie des noms de rues, places, etc. (1).

Autrefois, les rues de Châteauroux étaient généralement désignées par les endroits d'où elles partaient et où elles aboutissaient. Ainsi, on disait : la rue qui va de la porte des Prisons à l'église Saint-Martin ; la grande rue qui va de la Porte-Neuve à l'église Saint-André ; la rue tendante de l'église Saint-André à la porte Saint-Denis ; la *ruette* (ruelle) allant de la

---

(1) M. l'archiviste Hubert, dans l'indicateur édité par M. Galliot, libraire, rue Bertrand, a donné l'étymologie d'un certain nombre de rues.

porte Thibaut à Saint-Luc, etc. Telles sont les désignations qu'on trouve dans le terrier de Châteauroux.

On a vu, dans l'article premier, la liste des rues par leur nom moderne. La plupart de ces noms, portant avec eux leur signification, nous n'avons à nous occuper que de ceux dont le sens a besoin d'une interprétation.

*Belle-île* (rue de). Cela vient de ce qu'elle était entourée d'eau.

*Bertrand* (rue). Nommée ainsi en l'honneur du général de ce nom, qui était, à l'époque de son ouverture, député et conseiller général.

*Bombardon* (rue du). Cette rue, établie en dehors des fossés et remparts de la ville, a dû recevoir son nom d'une tour à bombardes.

*Bouquerie* (rue de la). On peut supposer qu'il y avait sur son emplacement quelque ferme ou quelque écurie où se trouvaient des boucs. On attachait une idée de salubrité à la présence d'un bouc dans les écuries.

*Bourie* (rue de la). Bourie s'est dit autrefois pour métairie. Il y avait là la ferme de la Bourie.

*Bretine* (rue). Mot déshonnête.

*Chaume* (rue de la). Chaume, terrain en friche sans culture. Cette rue aboutissait à des terrains de vaine pâture.

*Chevrière*. On y élevait sans doute beaucoup de chèvres. Cette rue, placée autrefois en dehors de la ville, tire son nom de cette circonstance.

*Couture* (rue de la). On disait autrefois couture pour culture. Ce nom se retrouve dans différentes localités pour des rues conduisant au milieu des champs.

*Croix-Normand* (rue). On plaçait autrefois dans les carrefours des croix qui prenaient souvent le nom de celui qui les érigeait.

*Croix-Perrine* (rue de la). L'origine est probablement du fondateur de cette croix, du nom de Perrin.

*Crucifix* (rue du). Nous avons vu qu'il existait, sous le nom de chapelle du Crucifix, un bénéfice dépendant de la paroisse Saint-André. C'est de là que la rue du Crucifix tire son nom.

*Cueille* (rue de la). Appelée ainsi parce que la seigneurie de la Cueille était dans le voisinage.

*Dorée* (rue). Désignation ironique, parce qu'étant étroite et inhabitée, on y déposait des ordures.

*Fuie* (rue de la). La *Fuie* ou pigeonnier de l'abbaye de Saint-Gildas existe encore dans cette rue.

*Guédons* (place aux). Elle tire son nom de la guède ou pastel (*isatis tinctoria*), plante qui fournissait une teinture bleue. Cette place était jadis habitée par des teinturiers ou *guédons*. — L'hôtel Sainte-Catherine, très-ancienne auberge, qui s'ouvre sur cette place, a sans doute, en raison de cela, reçu son nom, sainte Catherine (de Sienne) étant la patronne des teinturiers.

*Grenouillère* (rue). Dans mon enfance, cette rue n'était qu'un marécage ; de là son nom.

*Guymon de La Touche* (rue). Cet auteur est né dans la rue de ce nom, qui s'appelait auparavant rue *Bourbon*.

*Halles* (rue des). Cette petite rue était autrefois couverte d'une halle, que j'ai vue ; sa vétusté l'a fait détruire.

*Jours* (rue des). A sa place était une ruelle où l'Hôtel de ville et le palais de justice réunis prenaient leurs jours.

*Lézerat* (rue). Du nom de celui qui l'a ouverte. Lézerat, négociant originaire de Bordeaux, a été le premier chef de la gare de Châteauroux.

*Marins, Jeux-Marins* (rues des). Dans les temps anciens où les routes n'existaient pas, le commerce se faisait par les fleuves. Dans la Haute-Loire, on construisait des bateaux qui descendaient jusqu'à Nantes en prenant, dans le parcours, des chargements de marchandises. Dans cette ville, on livrait les marchandises à exportation et l'on dépeçait les bateaux, dont on vendait les débris. Les marins ou mariniers revenaient dans leur pays par les  es les plus courtes. Ils avaient coutume de s'arrêter à Châteauroux, de séjourner en dehors de la ville et de s'y amuser. Comme ils avaient leurs bourses bien garnies, on les recevait avec empressement et on cherchait à les retenir. La première auberge s'appela l'auberge des Marins ; de là la rue des Marins, et la rue des Jeux-Marins prit nom du lieu où ils s'amusaient.

*Mousseaux* (rue de). Nom venant d'une propriété rurale de ce nom.

*Montaboulin* (rues Grande et Petite). Nom qui vient aussi d'une propriété rurale.

*Palan* (rue et place du). Cette rue est tracée dans les fossés du château. Par l'ancien mot *palanc*, on désignait un chemin, une chaussée soutenue par des pieux. De *pal*, pieu. (V. Roquefort, *dictionnaire étymologique de la langue française*).

*Pavillons* (rue des). On remarque encore dans cette rue, du côté de la prairie, un assez grand nombre de pavillons.

*Père-Adam* (rue du). Il y avait en face de cette rue deux petites maisons de bois, à sculptures fort originales, qui étaient appelées *maisons du Père-Adam* ; les livres-guides les indiquent encore. Elles ont été détruites, malheureusement trop tard, car l'une d'elles s'est écroulée et a enseveli sous ses ruines toute une famille.

*Pilier* (rue du). Ce mot vient de pilori, lieu où l'on exposait les criminels.

*Pingaudière* (de la). Ce nom vient du hameau de la Pingaudière.

*Porte Thibaut* (rue). Nous avons dit qu'il y avait au bout de cette rue la porte Thibaut. Le nom de Thibaut vient sans doute de ce surnom de Raoul V, prince de Déols.

*Pinette* (rue). Un avocat, de ce nom, conseiller du roi, président aux traites foraines, ancien maire, était propriétaire d'une maison à fronton, occupée aujourd'hui par le tapissier Bernard-Pérès, et située au coin de la rue Grande et de la rue Pinette. Cette maison possédait des servitudes sur les terrains en face.

*Portail* (rue du). Dans cette rue sont les restes du portail de l'abbaye de Saint-Gildas.

*Pressoir* (rue du). Dans la maison numéro 43, occupée par M^me veuve Lemor, il y avait autrefois un pressoir banal.

*Puits-Brûlé* (rue du). L'origine vient sans doute de l'incendie de la toiture de ce puits. Il existe à Blois une rue du même nom.

*Rabier* (rue). Elle a été ouverte dans le jardin d'un propriétaire de ce nom.

*Rochette* (rue de la). Rue ou chemin qui conduit au moulin de ce nom.

*Saint-Cyran* (place). Du nom de M. Douard de Saint-Cyran qui a fait bâtir le théâtre.

*Salle* (chemin de). Conduit aussi au moulin de ce nom.

*Seine* (rue de la). Seine, filet de pêcheur ; cette rue est près de la rivière.

*Vieille Prison* (rue de la). On a vu que l'ancienne prison était dans les tours de la porte du Château-Raoul.

*Vrille* (rue de la). Il y avait de ce côté la seigneurie de la Vrille.

*Tripot* (rue du). Dans cette rue obscure, il y avait des jeux divers, une sorte de salle de spectacle, un jeu de paume.

### ARTICLE TROISIÈME.

#### Maisons remarquables.

Ces maisons sont en très petit nombre.

En première ligne, nous devons citer la *maison dite du général Bertrand,* bien qu'elle n'ait jamais appartenu qu'à sa famille. Elle est située rue Descente-des-Cordeliers. Sa disposition est celle des grands hôtels de Paris. Son portail est très-élevé. Sa façade du côté du jardin offre une belle rotonde. Ce jardin est en terrasse. Les appartements sont très-beaux et bien distribués. La vue qui s'étend sur la prairie, sur le cours de l'Indre et sur le faubourg Saint-Christophe est vraiment splendide. Cette maison a été bâtie en 1762, par le grand-père maternel du général Bertrand, le célèbre ingénieur Bouchet; elle a été habitée par le père et le frère du général Bertrand. Aujourd'hui M. Dubois, président du Tribunal civil, l'occupe.

La *maison* dite *Delaleuf*, rue Porte-Thibaut, a une cour assez grande et un jardin en terrasse donnant sur la promenade Lafayette. Elle a été bâtie par M. Fleury de la Bruère, beau-père de M. Arthuys, baron de Charnizay, décédé premier président de la Cour d'appel d'Orléans. Achetée par M. Delaleuf, receveur général, elle a reçu quelques augmentations. Sa façade est d'un assez beau style, sans pourtant offrir rien de remarquable. Elle a un deuxième étage.

La *maison Duchan* est récente; située rue de la Gare, au milieu d'un beau jardin, elle a un aspect élégant et offre tous les aménagements désirables. Sa construction est en briques, avec des compartiments. Cette maison a eu pour architecte M. Dauvergne.

Quelques années auparavant, le même architecte avait construit, pour son propre usage, une très-jolie maison en pierres de taille élégamment sculptées. Sa position sur la pente des anciens fossés du château a nécessité un étage souterrain vers le jardin, ce qui, de ce côté, offre moins de grâce. Cette maison touche à l'enclos de la préfecture.

Aux maisons ci-dessus, il faut joindre la *maison de M. Lataille*, située sur l'avenue de la Manufacture ; c'est une construction moderne très confortable au milieu d'un parc de cinq hectares.

Nous devons particulièrement mentionner parmi les *habitations* remarquables, celle de *MM. Balsan* dans l'enclos de leur manufacture. Le long bâtiment, où demeurent MM. Auguste et Charles Balsan, avec leurs familles, vient d'être complété par deux charmantes tours sculptées. Cette nouvelle façade donne sur la prairie qui a été acquise par cette famille, prairie qui se transforme graduellement en un beau parc paysager — La maison, occupée autrefois par M. Muret de Bort, doit être reconstruite à la moderne et réunie aux précédentes constructions par un jardin d'hiver. Un grand jardin avec gazons et beaux arbres entoure cette habitation qui communique par des allées avec la manufacture. L'Indre borde toute cette propriété.

La *Tour de la princesse de Condé* est tout près de la maison d'habitation ; elle vient d'être réparée avec soin. On la fera communiquer avec cette maison et on a le projet d'y faire, au rez-de-chaussée, une chapelle, et, dans le haut, une sorte de musée.

Il y a dans la ville beaucoup de maisons commodes, mais bien peu méritent une mention particulière. Nous dirons cependant que les maisons de MM. Charlemagne, du Vernay, Barboux, Paul Dufour, Duret, etc. se font remarquer par leur élégance et leur tenue soignée.

# CHAPITRE QUATORZIÈME.

## POPULATION.

Ce chapitre peut être dit capital, car à quoi serviraient les monuments, les institutions, les travaux publics, la voirie, etc., sans la population. Passons donc en revue ses divers recensements, ses usages, ses mœurs, ses goûts, enfin l'établissement des pompes funèbres et des cimetières.

### ARTICLE PREMIER.

#### Recensements divers.

L'origine des tableaux officiels de la population remonte au décret du 28 juin 1790 (1). Le recensement de la population n'était alors prescrit que dans un intérêt de police et de bon ordre, et pour déterminer aussi la représentation de chaque département aux Assemblées législatives. Depuis, on a attaché à ces documents une importance bien plus grande ; ils servent, en effet, tout à la fois pour l'applica-

---

(1) Cependant on s'en occupait avant cette époque, puisque, dans le tableau qui suit, on trouve le recensement de 1789.

tion des lois relatives à l'organisation municipale, pour le recrutement de l'armée et pour l'assiette d'une partie des contributions directes et indirectes. Aujourd'hui les préfets sont chargés, sous l'autorité du ministre de l'intérieur, 1° de constater le *mouvement annuel* de la population dans les départements, et 2° de dresser, *tous les cinq ans*, un état de la population existant dans chaque commune. Des ordonnances ont décidé que ces tableaux seraient seuls considérés comme authentiques pendant cinq années.

*I. Recensements de la population de la commune de Châteauroux.* — On va voir, dans le tableau suivant, dans quelles proportions cette population s'est successivement accrue, et quels ont été ses points d'arrêt ou même sa diminution :

En 1789, elle était de.... 8,736
— 1804, — .... 8,052
— 1812, — .... 8,512
— 1821, — .... 10,429
— 1831, — .... 11,587
— 1836, — .... 13,847
— 1841, — .... 13,551
— 1846, — .... 14,517
— 1851, — .... 15,941
— 1856, — .... 18,227
— 1861, — .... 16,473
— 1866, — .... 17,171
— 1872, — .... 18,670

Si l'on remarque, dans le recensement de 1856, une augmentation considérable dans la population, c'est que Châteauroux ayant été, pendant quelques années, tête de chemin de fer, avait attiré un certain nombre de commerçants et de fournisseurs qui quittèrent la ville lorsque la voie se porta vers Limoges.

Dans les divers recensements, on a bien distingué la population agglomérée de la population éparse dans la commune ; mais cette distinction n'a pu être régulière que depuis l'établissement des fossés d'octroi. Nous nous bornerons à transcrire ces distinctions pour le dernier recensement.

*II. Recensement de la population en* 1872. — Ce recensement a été retardé d'une année à cause de la guerre. Voici comment il est indiqué dans les pièces officielles :

| | |
|---|---|
| Population agglomérée (1)..... | 14,893 |
| — éparse............ | 1,812 |
| Corps de troupes............ | 1,397 |
| TOTAL....... | 18,670 |

Cette population se divise ainsi :

| | |
|---|---|
| Sexe masculin.... | 9,556 |
| — féminin..... | 9,104 |
| Il y a.... 4,624 ménages ; | |
| — .... 153 rues, places, etc. (2) ; | |
| — .... 10 édifices publics ; | |

(1) En 1820, on a commencé à diviser la population en agglomérée et en éparse. La population agglomérée était seule comptée pour l'établissement des taxes de l'octroi.

(2) Dans le chapitre précédent, je n'ai noté que 104 rues ; j'ai pris ce nombre dans la liste qui en a été donnée pour les élections municipales. Dans l'opération du dernier recensement, on a compté tous les *lieux dits* (hameaux, etc., de la commune), ce qui a donné un chiffre de 153.

Il y a.... 3,240 maisons habitées ;
— .... 80 — inhabitées ;
— .... 60 — en construction.

Total des maisons particulières............ 3,380

10 maisons sont occupées par des établissements publics ;
1,650 — — par leurs propriétaires ;
1,368 — sont louées à des particuliers ;
222 — sont louées par l'industrie et le commerce.

Parmi les 18,670 habitants de la commune de Châteauroux, il y a 7,162 hommes et 8,193 femmes, nés dans le département, formant un total de 15,355.

2,306 hommes et 843 femmes habitant la commune de Châteauroux et formant un total de 3,149, sont nés dans d'autres départements.

Les 28 Alsaciens et Lorrains résidant à Châteauroux ont opté pour la nationalité française.

Il y a 10 Anglais, 5 Américains, 40 Allemands, 2 Autrichiens et Hongrois, 19 Belges, 3 Hollandais, 13 Italiens, 2 Espagnols, 4 Suisses, 26 Polonais, 1 Suédois.

La population par culte se répartit ainsi :

*Catholiques* : 9,322 hommes, 9,071 femmes ;

*Protestants, luthériens, calvinistes, etc.* : hommes 35, femmes 28 (1) ;

(1) En raison de ce nombre, le Conseil municipal a cru devoir allouer au culte protestant une somme annuelle de cent francs. Un pasteur de Mehun-sur-Yèvre, vient à Châteauroux le quatrième dimanche de chaque mois, et célèbre l'office, de une à trois heures, dans une chambre, située rue Chevrière, 55. Le mobilier de cette chambre, où le pasteur prêche, baptise et donne la communion, est on ne peut plus simple : une table de bois blanc, quelques bancs et les chaises les plus communes. S'il y a un décès, le pasteur est prévenu et vient faire la cérémonie. Toutes les dépenses sont prises sur les fonds de l'association. — Les protestants de notre ville, ayant recueilli un

*Israélites* : hommes 3, femmes 2 ;

*Individus sans désignation de culte* : hommes 7, femme 1.

Sur les 18,670 de population totale, on en compte :

Sachant lire seulement. { 454 hommes ou garçons. / 498 femmes ou filles... } soit 942.

Sachant lire et écrire. { 5,408 hommes ou garçons / 4,452 femmes ou filles... } soit 9,860.

Châteauroux possède 3 hommes mariés de 85 à 90 ans.
— 5 veufs de 85 à 90 ans.
— 3 veuves de 90 à 95 ans.

19 habitants appartiennent au clergé régulier ;

51 femmes appartiennent à des communautés religieuses.

*III. Répartition de la population dans les trois paroisses* (Saint-André, Notre-Dame et Saint-Christophe).

|  | Saint-André | Notre-Dame | Saint-Christophe | TOTAL |
|---|---|---|---|---|
| Population agglomérée.. | 7,800 | 4,846 | 2,247 | 14,893 |
| Id. éparse....... | 416 | 1,302 | 94 | 1,812 |
| Id. en bloc (1)... | 1,080 | 861 | 24 | 1,961 |
| Totaux : | 9,296 | 7,009 | 2,365 | 18,670 |

### ARTICLE DEUXIÈME.

#### Usages.

Les usages peuvent se résumer dans celui du bœuf-

---

legs de 30,000 francs, ont acheté sous condition un terrain rue Saint-Luc, près l'église nouvelle. Ils sont en instance auprès du ministre des cultes pour obtenir l'autorisation d'y bâtir un petit temple. Une enquête a été ouverte sur la convenance de l'emplacement, et, malgré des oppositions, le Conseil municipal a donné un avis favorable.

(1) Casernes, lycée, pensions, école normale, établissements hospitaliers, couvents, prison.

villé, dans les mariages populaires, le costume, la danse, la foire aux valets, les brandons, les jeux de boule.

*I. Le Bœuf-villé.* — Un des plus anciens usages était sans contredit celui du *bœuf-villé.* Cet usage s'est perpétué au carnaval sous la dénomination de cérémonie du bœuf gras. Le procès-verbal ci-joint nous apprend que le bœuf choisi pouvait seul être vendu pendant le carême aux malades et aux pauvres de l'Hôtel-Dieu, sous peine de confiscation et d'amende :

Aujourd'hui jeudi, 10 de février 1735, en notre hôtel et pardevant nous, André Bonnin, et en présence du procureur de S. A. S., sont comparus les maîtres bouchers de cette ville, dans les personnes de Jean Damourette, Louis-Antoine Damourette le jeune, Jean Vallée et François Damourette pour Vallée le jeune, qui nous ont dit et remontré que, suivant l'usage et le droit de S. A. S., ils ont, ce matin, fait conduire sur la place publique les bœufs qui leur appartiennent, pour faire par nous examiner y ceux et savoir lequel est le meilleur pour servir de bœuf-villé, et en conséquence en faveur de celui à qui il appartiendra donner la liberté à lui seul de vendre et débiter pendant le carême prochain, à l'exclusion de tous les autres bouchers, la viande qu'il conviendra débiter aux malades de cette ville, aux habitants de la justice d'y celle et aux pauvres de l'Hôtel-Dieu. Suivant cette requête nous nous sommes, avec le procureur de S. A. S. et notre greffier, transportés sur ladite place où estant et, après avoir vu et examiné, en la présence desdits bouchers, lesdits bœufs, ils sont convenus, sans qu'il soit besoin de nommer des commissaires, que le bœuf qui appartient à Antoine Damourette et Jean

Vallée est le meilleur, et, en conséquence, doit demeurer pour bœuf-villé dont nous avons fait acte, et sur ce ouï le procureur de S. A. S., disons que ledit bœuf demeurera pour bœuf-villé, et après, lesdits usiers Damourette et Vallée auront seuls la liberté de vendre et débiter, pendant le carême prochain, la viande de la manière ci-dessus expliquée, sous la condition toutefois qu'ils seront tenus de la donner, sçavoir: la livre de bœuf, à raison de quatre sols six d.; la livre de veau, à raison de cinq sols ; et à l'égard des viandes de l'Hôtel-Dieu de cette ville, à raison de quatre sols la livre de bœuf et à quatre sols la livre de veau; leur faisons très-expresse interdiction et défense de vendre ladite viande plus haut prix, à peine de confiscation et de dix livres d'amende par chaque contravention ; faisons aussi défense à tous autres bouchers et à toute autre personne de cette ville d'entreprendre de vendre et débiter, pendant ledit temps de carême, sous les mesures prises de confiscation, de dix livres d'amende pour chaque contravention, au payement desquelles amendes les contrevenants seront contraints par toute voie de justice, même par corps, et ce en vertu du présent ordre, lequel sera exécuté nonobstant opposition ou appel quelconque.

BONNIN. — DAMOURETTE. — VALLÉE. — BAUCHERON. — DAMOURETTE. — Jean VALLÉE. — Antoine DAMOURETTE.

La cérémonie du bœuf gras est trop connue pour que nous ayons à la rappeler ici. Bornons-nous à transcrire ce qu'on lit sur la dernière dans le *Moniteur de l'Indre* : « Les héros de la fête, ornés d'oripeaux étaient chacun dans des chars qu'accompagnaient une nombreuse cavalcade, assez convenablement parée. Dans deux des chars figuraient un charlatan et ses aides, et une noce bretonne. Enfin, dans le dernier char, se trouvait la musique de la ville qui était venue prêter son concours et égayer de ses airs joyeux les dernières heures des victimes. Nous n'hésitons pas à déclarer, en les félicitant, que les organisateurs de ce divertissement étaient sortis de l'ordinaire, et que jamais, à Châteauroux, de mémoire de bœuf gras, la promenade traditionnelle n'a été faite avec autant d'éclat. Ainsi que l'indiquaient des pancartes apposées sur leurs chars, chacune des victimes avait eu son parrain. L'une avait reçu le nom de *Bon-Bouillon*, l'autre avait été baptisée du nom de *l'Ami du peuple*. »

II. *Mariages populaires.* — Nous n'avons pas à nous occuper des mariages de la classe riche, et de la bourgeoisie qui tendent constamment à imiter ce qui se passe dans la capitale; mais nous parlerons seulement des mariages populaires qui ont conservé, malgré de notables modifications, les vieux usages. — La *jarretière de la mariée* est proverbiale. Il n'est pas rare encore qu'un enfant soit chargé de se glisser sous la table où se fait le repas habituel et d'aller détacher la jarretière de la mariée. Cette jarretière est faite d'un ruban bariolé; on se le partage et chaque invité en attache un morceau sur sa coiffure. — Un usage ancien et qui se perpétue est celui de la *promenade par la ville* des mariés et de toute la famille. Ils se font habituellement précéder d'une vielle ou d'une cornemuse; cependant cette habitude n'a plus guère lieu que parmi les familles demeurant dans la banlieue. Quelquefois, lorsqu'il se trouve parmi les *gens de la noce* une personne qui a de la voix, elle chante, pendant la promenade, des couplets analogues à la circonstance et dont les refrains sont répétés par l'assistance. Il a été un temps où toutes les noces allaient se promener au parc de Touvent ; mais comme l'entrée était publique, des abus eurent lieu et l'entrée fut défendue.

*III. Costumes populaires.* — De même que pour les mariages, il n'y a pas à s'occuper des costumes des classes aisées, attendu que les communications avec les grandes villes leur font suivre les modes du jour. Mais les costumes populaires offrent encore des caractères particuliers, celui des femmes surtout. Les femmes des classes ouvrières conservent avec soin la *capote de drap noir à capuchon*, qui est pour l'hiver un vêtement précieux auquel elles paraissent beaucoup tenir. Le bonnet à oreilles finement plissées, qui était particulier à la ville, se perd chaque jour de plus en plus. Chez les hommes, si l'habillement se modifie, la blouse se conserve encore.

*IV. La Danse.* — Dalphonse, dans sa *Statistique de l'Indre*, a dit des paysans du Bas-Berry : « Leur danse lourde et sans action, se fait aux sons aigres d'une musette, les bras pendants, les yeux baissés ; ils lèvent l'un après l'autre leurs pieds pesants et presque sans changer de place. » Ceci, au dernier siècle, pouvait s'appliquer aux paysans de nos campagnes ; mais on peut voir, chaque année, aux *Foires aux valets* de notre ville, qu'il n'en est pas ainsi. Autrefois, la danse qu'on remarquait à ces assemblées était la *bourrée*, danse tout à fait propre au pays et qui avait son originalité ; aujourd'hui elle est remplacée par une contre-danse grotesque, toujours au son de la vielle et de la cornemuse, et par une valse qui offre une particularité à noter : c'est que les cavaliers se préparent à enlever assez haut leurs danseuses qui retombent toujours très-habilement sur leurs pieds.

V. *Foires aux valets*. — Ces foires, dont il vient d'être question, ont lieu deux fois l'année, à la Saint-Jean et à la Saint-Martin. C'est sur la promenade Lafayette que se réunissent les jeunes gens et les jeunes filles qui veulent se *louer* pour servir des maîtres, soit à la ville, soit à la campagne. Les engagements se font pour six mois. Le prix annuel d'un domestique est de 3 à 400 francs et celui d'une domestique de 150 à 200 francs. Lorsque l'engagement est conclu, ils mettent à leur chapeau ou à leur bonnet une feuille verte qui en est l'indice. Les côtés de la promenade se couvrent de marchands de toutes espèces. Ainsi que nous l'avons dit dans le précédent article, des danses s'établissent tout l'après-midi ; elles sont très-actives sur la promenade Sainte-Hélène. Des cafés, ambulants et sous tente, se dressent entre les deux promenades. On y remarque aussi des chevaux de bois et d'autres amusements.

**VI. Les Brandons.** — La coutume des brandons n'est pas encore tout à fait perdue dans la commune de Châteauroux. Le premier dimanche de carême, appelé le dimanche des Brandons, on fait brûler, le soir, de la paille ou de la brande au bout d'une perche. Cet usage se rattachait aux fêtes du paganisme romain qui avaient pour objet la lustration des champs, la purification des cultures (1). Après la cérémonie des brandons, on se divertit dans les maisons et on mange des crêpes ou des *sanciaux* (2) (omelette épaisse dans laquelle les œufs sont mêlés de mie de pain).

**VII. Jeux de boule et de cartes.** — Autrefois, les jeux de boule étaient très-répandus. Il y en avait dans la rue des Jeux du faubourg des Marins, et dans la rue du même nom du faubourg Saint-Christophe. Cet usage existait aussi dans le faubourg Saint-Luc. Aujourd'hui, ce n'est guère qu'au bois des Capucins qu'on trouve des joueurs de boule. — Les jeux de cartes étaient aussi en faveur dans le peuple ; un homme fournissait les cartes et prélevait un droit sur les joueurs (habituellement des vignerons).

### ARTICLE TROISIÈME.

#### Mœurs.

Dans cet article, nous joindrons, aux mœurs pro-

---

(1) Laisnel de la Salle, *Moniteur de l'Indre* du 1er août 1854.
(2) M. le comte Jaubert. *Glossaire du centre de la France.*

prement dites, la religion, les cercles, le langage, la musique, les expositions florales, les habitudes.

*I. Mœurs proprement dites.* — Les mœurs des habitants de la ville, des faubourgs et de la banlieue sont douces et tranquilles. Jamais l'ordre moral ne serait troublé sans les excitations des mauvais journaux et d'un certain nombre d'affiliés des clubs dont un gouvernement tant soit peu vigoureux arrêterait facilement les menées.

Si Châteauroux ne renferme pas de noblesse, on y trouve une bourgeoisie riche, parmi laquelle on compte même des fortunes considérables. Bien qu'on y constate en général un grand esprit d'économie, la tendance vers le luxe des mobiliers, des repas, des soirées, des toilettes, des voitures est grandement développée. Les bourgeois aiment à vivre de leur fortune et cherchent à l'augmenter par des alliances, rarement par des spéculations. Ils attachent un honneur à conserver tout ce qu'ils tiennent de leurs ancêtres (1). — Les fonctionnaires (qui s'intitulent *la colonie*), apportent à la société peu nombreuse, un notable et précieux contingent. — Autour de la classe bourgeoise qui vit beaucoup entre elle, s'élève une population active, laborieuse, se livrant au commerce et à l'industrie et ne pensant qu'à ses affaires, ne fréquentant pas la première société, mais finissant par s'y

---

(1) Notons que notre ville, qui se montre paisible, agréable et très-disposée à accueillir les étrangers, détermine quelquefois d'anciens fonctionnaires à y prendre leur retraite.

mêler et s'y allier même, une fois qu'elle est enrichie.
— Après le commerce, on trouve une classe encore plus nombreuse d'ouvriers de tout genre, dont les enfants, après s'être instruits dans les écoles primaires, passent quelquefois dans celle des commerçants.

Mais cette population ouvrière n'est pas toujours assez réservée. Elle fréquente les cafés, les bals publics ; à ces derniers se montrent une assez grande quantité de jeunes filles. Le dimanche ne suffit pas à ces plaisirs ; on y consacre aussi le lundi. Dans ces deux jours, on dissipe souvent ce qui devrait servir à se créer des ressources. Les fêtes patronales sont encore une occasion de banquets, de danses, de libations. Aussi, malgré l'argent répandu par les deux grandes manufactures et les autres industries, il y a encore de la misère, et les Dames de bienfaisance, pour subvenir à des besoins urgents, sont obligées de recourir à des quêtes, à des loteries, à des concerts et à une foule de moyens que leur amour de l'humanité est ingénieux à créer.

Puisque nous en sommes à la question des mœurs, il ne sera pas déplacé de noter qu'elles sont en général remarquablement bonnes dans la haute société et dans le commerce. Dans la classe ouvrière, il n'en est pas toujours ainsi : la liberté dont jouissent les jeunes filles et les gains qu'elles font, en leur permettant de quitter le travail, ne favorisent pas leur bonne conduite.

*II. La Religion.* — Toute la population est catholique. Les protestants, dont le nombre nous a été révélé par le dernier recensement, ne sont pas originaires de la ville. On va habituellement à la messe le dimanche et les jours de grande fête. Les dames de la société suivent exactement les cérémonies du culte ; les hommes s'y rendent moins régulièrement ; personne n'affiche l'irréligion. Le clergé est respecté. Il est des familles chez lesquelles l'idée religieuse domine : les pratiques sont alors, pour ainsi dire, incessantes.

Le curé de l'église Saint-André a coutume de faire venir pour le carême un prédicateur étranger dont les conférences sont particulièrement suivies par les femmes. Quelques prédicateurs annoncent des conférences pour les hommes, et, quand ils ont du talent, ils parviennent à les attirer. Des conférences sont aussi particulièrement destinées aux femmes. Les dames de la société organisent quelquefois des chants qui succèdent aux prédications. Des prédications et des chants ont aussi quelquefois lieu à la paroisse Notre-Dame.

A la suite des prédications solennelles, on fait des quêtes pour des œuvres diverses, par exemple au profit de la société de Saint-Vincent de Paul, des petites sœurs des pauvres, pour l'établissement ou la réparation d'un orgue, etc. Des citoyens d'un rang élevé accompagnent quelquefois les dames dans ces quêtes.

Les prédications et les offices des Pères Rédemptoristes réunissent aussi un assez grand nombre de fidèles.

**III. Les Cercles.** — Depuis un temps presque immémorial, il a existé à Châteauroux une *société* où la bourgeoisie trouvait les journaux et les brochures nouvelles et où l'on pouvait jouer au billard, aux cartes et à d'autres jeux, moyennant un abonnement. Cette société s'est dissoute et rétablie à diverses reprises. Le nom de *cercle* a fini par prévaloir. Le cercle, après avoir été auprès du théâtre, est établi, depuis peu d'années, au rez-de-chaussée de la *maison* dite *Delaleuf*. L'appartement se compose d'un beau vestibule, d'un très-grand salon de jeu et de conversation, d'un cabinet de lecture, d'une salle de billard et de quelques petites pièces accessoires. On y entre par un très-beau jardin. Ce cercle reçoit un très-grand nombre de journaux et de brochures. Ses membres peuvent y présenter des étrangers. Des prestidigitateurs, des joueurs émérites de billard, etc., viennent parfois y montrer leurs talents. L'abonnement est de 72 francs par an. Le droit de réception est de 40 francs. — Au-dessus du café *Cron*, place du Marché, il y a le *Cercle du commerce*.

**IV. Le Langage.** — Dalphonse a encore signalé, au commencement du siècle, l'accent traînard qui était propre à tout le Berry. Bien que le contact avec d'autres populations l'ait notablement modifié, on le reconnaît pourtant encore, même dans notre ville. Dans celle-ci, il a noté certaines expressions populaires barbares, par exemple ces mots *aga-donc*, ce qui signifie *regarde donc*. L'accent des faubourgs de Châteauroux n'est pas le même que dans la bourgeoisie. Dans les faubourgs, il est resté, comme autrefois, traînard ; dans la bourgeoisie, il consiste, au contraire, dans une espèce de désinence chantante.

*V. La Musique.* — Notre population ne se fait pas, en général, remarquer par ses dispositions musicales ; cependant, dans toutes les familles aisées, on voit apparaître le piano ; dans les plus riches, ont fait donner à Paris des leçons de chant aux jeunes personnes. — Depuis longtemps, il s'est formé, dans la ville, deux musiques : la *musique des Sapeurs-pompiers*, composée d'instruments de cuivre, est dirigée aujourd'hui par M. Sineau ; la *musique municipale* qui a des instruments plus variés ; elle a pour chef M. Billot. Ces deux musiques concourent à toutes les fêtes et à toutes les cérémonies ; pendant l'été, elles se font entendre, deux fois par semaine, sur les promenades. — Une *Société philharmonique* formée de jeunes amateurs de la ville, s'est aussi fondée à Châteauroux ; elle a donné quelques concerts ; elle s'est fait entendre sur le théâtre avec l'orphéon d'Argenton, etc. — MM. Balsan ont constitué, avec leurs ouvriers principalement, un *orphéon* ou société chorale, qu'on a entendu quelquefois avec plaisir au théâtre, aux reposoirs, etc. Notons que cet orphéon, dirigé par M. Sineau, a obtenu des médailles dans des joûtes musicales, à Bourges, à Loches, et en dernier lieu à Tours. — Ajoutons, enfin, que le lycée et l'école des frères ont leur musique particulière.

*VI. Expositions florales.* — Plusieurs expositions de ce genre ont eu lieu sous l'inspiration de M. le sénateur Amédée Thayer. Ces expositions étaient l'occasion de réunions élégantes; le soir, il y avait, dans l'enceinte de l'exposition, des illuminations, et les musiques s'y faisaient entendre. Elles n'ont pas peu contribué à répandre le goût des fleurs. Dans quelques châteaux environnants, on les cultive avec luxe. Quelques jardins de notre ville sont remarquables sous ce rapport. Chaque particulier aisé a un jardin ou une vigne où il cultive des fleurs et où il introduit économiquement toutes les espèces préférées aujourd'hui. La Société d'agriculture, qui a une section horticole, favorise la propagation de ce goût, dont le but est moral en ce qu'il fixe davantage l'ouvrier dans sa famille.

*VII. Habitudes.* — J'ajoute cet article pour parler de l'emploi si utile que nos vignerons font de l'*âne*. Rien ne leur est plus précieux que cet animal, qui, malgré sa petite taille, est d'une force remarquable. On l'attèle à une petite charette et il traîne au trot une famille entière pendant cinq à six lieues. On lui fait transporter les fumiers, les foins, les vendanges, etc. Son prix, de 50 à 80 francs, suivant l'âge et la force, est accessible à toutes les bourses. Il se nourrit dans les fossés des chemins, et à l'étable il consomme tout ce qu'on veut bien lui donner. — A l'âne il faut ajouter la *chèvre* qui coûte également peu à acheter et à nourrir, et qui fournit aux familles ouvrières un lait substantiel.

## ARTICLE QUATRIÈME

### Inhumations.

Quelle que soit la manière dont on ait passé sa vie, il faut subir le sort commun. Devra-t-on s'étonner de voir arriver ce triste article à la suite de celui consacré à la peinture de la vie ? Occupons-nous donc des cérémonies et des pompes funèbres, et même des cimetières.

*I. Cérémonies funèbres.* — Les cérémonies funèbres se font à Châteauroux avec un respect remarquable. Les invités ne manquent pas de se rendre à la maison mortuaire, dans laquelle les fenêtres presque fermées ne laissent entrer qu'un faible jour. Le clergé vient lever le corps pour le conduire à l'église. La cérémonie religieuse est suivie avec le plus grand recueillement (1). Les proches parents offrent à l'autel un pain et une bouteille de vin. Les femmes et les hommes vont au cimetière et ne le quittent qu'après avoir jeté l'eau bénite sur le cercueil. — Le deuil se porte en général assez longtemps. Pour les proches parents, c'est souvent deux années. Il n'est pas rare de voir des veuves le conserver jusqu'à la fin de leurs jours.

*II. Service des pompes funèbres.* — Autrefois, on transportait les corps à bras jusqu'au cimetière ; mais,

---

(1) Il n'y a pas à s'occuper de quelques *enterrements* dits *civils* qui ont été un scandale public et qui ne sont qu'un triste reflet des plus mauvais essais révolutionnaires.

depuis le 1ᵉʳ janvier 1867, il s'est établi un service des pompes funèbres. Il y a un corbillard à deux chevaux pour la première classe, à un cheval pour la seconde classe ; pour la troisième classe, la voiture est encore très-décente. Ce service, mis en adjudication, a été obtenu par M. Rouffilange, pour neuf années, aux conditions suivantes :

    1ʳᵉ classe... ..... 39 fr. 90 c.
    2ᵉ classe......... 13    90
    3ᵉ classe......... 3    90

L'adjudication fournit gratuitement, pour les indigents, la voiture et les porteurs de la 3ᵉ classe.

III. *Cimetières.* — Il y a un cimetière pour la ville, et un autre pour le faubourg Saint-Christophe ; celui de la ville est situé sur la gauche du chemin de Saint-Denis. Son ouverture date de 1821. Il est suffisamment éloigné des habitations. On l'a déjà agrandi plusieurs fois. On y remarque quelques chapelles, un assez grand nombre de tombes de famille, quelques-unes très-ornées. Pour peu qu'on soit aisé, on achète des concessions de terrain (1). — Le culte des morts se fait remarquer dans notre ville ; le jour de leur fête, un grand nombre de parents se dirigent vers le champ funèbre.

Avant la création du cimetière actuel, il y en avait un autre sur le même chemin, à droite, plus près de la

---

(1) Concession perpétuelle, 40 fr. le mètre carré ; temporaire, pour cinq ans, 10 fr.

ville. On y a ouvert une rue (celle du Vieux-Cimetière), et le reste du terrain a été vendu à des particuliers. — A côté de ce cimetière se trouve un emplacement qui en faisait partie et où l'on conserve la tombe de Mᵐᵉ Crublier aînée et de ses deux maris.

Quoique le dernier recensement n'ait fait découvrir dans la ville que cinq israélites, il devait y en avoir davantage autrefois, car nous avons, d'abord, une rue des Juifs, et ensuite il y avait un *cimetière aux juifs*, situé au lieu dit *Chezal-Gascoin*. Ce cimetière était compris dans le triangle « entre le grand chemin d'Argenton, une ruelle tendant du susdit grand chemin au lieu appelé la Chaume-au-Porc, et le chemin de Châteauroux au moulin de Noé. » Le grand chemin d'Argenton est la route de Toulouse ; la ruelle est la rue de la Chaume ; le chemin de Châteauroux au moulin de Noë (autrement La Vallas) est la rue de la Manufacture prolongée jusqu'aux boulevards. (Note de M. Guillard.)

Nous avons dit qu'il y avait autrefois un cimetière attenant à l'église Saint-Martin. — En face de l'entrée de l'hospice, dans la rue de ce nom, est un jardin qui était autrefois le cimetière de cet établissement.

La mairie s'occupe en ce moment d'un règlement sur la police des cimetières de Châteauroux. De nouvelles mesures d'ordre seront prises pour les entrées, la conservation des plantations et des fleurs, l'alignement et l'entretien des allées, la hauteur des monuments, les inscriptions, la disposition des caveaux, l'enlèvement des terres, le prix des concessions perpétuelles et temporaires, celui des autres rétributions, la conservation des ossements des fosses temporaires, le tarif des exhumations, etc.

# CHAPITRE QUINZIÈME.

### INSTRUCTION PUBLIQUE.

Notre ville a aujourd'hui pour l'instruction de la jeunesse, une vingtaine d'établissements. Cette instruction est donc on ne peut plus répandue.

Nous exposerons d'abord l'état ancien de l'enseignement, puis nous ferons avec détail l'exposé de tous les établissements que nous venons d'indiquer.

#### ARTICLE PREMIER.

##### État ancien de l'instruction publique à Châteauroux.

Autrefois, pour être admis à instruire la jeunesse, il fallait l'agrément du pouvoir religieux, du pouvoir municipal et du pouvoir judiciaire.

Il paraît qu'il y avait déjà, en 1711, un collége à Châteauroux, car les charges de l'octroi portent un traitement de 200 livres pour son directeur. En 1716, un sieur Georget était principal du collége aux mêmes appointements; 50 livres étaient allouées pour l'instruction des pauvres. En 1725, le sieur Georget, devenu malade, fut remplacé par le sieur Barre, diacre, qui introduisit l'enseignement du latin. En

1731, les échevins ayant réclamé un maître qui pût conduire les élèves jusqu'en rhétorique, on traita avec le sieur Pichard, clerc tonsuré, originaire de Châteauroux. En 1741, le sieur Chartier fut nommé principal, avec l'adjonction du sieur Jean Lebas. On augmenta leurs gages de 200 livres, toujours à prélever sur les deniers de l'octroi. En 1750, le principal fut autorisé à exiger de ses élèves une rétribution de 45 sols par mois. En 1772, un traité fut passé avec le principal du collége d'Argenton, et ses appointements furent élevés à 600 livres. En 1777, on sollicita la translation à Châteauroux de l'ordre enseignant de Saint-Lazare ; on destina le couvent des Capucins à servir de collége. En 1785, enfin, la ville demanda que les revenus du chapitre de Neuvy-Saint-Sépulchre, qui venait d'être supprimé, servissent à doter le collége de Châteauroux.

La révolution de 1789 créa une école centrale par département. On remarqua, à celle de Châteauroux, que les sections de mathématiques et de dessin furent les plus fréquentées ; on y comptait 52 élèves. L'ensemble des élèves n'a pas dépassé 97. Un arrêté du 13 vendémiaire an VII, autorisa l'établissement d'un pensionnat dans l'école centrale ; le nombre des pensionnaires fut de 27 dans l'année 1801 ; le prix annuel de la pension était de 430 francs.

L'école centrale fut appelée ensuite *école secondaire* et nous trouvons qu'en 1804 M. Bourdaloue en était le directeur.

Depuis cette époque jusqu'à l'établissement du

lycée, le nom de *collége* fut adopté et le chef s'appela *principal*. Voici la liste trop nombreuse de ces fonctionnaires :

1812, M. Bonnet. — 1815, M. Peu de Vandré. — *Interruption*. — 1817, M. Legros. — 1821, M. Ribourt. — 1329, M. Louvain. — 1833, M. Verdelet (1). — 1836, M. Bonnesset. — 1841, M. Muzac. — 1844, M. Ricard. — 1846, M. Guyot. — 1848, M. Lemonnier. — 1849, M. Ferté.

### ARTICLE DEUXIÈME.

#### État actuel de l'instruction publique à Châteauroux.

Sous le rapport de l'instruction publique, Châteauroux dépend de l'académie de Poitiers. Le recteur réside dans cette ville et l'inspecteur départemental à Châteauroux.

Il y a un conseil départemental de l'instruction publique, dont le préfet est président. Il est composé du président du tribunal civil de Châteauroux, du procureur de la République près le même tribunal, du curé de la paroisse Saint-André, de quatre membres du Conseil général et de l'inspecteur primaire. Ce Conseil se réunit à l'hôtel de la préfecture.

Les établissements d'instruction de Châteauroux, sont : le lycée, l'école normale, l'institution Saint-Pierre, les écoles primaires congréganistes et laïques (pour les garçons), les écoles primaires laïque et con-

---

(1) A cette époque, Trousseau, devenu célèbre médecin à Paris, était professeur de sixième au collége de Châteauroux.

gréganistes (pour les filles), le pensionnat et externat des dames ursulines de Chavagnes, celui des demoiselles Hébert, l'école primaire laïque de mademoiselle Tertois, les salles d'asile du bois des Capucins, du faubourg des Marins et de Saint-Christophe.

### § I<sup>er</sup>. — Le Lycée.

Le lycée de Châteauroux a été créé par un décret en date du 10 mai 1853. Le conseil municipal avait émis le vœu que le collége communal fût converti en lycée impérial et s'était engagé à subvenir, au moyen d'un emprunt, à la dépense de 100,000 francs reconnue nécessaire tant pour travaux d'appropriation que pour achat de mobilier. Les offres de la ville furent acceptées et le lycée créé. M. Speckert en fut le premier proviseur ; M. Druon lui succèda en 1860, et, depuis 1871, l'établissement est dirigé par M. Porte.

Placé pour ainsi dire à la campagne, et par conséquent dans d'excellentes conditions hygiéniques, il occupe un vaste terrain où l'air et la lumière circulent largement. Ses bâtiments et ses cours spacieuses sont disposées comme il convient à un établissement de l'État. Il offre donc aux familles toutes les garanties désirables au point de vue de la salubrité.

Pourvu du reste de toutes les ressources nécessaires à des études complètes, il est en mesure d'assurer aux jeunes gens une instruction solide pouvant leur ouvrir l'entrée des écoles du gouvernement, des carrières libérales, des professions industrielles et commerciales, etc.

Aussi, le nombre des élèves a été croissant chaque année et de nouvelles constructions ont été jugées indispensables. Ces constructions, qui sont faites aux frais communs de l'État, du département et de la ville, consistent en un corps de bâtiments parallèle aux anciens.

L'administration du lycée se compose du proviseur, de l'aumônier, de l'économe, du surveillant général qui remplit les fonctions de censeur et du commis d'économat.

Deux conseils sont accrédités auprès des lycées; savoir, le bureau d'administration et le conseil de perfectionnement.

Le bureau d'administration est chargé de surveiller et de contrôler l'administration matérielle des lycées; il se compose de dix personnes; quatre en sont membres de droit, l'Inspecteur d'Académie, *président;* le Préfet, le Maire, le Proviseur; les six autres sont nommées pour trois ans par le ministre, sur la présentation du Recteur. Ces membres sont choisis parmi les membres des conseils généraux et municipaux, de la magistrature et du clergé, les ingénieurs, les officiers du génie, les chefs de service, les membres des conseils de santé et d'hygiène et autres notables habitants.

Le conseil de perfectionnement est créé en vue de l'enseignement secondaire spécial. Il donne son avis sur les matières du programme général qu'il importe de développer ou de restreindre selon les besoins de la localité, et sur les améliorations que comporte l'enseignement. Il est composé également de dix personnes ; trois en sont membres de droit, le Maire, l'Inspecteur d'Académie, le Proviseur, les sept autres sont nommées pour trois ans par le ministre, sur la désignation du Recteur, et particulièrement choisies parmi les fonctionnaires de l'ordre civil et militaire, et les notables commerçants, industriels et agriculteurs.

L'enseignement est confié à des professeurs offrant toutes les garanties exigées par les règlements universitaires.

La discipline et l'ordre intérieur sont laissés aux soins du surveillant général, qui a sous sa direction immédiate des maîtres-répétiteurs choisis avec soin, estimés, gradés et chargés de diriger les études et le travail.

L'enseignement se divise de la manière suivante :

*I. Enseignement classique.* — L'enseignement classique comprend :

1° Les langues française, latine et grecque ;
2° Les langues vivantes (anglais, allemand) ;
3° Les belles-lettres et la philosophie ;
4° L'histoire et la géographie ;
5° Les mathématiques pures et appliquées, la cosmographie, la physique, la chimie et les sciences naturelles ;
6° Le dessin d'imitation, le dessin linéaire, le lavis, la calligraphie, la musique vocale, l'hygiène et la gymnastique.

Il est réparti en trois divisions que les élèves ne peuvent

parcourir sans passer, à la fin de chaque année, un examen constatant leur capacité.

1re Division élémentaire (Huitième et Septième) ;

2e Division de grammaire (Sixième, Cinquième, Quatrième);

3º Division supérieure : Troisième, Seconde, Rhétorique et Philosophie, d'une part, et Mathématiques élémentaires et préparatoires, d'autre part, suivant que les élèves préparent le baccalauréat ès-lettres ou le baccalauréat ès-sciences.

II. *Enseignement spécial.* — L'enseignement spécial comprend :

1º La langue et la littérature françaises ;

2º L'histoire et la géographie ;

3º Les mathématiques appliquées, les sciences physiques et naturelles, la chimie et leurs applications à l'agriculture, à l'industrie et aux arts ;

4º Le dessin, la comptabilité et la tenue des livres ;

5º Les langues vivantes ;

6º Des notions de législation, d'économie industrielle et rurale, l'hygiène, la musique vocale et la gymnastique.

Il est réparti entre cinq classes (années préparatoires, 1re, 2e, 3e et 4e). Comme pour l'enseignement classique, les élèves doivent satisfaire à un examen pour passer d'une classe dans une autre.

Cet enseignement ouvre aux élèves toutes les carrières où la connaissance des langues anciennes n'est pas indispensable.

III. *Enseignement primaire.* — Une école primaire préparatoire à la division élémentaire et à l'enseignement spécial est annexée au lycée; elle comprend trois divisions. Les matières enseignées sont la récitation, l'écriture, le catéchisme, l'orthographe usuelle, l'histoire sainte, la géographie, le calcul pratique et la gymnastique.

Le lycée reçoit des internes, des demi-pensionnaires, des externes surveillés et des externes libres.

Le nombre total des élèves pour l'année scolaire 1872-1873 a été de 280.

Le prix de pension, la rétribution scolaire et les frais d'études pour chaque catégorie d'élèves sont réglés comme suit :

| CATÉGORIES. | Prix de la pension | Prix de la demi-pension. | Frais d'études à la charge des externes. | Supplém. dû par les externes admis aux cours supplém. | Supplém. dû par les externes surveillés. |
|---|---|---|---|---|---|
| | fr. | fr. | fr. | fr. c. | fr. |
| Division élémentaire (7e et 8e), classe primaire et année préparatoire..... | 600 | 325 | 65 | 32 50 | 60 |
| Division de grammaire (6e, 5e et 4e) et enseignement spécial............... | 650 | 375 | 90 | 45 » | 60 |
| Division supérieure (3e, 2e, rhétorique, philosophie, mathématiques élémentaires et préparatoires)............... | 700 | 425 | 115 | 57 50 | 60 |

Des demi-bourses communales d'internes, pour l'enseignement classique, et des gratuités communales d'externes pour l'enseignement secondaire spécial, ont été créées au lycée. Une commission juge de l'admissibilité des candidats à l'obtention de ces immunités.

## § II. — École normale.

A une école privée, dirigée par un maître de pension nommé Lecointe, on avait autrefois ajouté un cours normal pour former des instituteurs. Un local avait été concédé dans les bâtiments du lycée actuel. En 1849, ce cours normal a été transformé en école normale, c'est-à-dire qu'il est devenu un établissement universitaire, régi par des règlements d'administration publique. Depuis, bien des directeurs se sont succédé ([1]). Avant que l'État, le département et la ville eussent fait construire l'établissement actuel, l'école se tenait dans une maison de location de la rue des Bouchers.

L'école normale a été établie dans le faubourg Saint-Christophe, à droite de la route de Buzançais et près des fossés de l'octroi, sur un terrain d'un hectare soixante-six centiares, dans les meilleures conditions de salubrité, d'organisation et d'installation. La construction du nouveau local, due à M. Dauvergne, a été commencée le 16 août 1869; interrompue pendant quelque temps par suite de son occupation par les mobiles de l'Indre, elle a été terminée en mai 1871. L'État a fourni 28,000 fr., le département 61,578 fr. et la ville 15,000 fr. Total 104,578 fr., achat des terrains compris. L'État a, en outre, accordé 21,345 fr. pour l'ameublement et 2,000 fr. pour un préau de gymnastique.

I. *Candidats à l'École normale.* — Les inscriptions des candidats ont lieu du 1er au 31 janvier. Un registre est ouvert à cet effet au bureau de l'inspection académique. Aucune inscription n'est reçue qu'après que le candidat a déposé les pièces suivantes : 1° son acte de naissance, constatant qu'au 1er octo-

---

([1]) MM. Jeanjean, Bony, Charbonneau, Chartier, Méjan, Parent, et M. Biétrix, directeur actuel, qui a dirigé la réinstallation de l'école.

bre de l'année dans laquelle il se présente, il aura seize ans accomplis et qu'il a eu vingt ans au plus, au 1er janvier de la même année ; 2° un certificat de médecin, constatant qu'il a été vacciné ou qu'il a eu la petite vérole, et qu'il n'est atteint d'aucune infirmité ou d'aucun vice de constitution qui le rende impropre à l'enseignement ; 3° l'engagement de servir, pendant dix ans au moins, dans l'instruction primaire publique. La signature sera légalisée. Si le candidat est mineur, il produira, en outre, une déclaration par laquelle son père ou son tuteur l'autorisent à contracter cet engagement qui l'exempte du service militaire ; 4° une note signée de lui, indiquant le lieu ou les lieux qu'il a habités depuis l'âge de treize ans ; 5° des certificats de moralité, délivrés tant par les chefs des écoles auxquelles il aura appartenu que par le maire de la commune où il aura résidé. — Les candidats ne sont admis qu'après un concours. Les bourses de l'État sont accordées par le préfet en Conseil départemental; les bourses départementales sont accordées par le Conseil général aux termes de la nouvelle loi sur les Conseils généraux.

II. *Pension.* — La pension est de 450 francs ; mais les élèves obtiennent tous 1/4 de bourse, 1/2 bourse, 3/4 de bourse, ou bourse entière, suivant leurs succès. L'établissement dispose aujourd'hui de 84 quarts de bourse, de 21 bourses entières, dont huit sont à la charge immédiate de l'État ; le reste se trouve compris dans les dépenses spéciales de l'instruction primaire du département et payées, comme toutes les dépenses de l'école, sur la subvention accordée par l'État au budget de l'instruction primaire. La valeur d'une bourse équivaut au prix de la pension. Le trousseau, la fourniture des livres classiques et des effets personnels restent, dans tous les cas, à la charge des familles.

Les élèves répondent des objets qui leur sont confiés et déposent, entre les mains du directeur, comme garantie, un fond de masse qu'on leur restitue en totalité s'ils n'ont fait éprouver aucune perte à l'établissement.

III. *Enseignement.* — Avec le directeur, il y a trois professeurs internes, un aumônier et un médecin. — Une école primaire de 50 enfants, avec un professeur spécial, est annexée à l'établissement.

La surveillance de l'école normale est confiée, indépendamment de celle qu'exercent MM. les inspecteurs généraux, les recteurs, l'inspecteur de l'Académie, à une commission de cinq membres, nommée pour trois ans, y compris le président et dont le directeur fait partie de droit, hors les cas où elle statue sur la question de l'établissement (1).

Le programme de l'instruction est le suivant : Notions historiques et de littérature, instruction religieuse, plain-chant, accompagnement de plain-chant, arithmétique, tenue de livres, notions d'algèbre et de géométrie, arpentage, nivellement, notions de trigonométrie, écriture, gymnastique, sciences physiques, chimiques et naturelles, lecture, dessin, industrie, hygiène, état-civil et administration communale, géographie, langue française, agriculture et horticulture. —

École annexe : pédagogie, musique, piano et orgue.

Durant leur séjour à l'école, les élèves sont exercés à la pratique des méthodes, sous la direction d'un maître spécial, dans l'école primaire annexée à l'établissement.

Aujourd'hui, il y a à l'école normale, 30 élèves internes. Leur nombre est adapté au besoin qu'on peut en avoir pour remplacer les instituteurs du département.

A leur sortie de l'école, après leurs trois années d'études, les élèves subissent, conformément à la loi, les épreuves du brevet de capacité. Ils sont ensuite appelés à exercer, en qualité de maîtres-adjoints, dans les établissements d'instruction publique. A 21 ans, ils peuvent être titulaires. Plus tard, après avoir obtenu les titres nécessaires, ils ont droit à remplir

(1) Cette commission est actuellement composée de : MM. Balsan, député, *président* ; P. Dufour, conseiller général ; Dubois, président du tribunal civil ; Moulineau, ordonnateur des dépenses ; Jouslin, docteur en médecine. — Le service médical est confié à M. le docteur Maurice Robert.

dans l'enseignement toutes les fonctions correspondant à ces titres.

### § III. — Institution Saint-Pierre.

L'institution Saint-Pierre est une maison d'éducation et d'enseignement secondaire libre, dirigée par des ecclésiastiques, sous le patronage et la haute surveillance de Mgr l'Archevêque de Bourges.

Elle est située sur le côté oriental de la place Lafayette ou promenade des Marronniers, dans la partie la plus élevée de la ville.

Le local en est spacieux et salubre.

L'enseignement est conforme aux programmes des écoles du gouvernement.

Cette institution a été fondée par M. l'abbé Dubouchat, qui voulait en faire une succursale de son collége de Chézal-Benoît. Elle fut installée, d'abord, dans l'hôtel de M. de Fougères, rue Grande. La direction en fut confiée, dès la fondation (1851), à M. l'abbé Noblet, puis, en 1855, à M. l'abbé Le Saché de la Neuville.

Des citoyens zélés, amis de l'éducation et de l'enseignement religieux, tels que MM. Muret de Bort, Marchain, des Chapelles, etc., ont prêté à cette fondation un généreux concours.

Le nombre croissant des élèves a bientôt exigé un local plus vaste. M. l'abbé Le Saché a fait alors l'acquisition de l'immeuble de la place Lafayette, qu'il a approprié et où il a pu recevoir 50 pensionnaires et plus de 60 externes.

On envoyait d'abord les élèves aux classes du lycée depuis la quatrième. On a cru y voir des inconvénients et l'on a cherché à faire toutes les classes dans la maison (1).

Depuis 1867, l'institution est sous la direction de M. l'abbé Larpent, et Mgr ne manque pas de venir, chaque année, présider la distribution des prix.

L'administration est composée du directeur en chef, du directeur-administrateur et des dix professeurs.

### § IV. — Écoles primaires supérieures pour les garçons.

Il y en a deux qui portent ce titre : d'abord l'école fondée par le frère Gauthier à côté de son école communale, et l'école communale supérieure laïque, fondée par le Conseil municipal dans le but de contrebalancer l'école congréganiste.

*I. École primaire supérieure congréganiste.* — Au mois d'octobre 1860, les frères de la doctrine chrétienne annexèrent à l'école communale qu'ils dirigeaient déjà, une école libre qu'ils appelèrent *Institution Saint-Louis*. A la fin de la première année, cette école contenait déjà plus de cent élèves. En 1862, le frère Gauthier, qui était à la tête de cette institution, forma un comité de patronage qui eut pour président, M. le sénateur Amédée Thayer ; pour vice-présidents, MM. Edmond Charlemagne et Arthur Crublier de Fougères ; pour secrétaire, M. Léonce Marchain, et pour

---

(1) Depuis l'année scolaire (1872-73), les élèves des deux dernières classes (rhétorique et philosophie) suivent les cours du lycée.

trésorier M. Magnard du Vernay. Grâce à des dons généreux, la congrégation put faire l'acquisition de la vaste maison Ameuille-Dupuy et de ses dépendances. Le conseil municipal ne crut pas devoir autoriser l'annexion de cette école supérieure à l'école primaire communale et déclara que les fonctions d'instituteur communal étaient incompatibles avec celles de directeur d'une autre école. Le frère Gauthier, avec l'agrément du conseil départemental et de l'autorité préfectorale, mit à sa place, comme directeur de l'école communale, un autre frère. Au moyen de cette combinaison et de personnels distincts, il put surveiller et diriger les deux établissements contigus, sans que l'école communale eût à souffrir du voisinage du pensionnat.

Le programme de l'enseignement comprend :

L'instruction morale et religieuse.
La lecture.
La langue française.
Les éléments du style et de la littérature.
Le calcul et le système légal des poids et mesures.
L'arithmétique appliquée aux opérations pratiques.
La tenue des livres, la comptabilité commerciale.
L'histoire et la géographie.
Les notions des sciences physiques.

L'histoire naturelle appliquée aux usages de la vie.
L'agriculture, l'industrie et l'hygiène.
La géométrie, l'arpentage et le nivellement.
La trigonométrie.
Le dessin linéaire et autres genres.
Le plain-chant, la musique vocale et instrumentale.
La gymnastique.
Quelques arts d'agrément.
Les langues vivantes : anglais, allemand, italien.

Le pensionnat compte aujourd'hui 225 élèves, dont 35 internes, et 190 demi-pensionnaires ou externes surveillés. — Le prix de la pension pour l'année scolaire est de 400 francs; celui de la demi-pension de 200 francs.

*II. École communale primaire supérieure laïque.* — Cette école a été installée le 1$^{er}$ octobre 1872, dans le local dit *de la vieille Prison*. Elle est dirigée par M. d'Hénouville, qui est muni du brevet supérieur. L'instruction se divise en trois classes: 1$^{re}$ classe, cours supérieur ; 2$^{me}$ classe, cours préparatoire ; 3$^{me}$ classe, cours élémentaire. La première classe contient 25 élèves ; elle se tient dans la mansarde. La deuxième classe est au premier étage; elle contient 24 élèves. La troisième classe occupe une petite pièce accessoire de cet étage ; elle a 28 élèves. Total, 77 enfants présents ; un plus grand nombre est inscrit. Les enfants, comme ailleurs, entrent à l'âge de six ans et ne quittent qu'à celui de douze ou treize ans. — M. d'Hénouville a avec lui un maître-adjoint ; pour la troisième classe, il prend un aide.

*L'école de dessin* qui était à l'Hôtel-de-Ville a été transférée à cette école primaire supérieure. Elle a lieu tous les jours, sauf le jeudi et le dimanche. La ville se charge de l'éclairage et du chauffage ; les enfants apportent le papier et les crayons. 48 enfants ont suivi les cours de dessin de cette année.

§ V. — **Écoles communales primaires pour les garçons.**

Il y a trois écoles laïques et une congréganiste :

*I. Écoles communales primaires laïques.* — 1° La première est installée rue du Four-à-Chaux. Autrefois elle portait le nom d'*école mutuelle*, en raison du mode d'enseignement qui y était pratiqué. C'était la seule école de Châteauroux ; toutes les classes de la population y ont alors passé leurs premières années d'études. Fondée en 1814, elle a été successivement dirigée, de cette époque jusqu'à 1850, par M. Deschamps ; de 1850 à 1869, par M. Pichon, et depuis 1869 par M. Lamy, aidé de quatre maîtres-adjoints. Elle est plus particulièrement connue sous le nom d'*école des Capucins*.

Cet établissement n'a pas toujours occupé son local actuel. D'abord installé dans un bâtiment du lycée, il a été transféré à la préfecture, puis dans la maison Hidien.

Il est aujourd'hui fréquenté par 280 enfants, répartis en cinq classes, formant trois cours (élémentaire, moyen et supérieur). L'enseignement est collectif, c'est-à-dire donné directement par le professeur, et comprend : L'instruction morale et religieuse, la lecture, l'écriture, le calcul, la langue française, l'histoire et la géographie de la France, l'histoire naturelle, le chant, la gymnastique et le dessin. — A ce programme, suivi par tous les élèves, s'ajoutent, pour le cours supérieur, l'histoire et la géographie générales, l'arithmétique appliquée, des exercices de rédaction, la comptabilité, quelques notions sur la géométrie pratique et sur les sciences physiques. On voit par ce programme que cette école pourrait être dite aussi *primaire supérieure*.

L'instruction est gratuite pour tous les élèves, et,

en outre, quarante enfants indigents sont exonérés de tous les frais d'entretien. De plus, une bibliothèque de livres classiques est à l'usage des différents cours. — L'enseignement du dessin, donné en dehors des heures de classes, du premier avril au premier août, est également gratuit, et toutes les dépenses qu'il comporte sont supportées par la ville.

Les classes journalières sont de six heures. Dans l'intervalle, un certain nombre d'enfants, dont la demeure est éloignée, y prennent leur repas, sous la surveillance d'un maître-adjoint.

Moyennant une faible rétribution, les parents peuvent faire prolonger le séjour de leurs enfants dans l'école, de quatre heures jusqu'à sept heures du soir. Des maîtres leur donnent une nouvelle explication des devoirs et font répéter les leçons du lendemain. Ce sont les élèves dits *surveillés*.

2° La *seconde* école laïque est située rue Grande Saint-Christophe, n° 4, dans l'ancienne maison Degalle, achetée par la ville. Elle a été installée le 25 octobre 1871, et elle est tenue par M. Janin, assisté d'un adjoint. Il y a deux classes qui comprennent 125 élèves. Le cours d'adultes a été suivi par 47 ouvriers.

3° La *troisième* école de même nature se tient à l'école normale, d'après des arrangements convenus avec la ville. Elle est dirigée par M. Frieh et reçoit 50 garçons.

*II. École communale primaire congréganiste.* — Cette école est celle qui est contiguë à l'institution

Saint-Louis. Nous devons rappeler son origine. Deux honorables ecclésiastiques, MM. Damourette et Lenoir conçurent le projet de fonder à Châteauroux une école primaire dirigée par les frères de la doctrine chrétienne. Des souscriptions fournirent les moyens de se procurer un mobilier pour les frères et pour les classes et de louer la maison qu'ils occupent à présent rue des Capucins. Un don considérable permit à la congrégation d'acheter cette maison. En 1852, le conseil municipal vota 3,600 francs pour le traitement de six frères et 600 francs pour frais de chauffage, de distribution de prix, de fournitures de livres aux indigents, etc.

Aujourd'hui 370 élèves, repartis en cinq classes, fréquentent cette école. Le traitement des frères est réduit à 3,000 francs.

Le programme d'éducation est celui des autres écoles.

### § VI. — Écoles primaires communales congréganistes pour les petites filles.

Il y en a trois : l'école de la famille Balsan, celle de la rue Saint-Martial et celle du faubourg Saint-Christophe.

*I. École de la famille Balsan.* — Cette école est un vrai modèle de construction, de disposition et d'aménagement. Elle a été construite par M. Dauvergne qui n'a rien épargné pour la rendre parfaite. Près de cent mille francs y ont été consacrés, en comprenant l'acquisition du terrain. On l'a placée à peu de distance de la manufacture ; déjà elle commence à s'entourer d'une cité ouvrière, et une chapelle sera édifiée tout à côté.

Cette école a été ouverte le 1ᵉʳ novembre 1872. La famille Balsan l'a concédée à la ville moyennant des conditions insignifiantes pour le loyer. Elle a tenu à la faire diriger par un ordre religieux ; ce sont les Sœurs de la Charité de Bourges. Il y en a cinq. Trois sœurs reçoivent de la ville, chacune 450 francs et la supérieure 600 francs. La sœur chargée de l'asile, ne reçoit que 375 francs. Deux femmes de peine sont rétribuées à 250 et 300 francs.

On suit exactement le programme de l'instruction primaire. Il y a trois classes qui contiennent 238 petites filles, depuis l'âge de 6 ans jusqu'à celui de la première communion. De très-bonnes cartes, une foule d'images et d'instruments ingénieux facilitent l'instruction.

Un ouvroir est à côté des classes ; chaque classe vient y travailler à son tour.

L'*asile* est sur le côté opposé aux classes. Les deux sexes y sont réunis ; mais on les sépare, autant que possible, dans la salle où ils sont reçus et dans celle des exercices. On y a admis, cette année, 94 garçons et 84 filles. Total 178.

Les religieuses sont très-bien logées et ont une petite chapelle. — Il y a des hangars pour les récréations des enfants, de vastes cours, un jardin, un puits pouvant fournir l'eau nécessaire, etc.

*II. École de la rue Saint-Martial.* — Cette école est tenue aussi par les sœurs de la Charité de Bourges. Elle reçoit en ce moment 240 petites filles, depuis l'âge de six ans jusqu'à leur première communion. Le local, qui appartient à la ville, est sain et bien disposé; il contient un joli jardin. Il y a quatre classes, deux au rez-de-chaussée et l'autre à un premier étage mansardé : chaque classe est composée de trois divisions. Quatre sœurs et une supérieure constituent le personnel enseignant. 450 francs sont alloués à chacune des quatre sœurs qui font les classes, et 600 francs à la supérieure. Une sœur supplémentaire ne reçoit pas de traitement. Les enfants viennent à huit heures jusqu'à midi, puis de une heure et demie jusqu'à quatre heures et demie. Il n'y a pas de classes le jeudi. Le dimanche, les sœurs conduisent les élèves aux offices religieux.

*III. École de Saint-Christophe.* — Cette école est tenue par le même ordre religieux. Il y a trois sœurs y compris la supérieure qui fait la première classe et reçoit 600 francs. Les autres classes sont tenues par deux sœurs à chacune desquelles il est alloué 450 francs. Les trois classes sont fréquentées par 130 petites filles. — L'ancienne supérieure, qui a été mise à la retraite, a désiré demeurer au milieu de ses élèves; elle ne reçoit aucun appointement. (Voir plus loin l'Asile attenant à cette école.)

On peut considérer comme appartenant à cette catégorie, une *classe gratuite tenue par les Dames de*

*Chavagnes* et qui a son entrée rue Saint-Luc. On y reçoit les petites filles des familles indigentes du quartier.

### § VII. — École primaire communale laïque pour les petites filles.

La ville vient de fonder une école communale laïque pour les petites filles, rue Grande, n° 106, dans la maison que vient de quitter M. Villaudière. L'école est tenue par M$^{me}$ Gorju, aidée de sa sœur. Elle reçoit déjà 80 petites filles.

### § VIII. — Pensionnats libres de jeunes demoiselles.

Il y en a deux à Châteauroux, l'un congréganiste et l'autre laïque.

*I. Pensionnat et externat congréganiste des Dames Ursulines de Jésus, dites de Chavagnes.* — Cet ordre a sa maison mère en Vendée; il compte quarante établissements en France et plusieurs à l'étranger. Sa maison d'éducation est établie dans notre ville depuis 1850. Située rue de la Gare, elle se trouve dans un quartier salubre et d'un accès facile. Ses belles constructions sont entourées de jardins et de grandes cours ornées de plantations. Rien n'a été négligé pour en faire une maison d'éducation parfaitement appropriée à sa destination. Une chapelle réunit les élèves pour les exercices religieux.

Cette maison renferme à la fois un pensionnat et un demi-pensionnat, un externat, et la classe gratuite dont il a été question. Une trentaine de religieuses se partagent la tâche laborieuse de l'instruction et des soins de toutes sortes dont elles s'acquittent avec autant de dévouement que de succès. Douze sœurs converses sont chargées du service domestique.

1° Le pensionnat a maintenant 64 élèves; il peut en recevoir 80 et plus. Le prix de la pension est de 400 francs. Les demi-pensionnaires sont au nombre de 22 ; on les admet au pensionnat. Les jeunes demoiselles reçoivent, dans cette première division, une éducation complète et sont conduites à l'obtention du brevet supérieur d'instruction. On peut y apprendre les langues italienne, anglaise et allemande, la musique et la peinture.

2° L'externat est destiné aux jeunes filles du commerce; on les instruit assez pour obtenir le brevet simple ou de capacité. Il y en a en ce moment 92.

*II. Pensionnat-externat laïque de Mlles Hébert.* — Cet établissement a été fondé en 1835 par M$^{lle}$ Charon. Il a été continué depuis 1858 par M$^{lles}$ Hébert. Situé au centre de la ville, rue du Dauphin, n° 12, il remplit toutes les conditions hygiéniques désirables. Les jeunes filles y sont reçues depuis l'âge de six ans et peuvent y rester jusqu'à celui de dix-huit ans. Leur éducation y est aussi complète que possible et elles peuvent obtenir facilement le brevet supérieur d'institutrice. Cette année, la maison contient cinquante pensionnaires et soixante-quinze externes. M$^{lles}$ Hébert ont avec elles huit sous-maîtresses. Le prix de la pension est de 450 francs ; celui de l'externat de 100 francs. On y apprend la musique, le dessin, et même la peinture. On y donne aussi des leçons d'anglais et d'allemand.

### § IX. — Écoles primaires libres.

Il y a trois écoles congréganistes de ce genre pour les petites filles et une laïque. Voyons d'abord les congréganistes.

*I. École des sœurs de la rue Descente-des-Cordeliers.* — Elle est tenue par six sœurs de l'ordre de la Charité de Bourges et porte le nom de *Saint-Joseph*. Une centaine de petites filles y reçoivent l'éducation primaire et payent l'enseignement. La maison où se tient l'école a été achetée, il y a une dizaine d'années, par la congrégation. Elle est inspectée par l'inspecteur primaire du département qui a fourni le plan d'études. Les sœurs tiennent leur classe tous les jours, et, le dimanche, elles conduisent leurs élèves aux offices religieux.

*II. École des sœurs de l'institution de Sainte-Marie.* — Ces religieuses appartiennent à l'ordre de la Présentation de la sainte Vierge, de Tours ; elles sont installées rue Porte-Neuve, n° 18. M. Sohier, ancien préfet, les avait fait venir en 1860, dans le but de s'occuper d'une *crèche*. Cette institution n'ayant pas réussi, elles sont restées à Châteauroux et se sont livrées à l'instruction des petites filles. Elles sont aujourd'hui au nombre de huit et ont 250 élèves, divisées en cinq classes. Elles prennent les enfants à six ans et les gardent même après la première communion. Elles peuvent leur faire obtenir le brevet de capacité du premier degré. — L'asile qu'elles avaient commencé à tenir n'a pas été continué.

*III. École primaire de Mlle Tertois.* — Cette école est située rue Grenouillère, n° 12. Au fond d'un jardin, dans un rez-de-chaussée et une mansarde, il y a deux classes; on y trouve des petites filles de 5 à 6 ans jusqu'à 10 ou 12 ans. L'instruction est la même que dans les autres écoles primaires. Sur la rue, est une pièce qui sert d'asile et où des enfants sont en garde. M$^{lle}$ Tertois a son brevet de capacité ; elle est aidée par sa mère et par une jeune personne. Il y a donc dans ce petit établissement en même temps une école primaire et un asile.

*IV. École primaire de M$^{me}$ Charasson.* — Elle est située rue Montaboulin, et reçoit des petits garçons pour leur apprendre à lire. Cette année le nombre des enfants est de 25.

§ **X.** — **Asiles.**

L'un des asiles est laïque ; les deux autres sont congréganistes. Ces derniers sont joints aux établissements d'instruction (¹).

*I. Asile municipal du Bois-des-Capucins.* — Il est tenu par M$^{me}$ Robin, assistée de deux femmes de

---

(1) Le petit asile de M$^{lle}$ Terlois, est un asile libre.

service. Il existe depuis 1837. On y compte aujourd'hui 45 petites filles et 78 petits garçons. Ils y entrent dès l'âge de trois ans.

Le préau par lequel les enfants entrent, et où ils déposent leurs petites provisions, est convenablement disposé. La cour forme deux compartiments pour chacun des deux sexes. Les latrines sont parfaitement disposées et devraient servir de modèle aux autres établissements de ce genre. Il y a une très-belle salle pour les exercices. On apprend aux enfants à marcher en rang ; on leur apprend aussi les éléments de la lecture, de sorte qu'ils sont très-bien préparés à entrer, à l'âge de six ans, dans les écoles primaires. Cet asile, de même que les autres, est inspecté par les dames de la Société des asiles, qui ont pour présidente née la femme du Préfet. Ces établissements sont aussi inspectés par une inspectrice de l'académie de Poitiers et par les inspecteurs du gouvernement. Les enfants y sont reçus, du 1er avril au 1er septembre, de sept heures du matin à sept heures du soir, et, dans le reste de l'année, de huit heures du matin à six heures du soir.

*II. Asiles congréganistes.* — 1° *Asile de Saint-Christophe.* Dans un terrain attenant à l'école communale de Saint-Christophe, M*me* Balsan, mère, a fait construire une salle d'asile qui fait partie de cette école. Elle en donne la jouissance aux enfants du faubourg. La sœur qui s'occupe de cet asile ne reçoit de la ville que 375 francs. L'asile contient 130 enfants des deux sexes.

2° *Asile de l'école du faubourg des Marins* (de la famille Balsan). — Nous en avons parlé quand il a été fait mention de cette école (1).

### § XI. — Cours d'adultes.

Les cours d'adultes datent de l'année 1865. Il y en a aux deux écoles primaires, laïque et congréganiste.

Les *Frères* font, le soir, chaque année, divers cours aux adultes. Ces cours sont gratuits pour les leçons comme pour les fournitures classiques. Ils commencent au mois de novembre et finissent au mois de mars. Les jeunes gens sont divisés en cinq classes ; on leur apprend les matières enseignées aux enfants dans les classes du jour. La classe a lieu de sept heures et demie à neuf heures, — 193 élèves ont suivi les cours pendant l'hiver de 1872-1873.

A l'*école laïque* communale de M. Lamy, un cours d'adultes fonctionne aussi depuis le 1er novembre jusqu'au 1er mars ; tout est gratuit comme chez les Frères. 70 adultes ont été inscrits cette année pour les classes du soir (2).

Nous verrons en parlant de la Manufacture des tabacs, que des cours d'adultes y sont devenus obligatoires depuis l'année 1868, et que 371 ouvrières s'y trouvaient en 1872.

---

(1) Voir sur l'instruction communale, un rapport de M. Fayet, délégué cantonal (ancien recteur et inspecteur d'académie), au conseil départemental de l'Indre. Bourges 1873. Imprimerie Marguerith-Dupré.

(2) Nous avons indiqué aussi un cours d'adultes à l'école de M. Janin.

## § XII. — Conférences publiques à l'Hôtel-de-ville.

Le ministre Duruy voulant donner à la femme le rôle qui lui appartient comme épouse et comme mère, avait pensé à lui procurer une instruction sérieuse et variée. Par une circulaire, il avait recommandé l'institution de cours supérieurs pour les jeunes filles. Après leur instruction morale et religieuse, il voulait fortifier leur jugement et orner leur intelligence. Le Ministre réclamait le concours des professeurs du lycée, des familles et des autorités municipales ; mais ces cours, essayés pendant deux hivers, ne se sont pas maintenus dans notre ville.

Des citoyens, amis du progrès et de la diffusion des lumières, ont essayé, il y a quelques années, de ressusciter ces conférences. L'administration municipale de cette époque s'y est très-peu prêtée : cependant le programme a été parcouru et l'assistance a été nombreuse et sympathique. Les professeurs du lycée ayant refusé leur concours, quelques personnes seulement ont eu tout le fardeau de cet enseignement public [1].

---

[1] On doit conserver les noms des personnes qui ont fait partie de la dernière association et des sujets qu'elles ont traités. Le D<sup>r</sup> Fauconneau-Dufresne ; trois conférences : 1° *Précis de l'Histoire politique de Châteauroux* ; 2° *Les Bords de la Creuse* ; 3° *Les historiens du Berry*. — M. Janoyer, ingénieur civil, directeur des forges de Clavières, *Le Phosphore*. — M. Paul Blanchemain, l'*Agriculture*. — M. le D<sup>r</sup> Bauché, de Clion, les *Gloires du Berry*, *Nicolas Leblanc*. — M. Jules Frichon, aujourd'hui sous-préfet du Blanc, les *Poëtes modernes*. — Enfin, M. Minard, *Histoire de la Musique* (cette conférence a été suivie d'un concert).

## § XIII. — Résumé relatif à l'instruction publique.

On peut résumer sous les rapports suivants ce que nous venons de dire sur l'instruction publique à Châteauroux en 1873 :

*I. Instruction en général.* — Il y a vingt établissements où l'instruction est dispensée à la jeunesse. — Il faut y ajouter trois écoles d'adultes et trois asiles.

Dans dix établissements, l'instruction est rétribuée, et dans dix aussi elle est gratuite. — Les écoles d'adultes et les asiles sont gratuits.

1490 enfants suivent les écoles payantes ; 2,141 fréquentent les écoles gratuites, et 681 adultes suivent des cours gratuits. — 4,312 individus reçoivent donc l'instruction publique.

*II. Comparaison du prix de l'enseignement primaire laïque avec celui de l'enseignement primaire congréganiste.* — Dans l'enseignement primaire laïque, 567 enfants sont instruits pour la somme de 20,205 francs, soit en moyenne 35 fr. 63 c. pour chaque élève; tandis que, dans l'enseignement primaire congréganiste, on ne dépense que 10,574 francs pour en instruire 978, soit 10 fr. 80 c. pour chaque enfant. —

Le tableau suivant fournit la démonstration de cette assertion.

Comparaison du prix de l'enseignement primaire laïque avec celui de l'enseignement primaire congréganiste.

| ENSEIGNEMENT LAIQUE | | | | | ENSEIGNEMENT CONGRÉGANISTE | | | | |
|---|---|---|---|---|---|---|---|---|---|
| | Frais | Total | Nombre des élèves | Prix moyen par élève | | Frais | Total | Nombre des élèves | Prix moyen par élève |
| **1. ÉCOLE DES CAPUCINS.** | | | | | **1. ÉCOLE DES FRÈRES.** | | | | |
| Traitement de l'instituteur... | 2,000 | | | | Traitement de 4 frères...... | 2,400 | | | |
| Indemnité de logement...... | 500 | | | | Cours d'adultes............. | 150 | | | |
| Cours d'adultes............. | 250 | 8,049 | 285 | 28.25 | Indemnité de logement...... | 500 | 3,760 | 370 | 10.17 |
| Traitement de 4 adjoints..... | 4,000 | | | | Entretien de l'école ........ | 710 | | | |
| Entretien de l'école ........ | 1,299 | | | | | | | | |
| **2. ÉCOLE SAINT-CHRISTOPHE (garçons).** | | | | | **2. ÉCOLE SAINT-MARTIAL.** | | | | |
| Traitement de l'instituteur... | 1,500 | | | | Traitement de 5 religieuses.. | 1,875 | 2,570 | 240 | 10.71 |
| Cours d'adultes............. | 200 | 3,156 | 125 | 25.25 | Entretien de l'école ........ | 695 | | | |
| Traitement de l'adjoint...... | 1,000 | | | | **3. ÉCOLE DES MARINS (Balsan).** | | | | |
| Entretien de l'école......... | 456 | | | | Traitement de 4 religieuses.. | 1,500 | | | |
| **3. ÉCOLE SAINT-MARTIN.** | | | | | Loyer de la maison.......... | 350 | 2,330 | 238 | 9.79 |
| Traitement de l'instituteur... | 2,000 | | | | Entretien de l'école ........ | 480 | | | |
| — de l'adjoint...... | 1,000 | 5,300 | 77 | 68.83 | **4. ÉCOLE SAINT-CHRISTOPHE (filles).** | | | | |
| Loyer de la maison.......... | 1,500 | | | | Traitement de 4 religieuses.. | 1,500 | 1,914 | 130 | 14.72 |
| Entretien de l'école ........ | 770 | | | | Entretien de l'école ........ | 414 | | | |
| **4. ÉCOLE MUNICIPALE DE FILLES.** | | | | | | | 10,574 | 978 | 10.81 |
| Traitement de l'institutrice... | 1,200 | | | | | | | | |
| — de l'adjointe ..... | 830 | 3,700 | 80 | 46.25 | | | | | |
| Loyer de la maison........... | 1,200 | | | | | | | | |
| Entretien de l'école ........ | 540 | | | | | | | | |
| | | 20,205 | 567 | 35.63 | | | | | |

Nota. — Dans ce tableau, il n'est pas question des asiles. L'asile laïque coûte plus de 1,500 francs, tandis que les deux asiles congréganistes sont compris dans les prix indiqués.

# CHAPITRE SEIZIÈME.

### ÉTABLISSEMENTS DE BIENFAISANCE.

Comment pourrions-nous oublier les établissements de cette nature ? Soulager les malades, les femmes en couches, protéger l'enfance et la vieillesse, n'est-ce pas le ministère le plus sacré ?

#### § I<sup>er</sup>. — Petites Sœurs des pauvres.

La maison mère de cette charitable institution est à Saint-Perne, près Bécherel (Ille-et-Vilaine). Elle compte près de deux mille succursales en France, en Espagne, en Allemagne et même en Amérique. La Supérieure est élue tous les trois ans en chapitre général.

Parties de Bourges, le 1<sup>er</sup> août 1860, cinq Petites Sœurs, conduites par une assistante générale, qui avait tout préparé pour la fondation de Châteauroux, arrivèrent dans cette ville, appelées par des personnes charitables. A l'embranchement du chemin de fer, à Vierzon, elles reçurent plusieurs paquets qui contenaient des objets indispensables à un commencement de fondation.

La maison qui leur était destinée, n'avait même pas une botte de paille ; il leur fallut accepter l'hospitalité d'une dame charitable. Bientôt arrivèrent une petite batterie de cuisine, de la literie et de la vaisselle. Le 20 août, elles avaient déjà dix vieillards.

Une pauvre femme vint porter au curé *dix sous* prélevés sur son nécessaire pour l'entretien des Petites Sœurs. Une chambre convertie en oratoire fut parée par la piété publique. Le premier asile, devenu trop petit, a été agrandi et remis à neuf.

Un bon militaire de notre ville apportait régulièrement, deux fois par semaine, son pain de munition. Et comme la supérieure le remerciait : « On fait, dit-il, tant de sacrifices pour se perdre, que j'ai pensé qu'un petit don, dans l'intérêt du salut de mon âme, serait agréable à Dieu. » En quittant la ville, il est venu faire ses adieux : « On parle de guerre, dit-il, si je viens à mourir, M. X... notaire, vous remettra, de ma part, 300 francs qui sont destinés pour vos pauvres. »

Aujourd'hui les Petites Sœurs logent, soignent et nourrissent 64 vieillards des deux sexes. Elles suffisent à tout par des quêtes et par la bienfaisance de personnes charitables. La maison qu'elles possèdent s'augmente en ce moment d'un bâtiment assez considérable pour loger plus sainement leurs vieux pensionnaires. Elles ont une chapelle, un grand jardin, un lavoir, deux vaches, un âne. Quelques vieillards payent une légère rétribution ; le plus souvent celle-ci est fournie par des personnes bienfaisantes. Les communes soldent aussi la pension de quelques infirmes. Parfois, à l'occasion d'un mariage, on fait donner un petit repas aux bons vieillards.

Dix sœurs sont attachées à cette méritoire besogne. L'abbé Vidal, ancien curé de Velles, est l'aumônier de l'établissement, et des Rédemptoristes viennent quelquefois prêcher et donner la bénédiction. Le docteur Raoul Patureau, qu'on trouve dans toutes les bonnes œuvres, apporte généreusement les soins de son art à cette colonie, qui est située place Croix-Normand, au coin de la rue de la Bouquerie.

### § II. — Bureau de bienfaisance.

Aucune institution n'est plus utile et plus morale que celle du bureau de bienfaisance; elle a sur l'hospice l'avantage de conserver l'esprit de famille. De tout temps, la distribution des secours à domicile a été un des actes ordinaires de la charité privée. Les bureaux de secours furent désorganisés à la suite de la révolution de 1789. La loi du 7 frimaire an V essaya de les rétablir en faisant nommer des commissaires de charité; mais ce fut sous le Consulat qu'ils acquirent une véritable importance par les règlements relatifs à leur comptabilité et à leur fonctionnement.

Le bureau de bienfaisance de Châteauroux est très-ancien; cependant on peut dire qu'il n'a son existence immobilière que depuis 1864, attendu que ce n'est que depuis ce temps qu'il est logé chez lui, rue des Pavillons ([1]). Quatre sœurs de la Charité de Bourges

([1]) Auparavant, il se tenait à l'hospice.

en font le service. Il y a un Conseil d'administration dont le Maire est le chef ; les administrateurs sont MM. E. Pinault, Pinault-Ollier, Sabroux, E. Barboux et Ch. Balsan. M. Mayet est le trésorier. Tous les médecins sont appelés à donner leurs soins aux pauvres. Les ressources du bureau consistent dans une subvention municipale variable suivant les besoins, et dans quelques dons. La subvention de l'État est de 1,000 francs.

Aujourd'hui 300 familles sont inscrites au bureau de bienfaisance. Il y a neuf ans, il n'y en avait que 200. La plupart de ces familles sont dans les faubourgs Saint-Christophe et des Marins. Les malades peuvent, lorsque l'ordonnance médicale est vue par le bureau, choisir leur pharmacien, comme ils choisissent leur médecin [1].

---

[1] Voici quelques circonstances qu'il importe de signaler. — Lorsque, en 1844, on voulut fonder le Dépôt de Mendicité, on reconnut que, dans la commune de Châteauroux, un tiers de la population était composé de familles nécessiteuses. Aujourd'hui, la situation est bien changée, car nos deux grandes manufactures et d'autres établissements importants, versant annuellement 17 à 1800 mille francs dans la classe ouvrière, y ont répandu l'aisance. Si le bureau de bienfaisance donne des secours à un plus grand nombre de familles qu'il y a neuf ans, c'est moins parce que la population est augmentée que parce que, dans le but de trouver du travail, des individus incapables viennent de loin nous apporter leur misère.

Voici le mouvement des allocations votées par le conseil municipal en faveur du Bureau de Bienfaisance depuis 1862. L'augmentation de ces allocations correspond aux années de mauvaise récolte. 1862 ; 8,700 francs. — 1863 ; 8,000 francs. — 1864 ; id. — 1865 ; 8,500 francs. — 1866 ; 8,000 francs. — 1867 ; 13,192 francs. — 1868 ; 13,200 francs. — 1869 ; 13,300 francs. — 1870 ; 15,000 francs. — 1871 ; 17,600 francs. — 1872 ; 14,748 francs. — 1873 ; 12,949 francs.

### § III. — Société de charité et Société maternelle.

Quelles grâces ne doit-on pas aux dames charitables qui se dévouent à secourir les pauvres et qui sont les âmes de ces deux Sociétés !

*I. La Société de charité* a été constituée, en 1850, par un père jésuite de Bourges, qui était venu prêcher à Châteauroux et qui avait eu l'idée d'y faire ce qu'il avait vu ailleurs. La femme du Préfet est présidente d'honneur ; mais la présidence effective est dévolue à M$^{me}$ Marchain, mère.

Les ressources de cette institution consistent dans une cotisation libre ; les dames dites *Zélatrices* s'engagent à verser 25 francs. On fait une loterie tous les ans, et le gouvernement a coutume de fournir 200 à 250 francs.

On vient au secours de 240 à 250 familles ; on leur donne vêtements, literie, pain et bois ; on s'occupe des vieillards, des infirmes, des femmes veuves et des familles nombreuses.

La ville est divisée en cinq quartiers. Cinq dames forment le Conseil, auquel se rattachent les dames de chaque quartier, qui se chargent de visiter et de secourir personnellement les familles nécessiteuses.

*II. La Société maternelle* date de 1811 ; elle a eu pour fondatrice M$^{me}$ la marquise de Barbançois, qui a été la première présidente, puis M$^{me}$ Bertrand, mère du général, M$^{me}$ Charlemagne, M$^{me}$ de Greuille, etc.

Le gouvernement donne 800 francs, la ville 300 fr. Les cotisations s'élèvent à 600 ou 700 francs.

La Société donne des secours aux femmes qui ont déjà deux enfants vivants, l'aîné au-dessous de 12 ans. Elle vient en aide à 45 ou 50 femmes. On exige un certificat d'indigence et de mariage à l'église.

Les secours distribués consistent en une layette pour l'enfant, un petit habillement à quatre mois, du lait et une nourrice au besoin.

Nous le répétons, ce sont là des occupations dignes du cœur de bonnes mères de famille! (1).

### § IV. — Société de Saint-Vincent-de-Paul.

N'oublions pas de mentionner une institution charitable composée de personnes pieuses et qui se divise par conférences. Elle se rattache à la vaste association de ce nom.

---

(1) Voici le résumé des comptes de la Société maternelle pour 1872.

RECETTES.

| | | |
|---|---:|---:|
| Reçu du gouvernement | 1,000 fr. | » |
| Allocation de la ville | 300 | » |
| Dons des souscripteurs | 533 | » |
| Fonds restés disponibles en 1871 | 1,620 | » |
| Intérêts des fonds placés à la trésorerie | 30 | 47 |
| TOTAL | 3,483 fr. | 47 |

DÉPENSES.

| | | |
|---|---:|---:|
| Soins de femmes en couches, layettes et petites robes | 1,124 fr. | 55 |
| Secours en lait continué aux femmes accouchées en 1871 | 125 | 10 |
| Premières communions | 100 | » |
| Impressions et recouvrements | 38 | » |
| Secours extraordinaires en draps, chemises, accordés aux femmes secourues en 1871 | 288 | 70 |
| TOTAL | 1,676 fr. | 35 |

MM_mes_ Marchain, présidente; Bernard, vice-présidente; Despaignol, trésorière. MM_mes_ Desormeaux, R. Charlemagne, J. Veillat, du Vernay, membres du comité de distribution des secours.

Pour faire connaître le bien qu'elle fait, nous n'avons rien de mieux à faire que d'analyser le compte de ses recettes et dépenses pour l'année 1872 que nous avons sous les yeux, et qui est présenté par le bureau, composé de MM. L. Marchain, Cornu, Gautier, Grumel et Pascaud.

Les recettes, se composant de dons particuliers, de quêtes au sein de la conférence, au prône et à domicile, de la vente d'almanachs et manuels, se sont élevées à 2,915 fr. 45 c. ; et les dépenses en pain, viande, bois, sabots, vêtements, livres, patronage des écoliers, œuvre des loyers, médicaments fournis aux familles, semences, impressions, sépultures, à 2,610 fr. 70 c. Il restait en caisse 304 fr. 75 c.

Une messe est célébrée le premier lundi de carême pour les bienfaiteurs décédés, et une autre le troisième lundi après Pâques pour les bienfaiteurs vivants. Ces messes sont dites à la chapelle du pensionnat Saint-Pierre [1].

## § V. — Service médical.

Avant les établissements réguliers d'instruction médicale, les jeunes aspirants entraient chez les mé-

---

[1] Dans l'hiver rigoureux de 1867 à 1868, M. et M^me L. Marchain avaient établi, rue du Marché, un *fourneau alimentaire* qui a rendu de véritables services à la classe ouvrière et aux pauvres. A la première, on vendait pour 10 centimes des portions de soupe, de viande ou de légumes, et même un plat de riz sucré ; aux seconds, à un bureau donnant sur la rue des Pavillons, M^me Marchain distribuait *elle-même* aux pauvres, *gratuitement*, les mêmes portions ; une religieuse était chargée de la première distribution. Ce fourneau a cessé **de fonctionner l'hiver 1869-70.**

decins et chirurgiens pour y acquérir les connaissances suffisantes et y gagner maîtrise. C'était dans les tours de la porte du Château-Raoul que se donnaient les leçons d'anatomie et le reste de l'enseignement.

Saint Cosme et saint Damien étaient, depuis le XIIIe siècle, les patrons des médecins et des chirurgiens, et, sous l'invocation de ces saints, une confrérie faisait célébrer, tous les ans, une messe, le 27 septembre.

A la fin du XVIIe siècle, un édit créa à Châteauroux, un médecin du roi et deux chirurgiens-jurés royaux pour faire, à l'exclusion de tous autres, les rapports relatifs aux *corps* (1), avec plusieurs droits et priviléges parmi lesquels était celui d'examiner les aspirants en chirurgie. Cet office de médecin du roi avait fini par s'acheter.

Les chirurgiens, à cette époque, constituaient un ordre inférieur à celui des médecins. Ils formaient une communauté qui avait ses statuts.

On ne nous reprochera pas de ranger le service médical parmi les institutions de bienfaisance. Nous avons à ce sujet plusieurs divisions à établir :

*I. Médecins exerçant à Châteauroux.* — MM. Robert (Maurice); Godinat, père; Patureau (Raoul); Pinault; Robert (Henri); Jouslin; Beaufumé; Godinat, fils; Ponroy (Raoul); Fauconneau-Dufresne.

(1) Examen juridique des corps des noyés, suicidés, etc.

*II. Service des épidémies pour l'arrondissement de Châteauroux.* — MM. Pinault et Lambron. (1)

*III. Conseil d'hygiène publique et de salubrité du département de l'Indre.* — MM. les docteurs Godinat; Robert (Maurice); Pinault; Jouslin; Guérineau (de Levroux); Guinon et Thomas, pharmaciens; Peyrot, ancien pharmacien; Fougera, vétérinaire; Ravisy, ingénieur en chef; Stichter, ingénieur civil; Émile Bénard, propriétaire.

*IV. Service médical des pauvres.* — A dater de l'année 1869, le Conseil général a décidé que les dépenses du service médical gratuit seraient directement mandatées par les communes.

*V. Service médical pour la constatation des décès et des naissances.* — Chaque médecin fait le service pendant un mois, alternativement. — Il existe un autre service pour le dispensaire.

*VI. Pharmaciens et sages-femmes.* — Il y a à Châteauroux cinq pharmaciens et sept sages-femmes.

---

(1) M. Lambron, autrefois titulaire, est actuellement honoraire. Il est médecin-inspecteur de l'établissement thermal de Bagnères-de-Luchon, officier de la Légion-d'Honneur et l'auteur d'un ouvrage important : *Les Pyrénées et les eaux thermales sulfureuses de Bagnères-de-Luchon*, Paris, 1860.

# CHAPITRE DIX-SEPTIÈME.

## INSTITUTIONS DE PRÉVOYANCE.

Les confréries, dont nous avons donné la liste à la page 742, sont souvent en même temps de petites institutions de prévoyance et de secours mutuels. Nous reviendrons, dans ce chapitre, sur quelques-unes d'entre elles ; mais nous avons, d'abord, à faire particulièrement connaître la Société d'assurances mutuelles de l'Indre, l'institution des Sapeurs-pompiers et la Caisse d'épargne.

### ARTICLE PREMIER.
#### Société d'Assurances mutuelles contre l'incendie pour le département de l'Indre et les départements limitrophes.

A la fin de la Restauration, le préfet de l'Indre était M. le vicomte de Fussy, grand propriétaire dans le département du Cher. Frappé des excellents résultats qu'avait donnés la Société d'Assurances mutuelles fondée à Bourges, M. de Fussy engagea vivement un certain nombre de propriétaires à créer à Châteauroux une institution semblable. Sur son initiative, une réunion de propriétaires eut lieu à l'hôtel de la mairie. Dans cette réunion, il fut arrêté qu'une commission de sept membres serait nommée, séance tenante, sous le nom de conseil provisoire et qu'elle serait chargée de la rédaction des statuts de la Société. Dans une autre séance, tenue le 2 février 1829, le conseil provisoire élut pour président M. Charlemagne, père, ancien député, et pour secrétaire M. Claude Damourette. Dans cette même séance, M. Damourette fut nommé directeur provisoire.

Le 5 mars 1829, les sociétaires furent convoqués en assemblée générale et les statuts furent adoptés; puis, en vertu de l'article 54, il fut procédé à la nomination des neuf membres du conseil d'administration qui furent: MM. Charlemagne, ancien député; Desjobert, secrétaire général de la préfecture; Paul Duhail, avocat; Girard, maire de Châteauroux; Godard aîné, manufacturier; Moreau-Rabier, ancien notaire; Henri Patureau, banquier; Pelletier, juge au tribunal civil et Trumeau, conseiller de préfecture. — M. Damourette fut confirmé dans les fonctions de directeur et M. Girard fut nommé président du conseil d'administration.

Malgré les plus actives démarches, ce ne fut que le 11 novembre que fut obtenue l'ordonnance autorisant la société et approuvant ses statuts. Le conseil s'empressa de prendre les mesures nécessaires pour que la Société pût commencer ses opérations le 1$^{er}$ janvier 1830.

Les débuts furent difficiles. En 1832, le montant des sinistres dépassa 20,000 francs, chiffre que la

Société ne devait plus revoir avant l'exercice 1850. Des années meilleures ne tardèrent pas à venir, et, à partir de 1833, la Société put, non-seulement payer ses dettes, mais encore commencer à constituer un fonds de réserve.

Les statuts ont subi, à différentes reprises, des modifications importantes : une ordonnance du 26 août 1839 a permis de changer les tarifs. L'expérience avait fait reconnaître que la contribution des bons risques était trop élevée et celle des risques dangereux tout à fait insuffisante. De cette époque date une ère de prospérité qui n'a fait que s'accroître chaque année. — Le décret du 31 mai 1854 a autorisé la Société à recevoir les assurances sur valeurs mobilières et à proroger sa durée pendant 30 ans.

Les nouveaux statuts ont supprimé les fonctions de commissaire du gouvernement près de la Société. M. Henri Charlemagne les avait remplies gratuitement. La Société désirant lui donner une preuve de sa reconnaissance, le pria de continuer à faire partie du conseil d'administration en qualité de censeur. — Enfin, le décret du 19 mars 1859 a rendu à la Société la faculté de constituer son fonds de réserve sur des bases plus larges et plus solides. A partir de cette époque, elle a pu y puiser, pour combler les déficits des exercices calamiteux, et il lui a été permis d'y verser les excédants des recettes dans les bonnes années. En même temps, la Société était autorisée à étendre ses opérations dans les départements de la

Creuse, du Cher, d'Indre-et-Loire, de la Vienne et de la Haute-Vienne.

En se préoccupant sans cesse d'améliorer une situation déjà prospère, ses administrateurs ont conduit la Société à sa 44° année. Durant ce laps de temps, elle a réalisé les opérations qui sont résumées dans le tableau suivant :

| NATURE DES ASSURANCES. | VALEURS ASSURÉES. | CONTRIBUTIONS. | SINISTRES. | OBSERVATIONS. |
|---|---|---|---|---|
| | fr. | fr. | fr. | |
| Meubles..... | 388,000,000 | 405,000 » | 254,000 » | Depuis le 1er juill. 1854 |
| Immeubles.. | 3,167,000,000 | 1,754,000 » | 963.000 » | Depuis le 1er janv. 1830 |
| TOTAL.... | 3,555,000,000 | 2,159,008 » | 1,217.000 » | |

Actuellement, la Société garantit 180 millions de valeurs, qui payent 116,000 francs de contributions annuelles. Elle verse à l'État 17,000 francs d'impôts, et, chaque année, elle paie près de 10,000 francs de frais de réassurances. Ses assurés sont au nombre de 17,000. — En outre, la Société a distribué 50,000 francs de subventions aux communes pour organiser des secours contre les incendies. Ces subventions se répartissent comme il suit entre les arrondissements et les communes :

Arrond. du Blanc...... 9 comm<sup>es</sup> ont reçu 5,000<sup>f</sup>
— de Châteauroux 52 — — 22,000
— d'Issoudun..... 21 — — 16,000   50,000 fr.
— de La Châtre.... 9 — — 7,000

Tous les ans, le Conseil général de la Société met

à la disposition du Conseil d'administration une somme de 2,500 francs pour un emploi semblable.

Le fonds de réserve atteint 300,000 francs. Cette somme est placée en rentes sur l'État et en obligations des chemins de fer d'Orléans et de Lyon-Méditerranée. Elle produit 16,000 francs d'intérêts annuels. — Les contributions ont pu être constamment maintenues fixes et les sociétaires ont profité de réductions qui sont en général de 20 0/0, et qui, pour certains risques, ont atteint 25 et 33 p. 0/0.

M. Claude Damourette a dirigé la Société jusqu'en 1842, époque à laquelle la Banque de France l'a placé à la tête de sa succursale de Châteauroux. Il a été remplacé par M. Ollier. M. Émile Damourette, son directeur actuel, a été nommé directeur-adjoint en 1852 et directeur en 1854.

Dans ces dernières années, le Conseil général des sociétaires a été successivement présidé par M. Amédée Thayer, sénateur, et par M. Edmond Charlemagne, conseiller d'État. M. le comte de Boisé de Courcenay a été élu président dans la dernière réunion (1).

### ARTICLE DEUXIÈME,
#### Institution des Sapeurs-Pompiers.

Il est toujours curieux de rechercher l'origine des institutions.

---

(1) Toutes les grandes institutions, fondées à Paris sous le nom de Compagnies à primes fixes, ont des représentants à Châteauroux.

On trouve, dans les archives municipales (1), une curieuse délibération du 13 mars 1767. Elle porte que « M. le contrôleur général et M. l'intendant sont très-humblement suppliés d'autoriser les maires et échevins à acheter.... trente seaux de cuir et une pompe pour servir à éteindre les incendies, et à tirer, à cet effet, des mandements sur le syndic-receveur. »

Les officiers municipaux estiment, sur cet article, « que la pompe qui a été considérée devoir coûter 600 livres, ne paraissant pas quant à présent utile en ce qu'elle périrait promptement faute de pompiers pour l'entretenir et la faire jouer................ » On trouve plus tard, dans l'état des officiers, etc., « dix dizainiers et un capitaine chargés d'assister aux processions, travailler aux incendies, remplir les pompes tant aux incendies qu'à chaque fois qu'il est nécessaire de les essayer, et généralement faire, pour le service de la ville, ce qui leur sera ordonné par les maires et échevins, dont le capitaine aura 9 livres de gages et chacun d'eux 6 livres. » On donne aux pompiers de la milice bourgeoise : « une biaude de toile avec des parements et un chapeau bordé en argent. »

### § I<sup>er</sup>. — Historique et organisation des sapeurs-pompiers.

La révolution de 1789 a entravé le développement de l'institution des sapeurs-pompiers. Ce n'est qu'en

---

(1) *Série A A, n° 5. (Communication de M. l'abbé Damourette.)*

1805 que des secours sérieux contre les incendies se sont organisés. Le 2 décembre de cette même année, sur la proposition du maire, M. Aucapitaine, le conseil municipal adopta le projet d'établissement des pompes et d'une compagnie de pompiers (1). L'état-major de cette compagnie fut composé de la manière suivante :

*Un inspecteur* : M. Bourin, ingénieur en chef des Ponts-et-chaussées ;
*Un ingénieur* : M. Potel, ingénieur des Ponts et chaussées ;
*Un commandant* : M. Cadet de Limay, ingénieur des Ponts et chaussées ;
*Un lieutenant* : M. Grillon-Villeclair ;
*Un sous-lieutenant* : M. Lenoir ;
*Un brigadier-major* : M. Audebert, inspecteur des voiries.
*Un brigadier de la 1re brigade* : M. Guesnier, fils ;
*Un brigadier de la 2e brigade* : M. Sartin ;
*Un chef de la 1re pompe* : M. Joseph Lenuphut, serrurier ;
*Un chef de la 2e pompe* : M. Huet, dit Champagne, serrurier.

Chaque brigade fut composée de dix gardes-pompiers. — Il fut aussi attaché à la compagnie un ouvrier en cuir, un garde-magasin et deux trompettes.

Total : 34 hommes.

Le matériel consistait en deux pompes (ce sont celles dont la compagnie se sert encore aujourd'hui), leurs agrès et accessoires ; deux tonneaux à bras contenant 8 pieds cubes, 24 flambeaux à 4 mèches,

---

(1) De fréquents incendies, celui notamment qui, en 1805, consuma une partie de l'Hôtel de la Promenade, décidèrent plusieurs habitants de la ville à contribuer, par une souscription, à l'achat des pompes, dont la municipalité ne pouvait pas faire la dépense.

4 échelles de différentes grandeurs, 176 seaux et 2 pompes à main.

On déposait chez chaque brigadier et chef de pompe une pompe en bois à main et un flambeau à quatre mèches.

Les pompiers durent s'habiller à leurs frais. La ville ne leur fournissait qu'un casque et une hache légère. — Ils n'avaient droit à aucun traitement; ils furent seulement dispensés du logement des gens de guerre. Le docteur Beaufils se chargea de traiter gratuitement les pompiers qui seraient blessés dans les incendies.

Enfin, dans sa séance du 10 octobre 1807, le conseil municipal désigna, pour lieutenant à cheval ou officier d'ordonnance, M. Patureau-Miran, lequel s'équiperait et se monterait à ses frais, et dont les fonctions seraient de porter les ordres du maire et du commandant.

M. de Limay, ayant été appelé, comme ingénieur au canal du Nord, fut remplacé par M. Girard de Vasson, ancien capitaine de vaisseau, lequel était déjà entré dans la compagnie, lorsque M. Grillon-Villeclair devint maire. — M. Godin-Desroziers prit la place de M. Beaufils, décédé, avec le titre de médecin-chirurgien major. Le docteur Godinat, père, a été chargé de ces fonctions en 1864. — En 1812, M. de Vasson, ayant été nommé commandant de la garde nationale, eut pour successeur M. de Limay, récemment revenu à Châteauroux comme ingénieur en chef. Au bout de quelques années, M. de Limay fut lui-même remplacé par M. Félix Morin, qui, depuis longtemps, faisait partie de la compagnie.

Vers 1830, M. Trumeau, ancien conseiller de préfecture, devint, à son tour, commandant des sapeurs-pompiers. Nommé maire de la ville (1), il fut remplacé par M. Damourette, directeur de la Banque de France. Après la révolution de 1848, M. Trumeau, ayant quitté la mairie, voulut rentrer dans les rangs comme simple pompier ; mais, M. Damourette obtint de l'autorité la création du grade de capitaine en premier et le fit accepter à M. Trumeau, qui le conserva jusqu'à sa mort, arrivée en 1859. Ce fut alors que M. Meyer, capitaine-major en retraite et déjà capitaine dans la compagnie depuis plus d'une année, prit le commandement.

Dès 1807, l'expérience avait fait reconnaître que l'effectif de 34 hommes ne pouvait suffire, en raison surtout de ce que l'article 5 du règlement de frimaire an XIV avait chargé la compagnie de pompiers du service des canons de la préfecture. Cet effectif fut bientôt porté à 60 hommes, et put apporter tous les secours désirables dans les incendies.

Aux journées de juin 1848, répondant à l'appel de l'Assemblée nationale, la compagnie des sapeurs-pompiers de Châteauroux, sous la conduite des lieutenants Ollier et Édouard Trumeau, s'empressa de se rendre à Paris pour prêter main-forte au gouvernement contre l'insurrection.

(1) A cette occasion, la compagnie reconnaissante offrit à M. Trumeau une épée d'honneur.

Un grand service, rendu par cette compagnie, ne saurait être passé sous silence. En août 1864, un épouvantable incendie se déclara à Limoges ; 125 maisons furent la proie des flammes. L'administration préfectorale lança de tous côtés des télégrammes pour demander des secours aux compagnies de pompiers. Le maire de Châteauroux reçut la première dépêche à trois heures du matin. De suite, un premier détachement, commandé par M. Émile Damourette, capitaine en second, s'organisa, partit par le premier train et arriva en gare de Limoges à 9 heures pour se mettre à la disposition de l'administration municipale. A 10 heures, une nouvelle section, sous les ordres de M. Auguste Balsan, lieutenant, partait, avec le matériel nécessaire, par le chemin de fer. La compagnie de Châteauroux, après avoir contribué à éteindre l'incendie, resta pendant plusieurs jours avec les autres compagnies venues des villes à proximité, pour surveiller les brasiers, afin de laisser reposer les sapeurs-pompiers de Limoges qui étaient exténués (1).

(1) Par suite des rapports adressés au Ministre de l'intérieur, trois médailles furent la récompense des services rendus par la compagnie : M. Émile Damourette, capitaine en second, une médaille de 1re classe ; MM. Babon, fourrier, et Penot, caporal, une médaille de 2e classe.

Le 8 juin 1865, un incendie se déclara chez le sieur Collin, peintre, qui avait placé ses essences dans une cave pratiquée sous le théâtre. Une explosion blessa plusieurs pompiers, parmi lesquels le sergent Ledoux qui fut mortellement atteint. Ce triste événement produisit une grande émotion dans la ville. M. de Laire, préfet, et le commandant de la compagnie des sapeurs-pompiers s'entendirent pour donner tout l'éclat possible aux funérailles de la malheureuse victime. Les compagnies de pompiers de tout le département s'y firent représenter par des détachements, et celles d'Issoudun et d'Argenton arri-

L'organisation actuelle de la compagnie des sapeurs-pompiers a lieu d'après un arrêté du maire de Châteauroux approuvé par le ministre de l'intérieur en date du 14 décembre 1853. Le personnel est le suivant : M. Meyer, capitaine-commandant ; M. Émile Damourette, capitaine ; M. Auguste Balsan, lieutenant ; M. Georges Girard de Vasson, sous-lieutenant. L'effectif de la compagnie est aujourd'hui de 105 hommes.

Les sapeurs-pompiers continuent à être exempts des logements militaires. Ils sont chargés des escortes d'honneur et de celles des processions. Nous avons eu déjà l'occasion de parler de leur musique.

### § II. — Association de secours mutuels des Sapeurs-Pompiers.

Par l'initiative et les soins de M. Damourette, père, une caisse de secours ou une association de secours mutuels fut fondée le 26 février 1832. Les statuts primitifs furent modifiés le 29 novembre 1841. En 1856, les femmes des pompiers furent admises à faire partie de l'association, et la caisse des retraites fut organisée.

La caisse de secours compte aujourd'hui 140 associés, savoir : 4 honoraires, 105 hommes et 31 femmes participants.

---

vèrent au grand complet. Les autorités et la population presque entière se rendirent au cimetière, où le préfet prononça un discours. Le conseil municipal, convoqué exprès le soir même, s'empressa de voter une pension à la veuve du sergent Ledoux.

*I. Situation de la Société de secours mutuels au 31 décembre* 1872 :

### Recettes.

| | | |
|---|---|---|
| Avoir disponible de la Société au 31 décembre 1871................... | | 8,034 fr. 52c |
| Recettes du 11 janvier 1872 au 31 décembre 1872. | | |
| Sociétaires honoraires.............. | 24f » | |
| — participants............. | 1,250 » | |
| Amendes...................... | 44 » | |
| Subvention de la ville............. | 500 » | |
| Intérêts des titres de rente......... | 325 » | |
| Intérêts des fonds placés.......... | 53 25 | |
| Montant des recettes. | 2,196 75 | 2,196 fr. 75 |
| | | 10,231 fr. 27 |

### Dépenses.

| | | |
|---|---|---|
| Secours pécuniaires aux hommes.... | 314 fr. 25 | 416 fr. 05 |
| — — aux femmes.... | 101 fr. 80 | |
| Médicaments...................... | 452 fr. 90 | |
| Bains............................ | 45 fr. 20 | 540 fr. 10 |
| Bandages........................ | 42 fr. » | |
| Pension de retraite........................... | | 297 fr. 50 |
| Secours à une veuve......................... | | 30 fr. » |
| Frais de funérailles à 2 associés ............... | | 63 fr. 20 |
| Honoraires du médecin....................... | | 200 fr. » |
| Frais de gestion............................. | | 180 fr. » |
| Frais d'impression........................... | | 10 fr. » |
| Versements à la caisse des retraites............. | | 500 fr. » |
| Dépenses diverses........................... | | 100 fr. 75 |
| Total des dépenses de 1872.......... | | 2,327 fr. 60 |
| Avoir disponible au 31 décembre 1872........ | | 10,231 fr. 27 |

*II. Opérations de la caisse de retraites, depuis sa mise en activité le 1ᵉʳ janvier 1857, jusqu'au 31 décembre 1872.*

| | |
|---|---|
| Subventions de l'État...................... | 6,375 fr. 10ᶜ |
| Versements faits par la caisse de secours...... | 14,856 fr. 45 |
| Intérêts capitalisés......................... | 3,911 fr. 31 |
| | 25,342 fr. 86 |
| Somme employée au service des pensions..... | 18,612 fr. » |
| Montant disponible des fonds de retraite...... | 6,730 fr. 86 |
| TOTAL ÉGAL..... | 25,342 fr. 86 |

### ARTICLE TROISIÈME.

#### Caisse d'Épargne et de prévoyance.

Le 10 mai 1834, MM. Muret de Bort, président du tribunal de commerce ; Grenouillet, banquier ; Pierre aîné ; Bas ; Godard jeune ; Délibéré-Duret ; Moreau-Asselin ; Godard aîné ; Morin-Renaudet ; Pinault-Blanchard ; Vollant-Bidron ; Bayvet ; Vollant-Patureau ; Bonnichon ; Moreau-Delaporte ; Delaporte-Teinturier ; Moulineau-Perdoux et Ollier, notables commerçants, se réunirent dans la salle des délibérations du tribunal de commerce pour s'entendre sur les moyens de créer une caisse d'épargne et de prévoyance pour l'arrondissement de Châteauroux.

Les statuts préparés par MM. Muret de Bort, Godard aîné, Grenouillet et Pierre aîné furent approuvés à l'unanimité, et la réunion décida qu'il serait formé une société anonyme sous la dénomination de *Caisse d'Épargne et de prévoyance de l'arrondissement de*

*Châteauroux;* on devait s'entendre avec M. Mars, notaire, pour recevoir et expédier l'acte d'association.

Il fut formé une liste de souscription pour faire face aux frais de premier établissement. Cette souscription s'éleva à la somme de..... 2,276 fr. 50 c.

Le Conseil général fournit une subvention de...................... 1,000 »

Et la mairie une allocation de... 800 »

TOTAL..... 4,076 fr. 50 c.

Conformément aux statuts, on procéda à la nomination des membres qui devaient composer le bureau. Furent élus : MM. Muret de Bort, président ; Godard aîné, vice-président; Ollier, secrétaire, et Délibéré-Duret, secrétaire-adjoint.

Le 16 janvier 1835 une ordonnance royale autorisait la formation de la Caisse d'Épargne et approuvait ses statuts.

Cette caisse est administrée gratuitement par 25 directeurs, dont la durée des fonctions est de cinq ans, renouvelables chaque année par cinquième et indéfiniment rééligibles [1].

Indépendamment des 25 directeurs électifs, le pré-

---

[1] Noms des premiers directeurs : MM. Godard aîné, Muret de Bort, Grenouillet, Veillat-Mallebay, Pierre aîné, Pierre jeune, Bas, Godard jeune, Délibéré-Duret, Anselin, Moreau-Renaudet, Pinault-Blanchard, Vollant-Bidron, Bayvet, Vollant-Patureau, Bonnichon, Moreau-Delaporte, Delaporte-Teinturier, Ollier, Moreau-Asselin, Desalle-Truchot, Lemor-Morin, Passajon-Pinault, Claude Damourette et Moulineau-Perdoux.

fet du département, le président du Tribunal de commerce, le maire, les curés des trois paroisses, le juge de paix et le président de la Chambre consultative des arts et manufactures sont membres de droit du conseil de direction.

L'ouverture de la caisse a eu lieu le 12 avril 1835.

|  | Nombres des déposants | Sommes dues aux déposants |
|---|---|---|
| 1er janvier 1836 | 333 | 12,295 fr. 17 c. |
| — 1846 | 621 | 256,573 37 |
| — 1856 | 897 | 260,050 42 |
| — 1866 | 3,535 | 1,146,815 14 |
| — 1872 | 4,229 | 1,234,496 08 |

### OPÉRATIONS DE 1871.

| | |
|---|---|
| Il existait au 1er janvier 1871 | 4,353 dépos^{ts}. |
| Comptes nouveaux ouverts pendant l'année | 228 — |
| TOTAL | 4,641 — |
| Comptes soldés pendant l'année | 412 — |
| Nombre des livrets existants au 31 décembre 1871 | 4,229 |

Catégories des déposants:
- ouvriers. . . . . 1,018
- domestiques. . . 845
- employés. . . . 262
- militaires. . . . 103
- professions diverses. . . . . 1,028
- enfants mineurs 953
- sociétés de Secours mutuels. 20

TOTAL ÉGAL.... 4,229

| | | |
|---|---:|---:|
| La somme due aux déposants le 1er janvier était de.................................. | 1,363,776 fr. | 76 c. |
| Versements pendant l'année............. | 169,651 | 91 |
| Intérêts dus aux déposants, ci........... | 48,479 | 03 |
| Total...... | 1,581,907 | 70 |
| Remboursements pendant l'année....... | 346,943 | 69 |

Reste dû aux déposants le 31 déc. 1871 : 1,234,964 fr. 01 c.
La moyenne des dépôts était pour 1871 de : 291 fr. 31 c.

Les bureaux sont établis à la mairie. La Caisse reçoit les dépôts les dimanches de 10 heures à midi, à l'exception des fêtes suivantes : Pâques, la Pentecôte, l'Assomption, la Toussaint, Noël, le Jour de l'an, lorsque ces fêtes se trouvent un dimanche.

Comme toutes les autres caisses de ce genre, celle de Châteauroux reçoit depuis 1 fr. jusqu'à 300 fr. — Les dépôts sont retirés à la volonté des déposants, en prévenant 15 jours à l'avance. — La caisse tient compte de l'intérêt à 3 fr. 75 c. p. 0/0, valeur du dimanche qui suit le dépôt.

La Caisse d'Épargne et de prévoyance de l'arrondissement de Châteauroux a 6 succursales : à Buzançais, Châtillon, Écueillé, Valençay, Argenton et Levroux. — Son conseil d'administration se compose de MM. le Maire, président, Pauplin-Trotignon, vice-président, Nuret, père, secrétaire. — M. F. Thoreau est agent comptable.

### ARTICLE QUATRIÈME.

#### Sociétés de Secours Mutuels.

Nous avons annoncé que nous reviendrions sur

quelques sociétés de secours mutuels. Il est, en effet, besoin de faire connaître les plus importantes et de montrer, par leurs statuts et leurs résultats, quels services elles rendent aux classes laborieuses.

### § I. — Société Saint-Pierre.

Cette société a été formée pendant la tourmente de la révolution de 1848. Elle comprend les ouvriers de tous les états de la commune. Ils sont admis depuis l'âge de 16 ans jusqu'à celui de 36 ans. Leur nombre est d'environ 350. Il y a des membres honoraires dont la cotisation est de 18 francs par an ; mais leur nombre diminue chaque année. Les membres participants payent 13 francs par an (le franc treizième est pour les frais funéraires). Le droit d'entrée est de 4 francs.

Dans les cas de maladie, les sociétaires reçoivent un franc par jour. Ils reçoivent aussi les soins médicaux et les médicaments, et au besoin des cartes de bains. Pour les sociétaires très-âgés ou atteints de maladies chroniques, on a fondé une retraite de 60 fr. par an ; on espère la porter bientôt à 70 francs. 25 francs sont alloués aux familles pour les funérailles ; trente sociétaires doivent y assister.

La Société étant sous l'invocation de saint Pierre, tous les ans, le 29 juin, une messe solennelle est célébrée. Les sociétaires qui n'y assistent pas payent une amende de 50 centimes. On y fait une quête pour donner des secours particuliers. Le banquet est interdit.

La Société Saint-Pierre est la seule qui soit déclarée d'utilité publique, ce qui lui donne le droit de recevoir des dons. Elle est astreinte à placer ses fonds en rentes sur l'État, et celui-ci donne, chaque année, une part égale à la réserve annuelle. Le chef du gouvernement nomme le président de la Société. M. Delouche-Pémoret est président et M. Berton-Pourriat, vice-président. Il y a un conseil d'administration composé de douze membres. Deux médecins sont chargés du service médical.

Voici quelle était la position de la Société à la fin de 1872 :

| | |
|---|---|
| Caisse de la Société | 16,553 fr. 86 c. |
| Dépenses de l'année 1872 | 5,136 81 |
| Reste | 11,417 fr. 05 c. |
| Fonds affectés à la caisse des retraites | 31,034 fr. 42 c. |

### § II. — Sociétés de la Manufacture de draps.

L'une de ces sociétés s'appelait de *Saint-Léonard*, du temps de M. Muret de Bort qui était son président. On a ajouté au nom de *Saint-Léonard* celui de *Sainte-Agathe*, du nom de M<sup>me</sup> Balsan mère. Il y a aussi, pour les ouvriers de la manufacture, la Société de *Sainte-Marie*.

1° *Société de Sainte-Agathe*. — Cette Société, fondée en 1826, comprend des ouvriers en dehors de la manufacture. Elle est seulement pour les hommes ; ses membres sont au nombre de 350. On y entre de 16 à 40 ans. La prime d'entrée est différente suivant l'âge : à 35 ans, elle est de 20 francs. La cotisation est de 1 fr. 40 c. par mois. On donne aux malades

1 franc par jour, sauf le dimanche qui n'est pas un jour de travail. Les sociétaires ont droit aux soins du médecin, aux médicaments et aux frais funéraires. Une retraite est payée à tous ceux qui ne peuvent pas travailler, quel que soit l'âge ; cette retraite est de 3 francs par semaine. Dans le cas de maladie chronique, on met provisoirement à la retraite.

**Situation financière de la Société au 31 décembre 1872.**

RECETTES.

| | | |
|---|---:|---:|
| En réserve chez MM. Balsan, au 31 octobre 1871. . . . . . . . | 25,552 f. 22 c. | |
| A recouvrer. . . . . . . . . . | 659 40 | 26,211 fr. 62 c. |
| Cotisation des sociétaires, dons, cotisation des membres honoraires, amendes, fonds de première mise, livrets, intérêts du fonds social, cotisation pour la fête de 1871. . . | | 8,656 fr. 78 c. |
| TOTAL des recettes . . . . . . . . . | | 34,868 40 |
| A recouvrer. . . . . . . . . . . . | | 887 60 |
| | | 35,756 fr. » |

DÉPENSES.

| | | |
|---|---:|---:|
| Payé aux malades. . . . . . . | 2,443 fr. » c. | |
| — pensionnés . . . . | 1,692 » | |
| Frais de sépulture. . . . . . . | 399 15 | |
| Rétribution du receveur. . | 200 . » | 7,442 fr. 60 c. |
| Médecins. . . . . . . . . . . . . . | 786 » | |
| Pharmaciens . . . . . . . . . . . | 1,248 » | |
| Bains et bandages . . . . . . . | 30 » | |
| Impressions. . . . . . . . . . . . | 20 » | |
| Fête de 1871. . . . . . . . . . . . | 624 45 | |

RÉSERVE.

| | |
|---|---|
| En réserve au 31 décembre 1872..... | 28,313 fr. 30 c. |
| A recouvrer................ | 883 60 |
| TOTAL..... | 29,196 fr. 90 c. |

2° *Société de Sainte-Marie.* — Elle a été formée par MM. Balsan, en 1866. Elle ne concerne que les ouvriers de la maison et ne faisant pas partie de la Société Sainte-Agathe. Les deux sexes y sont reçus à tout âge et sans certificat de médecin. Elle comprenait 517 membres au 31 décembre 1872. Personne n'est forcé d'en faire partie. La cotisation est de 15 centimes par quinzaine. Il n'y a pas d'indemnité en cas de maladie; on paye seulement le médecin, le pharmacien et les frais funéraires.

| | | |
|---|---|---|
| Dépenses. { Médecins........ | 1,034 fr. | 0 c. |
| Pharmaciens. ... | 1,341 | 15 |
| Convois........ | 229 | 50 |
| | 2,604 | 60 |
| Montant des cotisations...... | 2,016 fr. | 30 |

§ III. — **Société de la Manufacture des tabacs.**

Il a été organisé dans cette manufacture une Société de secours mutuels qui réunit les ouvriers disposés à en faire partie. Elle comprend en ce moment 71 hommes et 1,064 femmes. Elle assure aux membres associés les soins du médecin, les médicaments, une indemnité pour chaque jour de chômage (1 fr. 50 c. pour les hommes, et 0 fr. 75 c. pour les femmes); un secours de 40 fr. pour les enterrements, et, enfin, elle peut, suivant ses ressources, donner des retraites en cas d'invalidité. Elle dispose actuellement de 68,000 francs, dont 40,000 en fonds de retraite et 27,000 à la Caisse des Dépôts et consignations, comme fonds de réserve ; le reste est en caisse.

Tous les agents de la manufacture (ouvriers et préposés) subissent sur leurs salaires une retenue, versée à la caisse des retraites pour la vieillesse et destinée à leur assurer à la fin de leur carrière des moyens d'existence. La liquidation a lieu, au plus tôt, trente ans après l'admission à la manufacture et à partir de l'âge de 50 ans. Les retenues sont de 4 à 4 1/2 0/0 du salaire et produisent en moyenne une retraite supérieure à celle de ce salaire. Ainsi, un homme entré dans l'établissement à 20 ans aura une pension de 300 francs à l'âge de 50 ans, et de 800 à 60 ans. Une femme entrée à 20 ans, aura, à 50 ans, une pension de 130 francs ; à 60 ans, de 350 francs.

### § IV. Association médicale de l'Indre.

Cette association a été fondée le 10 mai 1856 ; elle a pour but de donner des secours : 1° aux sociétaires que l'âge et les infirmités mettent dans l'impossibilité de subvenir à leurs besoins ; 2° à leurs veuves, à leurs enfants et à leurs ascendants.

Un an plus tard, lorsque fut fondée l'association générale des médecins de France, l'association médicale du département de l'Indre fut une des premières à faire partie de cette grande institution, qui, moyennant une rétribution annuelle, équivalente au dixième du revenu de l'association de l'Indre, s'engageait à subvenir à ses besoins dans le cas d'insuffisance de la caisse, et, de plus, au moyen de la caisse des pensions viagères de retraite, à fonder, lorsque cette caisse aura acquis une certaine somme, des pensions viagères et de retraite aux sociétaires dont l'âge ou les infirmités réclameraient des secours.

L'avoir actuel de la Société médicale de l'Indre s'élève, d'après l'exposé du dernier exercice, à 5,368 fr. 88 c. Elle a, tous les ans au mois de mars, une assemblée générale dont elle publie un compte-rendu sommaire. Le nombre des membres est aujourd'hui de 56. Elle a pu déjà donner des secours et prendre à sa charge les enfants en bas âge d'un sociétaire mort dans l'infortune. — Les membres du bureau sont : MM. Lambron, président ; Pinault, vice-président ; Pestel, secrétaire ; Jouslin, trésorier (1).

(1) Nous mentionnerons encore la *Société maçonnique*.

La Société générale des francs-maçons, qui a eu, à Paris, pour président, le prince Murat, puis le général Mellinet, passe pour une Société de secours mutuels. Une loge s'est formée, en 1870, à Châteauroux, et son local est rue d'Indre, n° 60. Elle compte une vingtaine de membres. La cotisation est de 3 francs par mois. Voici ce qu'on trouve à son sujet dans l'Indicateur administratif, statistique et commercial de M. Galliot :

L'Étoile du centre. — Vénérable, M. Miette. — Secrétaire, M. Martinet. — Premier surveillant, M. Prot. — Deuxième surveillant, M. Lescurit. — Orateur, M. Patureau dit Francœur.

## CHAPITRE DIX-HUITIÈME.

HOMMES REMARQUABLES.

Parmi les hommes remarquables dont il va être question, les uns sont nés à Châteauroux, les autres, sans y être nés, y ont passé leur vie ou une partie de leur vie; nous indiquerons aussi quelques-uns de nos compatriotes qui se distinguent dans diverses carrières et la liste de ceux qui sont décorés de la croix de la Légion-d'Honneur et de la médaille militaire. Enfin, nous présenterons de courtes notices sur les familles les plus importantes de notre ville, et nous terminerons en notant le passage à Châteauroux de personnages éminents.

### ARTICLE PREMIER.

#### Hommes remarquables nés à Châteauroux.

Nous les diviserons en personnages anciens et modernes.

##### § I. — **Personnages anciens.**

Dans cette catégorie nous n'avons à noter que Eudes ou Othon et Porcheron.

I. Eudes ou Othon. — Ce personnage, connu sous le nom de *Cardinal de Chateauroux* (1), est né dans cette ville au commencement du XIII° siècle. Les *Esquisses pittoresques de l'Indre* le font chanoine et chancelier de l'Église de Bourges ; selon d'autres auteurs, il aurait été chanoine et chancelier à Paris. Il abdiqua cette dernière charge et se retira dans un monastère de l'ordre de Citeaux. Le pape Innocent IV l'en tira et le fit cardinal en 1243 ; il l'appela en même temps à l'évêché de Tusculum, occupé précédemment par Jacques de Vitry. Deux ans après il était envoyé en France avec le titre de légat du Saint-Siége. Il avait pour mission d'exhorter la noblesse française à la croisade pour recouvrer Jérusalem occupée par les infidèles.

A l'arrivée du prélat, le roi tint un grand parlement à Saint-Denis, où se croisèrent, à son exhortation, Juhel, archevêque de Tours, Philippe, archevêque de Bourges, Robert, comte d'Artois, etc.

Le pape avait donné les instructions les plus sévères au cardinal. Heureusement, son légat eut plus de prudence ; une pacification sans traité, la seule possible, fut due en bonne partie au zèle éclairé du légat qui, moins jaloux des priviléges ecclésiastiques, n'aspirait pas à confondre sous la tiare deux puissances.

Eudes, toujours légat en France, reçut, au commencement de 1248, le titre de légat à l'armée des croisés. Innocent IV, dans la crainte que Louis IX ne cédât aux recommandations de sa mère et de la plupart de ses conseillers, avait pris soin d'interdire au légat de relever qui que ce fût de son vœu.

---

(1) Au XIII° siècle, à la mort de Simon de Sully, arrivée en 1332, la chronique d'Albéric rapporte qu'on élut *Pierre de Chateauroux* archevêque de Bourges à la pluralité des suffrages. La Thaumassière nous apprend que ce prélat fut déposé l'année suivante. Ce Pierre de Châteauroux, contemporain du cardinal Eudes, a toute l'apparence, bien qu'on se taise sur sa parenté, de tenir à la famille de nos barons. (Des Chapelles, *Esq. biogr.*, tom. I⁰ʳ, p. 319.)

Le départ étant retardé, Eudes mit cet intervalle à profit pour terminer une affaire commencée dix ans auparavant et qui préoccupait les fidèles, c'était la condamnation du *Talmud*: Le talmud est le livre de Moïse, commenté 500 ans avant l'ère chrétienne et tellement vénéré des Juifs, qu'ils le mettaient au-dessus du texte pur de leur immortel législateur. Un double intérêt animait les chrétiens à cette condamnation : celui non avoué de la haine, et celui très-loyal de la défense des vérités fondamentales de l'Évangile.

Le 12 juin 1248, Louis IX alla à Saint-Denis, accompagné de Robert, comte d'Artois, et de Charles, comte d'Anjou, ses frères. Il reçut de la main du légat, l'oriflamme, qui était la bannière de l'abbaye, la gibecière et le bourdon, qui étaient les marques du pèlerin.

Ce fut à cette même époque, et avant le départ pour la Terre-Sainte, que fut consacrée la Sainte-Chapelle de Paris, que le saint roi avait résolu de construire, après l'acquisition faite par lui de la couronne d'épines et d'une partie considérable de la vraie croix. La chapelle d'en haut fut consacrée par le cardinal-légat, et celle d'en bas par saint Philippe Berruyer, archevêque de Bourges.

Après de glorieux combats en Égypte, l'armée fut affaiblie par la disette et les maladies. On reconnut qu'il fallait abandonner ce pays. Beaucoup de seigneurs se rembarquèrent; mais le roi, voulant partager le sort de son armée, fut fait prisonnier.

Blanche ne survécut pas longtemps à cette nouvelle secousse. « Ce fut le légat du pape, dit Michaud (Histoire des Croisades), qui reçut le premier cette triste nouvelle. Il vint chez le roi, accompagné de l'archevêque de Tyr, et de Geoffroy de Beaulieu, confesseur de Louis. Le prélat annonça qu'il avait quelque chose d'important à dire, et comme il montrait une grande tristesse sur son visage, le monarque le fit passer dans sa chapelle qui, selon un vieil auteur, était son arsenal contre toutes les tristesses du monde. Le légat commença par rappeler au roi que tout ce que l'homme aimait sur la terre était périssable, et remerciez Dieu, ajouta-t-il, de vous avoir donné une mère qui a veillé avec tant de soin et d'habileté sur votre famille et sur votre royaume... Le légat s'arrêta un moment, puis il continua en poussant un profond soupir : Cette tendre mère, cette vertueuse princesse est maintenant dans le ciel !... A ces mots, Louis jeta un grand cri et versa un torrent de larmes. Revenu ensuite à un sentiment plus calme, il se mit à genoux devant l'autel et pria. Il renvoya le légat et l'archevêque de Tyr, et resta seul avec son confesseur. Il récita l'office des morts. »

Le roi ne tarda pas à revenir en France. — Le légat, que saint Louis avait laissé en Palestine, resta étranger aux derniers actes de son règne.

On a déjà vu, en plusieurs circonstances, l'illustre légat désapprouvant les exigences de sa cour. Voici une autre témoignage de la fâcheuse opinion qu'il avait conçue de son esprit et de sa conduite : « Un jour, en Orient, il avait prié le sire de Joinville de venir à son logis. Sénéchal, lui dit-il en pleurant, je rends grâce à Dieu de ce que vous êtes échappé à tous les périls ; mais, d'ailleurs, je suis pénétré de douleur d'être obligé de quitter votre bonne compagnie pour retourner à la cour de Rome avec des gens si déloyaux comme il y en a. »

Eudes empêcha les chrétiens d'Orient de perdre tout courage, et se chargea de compléter les fortifications d'Acre, seul point de défense où l'on pouvait attendre des secours de l'Europe.

Une autre mission importante et difficile exigeait encore sa présence : celle d'empêcher les Grecs cypriotes de se séparer de Rome. Le règlement que fit, dans ce but, le cardinal de Châteauroux, ne put être si parfait qu'il ne donnât ouverture à procès, et son auteur, en 1260, fut choisi par Alexandre IV, pour défendre ou modifier son ouvrage. La constitution du 3 juillet joint au nom d'Eudes ceux de sept autres cardinaux ;

mais il y a tout lieu de croire qu'elle doit être attribuée plus particulièrement au cardinal de Châteauroux, qui avait commencé l'affaire, connaissait les personnes et les lieux, et qui, de plus, avait donné tant de preuves d'un esprit aussi conciliant qu'éclairé.

Notre Eudes est incontestablement un des plus grands hommes de ces fastes du cardinalat, où l'on trouve tant de noms illustres. Saint Louis l'appelait l'*homme de son cœur*. C'est par erreur qu'on a écrit qu'il était né à Neuvy-Saint-Sépulcre (1).

Le cardinal de Châteauroux mourut à Orviette, le 25 janvier 1273. Peu après sa mort, il fut l'objet d'un éloge funèbre, très-expressif dans sa brièveté, prononcé par l'évêque de Paris, Étienne Tempier. Ce prélat, dans une allocution au synode de son diocèse, le pleura publiquement et rappela ces mots d'un de ses amis de la cour : « Je ne sais s'il laisse son pareil sur la terre (2). »

Les actes de la légation du cardinal de Châteauroux lui ont acquis plus de célébrité que ses écrits. L'*Histoire littéraire*, après avoir retracé sa carrière, dit seulement, en citant plusieurs recueils peu authentiques de ses sermons que l'on conservait au Vatican, à Clairvaux et ailleurs : « Il est possible qu'il se soit livré à la prédication dans les dernières années de sa vie. » Mais il nous reste de lui une quantité de discours dans les recueils des anciens sorbonistes. On le voit prêcher tantôt aux Filles-Dieu de Paris, tantôt aux pauvres écoliers du Louvre, tantôt aux religieuses de Saint-Antoine, et toujours comme chancelier et comme cardinal. Les sujets qu'il traitait étaient d'habitude les fêtes, les saints, le carême. Il a consacré à Saint-Dominique trois panégyriques intéressants qui parais-

---

(1) Une ancienne tradition, d'après M. l'abbé Damourette, indiquerait que son père habitait une petite échoppe à Châteauroux, à l'angle de la rue des Bouchers et de la rue Dauphine.

(2) Lecoq de La Marche, archiviste des Archives de l'Empire: *La chaire française au moyen âge*, etc.

sent adressés à des écoliers et dans lesquels il rapporte des traits peu connus de la vie du célèbre fondateur. Il y fait aussi allusion à la rivalité qui divise quelquefois les frères prêcheurs et les frères mineurs, et il la compare à celle des Templiers et des Hospitaliers, qui n'avait fait que du mal à la cause de la Terre-Sainte (1). D'après M. Raynal, on conserverait, dans l'église de Crémone, deux volumes d'homélies, de sa composition.

II. PORCHERON (Dom Placide), bénédictin et bibliothécaire de l'abbaye de Saint-Germain-des-Prés, connu par ses immenses connaissances et ses travaux dans l'histoire, dans les langues, dans la géographie, dans les généalogies et dans les médailles, naquit à Châteauroux en 1652, et mourut à Paris en 1694. On a de lui une traduction des *Maximes pour l'éducation d'un jeune seigneur,* avec les *Instructions de l'empereur Basile*, 1690, et une édition de la géographie de l'*Anonyme de Ravel*, Paris 1688, in-8°. Il eut part à l'édition des œuvres de saint Hilaire.

### § II. — Personnages modernes.

Dans les personnages modernes, nous avons à parler de Cousturier, de Guymon de La Touche, des frères Crublier, du général Bertrand, du général Soumain et de quelques autres citoyens recommandables à divers titres, et dont la vie, pour s'être le plus souvent passée au milieu de nous, n'en mérite pas moins d'être signalée.

I. COUSTURIER (Jean), né à Châteauroux le 1ᵉʳ octobre 1688,

---

(1) M. Léopold de Lisle a montré à M. l'abbé Damourette les œuvres manuscrites du cardinal de Châteauroux qui sont dans la salle des manuscrits de la bibliothèque nationale. Si ces manuscrits, dit M. l'abbé Damourette, ont été écrits de sa main, ils montrent un calligraphe très-habile. D'après M. Lecoq de La Marche, qui a étudié les sermons du cardinal, le mérite littéraire en serait très-grand.

entra jeune encore au séminaire de Paris où il fit toutes ses études jusqu'au doctorat (1). Admis dans la compagnie en 1714, il débuta dans l'enseignement par être professeur de philosophie. A la mort de M. Lechassier, M. Cousturier devint premier directeur du grand séminaire de Paris.

Quand M. Lepelletier mourut, il laissa un pli cacheté dans lequel M. Cousturier était nommé vice-supérieur. L'assemblée qui se tint un mois après la mort de M. Lepelletier fit plus que ratifier son choix ; elle éleva M. Cousturier au premier rang. Le nouveau supérieur de la compagnie de Saint-Sulpice était l'ami intime du cardinal de Fleury qui fut, pendant 17 ans, le premier ministre de Louis XV.

La nouvelle de l'élection de M. Cousturier à la supériorité fit tant de plaisir au cardinal qu'il lui donna, comme marque de bienveillance, un riche bénéfice. Il en avait besoin, car son prédécesseur, qui avait fait de notables agrandissements au séminaire, lui laissait de lourdes charges.

Le vieux ministre de Louis XV mourut à Issy entre ses bras. A sa mort, la France fit une grande perte. M. Cousturier le savait mieux que personne ; aussi n'était-il pas sans de graves appréhensions. Il voyait l'orage se former chaque jour contre l'Église. M. de Sausin, évêque de Blois, raconta à M. Faillon que M. Cousturier tint un jour à ses collègues ce langage : « Il faut vous attendre à voir le trône renversé et l'Église

(1) Au bas de son portrait, exposé dans la salle de théologie du grand séminaire de Bourges, on trouve cet éloge : « *Joannes Cousturier, Castri rodulph natus, presbyter, abbas sancti Petri de Culmis* (de Chaume, au diocèse de Sens) *doctor sanctæ facultatis parisiensis, seminarii sancti Sulpitii sectus superior, vir in rebus gerendis sagax et prudens, religioni et clero addictissimus ; æqualitate in omni vitâ commendabilis ; sapiens, quem boni consulere amabant ; moderatione, urbanitate, benignitate universis carus. Obiit Parisiis die 30 martii anni 1770. Annos natus 81 et fere sex menses.* » — Ce portrait est au grand séminaire, parce que cet établissement a pour supérieur et professeurs, aujourd'hui comme au temps de M. Cousturier, des prêtres nommés Sulpiciens.

» persécutée. Je ne puis vous faire connaître la source de mes
» prévisions à ce sujet, mais je regarde ce que je vous dis
» comme certain et inévitable. Plusieurs d'entre nous seront
» témoins de ces horribles événements, et quelques-uns en
» seront victimes. »

M. Cousturier mourut le 30 mars 1770, et fut inhumé, comme ses prédécesseurs, dans la chapelle basse du grand séminaire de Paris.

II. GUYMON DE LA TOUCHE (1). — Claude Guymon de La Touche, né à Châteauroux en 1717, descendait d'une de ces familles de magistrats qui constituaient, dans les villes de province, avant 1789, la classe si recommandable que l'on désignait sous le nom de *noblesse de robe*. Doué d'un caractère ardent et impressionnable, le jeune Claude manifesta, dès ses plus jeunes années, une forte inclination pour la vie monacale. Il y semblait entraîné par une disposition particulière à la mélancolie, par une imagination fougueuse et enthousiaste, et aussi par les exemples de piété ascétique qu'il rencontrait parmi quelques membres de sa famille.

Son père, procureur du roi au bailliage de Châteauroux, l'envoya de bonne heure au collège des Jésuites de Rouen, afin d'y étudier les belles-lettres. Ce pays séduisant lui sembla une sorte de paradis, et il songea d'abord à s'y fixer. Il se fit donc recevoir dans la compagnie, sans néanmoins, à cause de son jeune âge, y contracter des liens indissolubles. Le premier feu jeté, le calme descendit dans l'imagination du bouillant néo-

---

(1) Voir une conférence de M. Lejosne, professeur d'histoire au lycée de Châteauroux, faite en 1871 au théâtre de cette ville. — A consulter : M<sup>lle</sup> Clairon, *Mémoires et réflexions sur la déclamation théâtrale*. — Fréron, *Année littéraire*, t. V. — *Catalogue des Jésuites*, p. 22. — Mercier, *Notice sur Guymon de La Touche*, 1795. — La Harpe, *Cours de littérature*, t. II. — *Journal des Débats*, 11 janvier 1803.

phyte ; bientôt même son esprit fier, hardi, indépendant entra en révolte contre les difficultés d'une vie dont l'abnégation et l'obéissance aveugles formait le relief le plus caractéristique. Il en appelait déjà à la liberté humaine, lorsqu'une occasion s'offrit à lui de briser ses chaînes.

Suivant de vieilles traditions, les Jésuites avaient l'habitude, dans le but de rehausser la solennité de leurs distributions de prix et de captiver l'attention du public, de jouer dans leurs maisons, à la fin de chaque année scolaire, des pièces qu'ils composaient eux-mêmes. En 1748, Guymon ayant été chargé de composer la comédie d'usage du collège de Rouen, introduisit sur la scène plusieurs pères sous des noms supposés. Ceux-ci se reconnurent aisément aux traits satiriques de l'écrivain. Les révérends soulevèrent à l'envi une foule de tracasseries contre leur malicieux adversaire, qui résolut de fuir une retraite naguère chérie, et de rentrer désormais dans la vie civile.

Vers la fin de cette même année, il quittait Rouen et venait se fixer à Paris. Quel changement subit dans son existence ! Nous le trouvons tout d'un coup transporté des solitudes rêveuses du cloître dans les salons d'une grande dame, aimable et spirituelle, M$^{me}$ de Graffigny, l'amie et la confidente de M$^{lle}$ de Guise (duchesse de Richelieu). Il y rencontrait les beaux esprits du XVIII$^e$ siècle : littérateurs, philosophes, savants. C'est au milieu de ce monde d'élite qu'il composa et qu'il lut la plupart de ses compositions littéraires.

Son début, *Les Soupirs du cloître ou le triomphe du fanatisme*, est une épître violente de sept cent cinquante vers contre les ordres monastiques, qui parut seulement en 1765, c'est-à-dire cinq ans après sa mort. En 1751, il publia l'ode *Mars au berceau*, en l'honneur du duc de Bourgogne. L'épître précitée n'est en réalité qu'une suite de pensées déclamatoires, médiocrement rimées ; mais elle respire une certaine indépendance d'esprit que l'on chercherait vainement dans l'Ode à Mars. — L'*épître à l'Amitié*, écrite en 1757, vaut mieux. On s'aperçoit que le développement d'idées nobles et généreuses se prêtait davantage au génie du poëte que les exagérations de la satire ou de l'adulation. Cette épître semble n'avoir été que le prologue de la tragédie dans laquelle l'écrivain se proposait surtout de célébrer l'amitié.

Cette tragédie a pour titre *Iphigénie en Tauride* (1) : c'est une pièce en cinq actes, qui elle seule a fait la réputation de l'auteur et l'a placé au nombre des poëtes tragiques dont s'honore la France. En effet, il y a dans *Iphigénie en Tauride* une étude accusée de l'art classique : l'intérêt s'y soutient jusqu'à la fin ; une chaleur de style, de beaux vers, des sentiments élevés ont contribué à son succès sur la scène. L'auteur lut sa tragédie dans les salons de M$^{me}$ de Graffigny ; elle y fut applaudie. Communiquée ensuite à M$^{lle}$ Clairon, actrice d'une haute réputation, celle-ci comprit, à première vue, tout le parti qu'on en pouvait tirer, et son influence la fit admettre à la Comédie Française.

Le succès fut immense et dura longtemps. Voici ce qu'en rapporte un journal contemporain : « L'affluence a été presque aussi grande à toutes les représentations ; il y a vingt ans que l'on n'a vu un succès aussi brillant et aussi soutenu ; c'est une réussite d'hiver ; tout est plein à quatre heures, et les loges sont retenues d'avance. »

Mais Guymon de La Touche ne put continuer ses succès ni en jouir ; il mourut peu de temps après, âgé seulement de 43 ans.

III. LES FRÈRES CRUBLIER. — Nous extrayons les détails suivants de la Statistique du département de l'Indre par Dalphonse.

*Paul-Edme Crublier Saint-Cyran*, capitaine du génie, employé en Amérique, auteur d'un calcul sur les rentes viagères, et

---

(1) Elle a eu six éditions. Amsterdam 1758. — Paris 1784, 1811, 1815, 1818.

d'une brochure sur la liberté des noirs, est né à Châteauroux, en 1738. Il fit partie du corps conduit par Rochambeau au secours des Américains. A l'attaque du Morne de la Grenade, il était avec l'avant-garde.

*Henri Crublier d'Opterre*, frère du précédent, général de brigade dans le génie, inspecteur des fortifications, membre de l'Assemblée législative, né à Châteauroux en 1739. Il avait fait aussi partie de l'armée de Rochambeau.

IV. LE GÉNÉRAL BERTRAND. — La statue élevée au général Bertrand par les souscriptions de ses compatriotes, le grand relief que lui donne sa fidélité et son dévouement au plus grand homme des temps modernes, nous font une véritable obligation de retracer sa vie avec détail.

*Henri-Gatien Bertrand*, issu d'une famille riche et distinguée, est né à Châteauroux, dans le Château-Raoul, le 28 mars 1763 (1). Il fit ses études au collège militaire de la Flèche, où il se fit remarquer par d'heureuses dispositions. Il suivit à Paris les cours de droit et était clerc de procureur, lorsque, en 1792, faisant partie de la garde nationale, il se trouva dans le bataillon qui s'était porté aux Tuileries, le 10 août, pour défendre Louis XVI. Le roi passa en revue ce bataillon et le congédia.

Le jeune Bertrand se destina ensuite à l'état militaire et fut reçu le premier dans le corps du génie.

En 1794, il prit part au siége de Maëstricht. Après le siége, il devint lieutenant et resta attaché à l'armée de Sambre-et-Meuse jusqu'en 1795, où, nommé capitaine, il fut appelé à Paris pour concourir à la formation de l'École polytechnique. Ce fut là que, âgé de 23 ans et simple capitaine, il eut l'honneur de suppléer le célèbre Monge qui l'avait de suite distingué.

(1) Nous avons déjà parlé de sa famille, et il en sera encore question.

En 1796, il fut attaché à l'ambassade française se rendant à Constantinople, pour organiser les travaux de défense projetés aux Dardanelles et à Constantinople même. A cette occasion, Bernadotte dit à l'ambassadeur français, Aubert du Bayet : « Je vous présente le capitaine Bertrand, officier du génie *et de génie.* »

Appelé pour faire partie de l'armée d'Égypte en 1798, il fut nommé chef de bataillon sur le champ de bataille des Pyramides, et, ayant été chargé de fortifier le Caire, il y fut remarqué par le général en chef, Bonaparte.

En 1799, il fut blessé à la bataille d'Aboukir. Pendant qu'on le transportait à l'ambulance, il apprit que le général Bonaparte l'avait demandé pour remplacer le chef de brigade du génie, Courtin, qui venait d'être tué. Laissant à peine aux chirurgiens le temps de le panser et la tête enveloppée, il court à l'attaque du fort d'Aboukir et y est blessé de nouveau à la cuisse, en enlevant un drapeau à l'ennemi.

A la suite de cette mémorable journée, où 20,000 Turcs furent défaits par 8,000 Français, Bertrand fut nommé chef de brigade.

En 1800, à l'âge de 27 ans, il devint général de brigade.

Après l'évacuation de l'Égypte, il fut inspecteur général des fortifications.

En 1803, il reçut l'ordre d'inspecter les places et les batteries des côtes de l'Océan, et fut investi du commandement en chef du génie, au camp de Boulogne.

En 1804, après des difficultés inouïes, il parvint à faire construire les forts en mer de l'Heurt et de la Crèche, ainsi que le port de Vimereux. Ces succès lui valurent le grade de commandeur dans l'ordre impérial de la Légion d'honneur. Napoléon lui dit, à l'occasion de ces constructions, qu'il avait remporté une victoire sur l'Océan.

Devenu aide-de-camp de l'empereur, le général Bertrand, en 1805, quitta le camp de Boulogne pour suivre Napoléon à cette grande armée qui étonna le monde par ses rapides victoires. Il contribua au succès de la bataille d'Austerlitz en surprenant le passage du Danube, à Vienne. Quelques jours après, le 2 décembre, à la tête d'un escadron de la garde impériale, il enlevait à l'ennemi 19 pièces de canon et un grand nombre de prisonniers. Cette année 1805, il avait reçu les insignes de la grand'croix de l'Ordre de la Fidélité de Bade.

Pendant les glorieuses campagnes de Prusse et de Pologne, en 1806 et 1807, le général Bertrand s'occupa, avec le plus grand zèle et mérite, de toutes les missions que l'empereur lui confia.

Brillant militaire autant qu'administrateur habile, il se distingua successivement à Iéna, à Spandau qu'il fit capituler, à Eylau, et particulièrement à Dantzick, à Keilsberg et à la bataille de Friedland, sous les yeux de l'empereur, qui lui adressa hautement des éloges.

Après la bataille de Friedland, ce fut Bertrand qui fit construire, à Tilsit, sur le Niémen, le célèbre radeau sur lequel eut lieu l'entrevue des empereurs Napoléon et Alexandre. En souvenir de cette circonstance, l'empereur Alexandre lui fit don d'une tabatière enrichie de diamants.

Napoléon, pour reconnaître les services rendus dans cette mémorable campagne par le général Bertrand, le nomma successivement général de division (30 mars 1807), chevalier de la Couronne de Fer et comte de l'Empire, avec une dotation en Pologne de la valeur d'un million.

Après la paix de Tilsit, l'empereur le maria à M$^{lle}$ Fanny de Dillon, dont le père, le général comte Arthur de Dillon, avait péri sur l'échafaud révolutionnaire, et dont la mère était cousine de l'impératrice Joséphine.

En 1808 et 1809, le général Bertrand combattit en Espagne aux côtés de Napoléon et fit avec lui le voyage rapide qui, en peu de jours, le transporta d'Espagne en Allemagne, en face d'anciens ennemis qui se levaient contre lui toutes les fois qu'ils jugeaient le moment favorable. Ce fut à cette époque que Bertrand fut investi du commandement en chef de l'arme du génie.

Dans la campagne de 1805, Bertrand avait donné à l'empereur les ponts de Vienne, qu'il avait surpris, sans laisser à l'ennemi le temps de les incendier. Il lui était réservé, dans celle de 1809, où les Autrichiens les avaient détruits, de fournir à l'armée française les moyens de se porter sur la rive gauche du Danube, en construisant sur ce fleuve, à Ebersdorf, des ponts permanents, lorsqu'on croyait qu'au-dessous de Vienne, la rapidité du courant ne permettrait pas d'établir des pilotis.

Cette grandiose construction, exécutée en quinze ou vingt jours, frappa l'ennemi de surprise et d'épouvante. Napoléon, dans le 24e bulletin de la Grande Armée, plaça cette œuvre au-dessus des travaux si fameux de Trajan, sur le Danube, et de César, sur le Rhin. L'empereur présenta, en ces termes, les travaux du général Bertrand comme l'un des plus beaux ouvrages qui aient jamais été accomplis, et il annonça ainsi à la France le résultat qui avait été obtenu : « Enfin, il n'existe plus de Danube pour l'armée française. Le général comte Bertrand a fait exécuter des travaux qui excitent l'étonnement et inspirent l'admiration. » Le Bulletin suivant, du 8 juillet, qui rend compte de la bataille de Wagram, contient ces paroles : « Les travaux du général comte Bertrand et du corps du génie qu'il commande, avaient, dès les premiers jours, dompté le Danube. C'est le plus beau travail qui ait jamais été exécuté. »

La série de ces ponts, de plus de 800 mètres de longueur, sur lesquels trois voitures pouvaient passer de front, était accompagnée d'un pont auxiliaire pour le passage des blessés, et d'une estacade en pilotis destinée à rompre le courant et à arrêter les brûlots incendiaires. En aval, se trouvait encore un pont de bateaux. Des barques armées surveillaient les îles et les bras multipliés du Danube ; elles gardaient les abords des ponts contre toute tentative de l'ennemi. Pour se préserver contre le choc des corps flottants, on tendit, en amont de l'estacade, la fameuse chaîne des Turcs, que l'on tira de l'arsenal de Vienne, où elle était conservée depuis la délivrance de cette capitale par Sobieski, en 1684.

Enfin, toutes les précautions furent tellement prises, que, lorsque le général Bertrand envoya prévenir l'empereur que le passage du dernier bras était ouvert, Napoléon hésita un moment à croire à un aussi prompt succès et voulut s'en convaincre de suite par lui-même. Une tête de pont fut tracée et massée sous le feu à bout portant des Autrichiens, et déjà nous culbutions l'ennemi qu'il se croyait encore séparé de nous par le dernier bras du fleuve.

A la suite de la bataille de Wagram, le général Bertrand fut nommé Grand aigle de la Légion d'honneur. La paix ayant rendu inutiles les ponts construits sous sa direction, l'empereur les lui donna. Bertrand en fit vendre les matériaux, puis il en distribua le produit, à titre de gratification, à tous ceux qui avaient coopéré à leur construction.

En 1811 et 1812, il fut gouverneur général de l'Illyrie, où il se concilia l'estime de toute la population.

Après les désastres de l'expédition de Russie, il rejoignit la Grande Armée, reçut le commandement du 4ᵉ corps qui prit une part si glorieuse à toutes les batailles et à tous les combats de la mémorable et malheureuse campagne de 1813, à Weissenfels, Lutzen, Bautzen, Wurtichen, Wartembourg, Dennewetz, Leipzick, Wachau, Hanau, etc., etc.

Enfin, en vue de Mayence, le général Bertrand se fortifia à la hâte dans le mauvais poste de Hochheim et arrêta pendant plusieurs jours la marche de l'ennemi, pour laisser aux malades et aux blessés de l'armée le temps de repasser le Rhin. C'est aussi sous sa conduite que le 4ᵉ corps, toujours en bon ordre, et livrant de glorieux combats, protégea et termina cette longue et difficile retraite.

En récompense du talent déployé dans toute cette campagne par le général Bertrand, l'empereur le nomma son grand-maréchal du palais ; puis, il l'appela à Paris où il remplit, en outre, les fonctions d'aide-major général de la garde nationale.

Pendant la campagne de 1814, Bertrand, toujours auprès de l'empereur, fut constamment à la tête des troupes et prit une part brillante aux combats de Brienne, de Champaubert, et principalement à celui de Montmirail, où, se mettant à la tête d'un bataillon de la vieille garde, en même temps que le maréchal Lefebvre en conduisait un autre, il culbuta les Russes. « C'est la première fois, dit l'empereur, que l'on a vu des maréchaux charger à la tête d'un bataillon. »

Au rude combat d'Arcis-sur-Aube, il était aux côtés de l'empereur, lorsque, au milieu d'une effroyable mêlée, celui-ci se vit dans la nécessité de mettre l'épée à la main.

Quand l'Empire français succomba sous l'invasion de l'Europe armée, Bertrand ne voulut point abandonner sa place auprès de Napoléon. Il le suivit à l'île d'Elbe ; en s'y rendant, il manqua de perdre la vie. Près d'Orgon, l'empereur fut averti que ses jours pouvaient être en danger. Cédant aux prières de ceux qui l'accompagnaient, Napoléon monta à cheval et tourna la ville pendant que Bertrand prenait sa place dans sa voiture. En arrivant à Orgon, il fut entouré par des assassins soudoyés et par la populace ameutée. Des femmes se précipitèrent aux portières, brandissant leurs couteaux et proférant des cris de mort. Pendant cette scène effrayante, le calme et l'impassibilité du général ne se démentirent pas d'un instant. Ce sang-froid extraordinaire frappa la multitude elle-même et le cortége put continuer sa route.

A l'île d'Elbe, le général Bertrand fut rejoint par sa femme et ses enfants, que lui amena son frère, M. Bertrand-Boislarge.

En 1815, il revint en France avec Napoléon, et, depuis le 1er mars, jour du débarquement à Cannes, jusqu'à l'arrivée triomphale à Paris, le 20 mars, il contresigna, comme grand-maréchal du palais, faisant les fonctions de major-général de l'armée, toutes les proclamations et tous les décrets, excepté un seul, celui du 12 mars, qui traduisait devant les tribunaux treize personnes.

Pendant les Cent-Jours, il partagea tous les travaux de Napoléon (1) et fut constamment à ses côtés pendant la glorieuse, mais funeste campagne de Belgique.

Après le désastre de Waterloo, encore plus noblement dévoué et plus religieusement fidèle au moment de tant de défaillances, Bertrand voulut demeurer le confident et l'ami de Napoléon. Accompagné de sa femme et de ses enfants, il le suivit sur le rocher de Sainte-Hélène. Son dévouement à toute épreuve et sa constante affection adoucirent souvent l'amertume des dernières années de l'empereur, qu'il ne quitta qu'après lui avoir fermé les yeux, et l'avoir, le 23 mai 1821, déposé dans sa tombe.

Arrivé en Angleterre, son débarquement excita le plus vif intérêt. Son frère M. Bertrand-Boislarge, et son neveu, M. Jules Duris-Dufresne, s'empressèrent de se rendre auprès de lui, et tous deux furent témoins de l'accueil sympathique qu'il reçut de quelques personnages éminents, tels que le duc de Sussex, lord Holland, MM. Brougham, Ellice, etc.

L'homme qui, le 12 mars 1815, avait refusé de contresigner un décret qui traduisait en justice un grand nombre de personnes, avait été condamné à mort par contumace, le 7 mai 1816. Mais Louis XVIII, en prince éclairé, comprit qu'un arrêt qui flétrissait le dévouement et la fidélité, était une tache pour son règne. En conséquence, le 24 octobre 1821, il rendit une ordonnance qui, annulant ce jugement, réintégrait dans tous ses grades militaires l'ami du grand captif.

De retour en France, le général Bertrand se hâta de se rendre à Châteauroux dans les bras de sa mère qui, depuis longtemps, vivait dans la plus grande angoisse sur son sort. Il n'eut pas le bonheur d'y retrouver son père. Toute la ville lui fit la plus cordiale réception. Il voulut vivre éloigné du

(1) Le général Bertrand ne pouvant aller à Châteauroux embrasser sa mère, celle-ci vint le voir à Paris.

monde et des affaires, s'occupant uniquement de l'éducation de ses enfants et de travaux d'agriculture. Ce fut dans cette position que le trouva la révolution de 1830.

A la vue du drapeau qu'il avait toujours suivi, le général Bertrand ne pouvait rester indifférent. Il se rendit au vœu des gardes nationaux du 4° arrondissement municipal de Paris qui réclamaient l'honneur de l'avoir pour colonel de leur légion. Les élèves de l'école polytechnique demandèrent aussi qu'on le leur accordât pour commandant, et les électeurs du département de l'Indre s'empressèrent de le nommer député et membre du Conseil général.

A la chambre, tous ses discours, tous ses votes, inspirés par le plus pur patriotisme, justifièrent son amour pour le bien public. La liberté de la presse fut la réclamation qu'il présenta avec le plus d'insistance.

Déjà il avait aussi perdu sa mère. Le 6 mars 1836, il fut de nouveau cruellement éprouvé. Il eut la douleur de se voir privé de la compagne dévouée et courageuse de sa vie, de la mère de ses cinq enfants. Il chercha quelques adoucissements à son chagrin en faisant un voyage à la Martinique, où il avait des intérêts à régler. Partout il reçut des marques non équivoques de la plus grande vénération.

Depuis son retour en France, le général Bertrand avait demandé aux chambres l'accomplissement du dernier vœu de l'empereur : c'était qu'on ramenât en France sa dépouille mortelle. En 1831, M. Le Payen, ayant adressé à la Chambre des députés une pétition relative à la translation des cendres de Napoléon, le grand-maréchal avait appuyé cette pétition d'une manière si touchante qu'il avait fait verser des larmes à l'auditoire et qu'elle fut prise de suite en considération.

En 1834, le général avait parlé encore en faveur des pétitions relatives à la famille de Napoléon et avait réclamé le traitement de la Légion d'honneur pour les soldats de l'île d'Elbe.

Enfin, en 1840, le roi Louis-Philippe, ayant négocié avec l'Angleterre la reddition du corps de l'empereur, donna mission à son fils, le prince de Joinville, d'aller à Sainte-Hélène pour recueillir ce précieux dépôt. Le grand-maréchal, accompagné de son fils Arthur, né dans cette île, fut chargé de guider le prince de Joinville dans cette pieuse et nationale mission. La frégate la *Belle-Poule* et la corvette la *Favorite*, destinées pour cette expédition, partirent de Toulon le 7 juillet, entrèrent en rade de Sainte-Hélène le 8 octobre et reçurent les cendres de l'empereur le 15 ; elles quittèrent Sainte-Hélène le 18, arrivèrent au Havre le 3 décembre, et, après avoir remonté la Seine, se trouvèrent le 14 à Paris.

Tout le monde connaît ces magnifiques funérailles et la cérémonie du 15 décembre aux Invalides. Le grand-maréchal y occupait la première place.

Le 5 juin 1841, il remit à Louis-Philippe, entouré de ses ministres et de ses aides-de-camp : 1° l'épée que l'empereur portait à Austerlitz ; 2° deux paires de pistolets d'arçon ; 3° l'épée en forme de glaive, que Napoléon portait au Champ de Mai ; 4° un sabre qui avait appartenu à Jean Sobieski, et 5° un poignard qui avait été donné par le pape au grand-maître de l'ordre de Malte, La Valette. Le roi, en acceptant ces armes, dit au grand-maréchal : « Je reçois, au nom de la France, les armes de l'empereur Napoléon, dont les dernières volontés vous avaient confié ce précieux dépôt. Elles seront fidèlement gardées jusqu'au moment où je pourrai les placer sur le mausolée que lui prépare la munificence nationale. »

Disons ici comment l'épée d'Austerlitz, que le général Bertrand avait reçu mission de remettre aux mains de Napoléon II, a été conservée à la France. Cette épée était déposée sur le lit où le grand Napoléon venait d'expirer. Les Anglais allaient s'en emparer, lorsque le général Bertrand y substitua sa propre épée.

Le même jour, le grand-maréchal fit hommage à la ville de Paris, d'un magnifique nécessaire en vermeil que l'empereur lui avait donné à Fontainebleau, dans la matinée du jour où il partit de cette résidence pour se rendre à l'île d'Elbe. Ce meuble précieux, dont Napoléon s'était constamment servi, avant et depuis la bataille d'Austerlitz, avait coûté 30,000 francs (1).

Étant retourné à la Martinique pour ses affaires, le général Bertrand revint en France, le 25 décembre 1843, après avoir parcouru successivement la Guadeloupe, Sainte-Croix, Porto-Rico, la Dominique, la Jamaïque, la Havane, la Louisiane et les États-Unis. Dans ce dernier voyage, il était accompagné de son fils aîné. Ce fut à la suite, et dans le trajet de Paris à Châteauroux, qu'il fut atteint de la maladie par laquelle il termina, le 31 janvier 1844, sa noble et glorieuse vie, modèle du désintéressement et du dévouement les plus purs.

La ville entière suivit son convoi, et des discours touchants furent prononcés sur sa tombe par le préfet, M. Ferdinand Leroy, et par le maire, M. Eugène Grillon, qui proposa, sur le lieu même, la souscription au moyen de laquelle une statue a été élevée.

A la nouvelle de cette mort, les Chambres, sur la proposition du comte de Briqueville, ont voulu rapprocher la tombe du grand-maréchal de celle de l'empereur et réunir la plus grande fidélité à la plus grande gloire. Une loi du 13 avril 1845 a ordonné que les restes mortels des deux grands-maréchaux du Palais, Duroc et Bertrand, seraient placés dans l'église des Invalides, à droite et à gauche du passage qui fait communiquer la nef avec le tombeau de l'empereur.

Les cérémonies de cette translation, commencées dans le cimetière de Châteauroux, le 1er mars 1845, se sont terminées dans le caveau des Invalides, le 5 mai 1847. « Adieu, général, a dit M. le docteur T. Marchain, maire de Châteauroux, en terminant le discours qu'il prononça au moment du départ du corps pour Paris, allez recevoir la rare illustration qui vous attend ; suivez le destin qui vous conduit à l'immortalité. » — A Paris,

(1) Nous avons dit, en parlant de la bibliothèque de Châteauroux, page 330, que le général Bertrand l'avait enrichie d'objets ayant appartenu à l'empereur.

le lieutenant-général, baron Fabvier, après que les sous-officiers de toutes les armes eurent déposé, dans les caveaux des Invalides, les deux cercueils, dit, à son tour, ces nobles paroles : « Chers et vénérables vétérans, quand vous irez retrouver *le chef*, dites-lui que sa gloire grandit et s'épure chaque jour ; que cette cérémonie est un hommage que nous rendons à son cœur aimant, en rapprochant de lui deux amis fidèles. »

Le grand maréchal Bertrand a laissé cinq enfants : une fille, Hortense-Eugénie, mariée à M. Amédée Thayer, sénateur, membre du Conseil général de la Seine, président de notre Société d'Agriculture ; — et quatre fils : 1° Napoléon Bertrand, filleul de l'empereur Napoléon, capitaine de cavalerie en retraite ; 2° Henri Bertrand, général d'artillerie ; 3° Arthur Bertrand ; 4° Alphonse Bertrand, décédé chef d'escadron au 6° Chasseurs.

V. Moreau-Lucas, *président du tribunal civil*. — Philippe-François Moreau, né à Châteauroux, le 16 octobre 1766, était fils de Pierre Moreau, avocat en parlement, substitut du procureur du roi au bailliage royal de Châteauroux, et premier échevin, décédé juge au tribunal de La Châtre. Il fut reçu licencié ès-droits (civil et canon), le 22 novembre 1790. Il était depuis sept mois secrétaire du Conseil général d'administration du district de Châteauroux, lorsqu'il fut nommé par ce conseil, qui avait apprécié sa capacité, receveur des finances du même district le 20 mars 1793. Après avoir exercé les fonctions de receveur des finances du district pendant 34 mois, il fut promu, le 20 janvier 1796, à celles de receveur général du département de l'Indre. Il occupa cette position pendant trois années, c'est-à-dire jusqu'au 28 janvier 1799, époque à laquelle il s'en démit spontanément, malgré les instances qui lui furent faites pour la conserver [1], après en avoir donné avis confidentiellement à

[1] M. Moreau avait éprouvé quelques ennuis à l'occasion de ses employés qu'on lui reprochait de ne pas choisir parmi les personnes d'un *républicanisme éprouvé*.

M. Peneau, ancien représentant et receveur du district d'Issoudun, qui, secondé par la députation de l'Indre, fut nommé à sa place.

M. Moreau, qui n'avait pas cessé d'exercer concurremment sa profession d'avocat dans laquelle, malgré sa jeunesse, l'opinion publique le plaçait au premier rang, put s'y livrer alors complétement. Il y acquit une nouvelle réputation, ainsi que l'estime générale. En 1818, il fut nommé juge au tribunal civil, et l'année suivante la présidence du tribunal lui fut confiée. M. Moreau exerça ces fonctions jusqu'à la révolution de 1830, époque à laquelle il crut devoir les résigner. — Rendu à sa liberté, il se livrait en paix à ses études lorsqu'il fut enlevé par une attaque d'apoplexie le 20 mai 1832. Il avait reçu le 27 novembre 1822, la croix de la Légion d'honneur. — Il a laissé deux filles : M<sup>mes</sup> de Maussabré et Marchain.

M. Moreau était doué de l'esprit le plus juste et d'une grande aptitude au travail. Il étudiait à fond toutes les affaires. Dans sa profession d'avocat il inspirait la plus grande confiance, et arrivé à la magistrature, son avis était presque constamment suivi dans la rédaction des jugements.

VI. Turquet de Mayerne. — Pierre-François Turquet de Mayerne, né à Châteauroux, le 12 septembre 1743, fut d'abord dirigé par ses parents vers la carrière ecclésiastique. Il quitta bientôt le séminaire de Bourges pour se rendre, comme étudiant, à la faculté de Montpellier, d'où il revint, en 1769, muni du diplôme de docteur. Vers 1780, il transféra son domicile au Blanc.

Imbu des idées généreuses de son temps, il prit une part active aux premières mesures qui signalèrent le réveil de la vie politique. Lors de la convocation des États généraux, il fut nommé électeur pour Châteauroux et député en cette qualité à l'Assemblée de Bourges qui devait nommer les membres de ces États. — En 1790, il fut nommé maire de la commune du Blanc et bientôt après procureur-syndic de ce district.

Lorsqu'il s'agit de diviser la France en départements, il fut envoyé à Paris pour soutenir les intérêts de la ville du Blanc. Les suffrages des électeurs de cette circonscription l'envoyèrent siéger à l'Assemblée législative au mois de septembre 1791. Sur les bancs de cette orageuse Assemblée, il ne se départit pas un seul instant des principes et de la ligne de conduite du parti modéré, et plusieurs fois il fit acte de la plus grande fermeté.

Rentré dans ses foyers en septembre 1792, Turquet de Mayerne ne tarda pas à être inquiété par la faction dont il avait encouru le ressentiment. Il fut défendu par Thabaud-Bois-la-Reine. Ses ennemis articulèrent contre lui de nouveaux griefs, dont le principal était d'avoir formulé un vote d'acquittement en faveur du général Lafayette ; par suite, il subit une assez longue détention au couvent des religieuses, à Châteauroux.

En l'an VI, il fut nommé commissaire du pouvoir exécutif près l'administration du canton de Mézières et, l'année suivante, sous-préfet de l'arrondissement, fonctions qu'il remplit jusqu'à sa mort, arrivée en 1800.

Turquet de Mayerne était le père de M$^{me}$ Navelet, mère de l'honorable conseiller général de ce nom. (Voir notre premier volume, page 529, et l'intéressant travail de M. Desplanque, intitulé *Mézières-en-Brenne et la famille Turquet de Mayerne*, dans les comptes-rendus de la Société du Berry, onzième année.)

VII. M. DEVAUX. — Henri Devaux, né à Châteauroux, en août 1759, était fils d'un apothicaire. Nous avons dit qu'il fut d'abord membre de la commune et nous avons vu (même page 529, 1$^{er}$ volume), le rôle qu'il y joua. Nous avons dit encore qu'en l'an V, faisant partie du pouvoir exécutif du département de l'Indre, il fut nommé représentant de ce département au Conseil des Cinq-Cents. L'année suivante, après le 18 fructidor, il en fut éliminé, avec trente de ses collègues, accusés, comme lui, de *modérantisme* [1].

(1) Il a été dit (tome I$^{er}$, p. 545) qu'Henri Devaux ne paraissait pas avoir siégé au conseil des Cinq-Cents ; d'après cette biographie, il n'y aurait siégé que peu de temps.

Ce fut à cette époque qu'il s'établit à Bourges pour y exercer la profession d'avocat. Il s'y fit rapidement une grande réputation. Envoyé par le département du Cher à la Chambre des Députés aux diverses élections qui eurent lieu de 1818 à 1837, il devint, après la révolution de 1830, procureur-général à la Cour d'appel de Bourges et, peu d'années après, il fut nommé conseiller d'État. — Il est mort à Paris le 12 octobre 1838.

M. Devaux, comme avocat, comme député, comme magistrat et comme conseiller d'État, s'est fait remarquer par une logique puissante, de vastes connaissances en droit, une grande netteté de langage et un esprit pratique. Ses discours à la Chambre des Députés ont été très-remarqués.

VIII. M. Bertrand de Greuille. — Joseph Bertrand de Greuille, né à Châteauroux, le 19 octobre 1759, débuta, en 1790, dans le ministère public comme commissaire du gouvernement près le tribunal de cette ville. Peu d'années après, il devint accusateur public, et, en 1802, il fut appelé à faire partie du Tribunat. A sa sortie de ce corps, en 1807, il reprit son poste de chef du parquet de Châteauroux. Il le perdit à la Restauration, mais il y fut rétabli en 1819. Ayant pris sa retraite en 1829, il vécut dans sa propriété de Greuille et mourut le 19 mars 1833.

Au Tribunat, M. de Greuille avait pris une part active à la création du Code civil. On a de lui, sur un de ses titres les plus importants, un travail remarquable : les *quasi-contrats* et les *quasi-délits*. Dans toute sa carrière judiciaire, M. Bertrand de Greuille fit preuve d'une grande facilité au travail. Sa parole était animée par une imagination vive et une émotion qui se communiquait à son auditoire.

IX. M. Duris-Dufresne. — François Duris-Dufresne, né le 11 décembre 1769 à Châteauroux, avait payé sa dette au pays dans le premier bataillon de l'Indre, parti en 1792. Nous avons vu qu'il fut représentant de l'Indre au Corps législatif de

1805 à 1810, et, de 1827 à 1832, à la Chambre des Députés où il siégea dans l'opposition. Ayant fait partie, en 1830, des 221, il contribua à l'avénement de Louis-Philippe; mais son indépendance de caractère et ses idées libérales ne tardèrent pas à l'éloigner du nouveau souverain.

Ame de feu, esprit prime-sautier, nature d'élite, comme on l'a écrit, de même qu'il avait couru des premiers à l'appel de la patrie en danger, il ne savait pas résister aux émotions de son cœur et il avait la main toujours ouverte pour obliger. Madame George Sand a rendu, en quelques lignes, un hommage mérité à cette nature exquise par sa distinction extérieure et à ce modèle de l'homme d'éducation. — M. Duris-Dufresne est mort en 1833. — Il avait épousé la sœur du général Bertrand dont il a été veuf très-jeune. Il n'a eu qu'un fils, M. Jules Duris-Dufresne.

X. M. LEMOR, *président du tribunal civil*. — M. Lemor, (Pierre-Hilaire), était né à Châteauroux le 26 septembre 1791. Après avoir fait d'excellentes études au collège de La Flèche et son droit à Paris, il vint, en 1810, à peine âgé de 20 ans, s'inscrire au barreau de sa ville natale. Il se livra de suite à ses fonctions d'avocat avec zèle et persévérance. Toutefois, les circonstances politiques l'enlevèrent un instant à sa profession. Présenté, au commencement de 1814, à M. le comte de Sémonville, sénateur et commissaire extraordinaire à Bourges, il en reçut l'accueil le plus flatteur et fut attaché à son cabinet. En 1815, il devint sous-préfet à Châteauroux et, par intérim, à Guéret.

Mais bientôt il reprit sa place auprès du tribunal dont il ne devait plus s'éloigner. — Dans sa carrière d'avocat, il fut chargé des causes les plus importantes. On se souviendra longtemps de sa parole lucide et nerveuse, de sa méthode, de sa logique puissante. Malgré la mémoire la plus heureuse, M. Lemor n'avait jamais plaidé une cause sans avoir dressé sur le papier le canevas de ses arguments. Il fut mêlé comme conseil à presque toutes les affaires des familles.

Un peu avant la révolution de 1830, fatigué par un travail opiniâtre, il demanda et obtint de suite la place de juge. En 1831, il devint vice-président et conserva cette position jusqu'en août 1848, époque à laquelle il fut appelé à la présidence. Comme récompense de ses services, il reçut en 1832 la décoration de la Légion d'honneur.

D'une constitution délicate et usée par le travail, il ressentit, au bout de peu d'années, les premières atteintes d'une paralysie qui ne cessa de faire des progrès. Une affection incidente l'emporta rapidement le 14 septembre 1858, à l'âge de 67 ans.

M. Lemor avait porté dans la magistrature les qualités éminentes qu'il avait montrées pendant qu'il était avocat. La rédaction de ses jugements était remarquable par la méthode et la clarté, et empreinte de la plus saine connaissance du droit.

Indépendamment de ses fonctions comme avocat ou comme magistrat, il fut toute sa vie un des membres les plus zélés des Commissions de l'hospice, des écoles primaires et, en 1842, il fut nommé membre de la Commission des monuments historiques.

M. Lemor avait connu M. Troplong, depuis président du Sénat et de la Cour de cassation pendant le séjour que ce dernier avait fait à Châteauroux et il avait conservé des relations avec lui. Ce célèbre légiste a fait son éloge par les mots que nous reproduisons en terminant : *Sa place eût été dans une haute juridiction.*

XI. M. EDMOND CHARLEMAGNE, *conseiller d'État*. — M. Charlemagne, né le 6 septembre 1795, appartenait à une des familles les plus considérables de notre ville. Nous avons vu que son père avait été député de l'Indre sous la Restauration, et que son grand père maternel, M. Legrand, avocat, avait fait partie de l'Assemblée constituante et du Conseil des Anciens.

Après des études classiques fort remarquées, M. Charlemagne fit son droit à Paris et devint, peu de temps après, substitut à Châteauroux. La révolution de 1830 le trouva procureur du roi dans cette ville. Dans ces fonctions, il montra une grande modération, une parfaite rectitude de jugement et un véritable talent. Il fut au nombre très-restreint des magistrats du parquet qui conservèrent leur place.

Aux premières élections qui eurent lieu sous le règne de Louis-Philippe, M. Charlemagne fut élu député de l'arrondissement du Blanc. Il se trouvait aux eaux de Vichy et ce fut là qu'il apprit que les électeurs avaient pensé à lui. Pendant presque tout le règne de Louis-Philippe, il fit partie de la Chambre des députés. Comme il avait été nommé membre du Conseil général pour le canton de Châteauroux, il crut plus rationnel, vers la fin de ce règne, de représenter comme député cet arrondissement, et une majorité considérable confirma son désir.

A l'époque de la révolution de 1848, M. Charlemagne, que l'état de sa santé venait de décider à se retirer de la députation, consentit à devenir commissaire en second à Issoudun. Après avoir occupé des fonctions aussi élevées, c'était une grande abnégation de sa part. Dans les circonstances difficiles où se trouvait cette ville, il y rendit les plus grands services par son sang-froid, son habileté et sa connaissance des affaires. Il fut au nombre des représentants du département de l'Indre à la nouvelle Assemblée.

Après le coup d'État, il fit partie de la Commission consultative, et, dès l'organisation du nouveau Conseil d'État, fut nommé l'un de ses membres; dans ce poste, qu'il occupa pendant au moins dix années, M. Charlemagne se fit apprécier par les qualités éminentes qu'il avait montrées comme député. Sa constitution, naturellement délicate et susceptible, s'étant tout à fait altérée, il se décida à prendre sa retraite. L'empereur, qui l'avait nommé successivement chevalier et officier de la Légion d'honneur, lui conféra le grade de commandeur et le titre de conseiller d'État honoraire, digne récompense des services qu'il avait rendus à son pays.

M. Charlemagne conservait dans sa vieillesse une mémoire

des plus merveilleuses et la plus grande lucidité d'esprit. Ne voyant pas le monde, ne sortant que comme précaution hygiénique, il se livrait presque constamment à la lecture. Les livres classiques lui étaient aussi familiers que les modernes. Aucune des nouvelles du jour ne lui échappait. Il n'a pas donné au public la mesure de toute sa valeur, car il n'aimait pas à écrire, et, à part ses rapports à la Chambre et au Conseil d'État, on ne connaît de lui qu'un article sur le commerce de la boucherie qui fut très-apprécié dans le temps où il parut. Il a pris rarement la parole à la tribune de la Chambre des députés. Il n'était pas orateur, mais il se faisait remarquer par une grande netteté d'expression et par des traits piquants et spirituels. Il est mort à Châteauroux le 5 février 1872.

XII. M. Damourette, *premier directeur de la Banque de France*. — M. Damourette (Claude), né à Châteauroux, le 17 juillet 1797, fit ses études au collège de Vendôme et fut, dans ses classes, l'émule de M. Dufaure, ancien ministre et célèbre avocat.

Les aptitudes de M. Damourette lui indiquaient la carrière de l'école polytechnique ; mais il se borna à entrer dans une grande maison de commerce de Rouen, puis dans une fabrique de Lyon. Rappelé par les instances de sa famille, il se fixa à Châteauroux et s'occupa de monter, sur de nouvelles bases, la papeterie de Bitray.

Vers cette époque, la Société d'Assurances mutuelles du département de l'Indre ayant été créée, il en fut nommé le directeur. Sous sa direction, le succès de cette institution dépassa toutes les espérances. Les bons résultats obtenus attirèrent l'attention et l'on vit les Sociétés de Blois, Bourges, Châlons, Orléans, etc., prendre la *Mutuelle de l'Indre* pour modèle.

Chargé, après 1830, d'opérer la liquidation d'une grande maison de banque de Châteauroux, M. Damourette conçut le projet de fonder une maison de ce genre avec le concours d'un certain nombre d'actionnaires. Ce projet fut réalisé en 1832.

On a vu, à l'article de la succursale de la Banque de France, le rôle de M. Damourette pour la création de cet établissement à Châteauroux, et comment il en devint le directeur.

En 1829, élu juge au tribunal de commerce, il fut réélu en 1835, 1838, 1841 et 1857; en 1859, il fut appelé à le présider.

Il prêta le concours le plus actif à la création de la *Caisse d'épargne* de Châteauroux, et fit constamment partie du conseil des directeurs. Nommé vice-secrétaire de ce conseil, le 15 mai 1835, il a occupé cette position pendant plusieurs années. Nommé encore, en 1841, membre de la *Chambre consultative des Arts et Manufactures,* il en a été secrétaire en 1853, et président en 1857.

L'activité de M. Damourette ne se bornait pas aux fonctions qui étaient particulièrement financières et commerciales. En 1841, il entra au Conseil municipal de Déols, et en fit partie, sans interruption, jusqu'en 1848. Sous son impulsion, les chemins vicinaux ont été empierrés et entretenus, des ponts et des ponceaux ont été construits, une compagnie de pompiers a été organisée ; on y a bâti la mairie, l'école des garçons et le magasin des pompes ; un nouveau cimetière a été créé et entouré de murs, etc.

Avec son frère, M. l'abbé Damourette, et quelques autres personnes, il contribua activement à la fondation de l'Orphelinat de Déols.

Nous avons dit, dans le chapitre précédent, que ce fut lui qui fonda l'association de secours mutuels de la compagnie des sapeurs-pompiers.

Il a toujours fait partie du conseil de surveillance du Dépôt de mendicité de Saint-Denis, depuis l'année 1842, époque à laquelle il a été créé.

Dès 1829, il devint membre de la Société d'agriculture, et vice-secrétaire la même année. En 1852, de concert avec

MM. Émile Désormeaux et Léonce Marchain, il présenta un rapport sur les baux à moitié dans les domaines de notre Champagne. Les annales de cette Société contiennent aussi de lui : 1° un rapport sur un mémoire de M. Em. Bénard, intitulé : *Amélioration du métayage ; conseils aux propriétaires du département de l'Indre ;* 2° un rapport sur l'ouvrage de M. Briaune: *Du prix des grains, du libre échange et des réserves.*

Devenu, à la fin de 1844, propriétaire du domaine de Beaumont, M. Damourette en entreprit sur-le-champ l'amélioration, conformément aux principes exposés dans son rapport sur les baux à moitié.

En 1860, la Société d'agriculture lui décerna la médaille d'or qu'elle destinait *au propriétaire qui, dans un domaine d'au moins 50 hectares, par une intelligente direction, par des améliorations foncières et par de larges avances pécuniaires sagement calculées, aura notablement élevé le niveau de la production agricole dans son domaine.* Ses deux métayers reçurent chacun la médaille d'argent destinée *au métayer qui, par une active et intelligente coopération, aura su améliorer sa culture, augmenter sa fortune et marquer ainsi la transition, en Berry, du système de métayage au fermage.* — A cette occasion, M. Damourette, désireux d'éclairer la commission du métayage, avait publié sur sa propriété un mémoire remarquable. Il avait déjà reçu, pour l'amélioration de la race bovine du Berry, des médailles d'argent au premier Concours régional de Châteauroux et dans les concours de la Société d'Agriculture de cette ville.

Notons, enfin, que M. Damourette s'est aussi un peu occupé de pisciculture. Il avait fait venir de Nantes de petites anguilles, dites *civettes,* et les avait mises dans des mares ou abreuvoirs à bestiaux qui contiennent toujours de l'eau. A ce concours régional, il a exposé : 1° de ces anguilles au moment de leur arrivée de Nantes ; 2° des anguilles âgées d'un an ; 3° de dix-huit mois ; 4° de trois ans. Le jury a accordé à M. Damourette une médaille d'argent. D'un autre côté, la

Société impériale d'acclimatation a décerné à M. Damourette une médaille de 2e classe.

Le 11 novembre 1860, une mort rapide enlevait cet homme si utile à son pays, à un âge où il pouvait rendre encore tant de services, car M. Damourette n'avait pas encore 64 ans. Cette mort laissait un vide difficile à remplir dans toutes les œuvres de progrès, d'utilité publique et de bienfaisance, auxquelles, comme on vient de le voir, M. Damourette avait prêté jusqu'au dernier moment, le concours de son zèle et de ses lumières. Toute la ville, les autorités et le corps entier des sapeurs-pompiers s'empressèrent de rendre les honneurs funèbres à l'éminent citoyen qui s'était rendu aussi digne de leur estime et de leurs regrets, et M. le préfet Sohier prononça sur sa tombe des paroles touchantes, dont l'impression fut profonde sur tous les assistants.

XIII. M. Eugène Grillon. — Eugène-Victor-Adrien Grillon, né à Châteauroux, le 15 septembre 1800, appartenait à une famille destinée, en quelque sorte, ux fonctions municipales, car son père, un cousin et son propre frère avaient rempli, avant lui, celles de maire.

Après ses études classiques et de droit, M. Eugène Grillon se fit inscrire au barreau de Châteauroux, mais n'y plaida jamais. Après la révolution de 1830, il fut commandant de la garde nationale. Peu après, il devint maire de Châteauroux et resta à ce poste pendant quinze années.

Nous avons dit que ce fut à son initiative et à sa persévérance que nous devons notre grande place du Marché, et l'on verra plus tard qu'on lui est également redevable de l'enceinte de l'octroi, mesure importante qui a procuré à la ville le revenu considérable qui lui a permis d'opérer de grandes améliorations. Ses services, à l'approbation générale, furent récompensés par la croix de la Légion d'honneur.

M. Eugène Grillon, par des motifs de délicatesse, ayant donné sa démission de maire, en 1845, fut rappelé dans cette position, par une délibération d'urgence du conseil municipal, au milieu des circonstances difficiles de la révolution de 1848. — Dans les élections qui suivirent cette révolution, son nom sortit de l'urne avec une grande majorité, et un peu plus tard, les électeurs, renouvelant le mandat qu'ils lui avaient déjà confié, le désignèrent pour les représenter à l'Assemblée législative. Pendant les quatre années qu'il siégea dans ces deux pouvoirs délibérants, il montra pour ses compatriotes la plus grande obligeance. Son sang-froid et son courage ne l'abandonnèrent jamais dans les circonstances les plus périlleuses. — Il avait fait partie du comité des travaux publics.

Le coup d'État du 2 décembre décida M. Eugène Grillon à vivre dans la retraite et il mourut à Châteauroux en 1863.

XIV. Le général Soumain. — La ville de Châteauroux peut encore se glorifier de compter parmi ses enfants, le général Soumain qui y est né le 29 mars 1805. On verra, dans les états de service que nous allons transcrire, quelle a été la vie active et méritoire de notre illustre compatriote. Bornons-nous ici à quelques particularités. Fils d'un vieil officier du premier Empire, le jeune Soumain commença sa carrière par entrer, en 1816, au prytanée militaire de La Flèche. A Saint-Cyr, où il fut ensuite admis, il perdit un œil par suite d'une très-forte contusion. Lorsqu'il fut appelé, en 1856, au commandement de la place de Paris, ce fut sur le rapport du maréchal de Castellane, sous les ordres duquel il servait à l'armée de Lyon, et l'on va voir comment de petites circonstances peuvent quelquefois amener de grands résultats. Le commandement de la place de Paris étant très-envié, l'empereur avait demandé à chaque chef d'armée de lui désigner un candidat. Un jour que le maréchal prenait congé de S. M. pour rentrer à Lyon, l'empereur le rappela et lui dit : Maréchal, je vous ai demandé un candidat pour la place de Paris. — C'est juste, répond le maréchal ; j'ai présenté à Votre Majesté un brave général, un vieux garçon plein d'activité : *Il n'a qu'un œil*, ajouta-t-il en riant, *mais il ne le ferme jamais*. — Eh bien, répliqua l'empereur, dites lui que je vais le nommer. Tout le monde a été témoin du zèle que montra le général Soumain dans ce poste important et de confiance ; on le voyait partout et chaque jour à cheval et l'on remarquait avec quelle exactitude le service se faisait dans son état-major.

A l'époque de la guerre d'Italie, Soumain s'empressa d'offrir ses services, et le maréchal Randon, ministre de la guerre, lui désigna un commandement qu'il lui retira bientôt après. Soumain, furieux, écrivit au ministre une lettre qui fut montrée à l'empereur. S. M. manda Soumain et lui dit : « Général, vous êtes donc mauvaise tête ; vous avez écrit au ministre de la guerre une lettre bien vive. — Comment, sire, répondit Soumain, on m'accorde un commandement et on me le retire ; ai-je donc démérité ? — Mais non, répliqua S. M., c'est moi qui en suis cause ; j'ai pensé que vous me rendriez plus de services en restant à Paris ; vous n'y gagnerez pas moins votre grade de général de division. » — L'empereur déjà monté en wagon avec l'impératrice, pour aller prendre le commandement de l'armée, aperçut Soumain et le fit appeler ; il lui renouvela la promesse de son grade. — En effet, peu de temps après, sa nomination fut signée par l'impératrice, régente. Le brave Soumain oubliait d'aller lui faire ses remercîments et en fut averti par le général Rollin, commandant du château. Il se hâta de se rendre à Saint-Cloud. La régente le reçut avec empressement et lui dit : « Général, vous m'en voulez peut-être de ce que j'ai demandé à l'empereur de vous laisser près de moi ; je ne me serais pas crue aussi en sûreté avec un autre commandant de Paris. »

Après la chute de l'empire, le général Soumain continua de rendre des services à son pays. Mis dans le cadre de réserve le 5 février 1871, il jouissait du repos qu'il avait toujours ambitionné, lorsqu'il fut atteint de la cruelle affection de cœur à laquelle il succomba le 30 mars 1873. Modeste, doux, calme, il s'occupait, dans les dernières années de sa vie, à colliger les autographes et les portraits des hommes célèbres de toutes les époques.

*États de service du général Soumain.*

| | | |
|---|---|---|
| École spéciale militaire de Saint-Cyr. | Élève............ | 4 nov. 1821. |
| — | Caporal.......... | 26 avril 1822. |
| — | Sergent.......... | 20 juill. 1823. |
| 5me régiment d'infanterie légère..... | Sous-Lieutenant.. | 1er oct. 1823. |
| — | Lieutenant....... | 1er oct. 1830. |
| — | Lieut. Adj.-Major. | 24 nov. 1836. |
| | Capitaine......... | 13 déc. 1836. |
| 6me bataillon de chasseurs à pied... | Capitaine......... | 21 oct. 1840. |
| 56me régiment d'infanterie de ligne.. | Chef de bataillon. | 14 avril 1844. |
| 5me bataillon de chasseurs à pied... | — | 28 oct. 1845. |
| 51me régiment d'infanterie de ligne.. | Lieutenant-Colon. | 13 juin 1848. |
| 4me régiment d'infanterie légère..... | Colonel.......... | 16 avril 1850. |
| En disponibilité .................. | Général de brigade | 29 août 1854. |
| Commandant la 1re brigade de la 1re division d'infanterie du 5me corps d'armée du camp du Nord........ | — | 7 sept. 1854. |
| Commandant la 1re brigade de la 4me division d'infanterie de l'armée de l'Est, à Metz................. | — | 1er mars 1855. |
| Commandant la 1re brigade de la 1re division d'infanterie de l'armée de Lyon ..................... | — | 16 août 1855. |
| Commandant la place de Paris et la subdivision de la Seine........ | — | 18 juin 1856. |
| Maintenu au commandement de la place de Paris.................. | Général de division | 26 mai 1859. |
| Inspecteur général, pour 1863, du 29me arrondissement d'infanterie, de l'école spéciale militaire et Prytanée impérial militaire............ | — | 13 mai 1863. |
| Mêmes fonctions................... | — | 16 avril 1864. |
| — | — | 25 avril 1865. |
| Placé dans la section de réserve.... | — | 30 mars 1870. |
| Commandant la place de Paris et la subdivision de la Seine.......... | — | 16 juill. 1870. |
| Commandant la 1re division militaire. | — | 13 août 1870. |
| Membre du comité de défense des fortifications de Paris............. | — | 20 août 1870. |
| Commandant la 1re division de la 3me armée et maintenu au commandement de la 1re division militaire........................ | — | 7 sept. 1870. |
| Conserve seulement le commandement de la 1re division militaire... | — | 14 déc. 1870. |
| Relevé sur sa demande et replacé dans la section de réserve........ | — | 3 fév. 1871. |

**HOMMES REMARQUABLES.**

**Campagnes.**
- 1824 — 1825 .................. Espagne.
- 1841 au 15 mai 1850 .......... Afrique.
- 1870 — 1871 .................. Siége de Paris.

### CITATIONS.

1re — Cité dans le rapport du Gouverneur général de l'Algérie, en date du 24 juin 1842, comme s'étant fait particulièrement remarquer au combat de l'arrière-garde d'Aïn-Assour, 4 juin 1842.

2e. — Cité dans le rapport du Gouverneur général de l'Algérie, en date du 8 février 1843, comme s'étant fait particulièrement remarquer au combat des Beni-Ménasset, le 26 janvier 1843.

3e. — Cité dans le rapport du lieutenant-colonel de Ladmirault, en date du 24 avril 1843, comme s'étant particulièrement distingué dans les combats livrés par la colonne de Cherchell (Algérie), du 11 au 22 avril.

4e. — Cité dans le rapport du général Changarnier, en date du 7 juin 1843, comme s'étant fait particulièrement remarquer lors de l'enlèvement des crêtes de l'Ouarencenis (Algérie), le 4 mai 1843.

5e. — Cité dans le rapport du colonel Géry, en date du 1er octobre 1845, comme s'étant fait particulièrement remarquer dans les engagements des 27 et 28 septembre et 1er octobre 1845, contre les Kermanzas et les habitants de Koléah (Algérie).

6e. — Cité dans une dépêche du maréchal Bujeaud en date du 30 avril 1846, comme s'étant fait remarquer dans les combats des 22, 23 avril 1846 livrés à Sidi-Khalifa par les insurgés du Bas-Dahra (Algérie).

### DÉCORATIONS

Chevalier de la Légion d'honneur le 25 janvier 1846.
Officier de la Légion d'honneur le 2 juin 1851.
Commandeur de la Légion d'honneur le 8 août 1858.
Grand-Officier de la Légion d'honneur le 14 août 1865.
Officier de l'instruction publique.
Commandeur de l'Ordre de Saint Grégoire-le-Grand.
Commandeur de l'Ordre du Sauveur, de Grèce.
Grand-croix de la Couronne de Chêne, des Pays-Bas.
Grand-croix de la Couronne de Fer, d'Autriche.
Grand-croix de Sainte-Anne, de Russie.
Grand-croix de Saint-Benoît-d'Ayès, de Portugal.
Grand-croix du Metjidié, de Turquie.

XV. DESJOBERT, *peintre paysagiste*. — Louis-Rémi-Eugène Desjobert est né le 16 avril 1817, à Châteauroux, où son père était receveur de l'enregistrement (1). Il passa une partie de sa jeunesse chez ses parents qui, ne s'apercevant pas de ses aptitudes artistiques, le destinaient à la carrière administrative, dans laquelle il débuta, après avoir achevé ses études au collége de Vendôme.

Cependant Desjobert dessinait, et, faute de professeurs, copiait avec passion la nature. L'art se révélait chez lui dans quelques œuvres pleines de jeunesse et de force. Alors, c'est-à-dire au début de sa vie artistique, sentant sa vocation, il ne put résister au désir de voir des maîtres, d'étudier leurs œuvres et de profiter de leurs leçons.

Après quelques années de contrariétés, qu'il dut endurer de la part de sa famille, vivement affligée de voir un artiste se produire dans son sein, Desjobert sut dévorer son chagrin en silence, car il aimait beaucoup ses parents.

Il quitta Châteauroux en 1838 et arriva à Paris avec son bagage d'artiste pour toute fortune. Gérôme, Meissonnier, Français, Etex se trouvèrent dans la même maison que lui et devinrent ses amis. Tous débutaient aussi et n'étaient connus que de quelques marchands qui exploitaient leur talent naissant. — Eugène Desjobert suivit d'abord les leçons de M. Jolivard, mais on peut le dire surtout élève de M. Th. Daligny, aujourd'hui directeur de l'école des Beaux-Arts de Lyon.

Desjobert a dû à lui seul son rang parmi nos plus grands peintres modernes. C'est en combattant sans cesse contre les difficultés de son art qu'il est arrivé et qu'il a fait revivre le paysage des maîtres des dernières écoles. Il débuta à l'exposition de 1842 avec un certain honneur ; son talent se révéla surtout à l'exposition universelle de 1855, par deux toiles d'un

---

(1) Sa mère était M<sup>elle</sup> Eugénie Duris de Vineuil ; son grand-père avait été président du tribunal civil d'Issoudun.

grand mérite : 1° L'Herbage au bord de la mer ; 2° l'Habitation normande. Ces œuvres lui valurent une 3ᵉ médaille. En 1857, il obtint encore une 3ᵉ médaille. En 1864, on lui décerna une 2ᵉ médaille. Sa toile les Paysagistes fut achetée par le ministre d'État et placée au Musée du Luxembourg. Enfin, 1853, l'Empereur le nomma, sur la proposition du Jury, chevalier de la Légion d'honneur, et acheta sa plus belle œuvre : Saint-Owens-Bay, à Jersey.

Voici, d'après M. Ulrich Richard-Desaix, la liste des autres ouvrages de Desjobert : salon de 1842, paysage. — 1843. Promenade de Louis XIV dans la Forêt de Fontainebleau. — 1844. Paysage. — 1845. Saules inondés. — 1846. Matinée d'automne, Souvenir du Forez. — 1847. La Baigneuse endormie, paysage. — 1848. Paysage d'Auvergne, aux environs de Randan. Bords de la Sarthe. Dans un parc, étude. — 1850. Grand paysage (acheté par la ville du Mans pour son Musée). — 1851. Scieur de Pierres. — 1853. L'Automne dans les Bois (acheté par le ministre d'État et envoyé au Musée de Moulins). — Exposition universelle de 1855. L'Herbage au bord de la mer, Calvados (appartient à M. Best, directeur du Magasin pittoresque). L'Habitation normande (appartient à M. le baron Roger). — 1855. Intérieur de ferme (appartient à Mᵐᵉ la princesse Mathilde). — Salon de 1857, paysage. L'Automne dans les Bois, grandeur de 9 pieds sur 7. Intérieur d'une Garenne (appartient à M. David, filateur). Le Pont rompu, vue prise à la Flèche, (appartient à M. Fourchy, agent de change). — 1859. Groupe d'arbres au bord de la mer, Calvados (acheté par M. de Morny pour la loterie de l'exposition). Vue prise au bord d'une rivière (appartient au comte russe Marasby, conseiller de Cour à Odessa). Le Préau de Saint-Maurice, paysage (acheté pour la loterie de l'exposition). Intérieur d'un cimetière abandonné (appartient à M. Thérond, dessinateur). Ferme normande. — 1859. En dehors de l'exposition. Un Verger normand, (acheté par le ministre d'État pour le musée de Besançon). — 1861. Sous les Pommiers, paysage (acheté par le duc de Morny pour la loterie de l'exposition).

*Les Paysagistes*, largeur, 57 c. et hauteur 78. *Étude de forêt en automne* (appartient à M. Sédille, architecte). *Vue prise aux environs de Granville* (appartenait à M. le comte Valewski, ministre d'État). *Prairie au bord de la Marne*, effet du matin. *Intérieur de Bois*, exposé à Bordeaux, en 1863 (acheté par les amis de la Société des Arts). — 1861. Exposition de Nantes. *Vue prise à Jersey* (a appartenu à M. Dentu, éditeur à Paris). — 1861. Exposition de Bordeaux. *Un Moulin sur la Marne* (appartient à M. de Sablons, de Bordeaux). — 1862. Exposition de Limoges. *Vue prise à Saint-Clément's-Bay* (île de Jersey). — Salon de 1863. *Saint-Owen's-Bay*, vue prise à Jersey (acheté par l'Empereur). *Marais au bord de la mer* (appartient à M. Edouard Fould). *Soleil couché sur la Marne*. — 1861. Trois paysages : *Vues des environs de Nohant-Vicq*, dessins à la plume (appartiennent à M<sup>mes</sup> G. Sand, Charles Davenat et Périgois).

Un assez grand nombre d'autres tableaux faits à diverses époques ont été vendus chez les marchands spéciaux. D'autres œuvres d'Eugène Desjobert étaient demeurées dans son atelier et n'ont été mises au jour qu'à la vente mortuaire de l'artiste, à l'hôtel Drouot. Le catalogue de la vente après décès contenait 58 tableaux ou études peintes, et 50 dessins, crayons, sépias ou aquarelles, etc. C'étaient ses croquis de voyage, ses impressions du moment ; c'étaient ses dernières peintures encore humides et interrompues seulement par la maladie et par la mort.

Tous les amis de l'auteur, les meilleurs et les plus célèbres (Rosa Bonheur, Corot, Français, Bracassat, Célestin Nanteuil, Aug. Bonheur, Karl Girardet, Philippe Rousseau, Pils, Marilhat, Paul Huet, etc.), avaient tenu à honneur d'envoyer un échantillon de leurs peintures à la vente de Desjobert, pour ajouter à son importance.

Desjobert est mort le 25 octobre 1863, au moment où des succès brillants allaient lui faire oublier les longues et pénibles années de lutte et de souffrance qu'il lui fallut traverser avant de parvenir à se faire connaître. Son nom, devenu considérable dans l'art difficile du paysage, brillera dans l'histoire de la peinture contemporaine, sinon avec l'éclat de chef d'école, du moins avec la réputation d'un artiste savant, convaincu, consciencieux, profondément original, et par-dessus tout, avec le renom d'un excellent cœur et d'un honnête homme.

XVI. M. NAPOLÉON CHAIX, *imprimeur à Paris*. — M. Chaix était né à Châteauroux, le 30 avril 1807. Son père, originaire de Provence, s'était fixé dans notre ville, où il avait été longtemps prote dans l'imprimerie de M. Bayvet, chargé des travaux typographiques de la Préfecture. On peut dire que c'est dans cet établissement que M. Napoléon Chaix a été élevé. Marié et ayant déjà un enfant, il vint à Paris en 1832. Il fut d'abord employé dans l'imprimerie de M. Paul Dupont, où il ne tarda pas à prendre une place importante. Il y fut apprécié par des hommes d'affaires considérables, qui reconnurent promptement en lui un esprit organisateur. Commandité par eux, il put fonder, rue des Bons-Enfants, un premier établissement, qu'il transporta, deux ans après, rue Bergère, en le constituant sur une bien plus vaste échelle.

Une idée, que j'appellerais volontiers une idée profonde, conduisit, en quelque sorte, M. Chaix à la fortune. Dès la création des Chemins de fer, il avait entrevu qu'ils devraient fournir aux imprimeurs d'immenses travaux. Il intitula sa maison : *Imprimerie Centrale des Chemins de fer*, et il obtint de suite la clientèle des compagnies. Bientôt il lui fallut augmenter ses ateliers, établir de nouvelles machines, former des services nombreux pour satisfaire aux demandes incessantes et alimenter le grand courant de ses publications spéciales.

Aucune circonstance politique n'avait pu entraver sa carrière toujours progressive. La révolution de 1848 elle-même ne fit qu'aider à son développement. M. Chaix avait commencé une grande entreprise : *La Bibliothèque universelle des Familles*. Elle devait se composer de 500 volumes, choisis parmi les meilleurs ouvrages anciens et modernes. Déjà un certain nombre de volumes avaient paru. Personne ne pouvait livrer d'aussi beaux volumes à si bon marché, car M. Chaix réunissait à lui seul les conditions de propriétaire, d'imprimeur et d'éditeur; mais son fils n'a pas cru devoir continuer une si vaste affaire.

L'établissement de M. Chaix, non-seulement par son système de construction, par la disposition ingénieuse du matériel, par la supériorité des machines, mais encore par le mode nouveau des opérations, par l'organisation des rouages administratifs, faisait l'admiration des étrangers qui venaient le visiter. Ils y trouvaient la réunion de toutes les industries se rattachant au grand art de l'imprimerie, l'emploi de tous les procédés nouveaux, l'application de toutes les découvertes récentes. Rien n'y était négligé : une Société de Secours mutuels entre les ouvriers, des soins à domicile, une consultation médicale étaient pour tous une garantie contre le besoin et la maladie.

M. Chaix avait, en outre, fondé une petite école professionnelle de jeunes typographes, conçue dans une idée de moralité autant que d'utilité. Il demandait, dans les mairies, des enfants laborieux, intelligents, ayant eu des succès dans les écoles primaires; il recherchait ceux qui étaient disciplinés et dont les principes de famille lui offraient le plus de garantie. Il les avait confiés à l'un de ses meilleurs contre-maîtres qui était chargé de les diriger et de leur apprendre l'usage des nouvelles machines à composer. Il conférait des grades; il donnait même une haute-paie à ceux de ces enfants qui avaient la meilleure conduite et montraient le plus d'ardeur au travail.

Le grand établissement de M. Chaix avait appelé l'attention des habitants de l'Indre, qui ne manquaient pas de le visiter et qui y trouvaient le meilleur accueil. De tous côtés, on lui recommandait des jeunes gens qu'il se faisait un plaisir d'employer.

En 1852, quand il fut question de la fondation de la *Société du Berry*, M. Chaix offrit avec empressement son salon pour ses séances, ses employés pour les convocations, et il se mit toujours avec la plus grande obligeance à la disposition de tous les membres. Ceux qui l'ont connu intimement savent avec quelle chaleur il s'employait pour ses anciens camarades ; on le trouvait toujours prêt à rendre au centuple les services qu'il avait reçus.

Aussi sa mort rapide, arrivée le 31 août 1865, fut-elle un coup douloureux et accablant pour sa famille et ses amis, et un véritable événement dans le commerce de la capitale ; elle produisit dans notre Berry une véritable émotion.

On doit admirer, en effet, l'habileté déployée par M. Chaix : sans ressources pécuniaires, il était parvenu à fonder, en un petit nombre d'années, une des plus importantes maisons de la capitale et à l'entourer d'une grande considération. N'ayant reçu que la plus mince instruction, il s'était constitué un fonds de connaissances solides, en dehors même de sa profession. La nature, pour cela, l'avait doué d'un jugement qui ne le trompait presque jamais. Sa conception était, en outre, des plus rapides, et, d'un coup d'œil, il embrassait toutes les phases d'une affaire. Joignez à cela la plus grande activité de corps et d'esprit, laquelle n'a pas peu contribué, malheureusement, à développer sa maladie.

XVII. M. Just Veillat, né à Châteauroux en 1813, suivit à Paris, après ses études classiques, les cours de droit ; mais, dès le collège, il s'était révélé comme dessinateur habile et il ne tarda pas à devenir artiste peintre. Sa santé délicate avait contribué à développer en lui cette vocation ; obligé, en effet, de se soustraire au froid humide de nos climats, il dut passer plusieurs fois l'hiver en Italie.

J. Veillat fut élève de Cabat et de Dupré. Il débuta au salon de 1833 et s'attacha principalement à faire des tableaux de genre et des paysages. Les sujets étaient ordinairement choisis en Berry ; c'est ainsi qu'on a de lui les œuvres suivantes : *Vue de Déols* ; *Vue des bords de l'Indre* ; le *Grand-Gué de la Bouzanne où se noya Hugues de Craon* ; *Paysage en Berry* ;

*Chemin creux dans une Forêt du Berry* ; une *Allée d'ormeaux en Berry* ; *Pacage du Berry* ; *Fermière du Berry* ; *Intérieur Berrichon*. Beaucoup d'autres sujets de genre ont été traités par lui ; mais ceux qu'on vient de nommer montrent qu'il possédait, au plus haut degré, l'amour du pays natal.

J. Veillat a laissé de nombreux cartons pleins de croquis et de dessins ; beaucoup ont été pris dans la commune de Tendu, où sa sœur, madame Mars, avait sa maison de campagne et où il allait souvent se reposer. — Les appréciateurs constataient dans ses œuvres une main souple, une grande douceur de touche et une recherche étudiée de l'effet général.

J. Veillat était en même temps poëte. Il a laissé de nombreuses pièces de vers, toutes remarquables par la grâce et la finesse des aperçus. — Dans sa jeunesse, on le vit plusieurs fois, avec des amis, représenter, au théâtre de Châteauroux, dans un but de bienfaisance, des vaudevilles et même une tragédie. Ces souvenirs sont anciens et ce n'est pas sous ce rapport que J. Veillat était surtout connu parmi nous.

C'est à partir de 1850 qu'il commença la composition de ses romans historiques ; presque chaque année il en produisait un nouveau. Nous avons de lui *Denise de Déols, les Huguenots d'Issoudun, Aliénor de Gargilesse, Duguesclin à Sainte-Sévère* et *la Dame de La Motte-Feuilly*. La pensée qui le porta à crayonner ces ébauches, suivant son expression, était l'avilissement dans lequel étaient tombées les magnifiques ruines de notre département et l'insouciance de leur histoire. Il voulait secouer l'oubli du passé, apprendre à aimer et respecter la mémoire de nos ancêtres et donner un souvenir à leurs tombes.

En 1855, J. Veillat avait adressé à la Société du Berry un travail historique très-important, ayant pour titre : *Une cause célèbre dans le département de l'Indre ; dépouillement des pièces relatives à la Vendée de Palluau* (1). L'année suivante, il publia son roman de la *Vendée de Palluau*, sorte de drame, dans lequel

---

(1) C'est d'après ce travail que nous avons rédigé l'article intitulé : *Insurrection ou Vendée de Palluau*. V. p. 546, 1ᵉʳ volume.

il mit en scène, avec une grande habileté, tous les personnages qui avaient figuré dans les nombreuses pièces du procès.

Dans ses dernières années, ses études avaient pris une autre direction et il a publié un volume sur les *Pieuses légendes des Saints du Berry* qu'il a dédié à Mgr l'archevêque de Bourges.

Un véritable intérêt s'était attaché à sa notice sur le testament et la bibliothèque de M. Bourdillon (1), envoyée à la *Société du Berry* ; il avait encore adressé, en 1864, à cette Société, une chronique sur les *belles amours* de ce jeune messire *Loys de La Trémouille*, qui fut élevé au château de Bommiers, en Berry, et qui mérita le surnom de *Chevalier sans reproche*. Enfin, on a trouvé dans les papiers de J. Veillat deux nouvelles chroniques, la première intitulée : *le roi de Bourges ou le sire de Giac*, 1426, et la seconde : *Histoire de M. de la Pivardière ou le Mort-Vivant*, 1697-1698

Bien que J. Veillat déployât la plus grande activité d'esprit dans son cabinet, il fut cependant presque continuellement mêlé aux affaires du dehors, et c'est un autre point de vue qui mérite d'être présenté. Reportons-nous à l'année 1848, à cette époque où toutes les passions démocratiques étaient en effervescence : J. Veillat avait trente-cinq ans. Les troubles de 1847, précurseurs de la révolution de février, le ramenèrent à Châteauroux Avec Prothade Martinet, mort, lui aussi, prématurément et plein de talent et d'avenir, et quelques autres bons citoyens, il fonda et rédigea le *Représentant de l'Indre*, dont la polémique courageuse et infatigable contribua puissamment à rallier les membres dispersés du parti de l'ordre, et à préparer dans notre département l'avénement de l'empire. Peu de temps après, les électeurs reconnurent ses services en lui confiant le mandat de Conseiller général pour le canton du chef-lieu.

J. Veillat ne tarda pas à être nommé vice-président du Conseil général ; et successivement, on le vit devenir membre

(1) V. plus haut p. 652 et 653, de ce volume.

du Conseil municipal, du Conseil départemental de l'instruction publique, des commissions du Musée, du Lycée et de l'École Normale et administrateur de l'Hospice. Parmi les récompenses que son mérite lui avait values, il faut mentionner celle d'Officier de l'instruction publique : ce titre lui avait été conféré pour les services qu'il avait rendus, tant dans le Conseil académique que comme suppléant du recteur. — Pas une affaire intéressant la ville ou le département ne lui resta étrangère Les nombreuses places qu'il occupait n'étaient pas pour lui des sinécures ; dans toutes il apportait un zèle, une assiduité et un dévouement complets ; et pourtant, au milieu de cette activité comme fébrile, sa santé était évidemment altérée. — Tant de mérites et de services ne pouvaient rester sans une récompense distinguée et ostensible : aux applaudissements de tous ses concitoyens, J. Veillat fut nommé chevalier de l'Ordre impérial de la légion d'honneur.

Dans les dernières années de sa vie, il s'était, pour ainsi dire, consacré à la fondation du Musée de Châteauroux. Secondé activement par son neveu, Marcel Mars, il y passait la plus grande partie de ses journées, classant, étiquetant, disposant tous les objets qui lui étaient envoyés, et qui étaient devenus très-nombreux, grâce à ses appels réitérés aux amis des arts, et grâce aussi à ses dons personnels. — Une Société dite du Musée, composée de près de quatre-vingts membres, s'était fondée par ses soins et son influence. — Ajoutons, enfin, qu'au milieu de tous ses travaux, J. Veillat, avait eu, pendant quelques années, une sorte de passion pour l'histoire naturelle.

Suivant son habitude, M. Veillat était venu à Paris, au printemps, pour jouir des expositions des beaux-arts, et de là il s'était rendu à Mantes, dans la famille de sa femme. Il y fut pris subitement d'une affection asthmatique à laquelle il succomba en peu de temps, le 13 mai 1866. Il n'était âgé que de 53 ans. Cette nouvelle, répandue de suite à Châteauroux, y causa la plus douloureuse émotion. La dépouille mortelle de

J. Veillat y fut ramenée et ses obsèques eurent lieu au milieu du concours général de la population et avec tous les honneurs dus à sa position éminente. Des discours furent prononcés sur sa tombe par son ami, M. Raoul Charlemagne, député, venu tout exprès de Paris, et par M. De Laire, préfet de l'Indre.

XVIII. M. Prothade Martinet, *avocat général à la Cour de cassation*. — Quoique M. Prothade Martinet fût né à Ardentes (le 18 novembre 1816), on peut le considérer comme appartenant essentiellement à notre ville, car toute sa famille y demeurait. Après ses études de droit, M. Prothade Martinet se fit inscrire au barreau de Châteauroux. Il s'y manifesta de suite par une vive et heureuse intelligence, une parole élégante et colorée, un organe sympathique et une physionomie expressive. Bientôt il reçut le titre de juge suppléant. Il y eut alors peu d'affaires au tribunal et à la Cour d'assises où il ne portât la parole.

Lorsque, en 1847, la Cour d'assises de l'Indre eut à statuer sur la terrible accusation à laquelle donnèrent lieu les troubles de Buzançais, il plaida pour quelques-uns des accusés avec tant de talent et en conciliant dans une si juste mesure ses convictions de bon citoyen et ses devoirs de défenseur, que M. le premier président Mater, qui était venu présider ces débats solennels, et M. le Procureur général Didelot, lui adressèrent de publiques félicitations. Sa place était dès lors marquée dans les rangs du ministère public.

Aussi, lorsque après la révolution de 1848, la France eut remis ses destinées aux mains du prince Louis-Napoléon, ce fut l'opinion générale qui porta M. Martinet au poste, alors difficile, de Procureur de la République à Châteauroux même. Il y fut nommé le 6 février 1849 et répondit à tout ce que les gens de bien attendaient de lui. Il paya hardiment de sa personne, rendit la confiance au parti de l'ordre, intimida les perturbateurs, et soutint, à la Cour d'assises, dans quelques affaires politiques, avec une véritable éloquence, des luttes ardentes contre les partisans des idées dites avancées, et notamment contre Mᵉ Michel, de Bourges. Il s'était, du reste, prononcé très-vivement et l'un des premiers, pour la cause napoléonienne, la seule qui lui parût de force à sauver la société menacée.

Les événements lui donnèrent raison ; et après le coup d'État du mois de décembre 1851, il fut appelé, le 30 mars 1852, à un parquet plus important, celui d'Orléans. Il eut ainsi la bonne fortune d'être placé sous les yeux d'un ministre qui conservait avec cette ville les plus chères relations et qui conçut bien vite pour lui une affection et une estime dont il n'a cessé jusqu'à sa mort de lui donner des preuves. Ce fut M. le Garde des Sceaux Abbatucci qui confia, le 31 octobre 1854, le parquet de Marseille à M. Martinet, et qui, deux ans après, jour pour jour, le rappela à Orléans, en qualité de Procureur général.

Dans l'administration de ces grands parquets, il montra les qualités qui lui étaient propres, beaucoup de décision, beaucoup d'énergie, tempérées par une grande bienveillance et un véritable amour de la justice. Il eut l'occasion de porter la parole dans d'importantes affaires criminelles ou civiles. Il le fit avec un remarquable succès, et l'on n'a pas oublié, à Tours, l'élévation et la vigueur qu'il déploya dans une grave accusation, au sujet de l'assassinat d'un huissier par une population rurale conjurée contre lui. Ajoutons que, partout, il laissa des amis dévoués. Comme noble cœur, il ne savait pas se donner à demi, et n'inspirait pas de médiocres amitiés.

M. le Garde des Sceaux de Royer, héritant pour lui des sentiments de M. Abbatucci, le nomma, sans qu'il l'eût désiré ou prévu, avocat général à la Cour de cassation, le 18 février 1858 ; il prit immédiatement le service de la Chambre criminelle. « On ne sait pas assez, a dit M. de Raynal, qui a prononcé un discours sur sa tombe, quelle lourde tâche est imposée aux avocats généraux de la Cour de cassation, aux avocats généraux de la Chambre criminelle en particulier, par le nombre des affaires, par l'importance des solutions, et par le caractère même et les légitimes exigences d'une si haute juridiction. Le droit criminel, par exemple, ne s'applique guère et ne se discute, dans ses parties controversées, d'une manière suivie et sur une large échelle, que devant la Chambre criminelle de la Cour. Il est donc bien difficile de rencontrer des magistrats qui y arrivent armés de toutes pièces et prêts sur toutes les grandes questions ; il y a pour tous un rude et laborieux apprentissage à faire. M. Martinet ne pouvait échapper sans doute à cette loi commune ; mais il avait franchi, à force de travail, cette première et délicate épreuve. Il devenait de plus en plus maître de sa parole, dans la forme substantielle et ferme qui convient à de telles discussions. Ses opinions, mûries par la réflexion et par l'étude, acquéraient de plus en plus d'autorité auprès de cette chambre. Qui sait si cette existence de labeur incessant, à laquelle des constitutions plus robustes que la sienne n'ont pu résister, n'a pas contribué, dans une large mesure, à la catastrophe qui l'a enlevé si prématurément ? »

Il était souffrant au mois de juillet 1860 ; on lui conseilla les eaux des Pyrénées. Il en revint plus souffrant encore, et voulut cependant reprendre son service ; c'était si visiblement une tentative au-dessus de ses forces, qu'un honorable et bienveillant conseiller, M. Plougoulm, le contraignit en quelque sorte à le lui remettre. Des symptômes alarmants se produisirent alors, entremêlés d'intervalles de santé apparente qui lui rendaient sa confiance et presque sa gaieté habituelle. Le 17 décembre, peu d'instants avant le coup de foudre qui ne laissa plus de ressources ni d'espoir, il s'entretenait, plein de sécurité et de calme avec M. de Raynal. M. Martinet était plus jeune de dix ans que tous les autres avocats généraux de la Cour de cassation.

Il avait épousé, à Châteauroux, l'une des filles du brave général de Rigny, qui commandait alors le département de l'Indre, et s'était allié ainsi à une famille illustrée par d'éclatants services rendus au pays.

La nouvelle de la mort si inattendue de M. Prothade Martinet se répandit rapidement parmi ses compatriotes habitant Paris. Tous ceux qui l'avaient connu accoururent à la cérémonie et entourèrent sa famille éplorée au service funèbre qui eut lieu à l'église Saint-Louis d'Antin. Quelle tristesse empreinte sur tous les visages ! Que de questions d'étonnement et de stupéfaction s'échangeaient de toutes parts. Une nombreuse députation de la Cour de cassation entourait le catafalque (1).

M. Plougoulm, qui avait pris M. Martinet en une grande affection, a voulu témoigner, dans un article du journal *le Droit*, toute l'estime qu'il avait pour le jeune magistrat et quelle foi il avait en son avenir.

Les restes de M. Prothade Martinet ont été rendus à sa terre natale, suivant le désir de sa famille. Une affluence nombreuse se pressait dans l'église Saint-André où le service fut célébré. On y remarquait toutes les autorités au milieu de la population. Chacun tenait à témoigner à l'honorable famille du défunt toute la part qu'on prenait à son deuil. Au champ du repos, deux discours furent encore prononcés, l'un par M. Rollinat dont M. Martinet avait été l'émule au barreau de Châteauroux, et l'autre par M. le vice-président Patureau-Miran.

## ARTICLE DEUXIÈME.

### Hommes remarquables ayant passé leur vie ou une partie de leur vie à Châteauroux, sans y être nés.

I. M. Martin Bouchet. — Nous ne pouvons omettre de placer, dans cette catégorie d'hommes remarquables, le cé-

---

(1). Au moment de l'absoute, tout le monde fut ému d'apercevoir une jeune dame qui ne pouvait maîtriser ses sanglots. C'était M<sup>me</sup> la comtesse Duligondez. Il faut dire ici que son mari, le colonel d'artillerie Duligondez, fut ramené de Crimée à Marseille presque mourant du typhus. M<sup>me</sup> la comtesse Duligondez, en arrivant en toute hâte auprès de son malheureux époux, avait trouvé à son chevet M. et M<sup>me</sup> Prothade Martinet. M. Martinet était alors Procureur impérial à Marseille.

lèbre ingénieur Martin Bouchet. Déjà il a été question (p. 429 1er vol.) de son opposition au projet du comte d'Esseville pour la navigation de l'Indre ; lui-même était l'auteur d'un projet ayant le même but ; et l'on a vu (p. 610 de ce vol.) que le grand plan de Châteauroux, dressé par Crochet, avait été vérifié par lui en 1784.

Bouchet était né à Vierzon le 29 avril 1714. Contemporain de Perronet, il avait acquis comme lui les titres de premier ingénieur du roi, d'inspecteur général des turcies et levées de France et de chevalier de l'ordre de Saint-Michel. Il avait fait de grands et beaux travaux en Dauphiné pour l'endiguement de l'Isère, afin de préserver ce pays des inondations. C'est lui qui, à Lyon, a fait construire le pont Saint-Jean sur la Saône. Décédé dans cette ville, le 22 août 1787, il a été inhumé dans la cathédrale.

Il avait fait bâtir à Châteauroux l'hôtel Bertrand, ainsi que le château de Laleuf et plusieurs domaines qui en dépendent.

Sa femme appartenait à la famille Catherinot. Ses trois enfants étaient : Mme Bertrand, mère du général, Mme Morel de La Clavière, et M. Bouchet, décédé à Châteauroux en 1825, étant inspecteur général des ponts et chaussées, en retraite.

II. M. Boëry. — Guillaume-Barthélemy Boëry figure avec honneur, parmi les magistrats qui ont occupé le siége de président au tribunal de Châteauroux. Originaire de la Marche, son mariage avec Mlle d'Hérer de Pauday l'avait fixé parmi nous. Il fut avocat en parlement, premier échevin de Châteauroux, président de l'élection de cette ville et se fit remarquer par le rôle important qu'il joua comme principal rédacteur des vœux du tiers-état au bailliage de Châteauroux. Il fut, par suite, désigné au choix de ses concitoyens qui l'envoyèrent pour les représenter à l'Assemblée constituante. — Depuis, M. Boëry fut appelé à faire partie du directoire du département ; il y remplit les fonctions de commissaire. Bientôt il quitta ce poste pour devenir membre du conseil des Cinq-Cents où le trouva le 18 brumaire. Honorablement retiré dans la vie privée, M. Boëry n'en sortit que pour accepter la présidence du tribunal civil de Châteauroux où l'appelaient les études de toute sa vie. — M. Boëry avait deux filles : l'une mariée à M. Cadet de Limay, ingénieur en chef des ponts et chaussées, et l'autre à M. Bertrand-Boislarge.

III. M. Legrand. — M. Jérôme Legrand, né au Blanc, avocat du roi au bailliage de Châteauroux, porta la parole avec M. Bonnin de Treuillault, lieutenant-général, au nom du bailliage, dans une délibération de la ville de Châteauroux, le 26 janvier 1789, pour annoncer, au nom des officiers du bailliage, qu'ils prenaient le même engagement que la noblesse et le clergé de contribuer à toutes les charges et de renoncer à toutes les exemptions, de demander que les trois ordres rassemblés à l'ouverture des États-Généraux délibérassent en commun et que les voix fussent comptées par têtes.

Ce fut lui qui proposa de donner aux États-Généraux le nom d'Assemblée nationale. A cette assemblée, il fit différents rapports au nom du comité ecclésiastique.

M. Legrand mourut en 1817, étant conseiller à la cour d'appel de Bourges.

IV. Le docteur Testaud-Marchain. — M. Testaud-Marchain (Jean-Baptiste-Philippe), né à Châtillon-sur-Indre, le 1ᵉʳ avril 1783, appartenait à une ancienne famille de la Basse-Marche, et comptait plusieurs médecins dans ses ascendants, ainsi que des savants distingués (1).

(1) Jacques Testaud, sieur de Boislavaud, son bisaïeul, exerça avec distinction la médecine au Dorat pendant près d'un demi-siècle. De ses cinq fils, les quatre puînés furent, selon les idées du temps, destinés à l'Église. L'un d'eux, Testaud de Boislavaud, chanoine de Saint-Pierre du Dorat, bibliothécaire du Vatican et secrétaire particulier du cardinal Ganganelli (le pape Clément XIV), vint finir ses jours en l'abbaye de Fontgombaud. Un autre, religieux de ce dernier monastère, fut prieur de Saint-Savinien, en Saintonge, et de Magnac-Laval, en Marche. Un troisième, Jean-Baptiste Testaud de Razès, était chanoine du Dorat en 1768. Le quatrième, connu sous le nom de Testaud l'Her-

Orphelin dès son bas-âge, le jeune Testaud-Marchain fut mis au collége de Pontlevoy. Il manifesta de suite, avec le goût du travail, une grande aptitude, et y fit d'excellentes études. Désireux de se faire une carrière, il choisit celle de la médecine, à l'exemple de son père et de son bisaïeul. Il se rendit à Paris. Bien qu'isolé sur ce grand théâtre, il sut trouver en lui-même un guide sûr, et ne se laissa pas distraire un seul instant du but qu'il poursuivait. Assidu aux cours de l'école, aux visites des hôpitaux, il obtint bientôt tous les succès réservés aux meilleurs élèves. Le concours le fit admettre à l'internat dans les hôpitaux, cette école précieuse où se forment à la pratique les jeunes médecins et chirurgiens, et les nombreux prix qu'il remporta à l'école de médecine, trois années de suite (1), lui firent décerner sa réception gratuite, faveur qui s'obtient à peine une fois tous les deux ou trois ans.

M. Marchain fut reçu docteur le 30 décembre 1809 ; il soutint sa thèse avec la plus grande distinction, et ses examinateurs, chacun à leur tour, se plurent à le complimenter.

bouchet, fut aussi chanoine du même chapitre, aumônier du roi et prieur de Locronan, en Bretagne. Jean-Jacques-Laurent Testaud, sieur de Marchain, près Montmorillon, frère des précédents, embrassa la carrière des armes et fut capitaine d'une compagnie de grenadiers au régiment de Laroche-Lambert.

Jean-Baptiste Testaud de Marchain, l'un de ses enfants, suivit l'exemple de son aïeul, fut docteur en médecine de l'Université de Montpellier et se fixa à Châtillon-sur-Indre, par le mariage qu'il contracta en 1777 avec M<sup>lle</sup> Franquelin, fille du procureur du roi en la maréchaussée. Tous deux moururent jeunes, laissant deux orphelins en bas âge, un fils et une fille. Le premier fait l'objet de la présente notice.

(1) Année 1807, troisième section : prix d'anatomie et de physiologie, *ex æquo* avec M. Serain, né à Tours *(Moniteur* du 27 novembre 1807). — Année 1808, deuxième section : prix d'anatomie et de chimie médicale *(Moniteur* du 29 décembre 1808. — Année 1809, première section : prix d'anatomie et de physiologie, prix de chimie médicale *ex æquo* avec M. Serain, prix de clinique interne, prix de clinique externe *(Moniteur* du 9 décembre 1809).

Distingué comme il l'était par les chefs de service des hôpitaux et par les professeurs les plus éminents de la Faculté, M. Marchain, en se fixant à Paris, pouvait arriver rapidement à la position la plus élevée (1) ; mais des raisons de santé le déterminèrent brusquement à revenir dans son pays.

Muni des plus honorables attestations, recommandé aux plus notables familles de Châteauroux, il vint s'établir dans cette ville, au commencement de 1810, sur les instances de M. Prouveur, alors préfet de l'Indre. Il y prit de suite le rang le plus distingué et ne tarda pas à acquérir la confiance générale.

Il fut nommé, en 1811, médecin du bureau de bienfaisance. Dès 1815, il était médecin suppléant de l'hospice ; il en devint médecin titulaire en 1816. La première année, il fut choisi pour entrer au jury médical, chargé de l'examen des officiers de santé et des sages-femmes. Pendant plusieurs années, il fut appelé à suivre les opérations de recrutement. Longtemps aussi il fut médecin des épidémies, membre du conseil de surveillance des prisons et du dépôt de mendicité. L'académie de médecine de Paris le compta, en 1825, au nombre de ses membres correspondants. Pendant l'épidémie de choléra de 1832, il fut président de la commission de médecine.

---

(1) On en jugera par la lettre suivante qui lui fut écrite, le 1er février 1811, par M. Leroux, doyen de la faculté de médecine :

« Je vous adresse, monsieur, le discours prononcé par M. Desgenettes, à une séance où vous avez cueilli tant de lauriers. Tout en regrettant que vous vous soyez éloigné de nous que vous étiez destiné à remplacer un jour, nous sommes satisfaits d'avoir la certitude que vos compatriotes n'auront qu'à se féliciter d'avoir fait une acquisition si précieuse, puisque vous apportez parmi eux de grands talents pour exercer, avec de nombreux succès, un art que vous avez étudié avec tant de distinction. MM. Pinel, Dubois, Pelletan, Lallement, Desgenettes, Duméril, etc., tous ces messieurs, en un mot, parlent souvent de vous comme un de nos enfants les plus chéris ; ils s'en entretiennent comme d'un élève dont le nom est à jamais inscrit dans la mémoire de tous les membres de la faculté.

» Soyez persuadé, monsieur, de tout l'attachement que je vous porte et du plaisir avec lequel j'ai appris la considération dont vous jouissez. »

M. Marchain menait de front toutes ces fonctions et l'exercice de la médecine, auquel il se livra de la manière la plus active pendant plus de quarante ans. Non-seulement il se distingua comme médecin, mais encore comme opérateur. Il n'est pas une famille de la ville, presque même du département, dans laquelle il n'ait été demandé et qui ne lui ait dû la conservation de quelques-uns de ses membres. Dans les épidémies, on le vit toujours redoubler d'activité, prodiguer ses soins aux malheureux et déployer le plus grand courage, surtout dans celle de 1832, où sa famille fut si cruellement éprouvée.

La position élevée qu'avait prise M. Marchain et la considération générale dont il jouissait, le firent appeler à bien d'autres fonctions en dehors de sa position de médecin.

Il fut au nombre des propriétaires qui se réunirent, en 1829, à l'hôtel de la Mairie, pour nommer un conseil d'administration provisoire chargé de rédiger les statuts de l'Assurance mutuelle. Bientôt, il fut désigné par l'assemblée générale des sociétaires pour représenter, comme censeur, l'arrondissement de Châteauroux dans le conseil d'administration. Pendant plus de trente ans, il ne cessa d'assister aux séances de ce conseil et d'y apporter le tribut de son expérience et de son excellent jugement. En 1831 il fut nommé rapporteur pour lui rendre compte des résultats obtenus dans le cours de l'exercice de 1830, et il continua à remplir cette même tâche jusqu'à la fin de sa carrière. Ce fut encore lui qui, en 1839, 1853 et 1858, fit les rapports sur les modifications qu'on jugeait utile d'apporter aux statuts de la Société.

Lorsqu'il fut question de fonder, à Déols, la maison des Orphelines pauvres, M. Marchain fit partie de la commission, et, depuis cette époque, son concours ne manqua jamais au nouvel établissement. Il attira plusieurs fois l'attention sur l'intérêt qu'on devait porter aux jeunes sourdes-muettes.

Peu après son arrivée à Châteauroux, il avait fait partie de la Société d'agriculture, et en fut vice-président de 1841 à

1847, époque où elle était dirigée par M. Muret de Bort et M. Anselin, le premier comme président et le second comme secrétaire. Toutes les questions agricoles lui étaient familières, et l'on peut dire qu'il a été l'un des membres essentiels de cette Société. Sans être ce qui s'appelle agriculteur, il faisait employer les plus saines pratiques sur ses propriétés.

Après trente ans de services réguliers comme médecin de l'hospice de Châteauroux, M. Marchain reçut du gouvernement une récompense bien méritée : le 5 juillet 1844, il fut nommé chevalier de la Légion d'honneur.

De 1816 à 1848, M. Marchain n'avait pas cessé de faire partie du Conseil municipal ; de 1833 à 1848, il fut aussi membre du Conseil d'arrondissement pour Châteauroux. Il se fit remarquer dans les délibérations par son esprit de modération, son bon sens pratique, son activité et son dévouement. Le 3 septembre 1846, il accepta les fonctions de maire, et de suite il porta son intelligence sur toutes les améliorations compatibles avec les ressources de la ville. Mais il ne tarda pas à se trouver aux prises avec les plus grandes difficultés. On cherchait déjà à prévenir pour l'hiver les désastreux effets de la mauvaise récolte des blés. Il s'occupa avec zèle d'user utilement des approvisionnements de farine que M. Muret de Bort, sur son propre crédit, avait fait acheter au Havre, et qui furent cédés à prix réduits aux personnes nécessiteuses. Bientôt arrivèrent les cruels événements de Buzançais. A leur suite, la ville de Châteauroux fut elle-même gravement menacée. M. Marchain, à peine convalescent d'une fluxion de poitrine, et ne consultant que son zèle, se rendit à la Mairie, avec le préfet, le général commandant la subdivision et les autres autorités. Après avoir vainement employé tous les moyens de douceur et de persuasion, on fut obligé d'avoir recours à l'extrémité toujours si regrettable de la force armée. Il n'y eut pas, heureusement, de malheurs à déplorer. Enfin, le calme se rétablit. Une grande quantité de paysans et d'ouvriers avaient été arrêtés. M. Marchain visitait fréquemment la prison et faisait entendre à tous ces pauvres gens égarés des paroles d'espérance et de consolation.

M. Marchain, par suite d'une profonde altération dans sa santé, se trouva dans la nécessité de donner sa démission de maire en 1847. A cette occasion, il reçut, en date du 25 octobre, de M. le comte Duchâtel, ministre de l'intérieur, la lettre suivante :

« Monsieur, ce n'est pas sans regret que j'ai appris par
» M. le préfet de l'Indre que vous renonciez aux fonctions que
» vous avez acceptées dans des circonstances graves et difficiles.
» Au moment où vous cessez de diriger l'administration muni-
» cipale de la ville de Châteauroux, j'ai voulu vous dire com-
» bien j'apprécie la fermeté et le dévouement dont vous avez
» fait preuve. »

Depuis longtemps déjà, M. Marchain avait cessé l'exercice de la médecine. Retiré dans sa maison de campagne, il employait l'activité qui lui restait à soigner ses propriétés ; mais il ne survenait pas dans la ville une affection grave pour laquelle les médecins et les familles ne voulussent avoir son avis.

Il était arrivé à sa soixante-dix-neuvième année, lorsqu'une indisposition, en apparence peu grave, prit bientôt une tournure inquiétante. Sa famille se décida à le conduire à Paris où il succomba peu de jours après. Ramenée pieusement à Châteauroux par sa famille réunie, sa dépouille mortelle, après les cérémonies de l'église, fut accompagnée au cimetière par un cortège immense où toutes les classes étaient confondues. Son collègue et ami, le docteur Maurice Robert, prononça sur sa tombe quelques paroles émues, et un cœur reconnaissant se fit le même jour, dans le *Moniteur de l'Indre*, l'interprète des sentiments de tous ceux qui avaient reçu des soins de lui.
— M. Marchain n'a laissé qu'un fils, M. Léonce Marchain.

V. M. Muret de Bort. — M. Muret de Bort était né à Limoges, le 1ᵉʳ avril 1791. Il avait 25 ans lorsque, en 1816, il fit l'acquisition de la manufacture de draps de Châteauroux. Depuis cette époque, jusqu'en 1830, il prit à tâche presque exclusivement de relever cet établissement, qu'il avait reçu en mauvais état. Il occupa sans interruption beaucoup d'ouvriers, introduisit les procédés nouveaux de fabrication et mit son industrie sur le premier rang.

Constamment il fut juge au tribunal de commerce et président autant que la loi le permettait. En 1821, il entra au Conseil municipal et ne cessa d'en faire partie qu'en 1848. — Appelé en 1832 à présider la Société d'agriculture, il s'efforça de donner, dans sa propriété de La Madrolle, d'utiles exemples pour le défrichement des brandes et l'emploi de la chaux, ainsi que pour les semis de bois.

Le département de l'Indre était devenu la patrie adoptive de M. Muret de Bort. Il fut élu, en 1834, membre du Conseil général et député de l'arrondissement de La Châtre. Depuis ce moment, jusqu'à la chute de Louis-Philippe, il prit une part active aux affaires politiques. Il débuta à la tribune par un discours sur l'éducation professionnelle dans la loi sur l'instruction publique alors en discussion. Dans les sessions suivantes, il fit partie de toutes les commissions importantes et contribua à la confection des lois d'utilité générale : navigation, voies de communication, commerce, industrie, banque, douane, etc. Il fut rapporteur de la loi sur la conversion des rentes et de celle qui assura l'exécution du chemin de fer du Nord. Ce dernier rapport est une des publications les plus remarquables qui aient été faites sur les questions de chemins de fer.

C'est à l'occasion de ces dernières questions qu'il lui fut donné de rendre un éminent service au pays qu'il représentait. Le projet de loi de 1842, qui décrétait les principales lignes de chemin de fer, deshéritait complétement les départements du Centre, sous le prétexte qu'ils étaient trop pauvres et trop montagneux. Par ses efforts, sa persistance et son crédit, M. Muret de Bort parvint à faire classer et exécuter le chemin dont nous apprécions aujourd'hui les grands avantages. — L'influence que sa haute intelligence des affaires lui avait donnée le désignait pour le ministère du commerce. Il était sur le point d'y entrer au moment de la révolution de 1848.

Comme membre du Conseil municipal, du Conseil général, comme président du Conseil consultatif des Arts et Manufactures de Châteauroux, il s'occupa sans cesse des affaires du département. Son intervention fut puissante pour une construction qui devait profiter à la sécurité et aux revenus de la ville : nous voulons parler de la belle caserne située vis-à-vis du parc des équipages militaires. — Châteauroux, cité de commerce et d'industrie, lui doit aussi la création d'une succursale de la Banque de France, dont il fit choisir le personnel administratif exclusivement dans le pays.

En 1847, à l'époque de la rareté des subsistances, M. Muret de Bort écrivit de Paris au maire de Châteauroux que, vu l'état urgent des circonstances, il venait d'acheter au Hâvre pour 30,000 fr. de farines d'Amérique ; qu'il croyait l'acquisition avantageuse, mais qu'elle resterait à son compte si le Conseil municipal en jugeait autrement. La commune était hors d'état de fournir les fonds ; mais M. Muret de Bort, qui lui-même n'avait pas dans le moment ceux qui étaient nécessaires pour cette acquisition, n'avait pas hésité à les emprunter. M. Muret de Bort, dans cette action fit, on peut le proclamer, un acte de grand citoyen. Par cette opération, la ville de Châteauroux devint un entrepôt considérable de subsistances qui en furent journellement tirées pour être dirigées sur les nombreuses localités du département qui éprouvaient des besoins.

Après les événements de 1848, M. Muret de Bort demeura pendant quelque temps en Angleterre. Il revint en France dès que la tranquillité fut rétablie, résidant tantôt à sa propriété de Bort, tantôt dans sa manufacture même. Bientôt, il rentra, par une double élection, au Conseil municipal, et, au renouvellement légal du tribunal de commerce, il fut appelé de nouveau à sa présidence. La respectueuse considération dont l'entourait tout le commerce est la preuve des services qu'il avait constamment rendus dans ces importantes fonctions.

M. Muret de Bort portait un vif intérêt à l'établissement du chemin de fer transversal dans l'Indre, avec communication à Montluçon. Le rapport dont il avait été chargé à ce sujet signale parfaitement les avantages que le département de l'Indre devait en attendre. Il s'était mis à la tête de la souscription qui était indispensable pour faire des études applicables à un avant-projet.

M. Muret de Bort était, en outre, membre du Conseil général de l'agriculture et du commerce de France et membre de la Commission des chemins de fer.

Outre ses rapports et discours à la Chambre des députés et au Conseil général d'agriculture et de commerce, il a laissé un grand nombre d'écrits sur les questions d'économie publique et d'intérêt matériel. Il a publié des articles remarquables dans le journal anglais l'*Economist,* dans les journaux de l'Indre et ceux de Paris. On n'a pas oublié sa brochure sur la crise monétaire. Ses excellentes vues sur l'agriculture sont consignées dans les nombreux discours et rapports insérés dans les Éphémérides de la Société d'agriculture de l'Indre (1).

D'après ce qui précède, on ne s'étonnera pas que la nouvelle du décès de M. Muret de Bort, survenu à Paris, le 11 mars 1857, d'une manière inopinée, ait produit dans notre départe-

---

(1) Voici les questions auxquelles M. Muret de Bort, prit une part active à la Chambre des députés : *Projet de loi sur les sucres,* 22 mai 1837. — *Législation commerciale,* 2 juin 1838. — *Discussion du projet de loi sur les chemins de fer,* 8 mai 1838. — *Projet de loi relatif aux chemins de fer de Paris à la mer,* 6 juillet 1839.

Ses écrits sont les suivants: *De l'exportation des laines étrangères; lettre adressée à M. Guibal-Anne-Veante,* P. 1823, in-8°, 31 pages. — *A MM. les électeurs de l'arrondissement de Châteauroux,* 1er août 1846, in-4°, 44 pages. — *De la Banque de France.* Paris, mars 1847, in-8°, 37 pages. — *Crise monétaire,* Paris, 3 janvier 1856, 58 pages.

ment et à Châteauroux surtout, la plus vive et la plus douloureuse impression. De profonds regrets ne se sont pas manifestés seulement dans les classes élevées, qui appréciaient son mérite, ses qualités et les services qu'il avait rendus ; ces regrets éclatèrent encore dans la classe ouvrière. M. Muret de Bort, en effet, s'était toujours montré plein de soin et de charité pour les nombreux ouvriers qu'il employait Sa sollicitude que partageait grandement M$^{me}$ Muret de Bort, s'étendait aussi sur les pauvres de la ville. Dans toutes les circonstances malheureuses, il était toujours à la tête des souscriptions ; il ne les attendait pas pour envoyer des secours.

La dépouille mortelle de M. Muret de Bort a été transportée, près de Limoges, dans la sépulture de famille ; mais, pour ne pas priver la ville de Châteauroux de lui rendre les derniers devoirs, elle a été momentanément déposée dans l'église de Notre-Dame, où un service funèbre a réuni un concours considérable composé de tous ceux qui l'avaient connu et avaient reçu ses bienfaits.

M. Muret de Bort n'avait que deux filles. L'aînée a épousé M. Edmond Teisserenc, député de la Haute-Vienne et qui a été, sous la présidence de M. Thiers, ministre de l'agriculture et du commerce ; la seconde est M$^{me}$ Léonce Marchain.

VI. LE COMTE EUGÈNE DE BRYAS. — Le comte de Bryas appartient à notre ville comme député, comme conseiller général et président de la Société d'agriculture. Né à Tournay (Belgique) le 21 juillet 1813, il provenait du mariage de Charles-Alphonse Raymond, marquis de Bryas, qui fut plus tard maire de Bordeaux et député de la Gironde, et de Henriette-Georgina de La Vie.

Après de brillantes études classiques, il entra, en 1833, à l'école polytechnique, où il chercha un complément de haute éducation plutôt qu'une carrière. A sa sortie de l'école, il revint à Bordeaux, où il passa un certain nombre d'années auprès de son père, dans les propriétés duquel il appliqua le fruit de ses études.

Ce fut seulement en 1845 que son mariage avec M$^{lle}$ Catherine-Odélie Robin de Lacotardière, en l'unissant à l'une des plus honorables familles du département de l'Indre, le fit notre compatriote. En 1848, M. le comte de Bryas entra, comme représentant du canton de Châtillon, au Conseil général de l'Indre, où il ne tarda pas à se distinguer par son aptitude aux affaires. En 1852, sur la proposition du gouvernement, il fut nommé député au Corps législatif pour la première circonscription du département de l'Indre. Il trouva, dans ce nouveau mandat, l'occasion de développer ses éminentes qualités et l'activité de son esprit. Bientôt on le vit, au sein des commissions, être désigné comme rapporteur dans les questions les plus sérieuses (1).

Trois actes principaux signalent particulièrement M. de Bryas à la gratitude publique de notre ville et de notre dépar-

(1) *Rapport sur le projet de loi relatif à la prorogation du monopole des tabacs ; — Rapport sur le projet de loi relatif à la télégraphie entre la France et l'Algérie ; — Rapport sur le projet de loi tendant à autoriser l'aliénation d'immeubles compris dans le majorat du duc de Padoue ; — Rapport sur le projet de loi ayant pour but d'autoriser la ville de Châteauroux à emprunter une somme de 252,000 francs ;* cet emprunt était destiné à couvrir les dépenses faites pendant la crise alimentaire, la contribution de la ville dans la construction du palais de justice, le payement de dettes antérieures, et enfin les frais d'appropriation du lycée ; — *Rapport sur le projet de loi concernant le personnel et le matériel des lignes télégraphiques et le tarif des dépêches privées ; — Rapport tendant à autoriser le département de l'Indre à contracter un emprunt de 769,000 francs pour la conversion de sa dette et à s'imposer extraordinairement, tant pour l'amortissement de cet emprunt que pour la construction du Palais de justice de Châteauroux et de celui d'Issoudun, ainsi que pour l'achèvement des routes départementales et des chemins vicinaux ; — Rapport sur le projet de loi relatif au drainage ; — Rapport sur le projet de loi ouvrant au ministre des finances un crédit de 2,626,000 francs, dont 1,950,000 francs pour l'établissement de la Manufacture des tabacs à Châteauroux, et le reste pour additions à faire aux manufactures de Dieppe et de Toulouse ; — Rapport sur le projet de loi portant réduction de la taxe des dépêches télégraphiques privées entre un bureau de même département ou de deux départements limitrophes ; — Rapport sur le projet de loi ayant pour but de substituer la société du Crédit foncier à l'État, pour les prêts à faire au drainage jusqu'à concurrence de cent millions.*

tement : l'établissement de la Manufacture des tabacs à Châteauroux, les beaux exemples de drainage et d'irrigation donnés par lui, et la part active qu'il a prise à la création des routes agricoles de la Brenne.

Ce fut en élaborant son rapport sur la loi relative à la prorogation du monopole des tabacs qu'il conçut, pour la première fois, l'espoir de doter Châteauroux d'une manufacture de ce genre. Frappé de l'insuffisance de la production en présence de la consommation toujours croissante, il comprit la nécessité où devait se trouver bientôt la régie de créer de nouvelles fabriques, pour rétablir l'équilibre. Il voyait les onze manufactures existantes dispersées sur le littoral ou sur la frontière, ne pouvant approvisionner qu'à grands frais les départements de l'intérieur. Châteauroux, centre de la France, à cheval sur un chemin de fer, était admirablement placé pour alimenter les contrées voisines. Les bras inoccupés y étaient nombreux, l'industrie locale déclinait, la main-d'œuvre était peu coûteuse ; c'était donc une bonne opération pour la régie, et en même temps un bienfait pour notre département. Peu à peu, l'idée prend corps et fait son chemin ; elle est accueillie avec enthousiasme par la municipalité de Châteauroux, qui offre gratuitement le terrain nécessaire à la construction et des locaux pour les ateliers provisoires. M. le comte de Bouville, préfet de l'Indre, adopte comme sienne cette idée et ne cesse de la recommander au ministère comme un dédommagement des souffrances de notre industrie et de nos populations si cruellement éprouvées par la cherté des subsistances. Enfin, après plusieurs années de démarches collectives, après l'expérience concluante des ateliers provisoires, M. de Bryas eut, dans la séance du 2 mars 1858 du Corps législatif, l'honneur et la satisfaction d'entendre voter, sur son rapport, la loi qui gratifiait notre ville de l'établissement le plus considérable, le plus fructueux peut-être qu'elle soit jamais appelée à posséder.

Le second fait est celui qui, en 1857, après la mort du regrettable M. Muret de Bort, indiqua M. de Bryas à la Société d'agriculture comme le successeur de l'éminent personnage qu'elle venait de perdre. Si sa haute position promettait à la compagnie un puissant appui, ses travaux spéciaux lui assuraient en même temps un chef dévoué aux progrès agricoles. En effet, lorsque, dans le but de répandre et de favoriser le drainage, le gouvernement proposa de prêter cent millions aux propriétaires désireux d'appliquer cette méthode d'amélioration, M. de Bryas avait présenté au Corps législatif, le 12 mars 1856, le rapport de la commission ; et, tout en exposant à l'Assemblée les fécondes théories du drainage, il les appliquait, dans notre département, à sa belle terre de Boulaise sur une étendue de 150 hectares.

Enfin, le dernier résultat des efforts de M. de Bryas a été de contribuer à ouvrir l'ère de rénovation si souvent rêvée pour la Brenne. C'était en 1857. Un de nos compatriotes, M. Jules Cornuau, pendant qu'il était préfet des Landes, avait appelé l'attention de l'empereur sur la triste position de certaines parties du département confié à ses soins, et Sa Majesté avait saisi le Corps législatif d'un projet de loi relatif à l'assainissement et à la mise en culture des Landes de Gascogne, au moyen surtout de routes agricoles qui devaient les vivifier. Membre de la commission chargée d'examiner ce projet, M. de Bryas se rappelle que, dans le département de l'Indre, il existait des contrées également déshéritées, également dignes d'intérêt, et bientôt, sur ses démarches actives, une demande de crédit de 1,300,000 francs figura au budget, en prévision des routes agricoles dont la sollicitude du gouvernement consentait à doter la Brenne.

Bien d'autres projets roulaient dans la tête de M. Bryas, et il s'en préoccupait encore sur le lit de douleur qu'il ne devait plus quitter. Il avait à peine 45 ans, lorsqu'il mourut le 13 décembre 1858, et que notre département se trouva privé des services qu'il aurait pu encore lui rendre (1).

(1) Voir la notice de M. Just Veillat. Compte-rendu de la Société du Berry. — 6e année, p. 295.

VII. M. Grillon des Chapelles. — M. Grillon des Chapelles (Amador), né en 1796, avait été élevé à Paris, bien que, par ses parents, comme on le verra dans la suite de ce chapitre, il fût originaire de Châteauroux ; mais il avait voulu se fixer au berceau de sa famille. Il devint conseiller et secrétaire général de la préfecture, et occupa ses loisirs à achever, dans sa propriété des Chapelles, le château commencé par son père.

Les événements de 1848 lui ayant fait résigner ses fonctions politiques, il se livra, sous un autre rapport, aux intérêts de notre ville et du département de l'Indre. Utilisant dans sa retraite sa brillante éducation et son goût pour les travaux littéraires, ses études, cessant d'être générales, se portèrent avec ardeur sur notre histoire locale. Il publia, en 1857, un ouvrage intitulé : *Notice sur l'abbaye de Déols*. Non-seulement on trouve, dans ce livre, l'histoire de tous les abbés, mais encore celle des princes de Déols, barons, comtes, marquis et ducs de Châteauroux. De plus, une troisième partie fait connaître les évêques et archevêques de Bourges ; enfin, dans une quatrième partie, sont contenus une quantité de documents précieux et originaux sur l'histoire de notre célèbre abbaye. Continuant ses recherches, M. Grillon des Chapelles produisit, peu d'années après (en 1864), trois volumes ayant pour titre : *Esquisses biographiques du département de l'Indre*. Ces esquisses nous font connaître, avec détails, non-seulement tous les hommes qui ont joué un rôle important dans nos contrées, mais elles sont en même temps, par les réflexions et les rapprochements qui accompagnent les notices, de véritables traités de morale, de philosophie et d'économie sociale.

Nous trouvons M. des Chapelles dans toutes les institutions de bienfaisance. Il était vice-président de l'Orphelinat de Déols, membre de la Commission de la Caisse d'Épargne et de l'Assurance mutuelle contre les incendies. Nous retrouvons encore son zèle et ses lumières dans la Société d'agriculture et dans la Société du Musée, dont il fut l'un des promoteurs.

Nous ne pouvons omettre de parler de ses habitudes larges

et généreuses, de l'emploi si bien entendu qu'il faisait de sa belle fortune, du bien qu'il répandait si intelligemment sur les pauvres, de son obligeance extrême pour toutes les personnes qui avaient à réclamer son assistance et celle de ses nombreuses et hautes connaissances, de la manière noble et généreuse avec laquelle il recevait à sa campagne, où il exerçait une hospitalité si gracieuse et si aimable!

M. des Chapelles est décédé subitement à Châteauroux, le 15 janvier 1868. Cette fatale nouvelle, répandue aussitôt, a jeté le deuil dans notre cité. Dans ses dernières volontés, il avait exprimé le désir que sa dépouille mortelle restât au milieu de nous. Le clergé des trois paroisses, ainsi que le curé de Déols, procédèrent à la levée du corps, et, après l'office funèbre, toutes les autorités, suivies d'une grande partie de la population, accompagnèrent le defunt à sa dernière demeure. Une députation des jeunes filles de l'Orphelinat avait pris place dans le cortége. Après les dernières prières, M. le docteur Fauconneau-Dufresne s'est rendu l'organe des sentiments que toute l'assistance éprouvait.

VIII. M. François Rollinat. — Né à Argenton le 24 juin 1806, M. Rollinat, après de brillantes études, se fit inscrire comme avocat au barreau de Châteauroux, en 1826. Héritier du renom de son père qui brillait par un esprit vif et facile, il se fit remarquer par une parole grave, élevée, fortifiée par les dons de la pensée, par l'étude de l'antiquité, et par un travail assidu. Dans sa carrière d'avocat, qui dura plus de 40 ans, il fut chargé des affaires les plus importantes et il obtint la confiance générale par son talent, sa probité et son désintéressement. A maintes reprises, il fut bâtonnier de son ordre.

Nommé représentant en 1848, il n'aborda qu'une seule fois la tribune, par modestie sans doute, car il pouvait y être utile. Son mandat rempli, il revint à sa profession d'avocat. — Il est mort à Châteauroux le 13 août 1867.

IX. M. le sénateur Amédée Thayer. — M. Thayer (Amédée-Gourcy-William) était né à Orléans, le 13 août 1799, d'une famille de religion protestante. Son père, Américain d'origine, après avoir demeuré à Orléans, s'était établi à Paris au commencement du siècle. Ce fut lui qui y construisit le passage des Panoramas.

M. Amédée Thayer, après ses études classiques et de droit, se fit recevoir avocat en 1822; mais ses goûts le portèrent bientôt vers le culte des beaux-arts. Il s'occupait en même temps d'œuvres de bienfaisance, telles que l'apprentissage des jeunes orphelins et la Société d'adoption des enfants trouvés et des orphelins pauvres. A l'âge de 27 ans, il voyagea en Angleterre, avec son frère Édouard et leurs amis Montalivet, Duvergier de Hauranne et Napoléon de Montebello; tous ensemble parcoururent et étudièrent l'Écosse et l'Irlande.

Peu après, le 10 mai 1828, il se maria avec mademoiselle Hortense, fille de notre illustre général Bertrand. Il devint maire de Drancy, où sa famille avait sa maison de campagne, et, en 1830, il fut élu successivement chef de bataillon et colonel de la garde nationale de la banlieue de Paris.

En 1837, il embrassa la religion catholique, et dès lors on le vit faire partie de la Société de saint Vincent de Paul et de l'œuvre de la propagation de la foi. Dans ses salons se réunissaient les membres du comité catholique. Il se montra partisan de tous les ordres religieux, ainsi que de toutes les congrégations d'hommes et de femmes. Il était au nombre des fondateurs du *Correspondant*. Il fut aussi fondateur et président de la colonie agricole de Mesnil-Saint-Firmin (Oise). .

Depuis l'année 1843, jusqu'à sa mort, il fut conseiller général du département de la Seine pour l'arrondissement de Saint-Denis. Il fut également appelé au Conseil général de l'assistance publique.

En janvier 1852, au moment de la formation du Sénat, son mariage l'ayant naturellement porté vers la cause napoléonienne, il fut désigné par l'Empereur pour faire partie de cette Assemblée. Il y soutint les pétitions des catholiques ayant pour but de préserver le Saint-Siége de l'invasion piémontaise;

il protesta contre la diffusion des écrits irréligieux, contre le travail du dimanche et il parla en faveur des conférences de saint Vincent de Paul. Plusieurs fois il fut chargé du rapport des commissions.

Mais M. Thayer nous appartient particulièrement depuis qu'il a possédé la propriété de Touvent, donnée à sa femme par son oncle, M. Bertrand-Boislarge. Il s'y fixa pendant l'été et y fit faire de nouveaux embellissements. La Société d'agriculture de Châteauroux voulut l'avoir pour président (1). Pendant une dizaine d'année, il fut l'âme de cette Société et il en fit une institution des plus brillantes et des plus utiles. Il créa un comité de dames patronesses pour établir des expositions florales qui eurent le plus grand succès. Chaque année, il présidait la distribution des récompenses et encourageait par un discours le zèle des concurrents. Il se rendit toujours fidèlement aux comices agricoles et aux concours régionaux. Mis à la tête de la commission qui fut envoyée en 1867 à l'exposition universelle de Paris, il envoya à ses frais des ouvriers dans divers pays pour étudier la taille des arbres et la culture de la vigne, afin d'introduire chez nous des améliorations.

M. et M$^{me}$ Thayer étaient depuis longtemps en relation avec l'abbé Desgenettes, l'un des curés de Paris. Ce vénérable prêtre les soutint dans l'idée de la construction de leur magnifique chapelle et il voulut la surnommer *Notre-Dame-de-Touvent, petite fille de Notre-Dame-des-Victoires*. Cette chapelle, qui avait aussi le but de suppléer, pour les habitants du hameau de Scrouze, à l'éloignement de leur église paroissiale de Châteauroux, fut bénie, en 1866, par Mgr Dupont, archevêque de Bourges. — En 1863, M. Thayer avait fait bâtir l'école de Scrouze ; lui-même en avait fait le plan et surveillé l'exécution. — L'inauguration de la chapelle et de l'école, ainsi que le couronnement de la Vierge et de l'enfant Jésus, furent l'occasion de très-belles fêtes religieuses.

(1) Il fut élu président à l'unanimité le 23 janvier 1859.

La belle constitution de M. Thayer semblait annoncer de longues années ; cependant, dès les premiers mois de 1867, il commença à se ressentir de la maladie qui devait le conduire lentement vers la tombe. Il fut ramené à Paris, et, malgré les avis les plus éclairés et les soins les plus dévoués, il succomba un an après, le 6 juillet 1868, dans les sentiments de la plus profonde piété. La cérémonie funèbre eut lieu à l'église Saint-Thomas-d'Aquin, au milieu d'un concours considérable des personnages les plus distingués. L'année suivante, sa dépouille mortelle fut transportée à Touvent, où elle fut déposée, avec celle de ses trois enfants, morts en bas âge, dans le caveau de la chapelle.

Pour apprécier M. Thayer, nous ne saurions mieux faire que de reproduire le portrait qui a été fait de lui par M. le président Troplong, en séance publique du Sénat : « Tout le Sénat était l'ami de M. Thayer, de cet homme d'un caractère si sympathique, d'un esprit si heureusement doué, toujours prêt à remplir son devoir, et à le remplir avec le plus parfait mélange de douceur et de fermeté. C'est une vie pure, qui s'est éteinte trop tôt, et qui manquera à toutes les œuvres consacrées au bien ; c'est un soldat de moins dans la généreuse phalange qui a voué ses efforts au triomphe des principes de stabilité dans l'État, du progrès moral dans la société, et d'honnêteté dans les rapports publics et privés. »

X. M. MASQUELIER. — M. Masquelier (Émile) appartient à notre ville par les services qu'il a rendus comme vice-président de la Société d'agriculture et par les beaux exemples qu'il a donnés dans ses propriétés de Saint-Maur et de Treuillault.

Né au Bourdin (Nord) en 1799, il entrait à Lille, à 23 ans, dans la carrière des grandes affaires commerciales, et, aussitôt que l'âge réglementaire le permit, il fut appelé à faire partie de la magistrature consulaire de cette grande cité.

Après vingt-cinq années passées dans les affaires et y avoir amassé une grande fortune, sa santé se trouvant ébranlée, il vint, dans notre département, acheter la propriété de Saint-

Maur où il consacra toute son intelligence et toute son activité à faire de la culture perfectionnée.

Élu en 1857 vice-président de la Société d'agriculture qu'il dirigeait souvent en l'absence de M. Thayer retenu à Paris par ses fonctions de sénateur, il fit appel à toutes les bonnes volontés, et sut, avec infiniment d'habileté, les grouper autour de lui. Il avait pour principe qu'une Société qui n'est pas constamment sur la brèche, tombe en décadence ; aussi a-t-il fait réaliser des progrès considérables.

Par ses soins, des essais dans lesquels parurent tous les instruments employés à la moisson des céréales furent organisés à Villechaise au mois de juillet qui suivit son élection. Plusieurs machines prirent part à la lutte avec un succès qui fut très-remarqué par les populations rurales. — Parmi les exemples donnés par M. Masquelier, il faut citer ses nombreuses plantations de vignes et l'emploi des vidanges de la ville.

Grand consommateur d'engrais artificiels, M. Masquelier avait engagé M. Guinon, habile pharmacien et savant chimiste, à s'occuper de cette question grave, et grosse de fraude, suivant l'expression de M. E. Damourette ; par suite, tous les deux furent appelés à déposer devant la commission d'enquête sur la réglementation des engrais.

Ce fut au Concours régional de 1866 qu'eut lieu ce que nous pouvons appeler le couronnement des dix-huit années de labeurs de M. Masquelier. Dans la terre de Treuillault qu'il avait achetée en 1854, ses travaux eurent d'abord pour but les améliorations foncières pour la culture des betteraves et l'espérance de profits rémunérateurs dans l'installation d'une distillerie. Ils furent continués avec autant d'intelligence que de persévérance et M. Masquelier obtint la prime d'honneur, en 1866, à notre second concours régional. Son triomphe fut d'autant plus complet qu'il avait à lutter contre les plus redoutables concurrents.

M. Masquelier avait établi, aux portes de son château, des religieuses pour instruire les petites filles et secourir les malades. Il contribua aux réparations de l'église de Saint-Maur et transforma ce village en répandant l'aisance parmi les nombreux ouvriers qu'il employait.

Le 17 mars 1867, M. Masquelier présidait, avec son entrain ordinaire, la séance de la Société d'agriculture, et le 12 avril suivant il succombait aux suites d'une congestion cérébrale, à son château de Saint-Maur et au milieu de ses belles conceptions agricoles.

M. Cornu, vice-président de la Société, entouré de la famille, de tous les amis du défunt et de la population du village de Saint-Maur, se fit l'interprète des regrets de ses collègues et de tout le pays (1).

A ces biographies, nous aurions pu sans doute en ajouter d'autres, mais nous avons dû nous borner aux personnalités les plus saillantes. Nous pensons qu'on nous saura gré d'avoir consigné le souvenir des hommes qui ont rendu des services à notre ville et à notre pays, et qu'il est utile de les offrir en exemple aux générations.

### ARTICLE TROISIÈME.
#### Personnages vivants nés à Châteauroux.

Une grande réserve nous est imposée relativement aux personnages remarquables qui vivent encore ; mais pourrions-nous, sans une négligence blâmable, ne pas mentionner au moins les hommes, nés dans notre ville, qui se distinguent dans diverses carrières

---

1) L'œuvre de M. Masquelier ne périra pas. Son plus jeune fils, M. Valery Masquelier la continue dignement et y déploie une habileté qui, sans faire oublier son père, adoucit l'amertume que sa perte a fait prouver.

Les portraits de M. E. Masquelier et de M. A. Thayer ont été inaugurés, dans la salle des séances de la Société d'agriculture, le 14 décembre 1872, à la suite d'un discours de M. Émile Damourette.

et qui lui forment, en quelque sorte, une auréole glorieuse ?

On ne nous reprochera pas assurément de dire que M. le général d'Auvergne, qui est aujourd'hui chef d'état-major dans le grand commandement du général Ducrot, à Bourges, s'est fait remarquer, comme chef d'état-major dans les campagnes de Crimée, d'Italie, du Mexique et de France, et qu'il a occupé, à la fin de l'Empire, la position importante de chef d'état-major général de la garde impériale ; que son frère, le lieutenant-colonel Armand d'Auvergne a conduit bravement et vigoureusement le premier bataillon de notre garde mobile, en 1870, à Paris, pendant l'envahissement de l'Hôtel-de-Ville, et au combat de la Maison Blanche (1) ; — que M. Teisserenc s'est distingué par ses écrits sur les chemins de fer, et que, élu plusieurs fois député, il a occupé, sous la présidence de M. Thiers, le ministère du commerce et de l'agriculture ; — que M. Jules Cornuau, que la révolution de 1870 a trouvé préfet à Versailles, avait rempli auparavant, avec la plus grande distinction, les fonctions de secrétaire-général du ministère de l'intérieur et celles de préfet des Landes et de la Somme ; — que M. Aubépin, aujourd'hui président du Tribunal civil de Paris, s'était fait remarquer, antérieurement, dans le parquet de plusieurs

---

(1) Voyez : *Le premier bataillon de la garde nationale mobile de l'Indre, sous le commandement du lieutenant-colonel Armand d'Auvergne*, par le Dr Fauconneau-Dufresne. 1871, Châteauroux, librairie A. Nuret, brochure de 130 pages.

tribunaux et comme avocat-général à la Cour d'appel de Paris ; — que M. Lenseigne aîné, négociant à Paris, est devenu juge du Tribunal de commerce et qu'il a été décoré de la Légion d'honneur pour les services qu'il a rendus à l'époque de l'établissement des traités commerciaux. — Comment pourrions-nous omettre encore de rappeler quelques écrivains dont la naissance est un honneur pour notre cité ? M. Léon Pichot, dont les œuvres viennent d'être publiées en quatre volumes (1) ; — M. le comte Ferdinand de Maussabré, savant généalogiste, dont on attend, avec impatience, l'ouvrage intitulé : *Le Berry féodal ou généalogie des principales familles du Berry et des provinces circonvoisines.* — Pourrions-nous également ne pas mentionner ici M. De la Tramblais, dont nous avons cité si souvent les *Esquisses pittoresques* et les nombreux mémoires (2).

A ces noms, il faudrait sans doute en ajouter d'autres. Nous laissons à nos compatriotes le soin de les désigner.

---

(1) Les *Héroïdes d'Ovide*, traduites en vers français. — *Pensées, maximes et versifications diverses.* — *Fables, élégies, satires.* — *Fragments des classiques latins*, traduits en vers français. (Nuret et Fils, libraires-imprimeurs à Châteauroux.)

(2) M. De la Tramblais n'est pas né à Châteauroux, mais il y a été secrétaire général de la Préfecture et vice-président de la Société d'agriculture. Le premier, il s'attacha à relever la Brenne dans l'opinion et décida le mouvement qui a été suivi des grandes mesures prises pour la régénération de cette contrée jusque-là si déshéritée.

## ARTICLE QUATRIÈME.
### Légion d'honneur et médaille militaire.

Nous croyons devoir consigner, dans cet article, le nom des personnes fixées à Châteauroux, qui ont aujourd'hui la décoration de la Légion d'honneur et de la médaille militaire.

#### § I<sup>er</sup>. — Légion d'honneur.

MM. Balsan (Auguste), manufacturier, député, ancien maire.
Balsan (Charles), manufacturier.
Barlier.
Bertrand (comte Napoléon), chef d'escadron.
Blanchon, ancien directeur de la poste aux lettres.
Bodin, chef d'escadron en retraite, O. ✱.
Bourguet, receveur municipal.
Charlemagne (Raoul), ancien maire, député et conseiller général.
Chertier, capitaine de mobiles.
Dagonneau.
Dantoine.
Daumain.
Delacroix-Plainval.
Didier-Dorigny, chirurgien-dentiste.
Duchemin, percepteur.
Duchesne, ancien officier.

MM. Dussert.
Fauconneau-Dufresne, docteur en médecine.
Fayet-Jussiaume, conducteur principal des ponts et chaussées.
Gaudet (Émile), chef d'escadron en retraite.
Guillemot.
Landouer.
Ledain.
Meyer, commandant des Sapeurs-pompiers.
Moreau (Édouard), conseiller de préfecture.
Patrigeon.
Patureau-Miran, président honoraire du Tribunal civil.
Perdereau, capitaine du génie en retraite.
Pichon, ancien officier.
Ravisy, ingénieur en chef des ponts et chaussées.
Rivay, capitaine de mobiles.
Robert (Maurice) docteur en médecine.

MM. Sartain, ancien officier de gendarmerie.
Sage.

MM. Souvray.
Thore, chef de bataillon en retraite.

### § II. — Médaille militaire.

MM. Amrein (Jean).
Amrein (Xavier).
Andrieux.
A. Darnet.
Demanche, maître d'armes.
Foulatier.

MM. Heller.
Lataille (Léopold).
Picot.
Poulain.
Rabot.
Vitrier.

### ARTICLE CINQUIÈME.

#### Familles importantes de Châteauroux.

Il est sans doute fort délicat de parler des familles considérables d'une ville ; mais l'embarras est atténué lorsqu'on n'a que du bien à en dire. Nous n'avons, du reste, à nous occuper que d'un petit nombre. La mention des noms qu'on a pu remarquer dans le cours de cet ouvrage nous semble en général suffire ; on ne peut, toutefois, se dispenser de s'arrêter sur certaines familles dont les membres ont été mêlés, d'une manière particulière ou prolongée, aux affaires du pays.

*I. Famille Crublier.* — Cette famille est, sans contredit, la plus ancienne et la plus considérable de Châteauroux. On a pu juger de son importance en voyant figurer ses membres dans toutes les administrations que nous avons passées en revue : dans le commandement des gardes de la province de Berry, dans les conseils du duché-pairie, dans le bailliage et l'élection, dans les eaux et forêts, dans les traites foraines, dans l'administration du directoire départemental, dans l'administration municipale ancienne et moderne, dans le tribunal de district, dans la magistrature moderne, dans l'armée (1), dans les députations aux diverses assemblées politiques, dans la régie des droits·réunis et jusque dans l'octroi; enfin, nous avons constaté qu'un Crublier de Chandaire avait été père temporel des Cordeliers et des Capucins.

L'obituaire des Cordeliers nous a montré aussi le rang que cette famille devait occuper au XVIIe et au XVIIIe siècle, en raison du nombre des Crublier inhumés dans leur église à côté des Chauvigny, des d'Aumont, des Maillé de La Tour-Landry et des personnages appartenant à la plus haute noblesse du pays.

Les surnoms suivants que nous avons vu être ajoutés au nom de Crublier font connaître les nombreuses propriétés que cette famille possédait. En voici la liste : de Pied-Moreau ou Puy-Moreau, du Callou, de Saint-Cyran, de La Villeneuve, de Corbilly, de Chandaire, d'Opterre, de Grand'maison, de Grangeroux, de La Tremblaire, de La Rivière, des Crubliers, de Ménas, de Charon, de Miran, de Fougères (2).

---

(1) Trois frères Crublier ont fait, comme officiers du génie, sous le général de Rochambeau, la campagne d'Amérique, de 1781. Tous les trois se sont mariés dans ce pays et ont amené leurs femmes à Châteauroux.

(2) Il ne reste plus en ce moment, pour continuer le nom des Crublier, que M. Ernest Crublier de Chandaire, septuagénaire, et MM. Raymon et André Crublier de Fougères, ce dernier mineur.

*II. Famille Bertrand.* — La famille Bertrand est connue à Châteauroux depuis Henri Bertrand, sieur du Peyrat, né à Angoulême le 14 septembre 1648, lequel est qualifié, en 1686, l'un des gardes de la compagnie du prince Henri II de Condé. Il suivit constamment la fortune de ce prince pendant ses démêlés avec la cour de France. Lorsque Condé eut fait sa soumission, reconnaissant les services que lui avait rendus Bertrand, il l'établit dans son duché avec différentes places honorifiques et lucratives. — Son fils, marié à Anne de Lassée, a produit deux branches : De la première est né, à la troisième génération, l'illustre général Bertrand ; la seconde branche est la souche des Bertrand de Greuille.

*III. Famille Lassée de Maron.* — A la famille Bertrand il faut joindre celle de Lassée de Maron. Bertrand du Peyrat était venu à Châteauroux avec un autre garde de la compagnie du prince de Condé, Paul de Lassée, son parent, natif comme lui d'Angoulême, qui avait aussi suivi la fortune de ce prince et qui en fut également récompensé. Ayant acheté la terre de Maron, il en prit le nom. Ses descendants se sont alliés aux familles Bertrand, Bonneau, Bry de Villefranche, Tailhandier, Soumard, Baucheron de Lécherolle, etc.

*IV. Famille Duris Dufresne.* — Cette famille est ancienne et habitait Neuvy-Saint-Sépulcre. Elle a porté plusieurs noms de biens. Un Duris de Vineuil, lieutenant criminel à La Châtre, en 1696, mourut jeune en 1710. Son frère était, à la même époque, receveur des tailles à Châteauroux.

Le fils du premier, né en 1705 et mort en 1768, portait le nom de Duris-Dufresne et devint receveur des tailles à la place de son oncle.

M. Duris-Dufresne (François), ancien député sous la Restauration et sous le règne de Louis-Philippe, était fils du précédent. — Il n'a eu qu'un fils, M. Jules Duris-Dufresne, qui habite Châteauroux.

*V. Famille Girard de Vasson.* — Des membres de cette famille portèrent d'abord le surnom de Pavigny, puis y ajoutèrent, vers 1645, celui de Vasson, vers 1677 celui de La Notte, et plus tard celui de Malonnef. En 1751, Louis Girard, seigneur de Vasson, chevalier de Saint-Louis, épousa Angélique Leblanc (sœur de Leblanc de Marnaval dont il a été plusieurs fois question dans cet ouvrage). De ce mariage est issu André Girard de Vasson, capitaine de vaisseau (1), marié à Adélaïde Duris-Dufresne. C'est de cette alliance qu'est provenue la nombreuse famille qui habite Châteauroux, Le Blanc, etc.

*VI. Famille Grillon.* — M. Grillon des Chapelles nous apprend, dans ses *Esquisses biographiques,* l'origine de sa famille. Le premier Grillon qui parut dans notre ville fut René, venant de Couterne en Normandie. Il se maria en 1712 avec Marie Rabier. René avait

---

(1) André Girard de Vasson a fait, comme officier de marine, la campagne d'Amérique sous l'amiral de Grasse et y a été blessé.

20 ans et sa femme 16 ans ; ils eurent 24 enfants en 25 ans. Après avoir été longtemps négociant, René Grillon devint receveur des tailles. Il garda cette place près de 20 ans et mourut en 1747. Dix de ses enfants, dont deux religieux, sont arrivés à l'âge d'homme. — L'un de ces enfants a été Amador-Jean-Pierre-Grillon des Chapelles, receveur des rentes à l'Hôtel-de-Ville de Paris, secrétaire du roi, grand-père de M. des Chapelles, secrétaire général de la préfecture de l'Indre et qui a vécu à Châteauroux.

Jacques Grillon et François Grillon, cautionnés par leur oncle, Amador-Jean-Pierre Grillon des Chapelles, formaient la compagnie Grillon à qui la Manufacture du Parc fut cédée en 1787. — Jacques Grillon a été le père de MM. Amador et Eugène Grillon.

M. Grillon-Villeclair, qui a été maire sous le premier Empire, descendait d'un des enfants de René Grillon.

*VII. Famille Patureau.* — Un marchand de ce nom, originaire du Poitou, vint s'établir à Châteauroux vers 1680. Son fils se livra aussi au commerce, acquit de la fortune et allia ses enfants aux familles Rostaing et Cornuau. De ce fils sont provenues plusieurs branches, principalement celle de M. Michel Patureau, qui a fait une grande fortune commerciale et a été le père de MM. Hyacinthe, Henri et Théodore Patureau (1), et celle de M. Patureau-Miran,

---

(1) Nous ne saurions omettre de dire ici que M. Théodore Patureau, amateur très-distingué des beaux-arts, qui habite aujourd'hui parmi

père de M. le président Patureau-Miran et du docteur Raoul Patureau.

*VIII. Famille Charlemagne.* — Cette famille était ancienne et considérable à Issoudun, mais son existence à Châteauroux est assez récente. Elle est particulièrement remarquable en ce que les trois générations, qui ont vécu dans notre ville, ont eu l'honneur de représenter le pays aux Assemblées législatives.

M. Jean-Claude Charlemagne, né en 1762, vint se marier à Châteauroux avec M$^{lle}$ Legrand, dont le père, M. Jérôme Legrand, avait été député à l'Assemblée constituante; il y demeura et fut, comme nous l'avons vu, élu député de l'Indre en 1818. Son fils, M. Edmond Charlemagne, fut aussi élu représentant de ce département en 1831, 1834, 1837 et 1848; et son petit-fils, M. Raoul Charlemagne, a été élu trois fois député sous le second Empire.

A ces familles nous pourrions assurément en ajouter d'autres; mais tantôt leur existence n'a été que de courte durée, tantôt elles se sont rapidement mêlées par les femmes à d'autres familles et ont perdu leur nom; ou bien leur origine dans la ville a eu lieu sous

---

nous, avait créé à Bruxelles une galerie de tableaux qui était visitée, avec le plus vif intérêt, par tous les connaisseurs. Cette galerie, vendue à Paris en 1857, a produit près d'un million de francs. Elle contenait le célèbre tableau d'Hobbema, *les Moulins*, qui a été acheté, à cette vente, 96,000 fr. Ce tableau, racheté par M. le comte de Morny pour la somme de 120,000 francs, faisait partie de la galerie du palais du Corps législatif.

nos yeux. Celles dont les noms ont cessé d'exister se trouvent mentionnées dans le cours de cet ouvrage.

## ARTICLE SIXIÈME.

### Passage à Déols et à Châteauroux de personnages remarquables.

Nous terminerons ce chapitre en rappelant et en indiquant les personnages les plus remarquables que Déols et Châteauroux ont reçus dans leurs murs. — Nous avons raconté que, au VI° siècle, saint Germain, évêque de Paris, vint prier au tombeau de saint Ludre ; que le pape Pascal II était à Déols en 1106, et que le pape Alexandre III y passa tout le mois de septembre 1162. On n'a pas oublié que, en parlant du couvent des Cordeliers, il a été question du séjour, en 1226, de saint Antoine de Padoue dans ce couvent. — Nous avons dit aussi que le roi Charles le Bel, cousin d'André II de Chauvigny, passa à Châteauroux en mars 1324, revenant de Toulouse.

On se souvient encore que, à l'époque des guerres qui eurent lieu pendant la minorité de Denise de Déols, Henri II, roi d'Angleterre, ses fils Henri au Court-Mantel et Richard Cœur-de-Lion, séjournèrent dans la ville de Châteauroux.

En 1632, Louis XIII, âgé de 31 ans, s'arrêta à Châteauroux, revenant de Toulouse où il était le 30 octobre, jour où le maréchal de Montmorency y fut décapité. On voit, dans son itinéraire, qu'il coucha le 9 novembre à Limoges, le 10 à Morterolles, le 11 à Saint-Benoît-du-Sault, le 12 à Saint-Marcel. Le 13 il était à Châteauroux et logé au Château-Raoul. Le 14, on le fit chasser dans la forêt ; on dit qu'il s'y égara et qu'il fut passer la nuit au château de Limanges. Le 15 il était à Vatan et le 16 à Romorantin.

Louis XIV, âgé de 13 ans, allant de Bourges à Poitiers au mois d'octobre 1651, passa à Châteauroux. On ne le fit pas descendre au Château-Raoul, qui appartenait au grand Condé, lequel était en révolte contre la cour. Il coucha à l'hôtel du Dauphin (1).

Nous avons parlé du passage, en 1808, de Ferdinand VII, alors prince des Asturies, avec son oncle don Antonio et son frère don Carlos. — En 1814, le pape Pie VII, revenant de sa captivité de Fontainebleau dans ses états, passa dans notre ville.

Nous avons aussi fait mention du passage du duc et de la duchesse d'Angoulême, sous la première Restauration ; ils logèrent au Château-Raoul et une fête

---

(1) Les bâtiments de l'ancien hôtel du Dauphin sont aujourd'hui occupés par MM. Nuret, imprimeurs-libraires.

Il résulte de documents, trouvés par M. Guinon, à la bibliothèque du Panthéon, que l'hôtel du Dauphin, dont il vient d'être question, a été témoin des débuts de l'inimitable Molière. Alors que ce grand auteur et comédien était chef d'une troupe ambulante, il s'arrêta à Châteauroux et donna une représentation dans une sorte de jeu de paume qui dépendait de cet hôtel et qui s'ouvrait sur la rue du Tripot. Il avait dit n'avoir pas eu à se louer des gens de Limoges, mais avoir, au contraire, été très-satisfait de l'accueil de ceux d'Argenton et de Châteauroux.

leur fut donnée dans le local de la Sénatorerie (aujourd'hui le Lycée). — En 1829, la ville reçut la visite de la duchesse de Berry. La nouvelle préfecture était terminée ; un repas et une réception y eurent lieu.

Vers la fin du règne de Louis-Philippe, le duc et la duchesse de Nemours, faisant un voyage dans les départements du Midi, s'arrêtèrent à Châteauroux et logèrent à la préfecture ; ils reçurent à leur table toutes les autorités.

A l'occasion de l'inauguration de la statue du général Bertrand, nous avons dit que le général G. de Montebello y représentait l'empereur et le général Schram l'armée ; tous deux logèrent à la préfecture.

# CHAPITRE DIX-NEUVIÈME.

## COMMUNE DE CHATEAUROUX EN DEHORS DES FOSSÉS DE L'OCTROI.

Nous indiquerons d'abord les limites de la commune et ses principales localités ; nous nous arrêterons ensuite sur le château de Touvent et ses dépendances.

### § I. — Limites et principales localités de la commune.

La commune de Châteauroux a pour limites la rivière d'Indre depuis le pont de Déols jusqu'à la Pingaudière. Dans ce trajet se trouvent les moulins de la Rochette, de Saint-Denis, de Chambon, de Mousseaux et de Cantinier. La limite se trouve ensuite un peu au-delà des Maisons Rouges, de la Brauderie, des Chevaliers, de Touvent, de Cré, du domaine de Clergé, du hameau de Notz, de Notz-sur-Fonds, de Toutifaut et de Von. Elle suit encore la rivière en rencontrant sur son trajet les moulins de Vilaine, de Valençay et de La Vallas. Enfin, elle rejoint la rivière au pont de Déols en passant au domaine de Vaugirard et au moulin de Salle.

Entre les fossés de l'octroi et les limites de la commune, on remarque les localités suivantes : 1° de la rivière à la route de La Châtre, le domaine de La Vallée, des Bisserioux, d'Anvaux et le hameau de la Pingaudière ; de la route de La Châtre à celle de Cluis, les constructions des bords de la route de La Châtre et la tuilerie neuve ; de la route de Cluis à celle d'Argenton, les maisons qui bordent la route de Cluis et celles de la route de Velles, le hameau de Scrouze, le château de Touvent, le hameau de Gré et celui de Beaulieu ; de la route de Châtellerault à l'Indre, la Bourie et Fonts ; enfin, entre l'Indre en amont et en aval de Châteauroux, on ne trouve que le domaine de Vaugirard et les moulins Neuf et de Sale (1).

### § II. — Château de Touvent et ses dépendances.

*I. Château de Touvent.* — Parmi toutes les localités que nous venons de mentionner, il n'y a de bien remarquable que le château de Touvent.

Ce château est situé à 3 kilomètres de la ville, à droite de la route de Cluis, au bout du hameau de Scrouze. Il a été construit par M. Bertrand-Boislarge,

---

(1) Nous avons vu, dans le recensement de la population de 1872, que la population éparse entre les fossés de l'octroi et les limites de la commune s'élevait à 1.812 âmes. Voici comment cette population est répartie : Au moulin et hameau de Bitray, 45 individus ; au moulin et hameau de Mousseaux, 36 ; à la Pingaudière, 55 ; sur la route de La Châtre, 178 ; à la Brauderie, 107 ; aux Chevaliers, 29 ; sur la route de Velles, 57 ; à Touvent, 26 ; à Scrouze, 119 ; à Gré, 55 ; au Clergé, 36 ; à Beaulieu, 133 ; à Notz-sur-Fonts, 88 ; à Fonts, 38 ; à Toutifaut, 22 ; à la Bourie, 82 ; sur la route de Châtellerault, 167 ; à Von (partie de la commune de Châteauroux), 17.

frère du général Bertrand, qui a, pour ainsi dire, passé sa vie à former le parc dans lequel la maison a été ensuite bâtie. C'est, en effet, plutôt une jolie maison qu'un château.

M. Boislarge, de son vivant, a donné cette propriété à sa nièce, M<sup>me</sup> Hortense Thayer, et M. et M<sup>me</sup> Thayer se sont plu à l'embellir. Ils y ont fait construire une chapelle près du château et une école en dehors du parc.

La maison, très-simple, est complétée par deux pavillons bas. Les appartements sont meublés avec un goût parfait. Partout on y trouve des souvenirs de famille et de l'île Sainte-Hélène.

Dans une grande orangerie, on remarque la *grande cage,* surmontée de l'aigle impérial, que des ouvriers chinois construisirent à Sainte-Hélène pour Napoléon, le *chien de Terre-Neuve* (empaillé) que l'empereur se plaisait à caresser, le *lit de campagne* dont il se servait.

Nous noterons dans le parc la *Montagne du dragon d'or,* charmant belvédère d'où la vue se porte au loin sur les environs, deux belles serres, de superbes plantations, les fleurs les plus rares de tous les climats, des kiosques. Un bas-fond garni de géraniums rappelle la vallée où le grand captif aimait à aller se reposer ; un espace entouré d'eau est encore un souvenir de l'île Sainte-Hélène, etc.

On ne manque jamais d'aller visiter, dans un rond-point, au bout de la grande avenue, la *statue du général Bertrand.* L'histoire de cette statue mérite d'être racontée. Après la mort du général, on ouvrit une souscription destinée à lui élever une statue. La famille présenta Marochetti ; mais la mairie s'étant brouillée avec cet artiste, elle lui laissa les fonds qu'il avait déjà reçus et refusa sa statue. M. Boislarge crut devoir écrire à Marochetti et lui demanda quelle somme il voulait de son œuvre. Marochetti, sans rien conclure, se hâta d'envoyer sa statue. L'arrangement n'a pas été connu. La statue a été érigée sur un piédestal en marbre et entourée d'une grille de fer. La Révolution de 1848 est arrivée sur ces entrefaites, et c'est après les journées de juin et pendant que le général Cavaignac était au pouvoir que l'inauguration a eu lieu. Cette cérémonie s'est faite avec un entrain remarquable. Toute la société de Châteauroux était réunie sur des estrades dressées dans le rond-point. La garde nationale, conduite par le préfet, M. Chevillard, arriva avec sa musique ; les artilleurs avaient amené deux pièces d'artillerie, dont les détonations annoncèrent le commencement de la cérémonie. Le voile enlevé, la statue fut bénie par M. le curé Molat. Un remarquable discours fut prononcé par le préfet, un autre par Patureau-Francœur, père, alors maire, et un troisième par M. le général de Rigny, commandant le département. Des tables couvertes de rafraîchissements avaient été établies sur les gazons pour le public, et M. Bertrand-Boislarge recevait, dans les appartements du château, sa famille et ses amis. Comme s'il se fût agi d'une cérémonie officielle, toutes les autorités s'étaient fait un devoir d'assister à cette fête.

*II. Chapelle de Touvent.* — M. et M^me Thayer ont fait édifier, il y a 15 ans, dans le parc, près de l'orangerie, une remarquable chapelle sur laquelle nous devons donner quelques détails. Elle est due à M. Verdier, architecte de Paris; les peintures sont de M. Denuelle et les vitraux de M. Oudinot. A l'extérieur, les lignes sont sévères, mais harmonieuses et bien entendues. A l'intérieur, la richesse de l'ornementation ne fait pas oublier la gravité de l'ensemble. Les cinq fenêtres absidiales sont décorées de magnifiques vitraux, qui représentent, groupés autour du bon pasteur, les patrons de la famille, saint Louis, saint Henri, saint Amédée et sainte Eugénie. Les peintures murales rappellent les meilleures époques de la décoration religieuse; leur exécution ne laisse rien à désirer. Les bas-côtés sont soutenus par des colonnes. Le pavé en mosaïque, l'autel, les boiseries, l'orfévrerie sont d'un goût exquis. De cet ensemble est résulté un véritable bijou d'architecture romane. La statue de Notre-Dame de Touvent, dont les proportions sont heureusement combinées avec la dimension de l'édifice, est en marbre blanc. On la doit au ciseau de M. Blanchard, jeune artiste distingué, qui a pris pour type de sa composition le modèle populaire de la vierge d'Owerbeck, tenant le saint Enfant et l'offrant à l'adoration des peuples. Sur le riche diadème qui ceint le front de la Vierge se lit cette devise : *Refugium peccatorum, consolatrix afflictorum.*

*III. École de Touvent.* — Cette école est celle qu'on

trouve à gauche en arrivant au château. Au milieu du bâtiment est le petit couvent des sœurs de la Sainte-Enfance, de Versailles, qui dirigent l'établissement. D'un côté est l'école et de l'autre l'asile ; chacun a sa cour. Les petits garçons et les petites filles du hameau de Scrouze y reçoivent les bienfaits de l'éducation ; ils sont séparés par une légère cloison. On distribue, chaque jour, aux enfants, une soupe, de la viande ou des légumes. Les religieuses vont visiter les malades à domicile et porter des secours. L'établissement a une petite pharmacie. En janvier 1873, l'école de Touvent contenait 29 garçons et 30 filles, et l'asile 35 garçons et 31 filles (1). — Avant d'arriver à l'école de Touvent, on remarque à gauche une belle croix de mission en pierre sculptée.

Le sol de la commune de Châteauroux ressemble à celui de la commune de Déols. Nous répéterons donc que sa formation géologique appartient à l'étage moyen du système oolithique ; et que son sous-sol est constitué par le calcaire jurassique. On y rencontre aussi des pierres lithographiques ; ces pierres comme grain sont d'une qualité supérieure, mais elles s'écaillent facilement, ce qui a fait renoncer à s'en servir.

(1) M$^{me}$ Thayer vient de Paris exprès, tous les ans, à l'époque de la semaine sainte, pour assister, dans sa chapelle, aux exercices religieux des petits enfants de l'école.

## TROISIÈME SECTION

## HISTOIRE COMMERCIALE ET INDUSTRIELLE

La seconde section de cet ouvrage étant très-longue, nous avons reporté, dans la section actuelle, tout ce qui, à la rigueur, pouvait y être compris. C'est ainsi que les impôts, l'octroi, le budget de la ville, les établissements de crédit, les moyens de transport, de communication et de trafic nous paraissent devoir être considérés comme propres à faire juger de la prospérité commerciale et industrielle. La fabrication des draps et des tabacs appartient essentiellement à cette section, ainsi que les autres industries et toutes les matières faisant l'objet d'un commerce plus ou moins important. Enfin, nous y avons rangé tout ce qui se rapporte à l'agriculture. Nous terminons en nous occupant de l'éclairage, des eaux et du théâtre.

Presque dès son origine, Châteauroux est devenu une cité commerçante. Il y avait de bonnes maisons de commerce et c'était une sorte d'entrepôt où l'on venait de loin, surtout de la Marche et de l'Auvergne, pour faire des approvisionnements. Le commerce y était en honneur. Il était d'usage que le maire et l'un des échevins fussent choisis parmi les marchands. Les fabricants de la rue d'Indre, comme nous l'avons dit, étaient, à ces époques éloignées, des personnages importants et très-considérés.

# CHAPITRE PREMIER.

## ADMINISTRATIONS FINANCIÈRES.

Ces administrations se composent de la **Trésorerie** générale, des Contributions directes, des Contributions indirectes, de l'Enregistrement et des Domaines, et des Forêts (1).

### ARTICLE PREMIER.
#### Trésorerie générale.

La Trésorerie générale a pour fonctions le mouvement des contributions publiques du département et l'acquittement des dépenses.

Elle a pour fonctionnaires un trésorier-payeur général ; un fondé de pouvoirs ; un caissier chargé du service de la caisse des dépôts et consignations ; un chef de comptabilité ; un employé chargé du service des rentes, des dépôts en compte courant ; un autre chargé des cotisations municipales et particulières, de la Légion-d'honneur, des invalides de la marine,

---

(1) Nous avons parlé des Forêts au chapitre VIe de la IIe Section.

des produits éventuels départementaux, de la recette particulière ; un autre employé s'occupe du Crédit foncier, des achats et ventes de rentes ; un autre encore de la dépense et de l'ancien service du payeur (1). Il y a, en outre, trois surnuméraires attachés à la Trésorerie générale.

La caisse est ouverte de 9 heures du matin à 4 heures du soir.

Le trésorier-payeur, remplissant, pour l'arrondissement de Châteauroux, les fonctions de receveur particulier, il n'y a pour la ville qu'un percepteur.

Voici la liste des receveurs-généraux depuis 1796 :

En cette même année 1796, M. Moreau-Lucas ; — 1799, M. Peneau ; — 1809, M. Marguery ; — 1812, M Madinier ; — 1815, M. Delaleuf ; — 1845, M. Durieu ; — 1847, M. Conte ; — 1863, M. le comte Begouen ; — 1866, M. Levylier ; — 1872, M. Adam.

### ARTICLE DEUXIEME.
#### Des Impôts de l'État.

Poursuivant notre plan général, nous parlerons des anciens impôts avant d'énumérer les impôts actuels.

#### § I. — Anciens Impôts.

L'absence de moyens de communication, le défaut de contrôle, les priviléges rendaient presque impos-

---

(1) Les fonctions de receveur général et de payeur ont été réunies en une seule sous le nom de trésorier-payeur, par décret du 21 novembre 1865.

sible une répartition équitable et un recouvrement régulier. Les frais de recouvrement étaient très-élevés. On avait recours aux impositions les plus variées. Nos contributions directes étaient représentées par la taille, la capitation, les dixièmes, les vingtièmes et les cinquantièmes. A la taille se joignaient les *crues,* comprenant la grande crue, le taillon, la solde des officiers et archers de la maréchaussée, la somme nécessaire à la dépense des étapes des troupes en marche, les fonds attribués aux ponts et chaussées, etc.

La *taille* se levait sur toutes les personnes qui n'étaient pas nobles ni ecclésiastiques, ou qui ne jouissaient pas de quelque exemption. Elle était fixée d'après le revenu brut dont l'importance était réglée par les collecteurs, eu égard au nombre de charrues, chevaux, bestiaux, etc. En 1672, l'élection de Châteauroux, qui correspondait à l'arrondissement, payait, pour l'impôt de la taille, 85,400 livres. En 1747, c'est-à-dire en soixante-quinze ans, cet impôt s'était élevé à 127,568 livres. La ville de Châteauroux payait elle-même, en 1671, 2,800 livres, et, en 1740, 5,200 livres ([1]).

(1) Je crois devoir consigner ici des renseignements puisés dans les cahiers des impositions des tailles que M. Jules Duris-Dufresne a bien voulu me confier. Ces cahiers se trouvaient naturellement chez lui, son grand-père paternel ayant été receveur des tailles.

La *taille* s'établissait par paroisses. A Châteauroux, les paroisses de Saint-André, de Saint-Christophe, de Saint-Denis et de Saint-Martin faisaient partie, en 1788, de l'apanage du comte d'Artois. Voici ceux qui, dans ces paroisses, étaient exempts de la taille.

Dans la *paroisse de Saint-André :* 1° les fonctionnaires du *bailliage :*

La *capitation* atteignait tous les individus nobles ou roturiers ; les ecclésiastiques seuls en étaient exempts (1).

Les *dixièmes*, *vingtièmes* et *cinquantièmes*, étaient des impôts assis sur les revenus présumés des contribuables.

Le principal des impôts indirects s'appelait *droit d'aydes*. Il y avait encore des droits sur la vente du tabac, des poudres et salpêtres, la moitié des octrois des villes, le don gratuit qui se levait à Châteauroux

---

M. de Treuillault, lieutenant-général; M. de Fassardy, lieutenant-général criminel; M. de La Touche, conseiller; M. de Chandaire, procureur du roi; et M. Legrand, avocat du roi ; 2° Les membres de l'*élection*: M. Boëry, président; M. des Crubliers, lieutenant; M. Blanchard, élu; M. Prévost, procureur du roi; 3° Les membres de la *noblesse*: M. de l'Estang, M. de Chandaire, trésorier de France; M. de Constantin, écuyer; et M. Peyrot, veneur.

Dans la *paroisse de Saint-Denis*, on trouve parmi les exempts de la taille: M. Bertrand, conseiller et secrétaire du roi; M. Lecapelain, conseiller; M. de Vasson, écuyer; M. de Cougny de la Pingaudière, écuyer; M. de Cougny de la Presle, écuyer; M. Bouchet, chevalier de Saint-Michel; et M<sup>me</sup> veuve Leblanc de Coings.

Il n'y avait pas d'exemption dans la *paroisse de Saint-Martin*. Il n'y en avait pas non plus dans celle *de Saint-Christophe*.

L'année 1789 n'offre aucun changement dans les exemptions de la taille. Il n'en est pas de même dans l'année 1790 : les exemptions sont supprimées dans les paroisses de Châteauroux; mais on les trouve encore dans la plupart des autres paroisses de l'élection. Nous n'avons pas de renseignements sur les années suivantes; on peut, toutefois, être bien certain que les exemptions ne tardèrent pas à cesser partout.

(1) Les gens d'église, exempts de la capitation et de la taille, étaient soumis, comme les bourgeois des villes franches, à d'autres impôts qui en tenaient lieu. On les appelait décimes et don gratuit du clergé; ils étaient votés dans les assemblées du clergé qui se tenaient tous les cinq ans.

sur certaines marchandises qui y entraient, les droits sur les cuirs, les huiles, ceux d'inspecteurs aux boucheries, l'impôt sur la viande, le timbre, l'enregistrement. L'impôt sur le sel, qui portait le nom de *gabelle*, était un des plus considérables. Le *centième denier* était un droit qui se payait au roi et était prélevé sur tous les revenus et produits sans exception.(1).

Il y avait à Châteauroux deux receveurs des tailles; mais les autres impôts étaient concédés à des fermiers. Le siége du grenier à sel était à Buzançais. On a vu que les habitants de Châteauroux firent, en 1767, de vains efforts pour en faire établir un dans leur ville ou pour y faire transférer celui de Buzançais. Des tribunaux spéciaux jugeaient les contestations auxquelles donnait lieu la perception de ces impôts.

§ II. — **Impôts actuels.**

Ces impôts consistent dans les contributions directes et indirectes, dans l'enregistrement et les domaines.

*I. Contributions directes.* — Notons leurs attributions, leur personnel, la contenance imposable, les produits et la liste des anciens directeurs.

*Attributions.* — Les attributions de cette administration sont les suivantes : préparation des éléments de répartition des contributions foncière, personnelle-mobilière, portes et fenêtres; — assiette de l'impôt des patentes; — travail annuel des mutations foncières; — constatation des changements sur-

(1) Nous avons déjà mentionné (p. 605), dans les généralités de la deuxième section, l'impôt des douanes, qui se payait à l'intérieur, au passage d'une province dans l'autre, et se nommait *traites foraines*.

venus dans la matière imposable ; — confection des états matrices et des rôles des quatre contributions directes, de la taxe des biens de main-morte, de la rétribution pour droits de vérification des poids et mesures, des prestations en nature pour les chemins vicinaux, de la taxe municipale sur les chiens, des redevances des mines, des frais de bourses et de chambres de commerce, des droits de visite chez les pharmaciens, droguistes, des taxes sur les possesseurs de billard, sur les abonnés des cercles et autres lieux de réunion, sur les créances hypothécaires, sur les voitures et sur les chevaux, etc.; — établissement des rôles spéciaux pour impositions communales extraordinaires ; — vérification et instruction des réclamations en décharge, réduction, remise et modération ; — vérification de pertes collectives ; — expédition des ordonnances de dégrèvement et des lettres d'avis aux pétitionnaires, travaux de statistique pour l'amélioration des bases des impôts directs ; — cadastre ; — délivrance des extraits de plans et de matrices cadastrales (1).

*Personnel.* — Il se compose d'un directeur de quatrième classe, d'un inspecteur de 3ᵉ classe, d'un contrôleur 1ᵉʳ commis

---

(1) Par arrêté préfectoral du 8 août 1826, les prix des copies ou extraits de plans et de matrices cadastrales sont réglés ainsi qu'il suit :

*Copies ou extraits de plans,* pour 10 parcelles et au-dessous réunies sur une même feuille...................................... 2 fr. » c.
Pour tout nombre de parcelles excédant dix, réunies sur une même feuille, par parcelle........................ » 20
Pour chaque parcelle sur une feuille séparée, avec indication des tenants et aboutissants...................... » 50
Pour copie d'une section entière, par parcelle........ » 10
Pour copie d'un plan entier d'une commune, par parcelle. » 05
Les mêmes copies en trait colorié, la moitié en sus des prix précédents.

*Extraits des matrices cadastrales,* pour 10 parcelles ou lignes et au-dessous..................................... » 50
Pour tout nombre de parcelles excédant dix, par parcelle. » 05
L'indication de tous renseignements en sus des extraits proprement dits se traite de gré à gré avec le directeur des contributions directe.

de 1re classe ; de plus, de trois contrôleurs : un contrôleur de 3e classe, chargé de la division d'Argenton, et un contrôleur de 1re classe, chargé de la division de Buzançais, tous trois résidant à Châteauroux ; trois employés sont attachés à la direction ; les bureaux de celle-ci sont ouverts au public tous les jours non fériés, de 8 heures à 11 heures du matin et de 1 heure à 4 heures du soir.

*Contenance imposable, d'après le cadastre de 1828, dans la commune de Châteauroux.*

| | |
|---|---|
| Terres labourables | 1,619 hectares. |
| Prés et herbages | 215 |
| Vignes | 350 |
| Bois | 39 |
| Terrains divers en culture | 119 |
| Sol des propriétés bâties | 50 |
| Contenance des objets non imposés | 125 |
| Total | 2,517 hectares. |

*Produits des contributions directes en 1871.*

| | |
|---|---|
| Contribution foncière | 61,698 fr. |
| — personnelle-mobilière | 51,572 |
| — portes et fenêtres | 35,687 |
| — patentes | 69,399 |
| | 218,356 fr. |

*Directeurs.* — Voici la liste des directeurs des contributions directes depuis le commencement du siècle :

MM. Marcol, 1807 ; — Poupet, 1808 ; — Dissez, 1809 ; — Lepeintre, 1811 ; — Marchand, 1832 ; — de Boureulle, 1840 ; — Châtelain, 1843 ; — Berniquet, 1847 ; — Navarre, 1851 ; — Melon de Pradoux, 1854 ; — Malespine, 1862 ; — Fontès, 1871.

**II. *Contributions indirectes.*** — Nous avons aussi à indiquer, dans cette administration, les attributions, le personnel, les produits et la liste des directeurs.

*Attributions.* — L'administration des contributions indirectes a, dans ses attributions, la perception des impôts sur les boissons (vins, cidres, poirés, hydromels, eaux-de-vie, esprits, liqueurs et bières), les voitures publiques, les chemins de fer, les cartes à jouer, les sels, la navigation, les matières d'or et d'argent, et enfin les droits de timbre et de remises. Elle est chargée de la vente exclusive des tabacs, des poudres à feu et de l'encaissement des produits ci-après : fermes et abonnements des bacs et passages d'eau, adjudication des pêches, francs ports, péage sur les ponts et canaux soumissionnés. Elle a également dans ses attributions la surveillance générale de la perception et de l'administration de tous les octrois.

*Personnel.* — Cette administration est constituée par un directeur de 2º classe, un 1er commis, un 2º et un 3º commis et un surnuméraire de la direction, un inspecteur de 2º classe, un receveur de 3º classe, un contrôleur de 2º classe, deux commis de 2º classe, deux commis de 3º classe et deux surnuméraires, un receveur de la banlieue et un commis principal.

*Produit des contributions directes en 1871.*

| | |
|---|---:|
| Boissons. | 227,484 fr. |
| Droits divers | 13,125 |
| Voitures publiques | 16,092 |
| Tabacs. | 216,959 |
| Poudre à feu. | 6,956 |
| Total. | 480,616 fr. |

*Directeurs.* — Liste des directeurs depuis le commencement du siècle :

MM. Boëry, 1805 ; — Pincemaille-Delaunoy, 1808 ; — Gasson, 1815 ; — Grand, 1817 ; — Roman, 1819 ; Baulmont, 1821 ; — Rat d'Amblemont, 1823 ; — Lenoir, 1830 ; — Formentin, 1853 ; — de Bavay, 1856 ; — Barré, 1864.

*III. Enregistrement et Domaines.* — Nous noterons encore ici les attributions de cette administration, son personnel, son produit et la liste de ses anciens directeurs.

*Attributions de cette administration.* — Droit d'enregistrement sur les actes publics civils et sous-seings privés, constatation des amendes de contraventions aux lois sur cette partie des droits, ainsi que sur le notariat, le code de commerce, etc.; droits d'enregistrement sur les actes judiciaires, extra-judiciaires et administratifs, droits sur les mutations par décès, droits de sceau attribués au Trésor, droits de greffe et hypothèques, distribution du timbre et perception des droits, recouvrement des amendes de condamnations de toute nature, des dommages-intérêts adjugés à l'État, des frais de justice, de poursuites et d'instance, régie, conservation et aliénation des domaines de l'État, acquisitions et échanges d'immeubles pour le compte de l'État, lais et relais de la mer, îles et îlots, biens séquestrés, successions en déshérence, épaves, rentes et créances dues à l'État, vente du mobilier de l'État et des objets déposés dans les greffes, inventaire des mobiliers appartenant à l'État, aux départements et aux établissements publics, questions de propriété relatives aux bois et forêts de l'État, droits d'usage, cautionnements, recouvrements des produits forestiers, domaines échangés et engagés, etc., etc.

*Personnel.* — Le personnel se compose d'un directeur, d'un inspecteur, d'un vérificateur, d'un premier commis de direction, d'un garde-magasin contrôleur de la comptabilité et d'un expéditionnaire.

Il y a, de plus, dans cette administration un *conservateur des hypothèques*, un premier commis, un receveur de l'enregistrement pour les actes publics et sous-seings privés, pour les successions, un autre receveur pour les actes judiciaires, huissiers, domaines, timbre à l'extraordinaire.

*Produit.* — Voici le relevé du produit des droits de l'Enregistrement, des Domaines et du Timbre pour le canton de Châteauroux, pendant l'année 1872 (1).

| Enregistrement. | Hypothèques. | Timbre. | Total. |
|---|---|---|---|
| 380,323 fr. 60 c. | 11,784 fr. 85 c. | 147,217 fr. 09 c. | 539,355 fr. 54 c. |

*Directeurs.* — Nous avons pu recueillir la liste des directeurs de l'Enregistrement et des Domaines depuis le commencement du siècle :

MM. Thibaut, 1804 ; — Chardon, 1812 ; — Leblanc de Sérigny, 1813 ; — Trigand de Beaumont, 1817 ; — Vauvillien, 1823 ; — Fix, 1825 ; — Besnard, 1827 ; — Titiot des Martinais, 1831 ; — Drouet d'Aubigny, 1825 ; — Mottin, 1838 ; — Berge, 1840 ; — De Brettes, 1844 ; — Desgranges-Touzin, 1859 ; — Beauregard, 1867 ; — Martin, 1868.

*IV. Nombre des imposés suivant les diverses catégories des cotes d'impositions.* — M. Duchemin, percepteur de la commune de Châteauroux, a eu l'obligeance de me faire dresser le tableau suivant qui indique le nombre des imposés suivant l'accroissement des cotes d'impositions. Le nombre général des imposés de la commune de Châteauroux est de 4,478.

---

(1) L'administration de l'Enregistrement et des Domaines ne fait le relevé de ses produits que par canton. Pour donner les produits de la commune de Châteauroux seulement, il faudrait établir une proportion, soit d'après la population de la commune de Châteauroux et des autres communes, soit d'après la superficie de chacune d'elles. Mais, dans les deux cas, il y aurait une grande difficulté, attendu que beaucoup d'actes relatifs à des propriétés de la commune de Châteauroux sont enregistrés dans d'autres lieux et *vice versâ*.

DIVERS DEGRÉS DES COTES.

| Nombre des imposés. | | | Nombre des imposés. | | |
|---|---|---|---|---|---|
| de 1 à 10 francs. | 1730 | | de 500 à 600 | 27 |
| de 10 à 20 | 985 | | de 600 à 700 | 12 |
| de 20 à 50 | 632 | | de 700 à 800 | 6 |
| de 50 à 100 | 444 | | de 800 à 900 | 7 |
| de 100 à 200 | 374 | | de 900 à 1000 | » |
| de 200 à 300 | 145 | | de 1000 à 2000 | 6 |
| de 300 à 400 | 68 | | de 2000 à 3000 et au-delà | 3 |
| de 400 à 500 | 37 | | | |

Si nous faisons le relevé des impositions contenues dans ce chapitre. Nous trouvons en 1871 :

| | | |
|---|---|---|
| Pour les contributions directes. | 218,356 fr. | » c. |
| Pour les contributions indirectes | 480,616 | » |
| Pour l'enregistrement et les domaines | 539,355 | 54 |
| Total. | 1,238,327 fr. | 54 c. |

# CHAPITRE DEUXIÈME.

## DE L'OCTROI.

Les octrois sont des taxes indirectes établies sur certains objets de consommation pour subvenir aux dépenses qui sont à la charge des communes. Dans les temps anciens de la monarchie, au roi seul appartenait le pouvoir d'établir, au profit du Trésor public, des impôts sur les objets de consommation. Parmi ces impôts, on vit figurer, en 1383, celui des *droits d'octroi*, ainsi nommés de la formule d'exécution des édits qui les instituèrent. Les taxes d'octroi établies à cette époque pour le compte exclusif de l'État cessèrent bientôt, mais ne tardèrent pas à reparaître. En 1352, le Trésor royal commença à permettre aux villes l'établissement de l'octroi à la condition de lui verser le quart des sommes perçues. Un édit de 1663 attribua au roi le prélèvement à perpétuité de la moitié des droits.

Nous présenterons quelques renseignements sur les anciens octrois avant de nous occuper de l'octroi moderne ; nous donnerons aussi le tarif des droits de place, de mesurage et de pesage.

## ARTICLE PREMIER.
### Des anciens Octrois.

Le titre le plus ancien relatif aux octrois de Châteauroux est un acte du 22 novembre 1441 portant « continuation pour huit années de la levée de 10 sols tournois pour chaque tonneau de vin qui se vendra en détail dans ladite ville. » Avant 1626, on prélevait sur l'impôt de l'octroi ce qui était nécessaire à l'entretien des murs et fortifications ; mais le 31 juillet de cette année, Louis XIII ayant ordonné que les fortifications inutiles à la défense des frontières seraient démolies, les octrois furent employés à acquitter les dettes contractées par les villes dans le cours des guerres religieuses et à quelques menues dépenses. La déclaration du roi, du 15 janvier 1730, imposa à la ville l'obligation de nommer un receveur des octrois, lequel donnerait caution. Les habitants choisirent François Dupuy. Après lui, cette place fut successivement occupée par François Moreau, Guymon de La Chaussée, Crublier de Saint-Cyran, Philippe Briaune.

Voici quels furent, de 1716 à 1780, les prix des baux des octrois de Châteauroux pour la moitié revenant à la ville :

En 1716, 1,325 livres. — 1720, 1,200 livres. — 1727, 1550 livres. — 1731, 1,640 livres. — 1733, 1,350 livres. — 1739, 1,550 livres. — 1745, 1,000 livres, plus 60 toises de pavé par an à raison de 100 sols la toise. — 1750, 1,540 livres. — 1756, 2,110 livres. — 1762, 2,380 livres. — 1768, 2,730 livres. — 1774, 1,820 livres. — 1780, 1,740 livres.

## ARTICLE DEUXIÈME.

### De l'Octroi municipal moderne.

La loi du 5 ventôse an VIII permit d'une manière générale l'établissement des octrois au profit des villes et décida que les projets de tarif et de règlement votés à cet effet par les conseils municipaux seraient soumis à l'approbation du gouvernement. Un prélèvement du dixième du produit net subsista au profit de l'État. Aujourd'hui les octrois doivent être délibérés d'office par les conseils municipaux ; cette délibération est remise au préfet qui la transmet au ministre de l'intérieur, lequel donne l'autorisation.

L'octroi actuel de Châteauroux date de l'année 1809. Le service a été dirigé d'abord par des contrôleurs de la régie (MM. Levraux et Sallé). Cependant M. Bance, ancien officier, en a été chargé pendant six années. En 1835, M. Valéry Mars a été nommé préposé en chef et a conservé cette place jusqu'à sa mort, survenue en août 1871. M. Chomet a été appelé à lui succéder.

Pendant que M. Eugène Grillon était maire, des fossés d'octroi, avec un boulevard extérieur et un boulevard intérieur, ont été pratiqués autour de la ville. Des bureaux de recette et de surveillance ont été placés sur toutes les entrées. Ce travail considérable commencé en 1835, pour lequel il a fallu des achats de terrains et des expropriations, de grands terrassements, des plantations d'arbres, etc., a exigé plus de 10 années. Il a coûté au moins 200,000 francs.;

mais la ville a été bientôt dédommagée de ce sacrifice par l'augmentation graduelle de ses revenus (¹).

Dans les dernières années de l'Empire, la suppression des octrois était devenue un cheval de bataille pour l'opposition politique. Le gouvernement crut devoir étudier à fond cette question, et se livra à une enquête pour laquelle les conseils municipaux des 1,543 villes qui possèdent un octroi furent appelés à répondre à un questionnaire détaillé. Le rapport présenté à ce sujet par le préposé en chef de l'octroi fut approuvé par le Conseil municipal. Il en résultait qu'il ne s'élevait aucune plainte de la population rurale ni sur l'impôt en lui-même ni sur le mode de perception, que le Conseil municipal ne formulait aucun vœu sur le changement de cet impôt, que les matières premières employées par l'industrie étaient imposées à un taux minime, que l'impôt de l'octroi se percevant par de très-petites sommes se payait facilement, enfin qu'on ne voyait aucun moyen de le remplacer convenablement.

*I. Règlement de l'Octroi.* — Ce règlement a été a approuvé par décret impérial du 2 décembre 1861. Nous nous bornerons à indiquer les divers titres de cette pièce qui traite de la perception de l'Octroi sur les objets venant de l'extérieur, sur ceux de l'inté-

---

(1) Il serait très-difficile d'établir au juste ce qu'a coûté l'établissement des fossés, boulevards et bureaux de l'octroi. Le relevé du registre des dépenses ne suffirait pas, car les travaux de terrassement ont été faits, en grande partie, par des ateliers de charité.

rieur, des passe-debout, transit et entrepôt des objets soumis aux droits du trésor, de ceux qui n'y sont pas sujets, des bestiaux entretenus dans le rayon de l'octroi, de l'entrepôt à domicile des objets non soumis aux droits du trésor, du contentieux et du personnel ; mais nous allons reproduire le tarif.

*II. Tarif voté par le conseil municipal et applicable au 1ᵉʳ janvier 1873.*

| CHAPITRES DE PERCEPTION. | OBJETS ASSUJETTIS AUX DROITS. | MESURES et POIDS. | DROITS A PERCEVOIR. |
|---|---|---|---|
| BOISSONS ET LIQUEURS. | Vins en cercles et en bouteilles..... | l'hectolitre. | 1 fr. 50 c. |
| | Alcool pur contenu dans les eaux-de-vie et esprits en cercles, en bouteilles, liqueurs et fruits à l'eau-de-vie.................... | Id. | 12 » |
| | Alcools dénaturés de 2 à 3/10ᵉˢ........... | Id. | 1 28 |
| | de 3 à 4/10ᵉˢ........... | Id. | 1 12 |
| | de 4 à 5/10ᵉˢ........... | Id. | » 96 |
| | au-dessus de 5/10ᵉˢ..... | Id. | » 80 |
| | Cidres et poirés.................... | Id. | » 50 |
| | Bières.............................. | Id. | 4 80 |
| | Vinaigre et conserves au vinaigre... | Id. | 3 » |
| | Vinaigre concentré, acide acétique et pyroligneux..................... | Id. | 21 » |
| | Huile d'olives, d'œillette dite huile blanche, et autres................ | Id. | 16 » |
| | Huile de noix...................... | Id. | 8 » |
| | Limonade gazeuse.................. | Id. | 4 » |
| COMESTIBLES. | ANIMAUX DE BOUCHERIE VIVANTS : | | |
| | Bœufs, vaches, génisses, taureaux et veaux, moutons, brebis et agneaux, porcs et truies..................... | les 100 k. | 5 » |
| | Boucs et chèvres .................... | Id. | 1 50 |

## DE L'OCTROI.

| CHAPITRES DE PERCEPTION. | OBJETS ASSUJETTIS AUX DROITS. | MESURES et POIDS. | DROITS A PERCEVOIR. | |
|---|---|---|---|---|
| | | | fr. | c. |
| COMESTIBLES (Suite). | VIANDES DÉPECÉES, FRAICHES OU SALÉES : | | | |
| | Bœufs, vaches, génisses, taureaux et veaux, moutons, brebis et agneaux, porcs et truies.................... | les 100 k. | 10 | » |
| | Boucs et chèvres..................... | Id. | 3 | » |
| | Charcuterie, graisse, lard et viande fumée...................... | Id. | 15 | » |
| | Abats et issues..................... | Id. | 3 | 50 |
| | Chevreuils et daims, cerfs et biches, laies et sangliers morts ou vivants. | le kilog. | » | 30 |
| | Lièvres........................ | la pièce. | » | 25 |
| | Chevreaux........................ | Id. | » | 20 |
| | Lapins de garennes................ | Id. | » | 15 |
| | Lapins domestiques................ | | | |
| | Bécasses, perdrix, cailles, râles rouges, pilets, poules d'eau et sarcelles................... | Id. | » | 10 |
| | Coqs de bruyère, faisans mâles ou femelles, oies et canards sauvages. | Id. Id. | » » | 05 20 |
| | Pigeons de toute sorte............ | Id. | » | 02 1/2 |
| | Alouettes et ortolans.............. | la douzaine | » | 05 |
| | Conserves et fruits confits, olives, figues, raisins secs, pruneaux et tous fruits secs..................... | le kilog. | » | 10 |
| | Truffes, volailles et gibiers truffés, pâtés et terrines truffés.......... | Id. | » | 75 |
| | Poisson d'eau douce............... | Id. | » | 10 |
| | Poisson d'eau de mer.............. | Id. | » | 10 |
| | Huîtres fraîches ou marinées........ | Id. | » | 05 |
| | Dindes.......................... | la pièce. | » | 30 |
| | Oies............................ | Id. | » | 20 |
| | Chapons........................ | Id. | » | 20 |
| | Poulets, canards, barboteaux........ | Id. | » | 10 |
| | Oranges, citrons et limons.......... | les 100 kil. | 10 | » |
| | Beurre de toute espèce, frais ou fondu, salé ou non salé................ | le kilog. | » | 05 |
| | Fromages secs.................... | Id. | » | 10 |
| FOURRAG. | Fourrages naturels secs ou fanés.... | les 100 kil. | » | 60 |
| | Fourrages artificiels secs ou fanés... | Id. | » | 40 |
| | Paille de toute espèce............. | Id. | » | 25 |
| | Avoines en gerbes et en grains...... | Id. | 1 | » |

| CHAPITRES DE PERCEPTION. | OBJETS ASSUJETTIS AUX DROITS. | MESURES et POIDS. | DROITS A PERCEVOIR. |
|---|---|---|---|
| | | | fr.   c. |
| COMBUSTIBLES. | Bois à brûler de cîme, de regalle, de souches et copeaux, bois tendre, ainsi que le bois taillis ayant six centimètres de diamètre et au-dessous, mesurés au milieu.......... | le stère. | »   30 |
| | Bois à brûler de toute autre espèce que celui ci-dessus............... | Id. | »   80 |
| | Fagots marchands.................. | le cent. | 2   50 |
| | Fagots bâtards..................... | Id. | 1   25 |
| | Fagots demi-marchands............ | Id. | 1   » |
| | Fagots demi-bâtards ............... | Id. | »   35 |
| | Charbon de bois................... | l'hectolitre. | »   25 |
| | Débris de charbon de bois et fumerons ............................ | Id. | »   10 |
| | Charbon de terre, anthracite, lignite et autres combustibles minéraux... | Id. | »   25 |
| | Coke............................. | Id. | »   15 |
| | Huiles animales, végétales et minérales de toute espèce, à l'exception du dégras et de l'huile de poisson . | Id. | 6   » |
| | Chandelles ....................... | les 100 kil. | 7   » |
| | Suifs de toute espèce fondue........ | Id. | 7   » |
| | Suifs en branches ou brut.......... | Id. | 5   60 |
| | Cire blanche ou jaune.............. | Id. | 18   » |
| | Bougies stéariques, acides stéariques et autres substances pouvant remplacer la cire................... | Id. | 15   » |
| MATÉRIAUX. | Chaux et mortier de toute espèce.... | l'hectolitre. | »   30 |
| | Ciment de toute espèce ............ | les 100 kil. | »   90 |
| | Plâtre............................. | Id. | »   30 |
| | Pierres de taille dures.............. | le mètre c. | 3   » |
| | Pierres de taille tendres............ | Id. | 2   50 |
| | Dalles et carreaux de pierres de toute espèce.......................... | mèt. super. | »   40 |
| | Marbres et granits y compris l'emballage............................ | les 100 kil. | 2   » |
| | Fers de toute esp. Zinc............ Plomb.......... Cuivre........... Fonte........... } destinés à la construction des bâtiments, façonnés ou non........ | Id. | 2   » |

| CHAPITRES DE PERCEPTION. | OBJETS ASSUJETTIS AUX DROITS. | MESURES et POIDS. | DROITS A PERCEVOIR. |
|---|---|---|---|
| | | | fr. c. |
| MATÉRIAUX (Suite). | Ardoises pour toitures............. | le mille. | 4 » |
| | Briques, tuiles, carreaux ordinaires, tuyaux et poteries du pays destinés à la construction des bâtiments.... | Id. | 2 » |
| | Briques doubles, carreaux de luxe, briques creuses, tuiles ouvragées, tuyaux et poteries destinés à la construction................... | Id. | 3 50 |
| | Argile, terre glaise, sable, gravois et cailloux......................... | le mètre c. | » 25 |
| | Planchers ayant moins de 28 millimètres d'épaisseur, limandes, chanlattes et chevrons en bois blanc... | les 100 m.c. | 1 50 |
| | Planchers ayant moins de 28 millimètres d'épaisseur, en bois dur, chevrons, limandes, chanlattes en bois dur, planchers ayant plus de 28 millimètres, en bois blanc..... | Id. | 2 » |
| | Planchers forts ayant plus de 28 millimètres, en bois dur............ | Id. | 3 » |
| | Madriers de toute espèce........... | Id. | 6 » |
| | Solives et bois en grumes à équarrir de moins de 16 centimètres....... | Id. | 5 » |
| | Solives et bois en grumes à équarrir de 16 à 24 centimètres............ | Id. | 10 » |
| | Solives et bois en grumes à équarrir de 24 à 30 centimètres............ | Id. | 25 » |
| | Solives et bois en grumes à équarrir de plus de 30 centimètres......... | Id. | 60 » |
| | Bois ouvragés et de menuiserie de toute espèce, mesuré plein........ | le mèt. car. | » 20 |
| | Échalas neufs en bois de refente et de brins aiguisés ou non.......... | le cent. | » 15 |
| | Bardeaux et colons................. | Id. | » 07 |
| | Lattes ordinaires................... | la b. de 50. | » 08 |
| | Lattes à ardoises ou doubles lattes... | Id. | » 16 |
| | Contrelattes et barreaux de clairevoie. | les 100 m.c. | 1 » |
| | Voliges............................ | Id. | » 40 |
| | Verres à vitres..................... | les 100 kil. | 2 » |
| | Glaces pour devantures et autres.... | Id. | 6 » |

| CHAPITRES DE PERCEPTION. | OBJETS ASSUJETTIS AUX DROITS. | MESURES et POIDS. | DROITS A PERCEVOIR. |
|---|---|---|---|
| OBJETS DIVERS. | Savons........................... | les 100 kil. | 6 fr. » c. |
| | Savons de parfumerie............. | Id. | 18 » |
| | Vernis de toute espèce, autres que ceux à l'alcool, blanc de céruse et de zinc et autres couleurs, essences de toute nature et autres liquides pouvant être employés comme essence........................... | Id. | 6 » |
| | Goudrons liquides, résidus du gaz... | Id. | 3 » |

*Frais de perception de l'octroi.* — Le Conseil municipal, dans sa séance du 6 décembre 1870, a fixé à 23,600 francs les frais de perception de l'octroi et la remise proportionnelle des employés comme il suit :

10 0/0 de 120 à 140,000 francs.
15 0/0 de 140 à 160,000 francs.
20 0/0 au-dessus de 160,000 francs.

Le tableau suivant que le préposé en chef, M. Chomet, a eu l'obligeance de faire relever pour notre ouvrage, va montrer les progrès successifs des recettes de l'octroi depuis l'année 1835. De 73,693 fr. 85 c., nous les voyons arriver, en 1872, à 213,380 fr. 64 c. Cet accroissement continu est une raison pour notre ville de ne pas craindre de faire des emprunts pour fonder des établissements utiles.

Le résultat des années antérieures à 1835 n'a pas été conservé. Ajoutons que les registres de 1839 et de 1841 manquent.

## III. — État présentant les recettes de l'Octroi depuis 1835.

| ANNÉES | PRODUIT. | AUGMENTA-TION. | | DIMINUTION. | | OBSERVATIONS. |
|---|---|---|---|---|---|---|
| 1835 | 73,693 fr. 85c | » fr. | »c | » fr. | »c | Les variations de 2 à 4,000 fr. proviennent souvent du produit des abonnements pour les vendanges, selon les évaluations de la récolte. |
| 1836 | 73,556 43 | » | » | 137 | 42 | |
| 1837 | 77,677 90 | 4,121 | 47 | » | » | |
| 1838 | 75,693 36 | » | » | 1,984 | 54 | |
| 1839 | ......... | ......... | | ......... | | |
| 1840 | 74,537 67 | » | » | 1,155 | 69 | |
| 1841 | ......... | ......... | | ......... | | |
| 1842 | 93,701 19 | 19,163 | 52 | » | » | Augmentation de l'octroi par suite de l'état prospère général. |
| 1843 | 97,130 18 | 3,428 | 99 | » | » | |
| 1844 | 101,786 69 | 4,656 | 51 | » | » | |
| 1845 | 93,877 82 | » | » | 7,908 | 87 | |
| 1846 | 99,029 32 | 5,151 | 50 | » | » | |
| 1847 | 109,660 16 | 10,630 | 84 | » | » | |
| 1848 | 101,678 59 | » | » | 7,981 | 57 | |
| 1849 | 94,722 85 | » | » | 6,955 | 74 | |
| 1850 | 113,678 08 | 18,956 | 23 | » | » | Les motifs de cet accroissement tiennent à ce que Châteauroux a été, pendant plusieurs années, tête de chemin de fer. |
| 1851 | 107,234 91 | » | » | 6,443 | 17 | |
| 1852 | 102,527 » | » | » | 4,707 | 91 | |
| 1853 | 113,788 70 | 11,261 | 70 | » | » | |
| 1854 | 112,304 50 | » | » | 1,484 | 20 | |
| 1855 | 107,092 32 | » | » | 5,212 | 18 | |
| 1856 | 111,508 85 | 4,416 | 53 | » | » | |
| 1857 | 105,022 33 | » | » | 6,486 | 52 | |
| 1858 | 127,761 24 | 22,738 | 91 | » | » | Augm. due à la constr. de la Manuf. des Tabacs. |
| 1859 | 148,980 41 | 21,219 | 17 | » | » | |
| 1860 | 130,123 07 | » | » | » | » | Diminut. par suite de la cess. des tr. de cette Man. |
| 1861 | 131,188 24 | 1,065 | 17 | 18,857 | 34 | |
| 1862 | 167,169 34 | 35,281 | 10 | » | » | Chang. du tarif de l'oct., élév. de div. taxes et nouv. objets imposés. |
| 1863 | 170,528 25 | 3,358 | 91 | » | » | |
| 1864 | 173,076 51 | 2,548 | 26 | » | » | |
| 1865 | 183,126 77 | 10,050 | 26 | » | » | Avantage dû à la reconstruction de la Manufacture de MM. Balsan. |
| 1866 | 191,087 56 | 7,960 | 79 | » | » | |
| 1867 | 192,547 98 | 1,460 | 42 | » | » | |
| 1868 | 204,030 71 | 11,482 | 73 | » | » | Ais. gén., chiffre élevé p. les vendang. et nomb. constr. Matér. p. la cath. |
| 1869 | 212,167 51 | 8,136 | 80 | » | » | |
| 1870 | 220,677 50 | 8,508 | 99 | » | » | Passage de troupes. |
| 1871 | 234,376 93 | 13,700 | 43 | » | » | Conséquence de l'augmentation extraordinaire en 1870 et 71. |
| 1872 | 213,380 51 | » | » | 20,996 | 42 | |

## ARTICLE TROISIÈME.

### Droits de Place, de Mesurage et de Pesage.

Ces droits figurant dans le budget de la ville, comme les droits d'octrois, nous devons énumérer en quoi ils consistent et quel en est le tarif et le produit. Ces droits sont relatifs à la location des places aux foires, marchés et assemblées; au mesurage des grains, châtaignes, fruits et marchandises de toute espèce; au pesage des laines, peaux et autres marchandises présentées au poids public. Le tarif a été délibéré en Conseil municipal le 18 novembre 1870.

Ce droit, qui représente le prix de location d'un emplacement communal, est calculé à raison de la superficie occupée par les objets mis en vente, et non pas suivant la nature, la valeur ou la quotité de la marchandise. Il est payé pour chaque jour et par chaque décimètre linéaire mesuré sur le plus grand côté du terrain occupé. Pour la simplification et la facilité de la perception il est admis cependant des classifications différentes, pour les denrées nominalement désignées sous les numéros 3 et suivants; les prix sont déterminés ainsi qu'il suit:

*I. Droits de place.* — Pour tous comestibles, viande de boucherie, charcuterie, denrée quelconque, légumes, fruits, fourrages, marchandises de toute nature, exposés en vente sur la voie publique, en étalage par terre ou en ambulance, sur bancs, tables ou de toute autre manière, soit au charroi, soit à la charge, soit au nombre, soit à la pièce, soit à la mesure, soit au poids, il sera payé pour chaque jour et par chaque décimètre complet de longueur du terrain occupé. . . . » fr. 0 1ᶜ

Pour chaque joueur de violon, de vielle, de cornemuse ou autre instrument, pour chaque jeu de chevaux de bois ou tout autre jeu, pour toute exposition de marionnettes ou spectacle quelconque, et pour chaque boutique fixe de marchand ambulant, il sera payé par jour et par décimètre linéaire du terrain occupé . . . . . . . . . . . . . . . . . . . . . . . . . . . . . . . » 02

Pour les grains de toute nature, le sel, les graines, les fruits et les légumes secs, les châtaignes et tous les objets qui se vendent au sac et à la mesure, il sera payé pour le gassot, la mesure et le rouleau à fournir par le fermier au marchand. . . . . . . . . . . . . . . . » 20

Et par chaque sac de marchandise, quelle qu'en soit la contenance. . . . . . . . . . . . . . . . . . . . . . . . . . » 05

Pour chaque bœuf, vache, taureau, cheval, jument et mulet. . . . . . . . . . . . . . . . . . . . . . . . . . . . . . » 15

Pour chaque suite hors de lait, exposée en vente avec sa mère. . . . . . . . . . . . . . . . . . . . . . . . . . . . . » 10

Pour chaque bête asine. . . . . . . . . . . . . . . . . . . » 10

Pour chaque suite hors de lait, accompagnant la mère. . . . . . . . . . . . . . . . . . . . . . . . . . . . . . » 05

Pour chaque veau de lait. . . . . . . . . . . . . . . . . » 05

Pour chaque porc ou truie. . . . . . . . . . . . . . . . » 10

Pour chaque pourceau, mâle ou femelle, au-dessous d'un an et hors de lait. . . . . . . . . . . . . . . . . . . . » 05

Pour chaque bouc, chèvre, mouton ou brebis. . . . » 02

Pour chaque vassiveau, vassive ou agneau. . . . . . » 01

Pour chaque chevreau, séparé de sa mère. . . . . . » 05

Pour chaque paire de poulets, pigeons domestiques et canards . . . . . . . . . . . . . . . . . . . . . . . . . . . . » 05

Pour chaque dindon, oie et pintade. . . . . . . . . . » 05

Pour chaque perdreau, bécasse, canard sauvage et analogues. . . . . . . . . . . . . . . . . . . . . . . . . . . . . » 05

Pour chaque caille, grive, merle, pigeon ramier, bécassine et analogues.................... » 03

Pour une douzaine d'allouettes ou autres petits oiseaux.................................... » 05

Pour un lapin domestique ou de garenne........ » 05

Pour un lièvre................................. » 10

Pour les objets de consommation comme œufs, beurre, fromages et autres, se vendant dans des paniers tenus à la main ; par chaque panier............. » 05

Pour chaque laitière vendant son lait sur le marché ou à un coin de rue, par cruche de lait.......... » 05

Pour chaque drapée de laine.................... » 20

II. *Droits de mesurage.* — Pour chaque hectolitre de grains....................................... » 05
(Le même droit est perçu pour une fraction d'hectol.)

Pour le sel, les châtaignes, les graines, les légumes secs, les fruits et tous autres objets se vendant à la mesure, le droit est par décalitre ou fraction de décal. » 01
(Ce droit de mesurage n'est dû qu'en cas de contestation exigeant le mesurage.)

III. *Droits de pesage.* — Cent kilogrammes ou quintal métrique, quelle que soit la nature de la marchandise. » 60
(50 kilogrammes, 30 cent.; 25 kilog., 15 c. La fraction est payée comme ces mesures. — Le droit n'est également dû qu'en cas de contestation, exigeant le pesage.)

*Nota.* — Ces droits, qui varient un peu suivant chaque année, figurent dans le budget de 1871 pour 16,000 francs. Ils viennent d'être récemment adjugés pour la somme de 19,200 francs.

# CHAPITRE TROISIÈME.

## BUDGET DE LA VILLE.

L'étude du Budget d'une ville étant un moyen de constater ses revenus, nous ne pouvons omettre d'énumérer les recettes et les dépenses de notre cité.

### ARTICLE PREMIER.

#### Recettes. — Exercice 1871.

Voici les recettes normales de l'année 1871 :

| | | |
|---|---:|---:|
| Attributions sur les Patentes............................ | 2,382 fr. | 35 c. |
| Location du lavoir du Gué-aux-chevaux ............ | 300 | » |
| Droits de place aux foires et marchés; droits de pesage et de mesurage............................ | 16,000 | » |
| Droits d'octroi............................ | 234,276 | 93 |
| Expédition des actes de l'état civil ............ | 48 | 10 |
| Produit de l'abattoir (1)............................ | 3,407 | 70 |
| *A reporter*............ | 256,415 | 08 |

---

(1) Au chapit. 3ᵉ de la 2ᵉ section, nous avons omis de parler de *l'abattoir*. Nous réparons ici cet oubli : — Cet établissement, situé sur l'Indre, auprès du pont de bois, a été ouvert en février 1823, sous le nom de *tuerie publique*. Il n'y avait guère, à cette époque, à Châteauroux que quatre ou cinq bouchers de peu d'importance, et on ne tuait à l'abattoir qu'un petit nombre de porcs. — Aujourd'hui, quatorze bouchers, dont quelques-uns font d'importantes affaires, et vingt charcutiers viennent y tuer régulièrement. — Évidemment, par

|  |  |  |
|---|---:|---:|
| Report.......... | 256,415 fr. | 08 c. |
| Amendes d'octroi............................... | 452 | 83 |
| Amendes de police............................. | 143 | 12 |
| Permis de chasse............................... | 1,650 | » |
| Concession de terrain dans les cimetières........... | 4,467 | 80 |
| Taxe municipale des chiens...................... | 1,341 | » |
| Legs Bourdillon ; produit de la location des immeubles de Genève............................... | 2,985 | » |
| Legs Bourdillon ; arrérages de rentes sur l'État..... | 1,120 | » |
| Ferme du champ Augé, légué par M. Bertrand-Boislarge....................................... | 158 | » |
| Vente de l'herbe du pré de la Sénatorerie.......... | 470 | » |
| Enlèvement des boues........................... | 528 | » |
| Cinq centimes additionnels au principal des contributions foncière et personnelle-mobilière (Loi de 1818). | 2,896 | 45 |
| Cinq centimes additionnels aux quatre contributions pour chemins vicinaux (Loi du 21 mai 1836)...... | 6,033 | 43 |
| Trois centimes additionnels aux quatre contributions pour l'instruction primaire..................... | 3,620 | 05 |
| Intérêts des sommes placées au Trésor............ | 2,934 | 89 |
| TOTAL....... | 285,215 fr. | 65 c. |

le fait de l'accroissement de la population et surtout de la consommation beaucoup plus grande de la viande, cet abattoir ne satisfait plus depuis longtemps aux besoins de la ville. Les salles d'abattage sont trop basses et mal aérées ; elles sont aussi trop étroites pour le nombre de treuils qui y sont installés. Les plafonds sont dégradés. Le dallage de ces salles est très-défectueux. Les enduits intérieurs, malgré les réparations fréquentes, sont dégradés et recouverts d'une couche de détritus et de sang desséchés. Les pompes, établies dans les salles, sont dans le plus mauvais état et rendent les lavages insuffisants. Les bâtiments sont lézardés. Le brûloir est intolérable. Cet établissement, dans l'état où il est, ne présente donc aucun des avantages qu'on doit attendre des abattoirs publics.

Toutes ces circonstances ont décidé le conseil municipal à faire étudier un projet pour un nouvel abattoir en amont de l'Indre et sur le bord de cette rivière. L'ensemble des travaux s'élèverait à 200,000 francs ; mais on espère pouvoir lui faire rapporter 12,000 fr., au lieu des 3,407 francs, indiqués aux recettes actuelles. *(Voir le rapport de M. Guinon au conseil municipal*, suivi d'un projet de construction du nouvel abattoir. Séance du 14 août 1872).

BUDGET DE LA VILLE. 997

## ARTICLE DEUXIÈME.

Dépenses. — Exercice 1871.

I. Dépenses ordinaires.

| | fr. | c. |
|---|---|---|
| Appointements des employés de la Mairie. Frais de bureau.................................................... | 10,450 | 77 |
| Gages du concierge de la Mairie...................... | 600 | » |
| Gages du garçon de bureau de la Mairie............. | 600 | » |
| Remises du receveur municipal....................... | 3,772 | 27 |
| Traitement et frais de bureau du commissaire de police cantonnal............................................ | 3,600 | » |
| Traitement des agents de police...................... | 5,500 | » |
| — des gardes-champêtres................... | 1,429 | 17 |
| Gages du concierge du cimetière...................... | 400 | » |
| Traitement de l'architecte............................ | 400 | » |
| 20e à l'architecte sur les dépenses provenant des travaux ordinaires........................................... | 850 | » |
| Traitement de l'agent-voyer municipal (partie)......... | 416 | 66 |
| Frais des registres de l'état-civil de 1872............. | 510 | » |
| Frais de perception de l'octroi....................... | 33,070 | 03 |
| Location de l'ameublement de M. le Président des assises................................................ | 390 | » |
| Frais de perception des centimes communaux......... | 830 | 01 |
| Impressions des comptes et budgets (partie).......... | 25 | » |
| Cotisation municipale dans les frais d'impressions diverses. | 23 | 35 |
| Habillement des agents de police..................... | 548 | 77 |
| — des gardes-champêtres................. | 160 | » |
| — du concierge du cimetière.............. | 60 | » |
| — du garçon de bureau et menus frais d'entretien des différentes salles de la Mairie............... | 85 | 80 |
| Legs Bourdillon. — Rente viagère à Henriette Pernet.. | 500 | » |
| Abonnement au *Bulletin du ministère de l'Intérieur*.... | 4 | » |
| — au *Journal des communes*................ | 9 | » |
| — au *Secrétaire de Mairie*.................. | 5 | » |
| Renouvellement des matrices......................... | 64 | 12 |
| Contributions des biens communaux.................. | 274 | 49 |
| Entretien des horloges............................... | 159 | » |
| — des pavés................................ | 6,000 | » |
| — des promenades.......................... | 881 | 95 |
| *A reporter*........ | 71,559 | 39 |

|  | fr. | c. |
|---|---:|---:|
| *Report*........ | 71,559 | 39 |
| Frais de police et de salubrité.................... | 2,000 | » |
| Traitement de l'inspecteur de la boucherie............ | 1,000 | » |
| Fonds à la disposition du Maire..................... | 1,400 | » |
| Service des eaux.................................. | 5,618 | 02 |
| Redevance annuelle pour 27 nouvelles bornes fontaines. | 3,793 | 75 |
| Entretien des puits et pompes...................... | 1,945 | 55 |
| — des ponts et planches...................... | 303 | 39 |
| — des propriétés communales................ | 3,284 | 08 |
| Legs Bourdillon. — Entretien des propriétés sises à Genève........................................... | 454 | » |
| Salaire des cantonniers des rues non pavées........... | 2,340 | » |
| Salaire du cantonnier garde-champêtre ............... | 750 | » |
| Éclairage de la ville............................... | 14,955 | 10 |
| Pompes à incendie................................ | 900 | » |
| Indemnités pour terrains cédés à la voie publique..... | 48 | 56 |
| Assurances des édifices communaux contre l'incendie... | 189 | 04 |
| Service médical. — Indemnités à MM. les médecins... | 3,000 | » |
| Quatre tambours et clairons des pompiers............ | 160 | » |
| Traitement du chef de la musique municipale......... | 500 | » |
| Acquisition et réparations d'instruments de musique.... | 300 | » |
| Traitement du chef de la musique des pompiers....... | 250 | » |
| Impressions et frais de bureau de la garde nationale (*reliquat*).......................................... | 159 | 16 |
| Entretien du corps de garde....................... | 113 | 40 |
| Casernement et occupation des lits militaires.......... | 3,210 | 47 |
| Loyer des casernes................................ | 9,000 | » |
| Loyer d'un champ de manœuvre..................... | 250 | » |
| Entretien des bâtiments occupés pour le logement des hommes et des chevaux de la garnison............. | 3,739 | 10 |
| Fonds de concours pour la caisse des retraites des pompiers............................................ | 500 | » |
| Fonds accordés à l'hospice......................... | 8,000 | » |
| Legs Bourdillon. — Somme revenant à l'hospice...... | 1,729 | 67 |
| Fonds accordés au Bureau de bienfaisance............ | 17,600 | » |
| Secours à la Société maternelle ..................... | 300 | » |
| — à la Caisse d'épargne..................... | 100 | » |
| Fonds de concours dans les dépenses des enfants trouvés. | 1,112 | 14 |
| Secours aux voyageurs indigents..................... | 399 | 96 |
| Frais de bureau de l'association de secours mutuels de Saint-Pierre ...................................... | 40 | » |
| *A reporter*........ | 161,004 | 78 |

# BUDGET DE LA VILLE.

| | fr. | c. |
|---|---:|---:|
| *Report*........ | 161,004 | 78 |
| Frais de bureau de l'association de secours mutuels des pompiers............................................. | 40 | » |
| Bourses communales du Lycée....................... | 2,400 | » |
| — d'externes au Lycée....................... | 480 | » |
| Réparations des bâtiments du Lycée................ | 1,181 | 94 |
| Entretien des bâtiments servant à l'instruction autres que ceux du Lycée................................. | 989 | 22 |
| Traitement du professeur de dessin................. | 500 | » |
| Entretien de l'école de dessin...................... | 209 | 09 |
| Traitement de l'instituteur de l'école mutuelle des Capucins................................................. | 2,000 | » |
| Indemnité de logement à cet instituteur............. | 500 | » |
| Traitement de trois maîtres-adjoints à l'école des Capucins................................................. | 2,657 | 50 |
| Entretien de l'école et frais de distribution de prix..... | 1,202 | 92 |
| Traitement de quatre Frères de l'école chrétienne pour 3 trimestres....................................... | 1,800 | » |
| Entretien de l'école des Frères et frais de distribution de prix pour 3 trimestres........................ | 910 | 11 |
| École des Frères de Saint-Christophe, traitement de deux professeurs, entretien, location, 2e trimestre.... | 1,371 | 79 |
| Indemnité pour la tenue de l'école d'adultes (4e trim.).. | 100 | » |
| Traitement des institutrices de l'école de filles de la ville................................................. | 1,875 | » |
| Entretien de cette école........................... | 422 | 32 |
| Traitements des institutrices de l'école de filles des Marins............................................... | 1,500 | » |
| Entretien de l'école de filles des Marins............. | 538 | 47 |
| Location d'une maison pour la tenue de cette école.... | 350 | » |
| Traitement de l'institutrice de la salle d'asile des Capucins................................................. | 950 | » |
| Entretien de cette salle d'asile...................... | 205 | 34 |
| Traitements des institutrices de l'école de filles et de la salle d'asile de Saint-Christophe.................. | 1,500 | » |
| Entretien de l'école de filles et de la salle d'asile de Saint-Christophe..................................... | 499 | 97 |
| Gages des femmes de peine des salles d'asiles.......... | 1,120 | » |
| Traitement du bibliothécaire chargé de la conservation de la bibliothèque Bourdillon...................... | 800 | » |
| Traitement du bibliothécaire de la ville.............. | 100 | » |
| *A reporter*........ | 187,158 | 45 |

|  | fr. | c. |
|---|---:|---:|
| Report........ | 187,158 | 45 |
| Entretien de la bibliothèque.......................... | 396 | 95 |
| Acquisition de livres aux termes du testament Bourdillon. | 600 | » |
| Subvention au Musée.............................. | 1,200 | » |
| Allocation au sieur Pichon, ancien instituteur........... | 800 | » |
| Secours à la fabrique de la paroisse de Saint-André.... | 200 | » |
| Loyer de la maison occupée par le curé de Notre-Dame. | 700 | » |
| Supplément de traitement au vicaire de Notre-Dame.. | 250 | » |
| Dépenses imprévues............................... | 400 | 16 |
| TOTAL (Dépenses ordinaires)............... | 191,705 | 56 |

## II. Dépenses extraordinaires.

|  | fr. | c. |
|---|---:|---:|
| Indemnités aux agents de police et aux gardes-champêtres................................................ | 796 | 25 |
| Travaux d'utilité communale pour procurer de l'occupation à la classe pauvre............................ | 6,360 | 65 |
| Contingent de la commune pour le chemin de grande communication de Châteauroux à Lignières.......... | 3,700 | » |
| Contingent de la commune pour le chemin de Velles.. | 2,223 | 70 |
| Distribution des eaux. — 2° moitié de la 8° annuité et 1re moitié de la 9° sur l'emprunt fait au Crédit foncier. | 15,940 | » |
| Secours au sieur Gaillard, ancien employé d'octroi..... | 200 | » |
| — Moreau, ancien employé d'octroi...... | 200 | » |
| Pension à la veuve du sieur Ledoux .................. | 500 | » |
| Secours à la dame Lamy........................... | 400 | » |
| Prix de pension de plusieurs indigents au dépôt de mendicité.......................................... | 1,200 | » |
| Prix de pension de plusieurs aliénés indigents.......... | 1,538 | 45 |
| Subvention à la Société d'agriculture................. | 300 | » |
| Secours à la dame Baloux........................... | 100 | » |
| — Aufrère........................ | 100 | » |
| Acquisition de mobilier à l'usage personnel des dames religieuses de Saint-Christophe.................... | 100 | » |
| Acquisition de mobilier à l'usage personnel des dames religieuses de la ville............................. | 150 | » |
| Acquisition de mobilier à l'usage personnel des dames religieuses des Marins ............................. | 100 | » |
| A reporter........ | 33,909 | 05 |

BUDGET DE LA VILLE 1001

| | fr. | c. |
|---|---:|---:|
| *Report*........ | 33,909 | 05 |
| Intérêts de la somme de 50,000 fr. empruntée à M. Levylier, à fin de construction de l'église principale (1).. | 2,500 | » |
| Indemnité de loyer à l'instituteur communal pour le dernier trimestre de 1869 et pour l'année 1870....... | 312 | 50 |
| Indemnité à l'instituteur communal pour le traitement du 3ᵉ maître-adjoint pendant les quatre derniers mois de 1870.......................................... | 352 | 50 |
| Règlement des réquisitions de guerre, avances faites par l'État. (Délibération du 24 décembre 1870)......... | 6,358 | 54 |
| TOTAL (Dépenses extraordinaires)..... | 43,432 | 56 |

III. DÉPENSES SUPPLÉMENTAIRES.

| | fr. | c. |
|---|---:|---:|
| Indemnité temporaire à M. Dauvergne, pour le service de distribution d'eau............................. | 333 | 34 |
| Construction d'un tonneau d'arrosage................. | 100 | » |
| Dépenses pour la garde nationale mobilisée............ | 3,377 | 15 |
| 20ᵉ à l'architecte sur les dépenses ayant pour objet des travaux ordinaires de 1870........................ | 77 | 35 |
| 20ᵉ à l'architecte sur les dépenses se rapportant à des travaux ordinaires de 1870........................ | 127 | 45 |
| Garde nationale mobilisée. — Dépenses d'habillement, de solde et d'équipement; contingent assigné. (Arrêté préfectoral et décision du 7 novembre 1870)......... | 13,950 | » |
| Subvention accordée à la commune pour travaux imprévus sur les chemins vicinaux....................... | 30 | » |
| Travaux de rectification de la place du Palan......... | 6,639 | 35 |
| Traitement des 4 frères de l'école chrétienne pour le 4ᵉ trimestre 1871. (Inscrit d'office).................... | 600 | » |
| Loyer du local de l'école des frères de la ville pour l'année 1871. (Inscrit d'office)......................... | 500 | » |
| Traitement des 2 frères de Saint-Christophe pour le 2ᵉ semestre 1871. (Inscrit d'office).................... | 600 | » |
| *A reporter*........ | 26,334 | 64 |

(1) Dans l'évaluation des ressources applicables à la construction d'une Église principale à Châteauroux, il est entré une somme de 120,000 fr., qui devait être fournie par un emprunt; et pour amortir cet emprunt la ville fut autorisée à s'imposer, pendant 12 ans, de 12 centimes additionnels aux quatre contributions. Or, la première annuité de cette nou-

|  | fr. | c. |
|---|---:|---:|
| *Report*........ | 26,334 | 64 |
| Indemnité temporaire pour le service d'inspection des eaux................................................... | 416 | 65 |
| Remboursement à la Cie Loubat de moitié de la surtaxe d'octroi............................................... | 618 | 80 |
| Somme due à M. Lefort pour levée d'un plan......... | 30 | » |
| Expédition due à M. Mousseaux (Théâtre — Emplacement)............................................................. | 31 | 85 |
| Travaux exécutés pour le compte de la ville par M. Haloche...................................................... | 1,111 | 67 |
| Autres travaux exécutés par le même pour le compte de la ville............................................................ | 902 | 44 |
| Prolongement de conduite pour MM. Darnault et Massicot (Service des eaux)............................................ | 225 | » |
| Frais d'actes dûs à Me Denizot....................... | 63 | 15 |
| Traitement pendant le mois de novembre et décembre de M. Janin, instituteur à Saint-Christophe........... | 200 | » |
| Frais d'une école d'adultes à Saint-Christophe........ | 99 | 82 |
| Abonnement en remplacement des droits d'entrée sur les vendanges de 1871.................................. | 11,532 | 48 |
| Prolongement de la rue de la Vrille jusqu'au chemin de fer. | 704 | 25 |
| Frais de confection de l'état-matrice de la taxe municipale sur les chiens en 1871................................ | 33 | 12 |
| Frais de confection du rôle et des avertissements (Même taxe)........................................................ | 16 | 56 |
| Réparations à la maison Meillet et appropriation dans la maison Degalle................................................ | 1,215 | 14 |
| TOTAL (Dépenses supplémentaires)....... | 43,535 | 57 |

IV. RÉCAPITULATION :

|  | fr. | c. |
|---|---:|---:|
| Dépenses ordinaires................................. | 191,705 | 56 |
| Dépenses extraordinaires............................ | 43,432 | 56 |
| Dépenses supplémentaires........................... | 43,535 | 57 |
| TOTAL.............. | 278,673 | 69 |

velle imposition fut perçue en 1869, et l'emprunt ne fut réalisé qu'en 1872. Il en résulte que les ressources, applicables à l'emprunt projeté, se trouvant diminuées des 4 12mes, lesquels avaient servi à payer directement les travaux de construction, la quotité de l'emprunt a dû être diminuée dans une proportion équivalente.

Autrefois, la Recette municipale était administrée par le percepteur de la ville. La séparation de cette recette a eu lieu en 1856. M. Alexandre Morin a été premier receveur spécial. M. Bourguet lui a succédé en 1865.

# CHAPITRE QUATRIÈME.

## ÉTABLISSEMENTS DE CRÉDIT.

Autrefois, les receveurs généraux faisaient seuls à Châteauroux des opérations de banque. Plus tard, diverses maisons se sont établies, et la succursale de la Banque de France a été fondée. Occupons-nous d'abord de la Banque de France, puis nous dirons quelques mots des banques particulières.

### ARTICLE PREMIER.
#### De la succursale de la Banque de France.

La difficulté qu'on éprouvait quelquefois à se procurer des fonds, engagea M. Claude Damourette à publier, en 1836, un mémoire sur les banques départementales. Dans ce travail, il établissait que la Banque de France ne méritait pas ce titre, parce qu'elle ne rendait des services qu'à Paris, et il demandait qu'elle créât des succursales dans toutes les villes d'une certaine importance commerciale. M. Muret de Bort, député, était alors rapporteur désigné du projet de loi qui devait renouveler les priviléges de la Banque de France. Il comprit de suite les avantages de l'extension des succursales, et pour les faire créer, il déploya le plus grand zèle auprès de la commission, ainsi qu'auprès du gouverneur et des agents de la Banque de France. Il présenta à ces fonctionnaires M. Damourette, lequel, déjà connu des administrateurs de cet établissement, fut nommé directeur de la succursale de Châteauroux, en 1841.

La succursale a son siège rue Guimon-Latouche, 5. Le conseil général de la Banque détermine le taux de l'escompte, qui peut être élevé ou diminué suivant les circonstances ; pour le moment, il est de 5 0/0 et l'intérêt des avances est de 6 0/0. Le capital de la succursale est de 2 millions ; il est représenté par des billets qui portent son nom et qui sont fournis par la Banque de France qui en détermine la coupure et l'émission. Ces billets sont payables à vue à la caisse de la succursale, à celle de la Banque de France à Paris, et facultativement à celle des autres succursales.

La succursale escompte à toutes les personnes admises à l'escompte, les lettres de change et autres effets de commerce, timbrés, payables à Châteauroux, à Paris et dans les villes où la Banque a des succursales, ayant au plus trois mois d'échéance et revêtus de trois signatures au moins. Elle admet, cependant, des effets à deux signatures, si l'on y ajoute un transfert d'actions de la banque ou d'effets publics français, ou un récépissé de dépôt de marchandise dans un entrepôt autorisé. Elle prête sur dépôts d'effets publics français, obligations d'emprunts pour les canaux garanties par le gouvernement, bons du Trésor, actions et obligations des chemins de fer français, obligations foncières, etc. — Les prêts sur valeurs sont faits pour un terme qui n'est pas moindre de quinze jours et qui ne peut excéder trois mois, sauf à être renouvelé à l'échéance s'il y a lieu, en payant les intérêts.

La succursale reçoit, en compte courant et sans intérêts, les sommes qui lui sont versées; elle reçoit aussi à titre de dépôt et sans intérêts, tous les versements qui lui sont faits. Elle paye pour les déposants le montant de leurs reçus ou les engagements qu'ils ont pris à son domicile jusqu'à concurrence des sommes encaissées. Elle fournit des billets à ordre, payables à vue ou de un à quinze jours d'échéance, sur la Banque de France et ses succursales. Pour Paris, la bonification est de 0 fr. 50 cent. pour les billets de 100 à 1,000 francs, et de 1/2 p. 0/0 pour les billets de 1,000 francs et au-dessus. Pour les succursales, la commission varie suivant les distances.

Pour se faire une idée des opérations de la succursale de Châteauroux, nous donnons les chiffres de l'année 1872.

| | | |
|---|---:|---:|
| Effets escomptés.................................... | 4,187,431 fr. | 48 c. |
| Avances sur effets publics.............. | 1,033,800 | » |
| —          chemins de fer............ | 718,000 | » |
| Obligations foncières.................... | 6,200 | » |
| Billets à ordre payables à Paris.......... | 599,383 | 78 |
| Effets émis par la Banque de France à Paris. | 6,327,984 | 32 |

| | | |
|---|---|---|
| Caisse (recette)............................ | 17,880,546 fr. | 62 c. |
| Caisse (dépense)........................... | 17,527,472 | 63 |
| Versements des Trésoriers-Généraux.... | 5,505,750 | 90 |

Le personnel de la succursale de la Banque de France est le suivant : Un directeur, un caissier, un chef de comptabilité, deux censeurs et six administrateurs.

Après M. Damourette, les directeurs ont été : en 1860, M. Wittmann ; — en 1864, M. Champy ; — en 1869, M. Moncharville ; — et, en 1872, M. Boucher.

## ARTICLE DEUXIÈME.

### Maisons de Banque particulières.

Il y a eu à Châteauroux, sous la Restauration, sous le règne de Louis-Philippe et sous le dernier Empire, plusieurs maisons de banque [1]. La maison Patureau a été la principale. Possédant beaucoup de capitaux et dirigée avec prudence et habileté, elle s'est toujours très-bien maintenue. Passée entre les mains de M. A. Duret en 1847, elle a été liquidée en 1863 [2].

---

[1] Les maisons Vivier, Trumeau, Desgrey, Macquart, Dubourdieu et Bourdesol.

[2] La banque Patureau a été fondée en 1817 par MM. Hyacinthe et Henri Patureau. M. Henri Patureau resta seul après la mort de son frère aîné ; mais lui-même étant décédé en 1831, la maison échut à M. Théodore Patureau, qui la céda en 1832 à M. Pétrely-Grenouillet. M. Grenouillet étant mort en 1840, elle revint encore à M. Théodore Patureau sous la raison sociale *Patureau fils aîné et Cie*. Au bout de cinq ans, en 1847, elle s'appela Duret-Martinet et Cie, et en 1852 Duret et Cie. Cette maison a été liquidée, sans successeurs, le 31 décembre 1863.

Deux maisons de banque existent aujourd'hui dans notre ville : la banque Montagne et C$^{ie}$, et la banque Gaudet et Fils et C$^{ie}$.

*I. Banque Montagne et C$^{ie}$.* — Cette banque a été fondée par M. Damourette père. Chargé, après 1830, d'opérer la liquidation d'une grande maison de banque de Châteauroux, il se trouva en relation avec tous les hommes d'affaires du pays et avec tous les correspondants de cette maison. Ces conditions, pour fonder une maison de banque, étant excellentes, il en conçut le projet et le réalisa, en 1832, avec le concours d'un certain nombre d'actionnaires. Lorsque M. Damourette fut appelé à diriger la succursale de la Banque de France, cette banque passa aux mains de M. Ollier ; ce fut en 1842. M. Aubépin a été chargé de sa direction en 1858. En 1871, M. Aubépin étant mort, la maison a été sous la raison sociale Pinaut et Montagne ; et depuis le 1$^{er}$ avril de cette année (1873), elle a pour titre *Montagne et C$^{ie}$*. Cette maison opère avec un capital-actions de 210,000 francs. Elle fait des escomptes, des recouvrements et des opérations de Bourse. Ses affaires sont aussi relatives au commerce, à l'industrie et à l'agriculture.

*II. Banque Gaudet et Fils et C$^{ie}$.* — Cet établissement a été fondé en 1869 et monté avec un capital de 483,000 francs. Ses opérations sont les mêmes que celles de la banque précédente. Elle occupe l'ancien local de la banque Trumeau.

# CHAPITRE CINQUIÈME.

MOYENS DE TRANSPORT, DE COMMUNICATION, DE TRAFIC.

Les moyens anciens se sont singulièrement améliorés ou ont cessé, et de nouveaux ont été créés.

### ARTICLE PREMIER.
#### Services anciens.

Ils consistent dans la poste aux lettres, la poste aux chevaux et les messageries. Examinons leurs évolutions successives.

§ 1er. — **Poste aux Lettres.**

Nous avons à comparer l'état ancien avec l'état actuel.

*I. État ancien.* — Nous trouvons qu'en 1750 la ville payait 30 livres et celle d'Argenton autant à un messager portant les dépêches d'une de ces localités à l'autre. Les correspondances étaient si rares qu'il n'y avait pas de facteurs. Le préposé de la poste aux lettres étalait sur une boutique celles qu'il recevait. Les négociants venaient voir s'il y en avait pour eux et l'on faisait dire aux particuliers par les premiers venus qu'une lettre était à leur adresse. En 1756, l'intendant de Bourges engageait les habitants de Châteauroux à rétribuer un facteur. Le sieur Grimaud, concierge de l'hôtel de ville, fut le premier qui remplit cette fonction et longtemps il suffit à cette besogne (1).

En 1788, le courrier de Paris à Toulouse ne passait à Châteauroux qu'une fois par semaine ; en 1803, il y passait trois fois (les lundi, jeudi et samedi). C'était la *malle*, lourde voiture à deux roues, arrondie par le haut et recouverte de cuir noir. Elle était conduite par trois chevaux, deux de front, l'un d'eux monté par un postillon ; le troisième était en arbalète. Il y avait en avant une sorte de cabriolet pour le courrier, lequel pouvait recevoir près de lui un voyageur.

Au commencement de la restauration, la malle-poste a remplacé la malle. Cette voiture était à 4 roues, très-roulante. Devant le coffre aux lettres était un coupé pour trois voyageurs, et, dans un cabriolet dominant le coupé, le courrier pouvait recevoir auprès de lui un autre voyageur. La malle-poste était conduite par quatre chevaux et un postillon ; tous les soirs elle partait de Paris et elle était parvenue à faire le trajet de Paris à Châteauroux en 17 heures.

*II. État actuel.* — Le chemin de fer a mis fin à la malle-poste. La multiplicité des correspondances, ainsi que la nécessité de leur rapidité, ont porté

(1) Voir la note de la page 212 du 1er volume. — N'y a-t-il pas lieu de s'étonner que Jacques Cœur, au XVe siècle, ait pu, de Bourges, entretenir une correspondance commerciale presque avec le monde entier ?

MOYENS DE TRANSPORT, DE COMMUNICATION, DE TRAFIC. 1011

l'administration des Postes à mettre sur le chemin de fer une grande voiture, où se fait, pendant le trajet, le triage et l'arrangement des envois. Aujourd'hui, la distribution des lettres et des journaux de Paris a lieu à Châteauroux, deux fois par jour, matin et soir. Le courrier du midi arrive à onze heures du matin.

Voici comment le service est actuellement composé : Il a à sa tête un directeur, assisté d'un contrôleur, d'un surnuméraire attaché à la direction et d'un brigadier facteur. Pour la recette de Châteauroux, il y a un receveur principal, un commis principal et cinq commis. Cinq facteurs sont chargés de la distribution dans la ville, et neuf de la distribution rurale (1).

(1) ORDRE DU SERVICE. — Le bureau est ouvert : en été, de 7 heures du matin à 7 heures du soir. — En hiver, de 8 heures du matin à 7 heures du soir.
Les dimanches et fêtes, le bureau est fermé de midi à 4 heures.
HEURES DES DERNIÈRES LEVÉES DE LA BOITE. — *Paris* et *Ligne de Bourges*, 9 heures 45 minutes du matin, et 10 heures 40 minutes du soir. — *Clermont*, 8 heures 1/4 du soir. — *Argenton, Limoges*, 3 heures 20 minutes et 11 heures 30 minutes du soir. — *La Châtre, Aigurande, Cluis, Neuvy-Saint-Sépulcre, Sainte-Sévère, Arthon*, 11 heures 30 minutes du soir. — *Levroux, Valençay*, 11 heures 30 minutes du soir. — *Buzançais, Mézières, Écueillé, Châtillon*, 11 heures 30 minutes du soir. — *Le Blanc, Saint-Gaultier*, 11 heures 30 minutes du soir.

*Boîtes supplémentaires.*

| Boîtes supplémentaires. | 1re levée. | 2e levée. | 3e levée. |
|---|---|---|---|
| Caserne des Cordeliers... | 8 h. 30 m. | 2 h. 15 s. | 7 h. » s. |
| Rue des Ponts.......... | 8   40 | 2   25 | 7   10 |
| Église Saint-Christophe.. | 8   50 | 2   35 | 7   20 |
| Maison Mallebay........ | 9   » | 2   45 | 7   40 |
| Rue du Crucifix........ | 9   10 | 2   55 | 7   50 |
| Hôtel-de-Ville.......... | 9   20 | 3   05 | 8   » |
| Avenue de Déols........ | 7 h. » m. | 8 h. » m. | 11 h. » m. |
| Id. (Levées du soir)... | midi. | 5   15 s. | 6   15 s. |

Nous trouvons, dans le rapport du Préfet au Conseil général de l'Indre pour 1873, que la recette faite dans l'arrondissement de Châteauroux a été, dans le premier trimestre de cette même année, de 93,063<sup>f</sup> 26<sup>c</sup>.

## § II. — Poste aux chevaux.

La Poste aux chevaux a été une très-grande et belle institution que la génération présente n'a presque pas connue. Il doit en être fait mention dans l'histoire de Châteauroux où elle a tenu une place importante. Ce n'est pas ici le lieu d'en faire l'histoire générale ; mais il nous appartient de dire ce qu'elle était dans notre ville, avant que le chemin de fer y eût mis complétement fin. Chaque ville avait un maître de poste privilégié : à Châteauroux, c'était M. Matheron, propriétaire de l'hôtel de Sainte-Catherine, qui, pour ce service, entretenait environ 120 chevaux. Toute l'aristocratie, tous les grands propriétaires, tous les personnages allant remplir des missions, tous les généraux se rendant à de grands commandements voyageaient en poste. Ils avaient leur voiture ou en louaient une, et se faisaient conduire de relai en relai,

---

DISTRIBUTION A DOMICILE.

*Hiver*, 1<sup>re</sup> distribution à 8 heures du matin. 2<sup>e</sup> distribution à 10 heures 30 minutes du matin. — La 2<sup>e</sup> distribution n'a pas lieu les dimanches et les jours fériés. — La 3<sup>e</sup> distribution à 4 heures 30 minutes du soir. En *été*, la 1<sup>re</sup> distribution a lieu à 7 heures du matin.

Il existe à la Gare une boîte aux lettres qui est levée au moment du passage des trains-postes à 11 heures 25 minutes pour Paris.

*Nota.* — Pour tout le département, la dernière levée de la boîte est à 11 heures 30 minutes du soir, ainsi que pour le train-poste ambulant de Paris à Limoges.

d'après un tarif imprimé, appelé le *Livre de poste*. Cette institution a produit un grand mouvement à Châteauroux pendant la guerre d'Espagne (de 1808 à 1814). Les petites voitures appelées *chaises de poste* n'étaient attelées que de deux chevaux ; mais les grandes voitures *(les berlines)* en avaient trois ou quatre suivant le nombre des personnes, avec deux postillons. Ceux-ci étaient obligés de faire un nombre déterminé de lieues à l'heure et ils annonçaient leur arrivée dans la ville par un claquement de fouets qu'on ne connaît plus à présent [1].

Outre les voitures de poste, il y avait des *Courriers*. Des officiers même étaient envoyés en courriers ; ils parcouraient les plus grandes distances en passant d'un cheval sur l'autre et s'arrêtaient à peine pour manger. Ils étaient ordinairement accompagnés d'un postillon. Les postillons avaient un costume spécial, très-svelte, de drap bleu avec revers rouges et un brassard, un pantalon d'étoffe verte, et des bottes fortes. — L'Empereur Napoléon Ier avait dû passer à Châteauroux pour aller en Espagne. Comme il se faisait conduire avec la plus grande célérité, on avait réuni les meilleurs chevaux du département, ainsi que les postillons les plus alertes. La poste aux chevaux de Châteauroux conduisit les princes d'Espagne lorsqu'on les amena prisonniers à Valençay ; ils voyageaient dans de lourdes et antiques

---

[1] Le maître de poste était obligé d'avoir un cabriolet de poste à la disposition de ceux qui voulaient voyager ainsi sans avoir de voiture.

voitures, semblables à celles du temps de Louis XIV. La poste de Châteauroux a conduit aussi des princes de la branche aînée de la maison de Bourbon, de la maison d'Orléans, etc., qui ont passé ou se sont arrêtés à Châteauroux.

Jusqu'en 1870, le maître de poste fut obligé d'entretenir une dizaine de chevaux ; mais, à cette époque, les brevets ont été tout à fait abolis.

### § III. — Messageries anciennes et modernes.

Autrefois, avant que les chemins ne fussent facilement carrossables, on allait habituellement à cheval ou à âne, suivant l'aisance. On menait les enfants en croupe. Les femmes enfourchaient elles-mêmes les chevaux. Lorsqu'on avait quelques bagages, on se servait, pour voyager dans le pays, de charrettes à bœufs ou à chevaux. Les carrioles ont paru un progrès. Peu à peu sont venues les voitures plus ou moins suspendues. D'une ville à l'autre il n'y avait que des communications lentes et difficiles (1).

Au commencement de la Restauration, une grande diligence de l'administration de la rue Notre-Dame-des-Victoires passait deux fois la semaine à Châteauroux. On se tenait prêt à partir par cette voie et l'on attendait quelquefois plusieurs passages avant d'y trouver place. Mais on préférait, par économie, les pataches. Le premier jour on allait à Vierzon, le second à

---

(1) On allait de Châteauroux à Paris à cheval en 8 jours. Mon oncle, M. Lemor, fabricant de la rue d'Indre, avait fait plusieurs fois ainsi ce voyage. On faisait son testament avant de se mettre en route.

Orléans et le troisième on arrivait à Paris. Des concurrences s'établirent pendant la longue paix de la Restauration, et l'on avait fini par pouvoir partir le matin et le soir. On était émerveillé, quand on voyait 18 personnes descendre d'une même voiture, et l'on disait que Châteauroux n'était plus qu'un faubourg de Paris. Quel changement à l'établissement des chemins de fer! Ce moyen rapide, établi d'abord jusqu'à Orléans, puis jusqu'à Blois et enfin jusqu'à Vierzon, fit que les messageries partirent successivement de ces trois villes pour Châteauroux, et *vice versâ*.

Peu à peu les communications de Châteauroux pour les divers points du département se sont établies et améliorées, et aujourd'hui il y a des départs de Châteauroux pour toutes les villes de l'Indre. Voici celles qui existent :

*Hôtel Sainte-Catherine.* — Pour Tours, à 5 heures 3/4 du matin. Durée du trajet: 11 heures. — Pour Buzançais, à 4 heures du soir, et pour Châtillon à 1 heure du matin. Durée du trajet, 2 heures et 4 heures.

*Hôtel de la Gare.* — Pour Neuvy et Cluis : Départ à 4 heures du soir. Durée du trajet, 3 heures 1/2. — Pour La Châtre, 1er départ à 5 heures du matin ; 2º départ à 4 heures du soir. Durée du trajet : 4 heures.

## ARTICLE DEUXIÈME.

### Services nouveaux.

Ces services sont le télégraphe et le chemin de fer.

## § I. — Le Télégraphe.

Il y a eu un premier télégraphe qui consistait en des tours sur lesquelles étaient placés des signaux. Ce système qui, pour le temps, passait pour une belle invention, mais qui était interrompu par le brouillard, les pluies et la nuit, a été bien vite effacé par la découverte de la télégraphie électrique. Celle-ci, en peu de temps, est arrivée à un grand degré de perfection et son action est continue et d'une rapidité merveilleuse.

Aujourd'hui, la télégraphie électrique a reçu une organisation complète. Le bureau de Châteauroux est ouvert depuis 1853. Les premières recettes étaient insignifiantes. Le tarif était de 0,10 c. par kilomètre de fil parcouru, plus un droit de 2 fr. fixe. Ainsi, une dépêche de Châteauroux à Paris aurait coûté 4 fr. 65 c. Les distances n'étaient donc pas comptées à vol d'oiseau. Par suite de l'établissement de nombreux bureaux, il a fallu faire des détours pour les relier et le prix de la dépêche a été fixé d'après ces détours.

On n'a pas conservé les résultats des recettes des premières années ; mais voici le nombre des dépêches et leur produit depuis 1864 :

En 1864, Châteauroux a expédié 1,469 dépêches. — Produit : 3,191 fr. 90 c.

En 1868, Châteauroux a expédié 2,667 dépêches. — Produit : 5,090 fr. 25 c.

En 1872, Châteauroux a expédié 5,317 dépêches. — Produit : 7,139 fr. 95 c.

En 1872, pour le département entier, 14,896 dépêches. — Produit : 18,864 fr 40 c.

Le département de l'Indre a, en ce moment, 4 bureaux de l'État, 14 bureaux municipaux. 8 gares de chemins de fer font également le service privé. On construit en ce moment des lignes pour 4 bureaux nouveaux qui vont s'ouvrir incessamment. Châteauroux correspond avec 17 villes desservies par 11 fils différents. Ce nombre sera porté incessamment à 14 fils desservant 21 bureaux aboutissant à Châteauroux.

Le bureau emploie les appareils Morse et à cadran. Le département de l'Indre fait partie de la circonscription divisionnaire de Limoges. — Le bureau de Châteauroux, situé rue de la Préfecture n° 5, est ouvert, en été, à 7 heures du matin, et, en hiver, à 8 heures ; il se ferme, en toute saison, à 9 heures du soir.

Un sous-inspecteur est chargé à Châteauroux du service du département de l'Indre. Il y a un chef de station, 5 employés, un surnuméraire et deux facteurs. La dépense occasionnée par ce service est de 20,000 francs par an (1).

§ II. — **Le Chemin de fer**.

Nous avons déjà dit que la compagnie du chemin de fer d'Orléans avait livré la section de Vierzon à Châteauroux le 15 novembre 1847. Châteauroux a été

---

(1) Nous nous abstiendrons de transcrire les renseignements généraux, qui sont les mêmes pour toute la France.

tête de chemin de fer pendant près de 7 ans, ce qui lui avait donné un grand mouvement de voyageurs et de trafic et une augmentation de population. Le 2 mai 1854, la voie a été livrée jusqu'à Argenton.

Occupons-nous d'abord des établissements de la gare ; nous parlerons ensuite de ses divers services.

*I. Établissements de la gare.* — Lorsque le chemin de fer fut livré jusqu'à Châteauroux, la gare n'avait que des constructions de bois tout à fait provisoires ; on ne tarda pas à lui donner tous les caractères d'une gare définitive. Il nous parait inutile de décrire et même d'énumérer toutes les parties qui constituent les établissements de la gare, attendu qu'on y retrouve les mêmes dispositions que dans toutes les autres gares de la compagnie. Nous nous bornons à donner les prix des constructions actuelles.

| | |
|---|---:|
| Les bâtiments pour le service des voyageurs ont coûté | 67,000 fr. |
| L'établissement des marquises au-dessus des trottoirs de la gare (1) | 50,000 |
| Le bâtiment pour remiser les locomotives | 51,000 |
| Les deux châteaux d'eau (2) | 9,000 |
| La remise pour les wagons | 18,000 |
| La halle des marchandises, 1re partie | 51,000 |
| —           —           2e partie | 66,000 |
| TOTAL | 312,000 fr. |

(1) Les marquises n'ont été établies qu'en 1859.

(2) A Bitray, à 2,500 mètres de Châteauroux, il y a une machine de la force de quatre chevaux ; elle refoule l'eau dans les réservoirs de la gare pour le service des locomotives et le service général.

## MOYENS DE TRANSPORT, DE COMMUNICATION, DE TRAFIC. 1019

*II. Services de la gare.* — Ces services sont au nombre de sept : ceux de l'exploitation, de la traction, de la voie, du commissariat, du télégraphe, des bureaux pour les voyageurs et de la gare des marchandises.

1° *Service de l'exploitation.* — On se rendra compte de l'importance de ce service en sachant que, en 24 heures, six trains de voyageurs se portent vers Argenton et sept vers Issoudun, et que huit trains de marchandises se dirigent sur Argenton et autant sur Issoudun. 29 trains traversent donc la gare en 24 heures ; cependant il y a quelques trains de marchandises qui sont irréguliers. Un grand nombre de trains se croisent dans la gare de Châteauroux.

Le service de l'exploitation est confié à un inspecteur (M. Clarke) qui est chargé d'inspecter les gares et les stations de Vierzon à Limoges et de surveiller l'exécution de tous les règlements de l'administration ; à un contrôleur (M. de Lesparda), lequel, sous les ordres de l'inspecteur, surveille la voie depuis Vierzon jusqu'à Argenton (un autre contrôleur, résidant à Limoges et également sous les ordres de l'inspecteur, fait le même service de Limoges à Argenton) ; à un chef de gare (M. Dalmagne), qui demeure dans les bâtiments de la gare ; à deux sous-chefs de gare et à un contrôleur-receveur. Le chef de gare s'occupe des voyageurs et des marchandises et a sous ses ordres tous les agents de la petite vitesse.

2° *Service de la traction.* — M. Quiney est à la tête de ce service ; il a sous ses ordres trois chauffeurs.

Son logement est derrière la remise des locomotives. Dans cette remise, une des locomotives est toujours allumée, et prête à porter secours en cas d'accident. A côté de la remise est un petit atelier d'entretien (1). En cas d'accident, le chef de la traction part avec une locomotive accompagnée d'un wagon d'appareils de secours et de tous les engins propres à relever les wagons et les machines.

3° *Service de la voie*. — M. Privé est le chef de ce service sous le titre de chef de section. Il est chargé de l'entretien de la voie, de celui des bâtiments, des ouvrages d'art, etc. Il a sous ses ordres deux chefs de district, un chef de bureau et un piqueur de nuit. Le chef de district, qui réside à Châteauroux, surveille le service de Châteauroux à Chabenet ; un autre chef de district résidant à Issoudun s'occupe de la surveillance de Châteauroux à Issoudun.

4° *Service du commissariat*. — A la gare est attaché un commissaire administratif (M. Cœuille) chargé de surveiller toutes les parties du service dans l'intérêt public. C'est à lui que doivent être adressées les réclamations de toute nature, de la part des voyageurs ou des expéditeurs qui peuvent d'ailleurs consigner leurs plaintes sur un registre à ce destiné et déposé dans chaque station. Il s'occupe particulièrement des accidents.

5° *Le télégraphe de la gare*. — Le bureau de la gare a deux employés qui sont détachés du bureau de la

---

(1) Les grandes réparations se font à Orléans, Paris et Périgueux.

ville. Ce bureau peut recevoir les dépêches privées ; mais la transmission en est toujours subordonnée à celle des dépêches de la compagnie. Il est spécialement ouvert à la télégraphie pour les voyageurs.

6° *Bureaux pour les voyageurs.* — Pour ce service, il y a le bureau des places et celui des bagages. Pour ce dernier bureau, les employés sont : un facteur en chef ; deux facteurs enregistrants de jour et un de nuit ; un facteur de jour et un facteur de nuit.

7° *Gare des marchandises.* — Le personnel de cette gare se compose d'un employé principal (bureau d'arrivée), de 6 employés (l'un de ces employés est au bureau de départ), d'un caissier, d'un chef d'équipes et d'un chef de quai. La gare des marchandises a 100 mètres de long sur 20 de large. Elle n'avait d'abord que 50 mètres de long ; on l'a doublée et on parle de l'agrandir encore.

L'an dernier, on a placé en dehors de la gare une horloge qui depuis longtemps était désirée.

Une large voie (la rue de la Gare) conduit au chemin de fer ; mais il est fâcheux que les portes de la grille de la cour d'entrée ne se trouvent pas en face de la rue ; il en résulte que les voitures, pour y arriver, sont obligées de faire des zigzags qui ne sont pas sans danger ; il vaudrait mieux placer une porte à chaque extrémité de la grille.

III. *Transport des voyageurs et des marchandises.* — A notre demande, M. Solacroup, directeur de la compagnie du chemin de fer d'Orléans, a eu l'obligeance de nous fournir le *tableau ci-contre* donnant le relevé des transports, à grande et à petite vitesse (en nombres, poids et recettes), pendant les années 1853, 1862, 1869 et 1872. On verra dans ce tableau combien la recette générale de notre Gare a été considérable au commencement de son établissement, pendant qu'elle faisait tête de ligne et combien elle a brusquement diminué lorsque la section de Châteauroux à Argenton a été ouverte, à la date du 2 mai 1854. En effet, cette recette, qui s'était élevée, en 1853, à 1,462,308 francs, n'était plus, en 1862, que de 667,150 francs, et en 1872, elle n'a pas encore atteint son chiffre primitif.

Les transports à grande et à petite vitesse ont subi des diminutions égales; c'est ainsi que les recettes de la grande vitesse qui, en 1853, ([1]) avaient été de 606,731 francs, étaient descendues en 1862, à 329,764 francs, et, en 1872, elles n'ont encore été que de 409,602 francs. La même observation a pu se faire pour les transports à petite vitesse. Ces transports, en 1853, avaient produit 855,577 francs; ils étaient réduits, en 1862, à 337,386 francs; et, dans l'année 1872, ils n'ont encore atteint que le chiffre de 707,886 francs.

(1) Les documents statistiques ne datent que de cette année 1853.

### Gare de Châteauroux.

Relevé des transports à Grande et Petite vitesse (*Nombres, Poids et Recettes*), pendant les années 1853, 1862, 1869 et 1872.

| NATURE DES TRANSPORTS | | | ANNÉE 1853 | | ANNÉE 1862 | | ANNÉE 1869 | | ANNÉE 1872 | |
|---|---|---|---|---|---|---|---|---|---|---|
| | | | Quantité | Recettes | Quantité | Recettes | Quantité | Recettes | Quantité | Recettes |
| Transports à Grande vitesse | Voyageurs | 1re classe | 4.496 | 95.320 f | 3.944 | 58.654 f | 4.541 | 75.518 f | 4.594 | 75.817 f |
| | | 2e — | 7.453 | 103.078 | 6.150 | 44.454 | 6.824 | 54.402 | 7.088 | 60.933 |
| | | 3e — | 31.188 | 337.941 | 31.982 | 151.713 | 37.821 | 172.805 | 39.772 | 179.789 |
| | | TOTAL | 43.137 | 536.339 f | 42.072 | 254.821 | 49.186 | 302.725 | 51.454 | 316.539 |
| | Bagages | Poids bruts | 83.2084 | 15.982 f | 495.4394 | 7.957 | 606.2624 | 10.955 | 805.6424 | 12.016 |
| | | Poids taxés | 374 | 1.031 | 113.818 | 562 | 157.203 | 748 | 157.60 | 444 |
| | Chiens | | 343 | | 334 | 444 | 4.084 | | | |
| | Finances | | » | » | 1.797.191 f | 4.411 | 3.180.683 | 4.138 | 2.321.52 | 18.760 |
| | Denrées | | » | » | 258.104 | 19.783 | 221.004 | 18.547 | 233.572 | 18.760 |
| | Messagerie | | 356.299 | 18.474 | 299.734 | 31.585 | 236.565 | 26.308 | 355.343 | 52.118 |
| | Chevaux | | 39 | 1.655 | 398 | 5.942 | 85 | 2.435 | 30 | 5.025 |
| | Voitures | | 41 | 5.252 | 68 | 4.700 | 2 | 549 | » | 164 |
| TOTAL des recettes de la Grande vitesse | | | | 606.731 f | | 329.764 | | 366.489 | | 409.602 |
| Transports à Petite vitesse | Marchandises | reçues | 19.206 t | 398.018 f | 28.6518 | 262.474 f | 41.0380 | 457.255 | 41.6840 | 650.833 |
| | | expédiées | 16.848 3 | | 19.267 0 | | 31.8615 | 1.026 | 41.790 7 | 3.103 |
| | Chevaux | | 55 | 1.316 | » | » | 278 | 1.206 | 131 | 68 |
| | Voitures | | 44 | 3.723 | » | » | 20 | | 1 | |
| | Bestiaux | Bœufs | 22.521 t | 292.814 f | 1.513 t | 15.158 | 1.427 t | 18.762 | 2.081 t | 27.704 |
| | | Veaux et Porcs | 16.627 | 63.209 | 3.594 | 10.151 | 1.602 | 29.882 | 1.019 | 3.982 |
| | | Moutons | 92.534 | 96.497 | 49.551 | 49.603 | 29.712 | 33.088 | 22.029 | 22.176 |
| | | TOTAL | 131.682 t | 452.520 | 54.658 t | 74.912 | 32.741 t | 81.732 | 25.129 t | 53.862 |
| TOTAL des recettes de la Petite vitesse | | | | 855.577 | | 337.386 | | 544.497 | | 707.866 |
| TOTAL GÉNÉRAL DES RECETTES | | | | 1.462.308 f | | 667.150 f | | 910.986 f | | 1.117.468 f |

### § III. — Chemins de fer projetés.

Une loi du 18 juillet 1868 a déclaré d'utilité publique la construction d'un chemin de fer de Tours à Montluçon par la vallée de l'Indre. Les études de ce chemin ont été faites depuis cette époque, et diverses variantes ont été étudiées à partir de La Châtre, soit pour aller directement sur Montluçon, soit pour aller se raccorder vers Treignat à la ligne de Limoges à Montluçon par Guéret. Mais, quelle que soit la direction adoptée à partir de La Châtre, le chemin projeté doit toujours desservir Loches, Châtillon, Buzançais, *Châteauroux* et La Châtre.

Retardé par la guerre de 1870, ce chemin n'a pu être encore concédé. Mais le rapport concluant à sa mise en adjudication moyennant une subvention de 12 millions a été récemment déposé à l'assemblée par le rapporteur, M. Wilson.

L'avant-projet présenté par les ingénieurs de l'État suppose que le chemin de Tours à Montluçon viendrait se raccorder au pont de Notz à la ligne d'Orléans, emprunterait cette ligne, ainsi que la gare de Châteauroux jusqu'à Bitray, et s'en détacherait ensuite pour se diriger vers Ardentes.

Il est à présumer que, par raison d'économie, la compagnie concessionnaire adoptera cette solution. Cela est d'autant plus désirable que la co-existence de deux gares distinctes nécessiterait des transbordements toujours désagréables. Toutefois, on ne saurait assurer que cette compagnie ne demandera pas et n'obtiendra pas une gare spéciale (1).

(1) Le Conseil général de l'Indre a concédé, comme chemin d'intérêt local, aux sieurs Seguineau et Jackson, associés avec la compagnie de Bressuire à Poitiers, une ligne allant de Tournon à La Châtre et passant par Le Blanc, Argenton, Cluis et Neuvy-Saint-Sépulcre. Un décret, en date du 10 juin 1873, a déclaré l'utilité publique de ces travaux. La Compagnie concessionnaire s'occupe des études pour la présentation du projet définitif.

Le Conseil général a concédé, en outre, à la même compagnie de Bressuire à Poitiers, comme chemins d'intérêt local, une ligne allant du Blanc à Gièvres-Chabris (station de la ligne de Tours à Vierzon), en passant par Mézières, Buzançais, Valençay et Chabris, et une ligne du Blanc vers Saint-Savin.

On attend pour ces lignes la déclaration d'utilité publique.

Tous ces renseignements nous ont été fournis par M. Arnaud, ingénieur des ponts et chaussées, qui a fait les études de ces diverses lignes.

# CHAPITRE SIXIÈME.

## ÉTABLISSEMENTS INDUSTRIELS.

A la tête des établissements industriels, il faut placer la manufacture de draps de MM. Balsan et la manufacture des tabacs. Nous aurons à examiner ensuite la brasserie de MM. Grillon, l'établissement de construction des machines agricoles de M. Hidien et les imprimeries de notre ville. Nous terminerons ce chapitre en faisant connaître une série d'autres industries.

### ARTICLE PREMIER.

#### De la fabrication des draps à Châteauroux.

Après avoir fait l'historique de cette fabrication depuis les temps anciens jusqu'à nos jours, nous continuerons l'histoire de la grande manufacture.

##### § I$^{er}$. — De l'ancienne fabrication des draps.

Dès les premières années du XIII$^e$ siècle, il se fabriquait à Déols et à Châteauroux des quantités considérables de draps grossiers. On en a la preuve dans la convention intervenue, en 1203, entre l'abbé de Déols et André I*er* de Chauvigny. On a vu encore que, le 17 avril 1488, François de Chauvigny avait obtenu du roi Charles VIII, comme un droit déjà considérable, que la marque des draps se fabriquant à Châteauroux aurait lieu à ses armes et lui serait payée à raison de cinq sols par pièce ; que, le 7 août 1526, tous les marchands piqueurs et tondeurs de cette ville et de Déols se réunissaient pour fixer certaines conditions relatives à l'achat de leurs draps par les marchands forains ; qu'en 1562, d'après M. Raynal, lorsque les protestants prirent Saint-Florent, ils y trouvèrent une assez grande quantité de draps de Châteauroux ; qu'enfin, le 15 août 1566, procuration fut donnée par les habitants de cette dernière ville à l'effet d'*impétrer* la levée du droit sur les *blanchets* (1). Un procès-verbal du lieutenant-général du duché, en date du 12 septembre 1665, contient les statuts et règlements relatifs à la fabrication des draps, et prouve qu'il en existait alors, dans notre cité, 45 fabriques ; d'un autre côté, M. de Séraucourt, intendant de la généralité, expose, en 1697, que la fabrication des draps occupe, à Châteauroux et aux environs, plus de 10,000 personnes des deux sexes et de tout âge, pour préparer, filer et employer la laine. Les fabricants exportaient leurs draps. Tandis que cette industrie dépérissait à Bourges, elle acquérait, chaque jour, chez nous, plus de développement.

Il ne serait pas sans intérêt, si nous ne craignions d'allonger par trop ce chapitre, de faire connaître

(1) Fabricants de draps blancs.

une foule de détails, concernant les règlements de la fabrication de la draperie, qui se trouvent dans les archives de la préfecture (¹) et dans celles de la mairie (²). On y verrait que, pour vérifier la qualité des produits, des visiteurs-jurés étaient nommés à la pluralité des suffrages et étaient tenus de présenter des rapports aux maire et échevins; que des inspecteurs, nommés par l'Intendance de Bourges, se rendaient à Châteauroux; qu'une maison de la rue d'Indre était désignée pour l'examen du tissage, du dégraissage et de la teinture des pièces, ainsi que pour la constatation de leurs marques et de leurs dimensions. Les lettres de maîtrise étaient délivrées par le maire et les échevins, et cette délivrance, qui était visée par le lieutenant, le procureur du roi, le greffier et les jurés, se payait 8 livres 15 sols. Pour l'obtenir, il fallait présenter un certificat de trois années d'apprentissage. Le procureur du roi du bailliage ayant appris que beaucoup de drapiers ne se munissaient pas de ces lettres, prit des mesures à cet effet, si bien que, dans les années 1747 et 1748, trente-un individus se firent recevoir maîtres drapiers (³).

---

(1) Série CC.

(2) Série BB, I — 1683-1705. H H, 1751 à 1790.

(3) Des vers de François Habert, le poëte d'Issoudun, mentionnent la réputation des draps de Châteauroux :

> A Châteauroux est la rivière d'Indre,
> Très-favorable à draps blancs nettoyer ;
> Pour par après les faire à Paris teindre,
> Si l'on ne veut plus près les envoyer.

Cependant, dès avant cette époque, la fabrique de draps et de serges avait considérablement diminué. Les drapiers déclaraient que les ventes se faisaient très-difficilement par suite de l'établissement de nouvelles manufactures en plusieurs villes. On ne faisait plus de *droguet* ni de *tiretaine*, mais seulement des draps *tout en blanc*. La manufacture royale de draps ne fut décidée, comme on l'a vu, qu'en 1751. On avait fait, en 1740, des expériences au moulin de Noë (le moulin de La Vallas), pour l'amélioration de la fabrication et l'un des expérimentateurs était le sieur Jean Vaille, fabricant de Lodève. Ce fut lui qui donna l'idée de la manufacture royale et qui en obtint le privilége. On voulut en vain persuader aux fabricants de Châteauroux que cette concurrence exciterait favorablement leur émulation ; ils firent de nombreuses réclamations qui ne furent pas écoutées. Toutefois, la fabrique de la rue d'Indre fut loin de s'éteindre de suite ; elle reprenait de l'activité, lorsque la manufacture royale faiblissait ou cessait de fonctionner. En 1785, on ne comptait qu'une trentaine de fabricants ; en 1800, ce nombre s'éleva à 80. De petits fabricants travaillaient pour les gens de la campagne en mettant en œuvre, pour leur usage, les laines qu'ils fournissaient. C'était principalement en hiver que les ouvriers fréquentaient les ateliers ; ils les abandonnaient en été pour les travaux des champs.

On n'employait guère que les laines du département. Cependant la hausse qu'avaient prise les laines avait porté plusieurs fabricants à les mélanger avec celles de quelques départements voisins. Avant sa chute, la manufacture du Parc avait déjà fait quelques mélanges avec les laines d'Espagne, et les résultats avaient été très-satisfaisants. On avait essayé aussi, avec avantage, les laines du Roussillon.

En 1800, la fabrication du drap à Châteauroux pouvait s'élever à plusieurs milliers de pièces en draps fins ou en draps communs. Le droguet n'était pas compris dans ce nombre. A cette époque, la Société d'agriculture avait assigné un prix de la valeur de 150 fr. pour la pièce du plus beau drap fabriqué avec des laines sans mélange.

Dans le premier quart du siècle actuel, lorsque la fabrication des draps se faisait encore à la main, l'industrie de la rue d'Indre était assez prospère. Nos draps s'écoulaient dans la Marche, le Limousin, l'Auvergne, à Paris, et en Bretagne surtout, et ils étaient très-estimés. La maison Godard, située rue d'Indre, qui avait eu, dès l'année 1818, une machine à vapeur de la fabrique Douglas, en Angleterre, employait de 250 à 300 ouvriers; elle eut une grande faveur. Lorsqu'arrivèrent les métiers mécaniques pour la filature et le garnissage, ainsi que les tondeuses, les fabricants de la rue d'Indre ne suivirent pas les progrès de cette industrie ; ils n'eurent pas l'esprit d'innovation et d'association, et les acheteurs, trouvant ailleurs des produits à meilleur marché, cessèrent de venir acheter les leurs. La maison Godard elle-même ne s'attacha pas assez au mouvement de perfection des machines ; elle était riche ; elle ne voulait pas dépenser la somme nécessaire pour remplacer son outillage, et cependant elle se continua jusqu'en 1857 sous la raison sociale de Godard, Chambert et C$^{ie}$.

En 1847, il y avait encore à Châteauroux 60 petits fabricants qui cherchaient à se soutenir par tous les moyens (1), mais qui finirent par cesser peu à peu leur travail; aujourd'hui, on peut dire qu'il n'y en a plus.

### § II. — De la fabrication des draps dans la Manufacture du château du Parc.

Nous avons fait connaître (t. I$^{er}$, p. 435) comment cette manufacture fut fondée et en quelles mains elle passa successivement avant d'arriver à la famille Balsan. Ici nous avons à parler, d'abord, de sa fabrication ancienne, puis nous ferons connaître l'état si perfectionné de sa fabrication actuelle.

*I. Fabrication ancienne de la Manufacture.* — Avant la Révolution, cette manufacture fournissait la maison militaire et domestique du comte d'Artois; elle vendait aussi des draps pour l'habillement des artisans et des cultivateurs aisés. Ses draps étaient principalement expédiés pour Paris; on en vendait beaucoup aux foires de Saint-Denis des mois de juillet et d'octobre. Ils étaient achetés, non-seulement par les marchands de la capitale, mais aussi par ceux d'Amiens, de Beauvais et des villes environnantes.

---

(1) La fabrication ne fournissait plus de bons produits; elle employait la *renaissance*, c'est-à-dire qu'elle mêlait aux fils de laine neuve d'autres fils provenant de vieux chiffons et de vieux habits.

Beaucoup étaient retenus à Orléans. D'autres aussi étaient dirigés vers Limoges et Bordeaux.

Les événements de la Révolution interrompirent ce trafic. Cependant la création de la garde nationale en 1789 occasionna une grande consommation de drap bleu et de drap écarlate.

Nous avons dit que M. Muret de Bort, dès sa prise de possession en 1816, s'occupa de relever cet établissement qu'il avait trouvé en mauvais état. Quoique ses moteurs hydrauliques fussent grossièrement installés, mal agencés et peu solides, qu'une grande puissance d'eau fût perdue, qu'il y eût des chômages fréquents, que la disposition des ateliers fût mauvaise, que les diverses parties de l'usine fussent dispersées, que des opérations se fissent à la main, lentement et dispendieusement, cette usine cependant contenait à peu près tous les procédés de fabrication en usage à cette époque, et M. Muret, en y ajoutant, en 1822, une machine à vapeur de la force de 20 chevaux, parvint à la porter à un haut degré de prospérité, en lui donnant surtout, de plus en plus, la spécialité de fournir les grandes administrations, l'armée et la marine.

Au Moulin-Neuf, à cinq kilomètres d'Argenton où il avait, sur la Creuse, une force de 50 chevaux, on foulait et on dégraissait les draps. On croyait que les eaux de cette rivière étaient plus propres que celles de l'Indre pour ces opérations; mais les transports étaient dispendieux et occasionnaient du retard dans la fabrication.

Pendant l'association de MM. Lataille et Duchan, la manufacture continua le même mode d'affaires. Nous avons dit aussi qu'à l'époque du décès de M. Muret de Bort, en 1857, la manufacture se trouva vendue à M. Balsan. M. Duchan mourut peu après, et M. Lataille se retira à l'expiration de son traité. M. Balsan s'associant alors ses deux fils, la maison eut pour raison sociale MM. Balsan et Fils.

*II. La manufacture sous la direction de la famille Balsan.* — Cette famille qui possédait de grands capitaux, ayant reconnu que les anciennes constructions, d'ailleurs fort détériorées, ne se prêtaient pas au développement qu'ils voulaient donner à la fabrication, résolut d'en faire de nouvelles, d'employer des moteurs plus puissants et des outillages plus complets. Il fallait combiner l'exécution successive de manière à suffire aux commandes et aux engagements contractés pour fournir à l'armée et aux administrations, ainsi qu'aux ventes pour le commerce intérieur et l'exportation. Le moulin de Valençay fut acheté pour servir momentanément de filature et d'atelier de foulage.

Nous pensons qu'on s'intéressera à la transformation d'un établissement qui est une véritable fortune pour nos classes ouvrières, et nous allons en présenter un aperçu d'après les notes qu'a bien voulu nous communiquer M. Dauvergne, l'habile architecte qui a dirigé tous les travaux.

Voici les idées qui présidèrent à la rédaction du

programme : 1° remplacer par un seul établissement les usines anciennes ; 2° y grouper les diverses opérations dans l'ordre successif de la fabrication ; 3° préparer des dépôts et des magasins pour tous les degrés de cette fabrication, depuis l'emmagasinage des laines jusqu'à la confection de leurs produits ; 4° créer des ateliers, des machines et des moteurs, des locaux indispensables à la réparation du matériel ; en un mot, un ensemble capable de produire normalement 1,500 mètres de drap par jour ; 5° prendre en considération que les machines et ustensiles se perfectionnant avec le temps, il faudra pouvoir les changer ; 6° rendre faciles la surveillance, la commodité et la salubrité des ateliers, les moyens de chauffage, d'éclairage et de ventilation, ainsi que les précautions contre les incendies ; 7° enfin, regarder la destination comme purement industrielle et approprier le tout à ce but.

La distribution des locaux fut la suivante : magasin de laines en suint ou lavées ; — ateliers d'écharnage et de triage des laines à proximité des magasins ; — atelier de désuintage ; — extraction de la potasse des eaux du suint ; — lavage des laines ; — teinture des laines ; — séchage ; — battage et triage mécaniques ; — atelier de triage à la main ; — magasin de laines teintes et triées prêtes à la filature ; — filature contenant 5,000 broches, alimentées par 25 assortiments de cardes : comprenant le bobinage, l'ourdissage, le montage, l'encollage, le séchage des chaînes ; — le tissage proprement dit, comprennent 150 métiers mécaniques ; — le dégraissage et le foulage des draps ; — le séchage et le ramage des draps ; — le garnissage ; — le tondage et la brosserie ; — l'épincetage ; — le décatissage et la presse ; — le magasin des draps fabriqués ; — enfin l'emballage et l'expédition.

En dehors de la fabrication, il fallait les salles des machines, ainsi que celles des générateurs de vapeur, les magasins de charbon, les ateliers de réparation (menuiserie, serrurerie, chaudronnerie), les magasins de métaux et de bois, ceux de chardons, l'usine à gaz pour l'éclairage de toutes les parties de la manufacture, les bureaux, les logements des concierges, des contre-maîtres et de certains ouvriers.

La réalisation de ce programme se trouvait subordonnée à l'étendue et à la configuration de l'emplacement. Fallait-il superposer les ateliers et les magasins ou se borner à des rez-de-chaussée? L'espace de onze hectares, s'étendant du boulevard jusqu'à la rivière, élevé de 8 à 9 mètres au-dessus du cours d'eau, permettait tout ce qu'on voudrait. Le second système a donc été adopté toutes les fois qu'il a été jugé utile pour le bon fonctionnement des machines, de telle sorte que presque tout l'outillage est placé sur un sol solide. Les bâtiments à étages ne comprennent pour ainsi dire, que les magasins, dans lesquels les manipulations sont facilitées par des trappes et des treuils convenablement disposés.

Les ateliers ont été groupés autour des moteurs

qui se décomposent ainsi : 1° 6 machines à vapeur principales constituant ensemble une force de 320 chevaux ; 2° deux turbines, de la force totale de 110 chevaux. Pour alimenter les machines à vapeur, chauffer les cuves de teinture et tous les ateliers, on compte treize générateurs de vapeur représentant 700 chevaux.

L'usine à gaz placée sur un des points les plus bas de la manufacture permet d'allumer environ 1,000 becs.

Un château d'eau situé au centre de l'établissement, pourrait, en cas d'incendie, répandre des masses d'eau dans les ateliers ; cette eau est en même temps distribuée dans toute la propriété.

La ventilation s'exerce autant que possible dans les divers ateliers, surtout dans ceux du tissage et de la filature.

L'usine est séparée de la cour d'entrée par une belle grille. A droite est un pavillon destiné aux bureaux et aux archives ; à gauche, un pavillon semblable loge le portier de l'usine et plusieurs contre-maîtres.

Vers l'entrée de l'usine, outre le pavillon du concierge, il y a des logements pour d'autres contre-maîtres. De plus, deux jolies maisons ont été bâties pour M. Varaigne, gérant de la manufacture, et pour M. Stichter, ingénieur.

Enfin, la manufacture est séparée des jardins de l'habitation par des murs et des palissades.

La dépense totale des constructions seules, indépendamment des machines motrices, de l'outillage, et non compris les logements des contre-maîtres, s'est élevée à 2,400,000 francs.

Tous ces travaux ont été commencés en 1862 et terminés en 1869.

Aujourd'hui, cette manufacture est arrivée au plus haut degré de prospérité. L'outillage est complet. Tous les travailleurs et toutes les matières trouvent partout une place commode, et il n'existe peut-être pas au monde un agencement plus parfait et une administration mieux entendue. Les laines y arrivent de tous les pays et les draps sont également envoyés par tout le globe, jusqu'au Japon. Il faut écouler les 450,000 mètres environ de drap qu'on y fabrique chaque année.

Le nombre des employés et ouvriers de l'usine est de 800 environ.

Les hommes y entrent.......... pour 60 0/0.
Les femmes .................. pour 30 0/0.
Les enfants de 13 à 16 ans....... pour 10 0/0.

Tous les ouvriers sont convenablement rémunérés.

Les appointements et salaires s'élèvent annuellement à 650,000 francs.

Nous avons déjà parlé (p. 876) des deux sociétés de prévoyance établies pour les ouvriers de la manufacture ; nous devons ajouter que M$^{mes}$ Balsan s'occupent, avec un soin extrême, de tous leurs ouvriers malades et de leurs familles ; une sœur est établie par elles au bureau de bienfaisance et chargée spécialement de fournir tout ce qui est nécessaire aux soins des malades.

Tous les débris et déchets quelconques de l'usine, trop mauvais pour être vendus, sont régulièrement amalgamés et employés à faire des *engrais*. On les mêle avec les boues provenant du nettoyage des laines en suint, avec les eaux ammoniacales de l'usine à gaz, avec le contenu des fosses d'aisance, les déchets des colles employées au tissage et les cendres des divers fourneaux. Le tout produit environ 400 mètres cubes d'engrais par an, pesant chacun 1,200 kilogrammes, que l'usine vend sur analyse et suivant les cours commerciaux.

La famille Balsan a fait créer, auprès de son école primaire, un certain nombre de *maisons* destinées aux ouvriers de la manufacture. Moyennant un loyer de 4 francs par semaine, le locataire sera propriétaire de sa maison au bout de 15 ans. Si le locataire cesse de travailler dans la manufacture, le loyer monte à 5 francs par semaine. Chaque maison est indépendante des maisons voisines et a son entrée sur la rue. Elle a deux pièces à cheminée au rez-de-chaussée, un cellier et des cabinets ; elle est sur caves et couverte de greniers élevés. Derrière la maison est un petit jardin communiquant avec la rue. Les baux portent une utile restriction pour l'avenir : c'est que les maisons, lorsqu'elles seront devenues la propriété des locataires actuels, de leurs héritiers ou d'acheteurs, ne pourront jamais être occupées par des cafés ou autres établissements analogues.

## ARTICLE DEUXIÈME.

### Manufacture des Tabacs.

Dans la notice sur M. le comte Eugène de Bryas, nous avons établi comment, chargé du rapport au Corps législatif sur la prorogation du monopole des tabacs, il conçut l'espoir de doter notre ville d'une manufacture de cette espèce et comment il y réussit (1).

Vers la fin de l'année 1856, l'administration des tabacs, obligée, par l'accroissement de la consommation, d'augmenter le nombre des manufactures, décida la création d'ateliers provisoires à Châteauroux. Ces ateliers furent installés dans la rue des Ponts, et l'on y fabriqua des cigares jusqu'au 25 juin 1861. Pendant ce temps, les plans de la manufacture définitive avaient été préparés par M. Rolland, aujourd'hui directeur général, et par M. Dauvergne, architecte du département de l'Indre. La construction, commencée à la fin de 1858, fut à peu près terminée en 1861; cependant les agencements intérieurs ne furent guère achevés qu'à la fin de 1862. La fabrication du tabac à priser ne fut même entreprise qu'en 1863. L'ensemble des dépenses a été de 2 millions, dont 500,000 francs en machines. La superficie de l'établissement est de 29,297 mètres carrés.

(1) Les manufactures de tabacs sont aujourd'hui au nombre de quinze (sans compter les ateliers provisoires établis à Riom), savoir : Paris (au Gros-Caillou), Paris (à Reuilly), Lille, Dieppe, Le Hâvre, Morlaix, Nantes, Châteauroux, Bordeaux, Tonneins, Toulouse, Marseille, Nice, Lyon, Nancy. Comme importance du personnel, la manufacture de Châteauroux occupe le premier rang. Ses produits sont très-estimés.

Au moment de l'abandon des ateliers provisoires, le personnel se composait d'environ 20 hommes et 1,000 femmes. Ce personnel, avec des alternatives diverses, était arrivé, au milieu de 1872, au chiffre d'environ 1,380 ouvrières. Depuis cette époque, il a été notablement accru.

La manufacture emploie, dans ses fabrications, des tabacs exotiques et des tabacs indigènes. Les premiers proviennent des États-Unis (Virginie et Kentucky), du Brésil, du Mexique, de Java. Les autres sont récoltés dans les départements du Nord, de l'Ille-et-Vilaine, du Lot-et-Garonne, du Lot, de la Dordogne, de la Gironde, des Landes, des Hautes-Pyrénées, de la Savoie, de la Haute-Savoie, de la Haute-Saône, de Meurthe-et-Moselle, et en Algérie.

Tous ces tabacs sont expédiés soit en balles recouvertes de toile, soit en boucauts (grands tonneaux), par les entrepôts de tabacs en feuilles ou par les magasins de transit de Marseille, Bordeaux, le Hâvre. Ces matières sont déposées à la manufacture dans de grands magasins, d'où elles sortent au fur et à mesure des besoins. Chaque jour on procède à l'ouverture du nombre de balles ou de boucauts nécessaires à la fabrication ; on y trouve les feuilles réunies par manoques (paquets de 24 feuilles liées par une 25$^{me}$). On défait ces manoques, on secoue les feuilles et elles sont prêtes alors à passer dans la fabrication spéciale à laquelle elles sont destinées.

On fabrique à Châteauroux du tabac à priser (poudre), du tabac à mâcher (rôles menu-filés) et des cigares à 5 centimes, 7 centimes 1/2 et 10 centimes.

*Poudre.* — Les feuilles destinées à la fabrication du tabac à priser sont d'abord mouillées, à l'aide d'un appareil mécanique qui porte le nom de *mouilleur*, avec de l'eau salée à 6° de l'aréomètre ; on leur incorpore de cette façon, pour les assouplir, une quantité d'eau égale à 20 0/0 de leur poids. Ces tabacs ainsi mouillés sont coupés en lanières de 0ᵐ 01 de largeur à l'aide d'un appareil mécanique appelé *hachoir*. Puis on forme des masses rectangulaires du poids de 40,000 kilogrammes environ. La température, au milieu de ces masses, ne tarde pas à s'élever ; il s'y produit une fermentation qui développe l'arôme et le montant que l'on recherche dans ce produit. Les tabacs hachés restent ainsi en masse pendant 6 à 7 mois. Ils sont alors noirs et friables. On les fait passer dans des moulins, mus mécaniquement, qui les pulvérisent. Ce tabac pulvérisé est mouillé de nouveau avec de l'eau salée et versé dans de grandes cases en bois, où se produit une deuxième fermentation qui continue et achève l'effet de la première. Le tabac reste environ 13 mois dans ces cases. On ne l'en retire que pour l'emballer, à l'aide d'un pilonnage mécanique, dans des tonneaux qui sont expédiés aux entrepôts au fur et à mesure des demandes adressées à la manufacture.

*Rôles menu-filés.* — Ces tabacs sont fabriqués exclusivement avec des feuilles du Lot-et-Garonne. On les mouille aussi avec de l'eau salée pour les assouplir ; on les écôte, c'est-à-dire qu'on détache la nervure médiane, puis les feuilles sont remises à des ouvrières qui les filent, à l'aide de rouets, en petits boudins de 4 à 5 millimètres de diamètre. De ces boudins, en les enroulant sur un petit mandrin, on forme des pelottes pesant chacune un hectogramme. Ces pelottes sont trempées dans du jus pour leur donner plus de couleur et plus de goût, pressées, séchées, puis réunies par chapelets de 10, emballées dans des caisses en bois et expédiées en cet état aux entrepôts sur demandes.

*Cigares.* — Les feuilles destinées à la fabrication des cigares sont d'abord soumises à un triage qui a pour objet de séparer les plus belles feuilles réservées pour la confection de la robe, c'est-à-dire de l'enveloppe extérieure du cigare. Puis les feuilles pour enveloppes, comme celles pour intérieur, sont réunies avec des sangles par ballotins de 10 à 12 kilogrammes et soumises à un lavage méthodique dans du jus de tabac. Cette opération a pour but d'uniformiser le goût des feuilles (de provenances diverses) et d'atténuer la force de celles qui contiennent trop de nicotine. Au sortir des cuves dans lesquelles les tabacs sont immergés, on défait les ballotins et on commence la dessiccation soit à l'aide d'une presse hydraulique, soit à l'aide d'une essoreuse ; puis on achève la dessiccation dans des cylindres, dits *torréfacteurs,* mus mécaniquement et chauffés.

Au sortir des torréfacteurs, les feuilles pour robes sont distribuées à des ouvrières chargées d'y découper, à l'aide d'un couteau circulaire muni d'un manche, des lanières ou robes servant à envelopper les cigares. Quant aux feuilles pour intérieur, elles sont mises en dépôt par grandes masses ; c'est là qu'on les prend, selon les besoins de la fabrication, pour les livrer aux ouvrières chargées de confectionner les cigares.

Chaque jour, il est fait à toutes les cigarières une distribution de tabac pour intérieur et de robes taillées. Avec cela, elles confectionnent à la main des cigares qu'elles recouvrent d'une robe, en les terminant par un bout conique, et en tranchant l'autre extrémité, suivant les dimensions prescrites, à l'aide d'un ustensile appelé *coupe-cigares*. Les cigares sont alors achevés.

Après avoir été soumis à un examen qui fait rejeter ceux dont la confection est défectueuse, ils sont déposés dans des tiroirs que l'on place dans des armoires chauffées et ventilées pour les sécher. Cette dessiccation dure de 15 à 18 jours. Les cigares, retirés des armoires, sont mis en paquets de 10 ou de 25 s'il s'agit de cigares à 5 centimes ou 7 centimes 1/2, et placés dans des coffrets de 250 s'il s'agit de cigares à 10 centimes ; avec ces paquets et ces coffrets, on remplit des caisses qui sont expédiées aux entrepôts.

*Machines.* — Pour donner le mouvement à tous les appareils, la manufacture possède deux machines à vapeur verticales à condensation, de la force de 30 chevaux chacune. La vapeur nécessaire à ces machines, ainsi qu'au chauffage de tous les ateliers, est produite par quatre chaudières en tôle.

Le personnel administratif de la manufacture se compose d'un directeur, d'un ingénieur, d'un sous-ingénieur et d'un contrôleur.

Pour la comptabilité et la rédaction, il y a un garde-magasin, trois commis et quatre préposés à la fabrication. La fabrication elle-même emploie : 13 chefs de section ou contre-maîtres ; 26 surveillants ou surveillantes ; 82 ouvriers ; 1,580 femmes.

Le personnel ouvrier n'appartient pas tout entier à la commune de Châteauroux ; 220 ouvrières habitent les communes voisines, notamment Déols, Lourouer et Saint-Maur. Ce personnel est employé à la fabrication des tabacs à priser et à mâcher, ainsi qu'à celle des cigares.

La fabrication du tabac à priser, qui s'effectue surtout à l'aide de machines, n'occupe que 25 à 30 hommes, bien qu'elle produise chaque année de 1,900,000 à 2,000,000 de kilogrammes.

La fabrication des tabacs à mâcher ou à chiquer (rôles menu-filés) occupe 20 ouvrières et produit par année 20,000 kilogrammes.

Enfin, la fabrication des cigares, qui absorbe le reste du personnel, doit produire, en 1874, les cigares des modules suivants :

| | | | | |
|---|---|---|---|---|
| Cigares à 0,05°... | 200,000 kilog., | soit | 50,000,000 | de cigares. |
| — à 0,07 1/2 | 60,000 — | | 15,000,000 | — |
| — à 0,10 ... | 40,000 — | | 10,000,000 | — |
| — à 0,15 ... } | 36,000 — | | 9,000,000 | — |
| — à 0,20 ... } | | | | |
| — à 0,25 ... | 4,000 — | | 1,000,000 | — |
| | 340,000 kilog., | soit | 85,000,000 | de cigares. |

Ces différents produits représentent environ trente millions de francs comme prix de vente aux consommateurs. De plus, la manufacture livre encore, à quiconque en fait la demande, des poussières de tabac, au prix de 1 fr. le kilogramme, pour les jardiniers, et du jus de tabac à des prix variables depuis 4 centimes le litre, suivant le degré de concentration, pour le traitement des maladies des animaux.

Le budget de l'établissement, à dépenser dans la localité, s'élèvera, en 1874, à près de 1,100,000 francs, dont plus de 950,000 en salaires, et le reste en fournitures (métaux, bois, épicerie, quincaillerie, cordes, tissus, graisses, huiles, cuirs).

La durée du travail dans les ateliers est, en toutes saisons, de dix heures, coupées par le temps du repas (de midi à une heure et demie). En hiver, les ateliers sont éclairés au gaz depuis la chute du jour jusqu'à la sortie. Dans la même saison, ils sont chauffés à l'aide de la vapeur. En tous temps, ils sont ventilés. En été, l'administration fournit chaque jour du café à tout le personnel, pour éviter les accidents qui pourraient résulter de l'absorption d'eau pure.

Un médecin, payé par l'administration (M. le docteur Pinault), vient chaque jour à la manufacture donner des consultations à toutes les ouvrières qui ont besoin de ses soins. Les premiers médicaments sont fournis par l'établissement.

La presque totalité des travaux s'exécute à la tâche. Les hommes gagnent par jour un salaire qui varie en moyenne de 3 francs 75 à 4 francs. Les femmes, surtout employées à la confection des cigares, gagnent un salaire quotidien qui, durant la première année, c'est-à-dire durant leur apprentissage, ne dépasse pas 1 fr. 50 centimes ; mais, à partir de ce moment, il varie de 1 fr. 75 centimes à 2 fr. en moyenne. Certaines ouvrières, exceptionnellement habiles, gagnent jusqu'à 3 francs.

Nous avons parlé, dans le chapitre relatif aux institutions de prévoyance, de la Société des secours mutuels et de la caisse de retraite pour la vieillesse établie dans la manufacture des tabacs.

Depuis l'année 1868, il a été organisé à cette manufacture des cours d'adultes qui sont devenus aujourd'hui obligatoires pour toute ouvrière qui y est admise sans posséder l'instruction primaire. Ces cours comprennent la lecture, l'écriture et les premiers éléments de l'arithmétique. La durée de ces cours, qui sont entièrement gratuits, est de deux heures chaque jour non férié. De ces deux heures, l'une est prise sur le travail : ainsi, la sortie des ateliers étant fixée à six heures, les ouvrières qui suivent les cours se rendent à l'école à cinq heures et y restent jusqu'à sept. Il est rare qu'une jeune fille, admise à la manufacture, possède une instruction suffisante pour être dispensée immédiatement de la fréquentation de l'école ; mais, d'autre part, il n'y a qu'une faible proportion (6 ou 8 p. 0/0) qui soit complétement illettrée. Beaucoup peuvent quitter l'école au bout de quelques mois. Sur 371 qui s'y trouvaient au 1$^{er}$ août 1872 ou qui y sont entrées depuis cette époque, il y en a aujourd'hui (1ᵉʳ août 1873) 106 qui sont dispensées de la fréquentation assidue des cours et qui n'y viennent qu'une fois par mois. Les cours se font dans une des salles de la manufacture. Ils sont dirigés par un préposé et quatre surveillants payés par l'administration des tabacs. Les fournitures, l'éclairage et le chauffage sont également aux frais de l'administration.

A l'occasion de la fête de la Société de prévoyance de la manufacture, une messe est dite à l'église Saint-André, pendant laquelle les jeunes ouvrières chantent plusieurs morceaux (1).

Les directeurs de la manufacture des tabacs ont été depuis l'origine : M. Girard, à partir du 1ᵉʳ novembre 1854 ; — M. Beauchef, 22 mai 1857 ; — M. Letixerand, 2 mai 1866 ; — et M. Duréhault, 21 mai 1871.

### ARTICLE TROISIÈME.

#### Brasseries.

La brasserie de MM. Grillon est un des plus importants établissements de notre ville. Après l'avoir fait connaître, nous dirons quelques mots de la brasserie de M. Mallebay.

##### § I. — Brasserie de Châteauroux.

M. Desbans, après avoir fabriqué, avec bénéfice, de la bière dans ce qui restait de l'église de l'ancienne abbaye de Déols, transporta, vers 1825, son industrie sur la route de Déols, où il jeta les fondements

---

(1) Nous devons tous ces renseignements à l'obligeance de M. Duréhault, le directeur actuel.

de l'établissement appelé aujourd'hui *Brasserie de Châteauroux*. — En 1828, M. Desbans échangea sa brasserie avec M. Boissard, ancien pharmacien, contre une propriété en Touraine, et, en 1835, cet établissement, ayant été mis en adjudication, fut acquis par M. Amador Grillon. Ce dernier lutta contre les brasseries d'Argenton et du Blanc, en agrandissant beaucoup son industrie qui, de 3 ou 4,000 hectolitres de bière, arriva à en produire le double. Ayant acquis autour de son établissement beaucoup de terrains, il les a entourés de murs et s'y est créé une résidence agréable.

Cette brasserie, devenue l'une des plus considérables de France, est passée, de M. Amador Grillon aux mains de son fils, M. Ernest Grillon, qui, lui-même, l'a considérablement augmentée, et s'est associé son cousin, M. Adrien Grillon. Cette nouvelle société, jalouse de ne pas déchoir de sa renommée en présence de la consommation par toute la France, des bières étrangères, qui, par sa rapidité, a pris au dépourvu nos bières nationales, a compris la nécessité absolue de transformer complétement son matériel et son outillage. Elle s'est mise à l'œuvre, et, au prix de sacrifices considérables, elle a fait élever, à côté de l'ancienne usine, une installation complète entièrement destinée à la fabrication des bières, dites bières *bock*. Aujourd'hui, elle est en mesure de fournir ces nouvelles bières pour lesquelles elle n'a rien à redouter de la comparaison avec les meilleurs produits de Strasbourg, et peut offrir aux consommateurs du centre de la France, le grand avantage de trouver à leur portée une bière supérieure, qu'ils étaient obligés d'aller chercher à 200 lieues de chez eux.

On ne manquera pas de s'intéresser aux diverses opérations auxquelles se livre aujourd'hui cet établissement pour la fabrication de la bière.

Quand l'orge arrive de chez le cultivateur, elle est passée par un *trieur* qui divise le grain en quatre catégories ; les deux premières seulement sont utilisées pour la fabrication de la bière ; les deux autres sont revendues aux agriculteurs sous le nom de *déchet* ou de *criblure*. La seconde opération consiste à mettre *tremper* l'orge dans de grandes cuves cimentées, où elle reste de 48 à 60 heures, suivant le besoin. De là, elle tombe dans de vastes caves, auxquelles on donne le nom de *germoirs*. Ce nom indique la transformation que le grain doit y subir ; il y fermente et y germe comme dans la terre. L'effet de cette germination est d'expulser toute matière non sucrée.

L'orge est ensuite étendue sur la *touraille* pour y être torréfiée à une chaleur de 80 degrés centigrades, de manière à en faire disparaître toute humidité. De là, on la fait passer au *tarare* pour enlever les germes [1].

Après cette autre opération, elle est soumise au *concasseur*, qui la réduit en farine. Cette farine est

---

[1] Ces germes constituent un engrais des plus riches. On ne l'utilise pas dans notre pays, et cependant on pourrait en tirer un très-bon parti. La brasserie l'expédie à Paris, où il se vend avantageusement aux maraîchers, malgré les frais de transport dont il se trouve grevé.

délayée dans de grandes *cuves-matière,* et de ces cuves, elle descend dans la *chaudière,* où l'on ajoute le houblon, avec lequel elle subit l'ébullition jusqu'à complète cuisson.

La cuisson étant terminée, on peut dire que la bière est faite. On la répand alors dans de grands *bacs,* où elle doit séjourner jusqu'à ce que la température descende à 4, 5 ou 6 degrés. Pendant les chaleurs, ce résultat est obtenu en faisant passer la bière dans des serpentins entourés de glace.

Après ces diverses manœuvres, elle est conduite dans la *cuve-guilloire.* C'est là que la régie vient exercer son contrôle et constater les quantités sur lesquelles le fisc prélève l'impôt déterminé par la loi.

La constatation de la régie opérée, la bière descend par un long tuyautage dans les *caves-glacières,* où elle fermente pendant quinze jours ou trois semaines. Lorsque cette fermentation est terminée, la bière est enfermée dans de vastes *foudres,* où elle attend qu'on vienne la prendre pour la consommation. Ces foudres ne contiennent pas moins de 25 à 50 hectolitres.

La *drèche,* autrement dit le résidu de la farine délayée, est vendue aux agriculteurs, pour la nourriture de tous les bestiaux, lesquels en sont très-friands.

Deux machines à vapeur, chacune de la force de 8 à 9 chevaux, l'une construite à Lyon, et l'autre par la maison Pasquier, d'Issoudun, mettent en mouvement les divers outillages.

La brasserie emploie 46 ouvriers, dont le salaire

varie de 70 à 90 francs par mois. 4 chevaux font le service des transports.

Cet établissement a une importance telle, qu'il est la source des principales recettes de la gare de Châteauroux, soit pour le transport de l'orge, du houblon et du charbon, soit pour celui des bières.

L'orge ou marseiche qui sert à la fabrication de la bière, est achetée sur les marchés d'Issoudun : le houblon est tiré presque uniquement de la Bohême et de l'Autriche. Il coûte cette année (1874) 7 à 8 francs le kilogramme.

La glace est absolument nécessaire pour conserver la bière. Comme les gelées sont assez rares dans le Berry, MM. Grillon ont pris des mesures pour profiter des journées de gelées. Ils ont fait creuser dans la prairie qu'ils possèdent au Rochat, un véritable lac, qui n'a que 40 centimètres de profondeur, de manière à ce que la congélation de l'eau s'opère très-rapidement. Dès que la glace s'y est produite, ils la recueillent, et pour sa rentrée, ils trouvent un secours précieux dans le voisinage de la population agricole de Déols. Il est curieux d'assister à ce transport, pour lequel près de 300 voitures se mettent en mouvement. Cette année, pendant le peu de temps qu'a duré la gelée, on a pu accumuler dans les glacières 9,000 voitures de glace. Il en faut près de 12,000 pour remplir les glacières. L'an dernier, la gelée ayant fait défaut, il a fallu faire venir de la glace de Suisse. Les glacières n'ont pas moins de 6,000 mètres cubes.

La consommation locale ne pouvant offrir un débouché suffisant à la production considérable de la brasserie de Châteauroux, MM. Grillon ont dû établir des entrepôts dans la plupart de nos grandes villes, où la bière de Châteauroux se vend en concurrence avec les meilleures bières d'Allemagne et de Strasbourg. Le plus important de ces entrepôts, est naturellement celui de Paris ; il se trouve à proximité de la gare d'Orléans, sur le quai de Bercy.

### § II. — Brasserie des Marins.

M. Mallebay-Vollant a donné ce nom à sa brasserie, en raison de sa situation dans le faubourg de ce nom. Son établissement existe depuis 1855. Il produit annuellement en moyenne, 3,500 hectolitres de bière. Il se borne à fabriquer l'ancienne bière, façon de Lyon. Pour le moment, il n'emploie que six ouvriers, dont le salaire moyen est de 65 francs par mois. Son contre-maître gagne 2,000 francs par an. Il n'a pour moteur qu'un manége à un cheval. — Ses débouchés sont dans tout le département.

M. Mallebay a fait une plantation de houblon dans son grand enclos ; mais cette production, qui marchait bien, a été détruite par le grand orage qui a eu lieu, il y a cinq ans, le jour de l'Assomption (1).

---

(1) La culture du houblon est continuée, dans le département de l'Indre, par M. Bonvallet, de Villedieu. M. Mallebay se sert de ces houblons. Il les achète 2 fr. 50 le kilogramme. Il pense que les vignerons devraient se livrer à la culture de cette plante, et qu'ils en retireraient un bénéfice convenable. M. Mallebay conseille aux cultiva-

## ARTICLE QUATRIÈME

**Maison Hidien fils, constructeur de machines agricoles.**

M. Jean-Baptiste Hidien, père, s'était établi à Déols en 1834. Il y fabriquait des instruments aratoires, et spécialement des charrues de son invention, très-estimées des agriculteurs et connues sous le nom de charrues à piquet. M. Hidien a présenté ses instruments d'agriculture à tous les concours du centre, et toujours il a obtenu des récompenses. En 1860, il a acheté un vaste terrain situé entre les rues du Four-à-Chaux, Grenouillère et le bois des Capucins ; il y a fait construire des ateliers où il n'occupait que quelques ouvriers.

M. Hidien fils, loin de chercher à se pousser dans les carrières où l'instruction générale qu'il avait acquise aurait pu le conduire, a voulu continuer les errements de son père, en mettant à profit ses connaissances. Il s'est mis à suivre les grandes expositions agricoles, et c'est après avoir visité les plus importantes maisons de construction de France et de Londres, qu'il a pris la direction des ateliers de son père.

De 1862 à 1866, cette maison a fabriqué un nombre considérable d'instruments agricoles, obtenant dans tous les concours régionaux un grand nombre de récompenses.

---

teurs de notre contrée de mieux soigner leurs orges, qui ont un rendement en sucre supérieur à celles d'Odessa. Dans ces conditions, l'Angleterre les préférerait.

En 1866, M. Hidien est devenu propriétaire des ateliers. Cette même année, il exposait au concours régional de Châteauroux la première machine à vapeur construite dans cette ville et il obtenait le 2$^{me}$ prix et une médaille d'argent. A ce même concours, sa maison recevait 16 autres prix pour les divers instruments agricoles fabriqués chez elle.

A partir de cette époque jusqu'en 1869, M. Hidien a présenté ses machines à vapeur et ses autres instruments d'agriculture à tous les concours régionaux et à l'exposition universelle de Paris, et partout il a obtenu des récompenses.

C'est alors qu'il a augmenté ses moyens de fabrication et qu'il a annexé à ses ateliers une fonderie de fer et de bronze.

En 1870, M. Hidien a mis ses ateliers et son personnel à la disposition du gouvernement de la Défense nationale. A la suite des commandes importantes qu'il reçut, il transforma son outillage, fit des acquisitions de machines-outils et construisit les ateliers qui existent encore aujourd'hui sur la promenade des Capucins.

Il fut éprouvé par les difficultés sans nombre qu'il rencontra dans l'accomplissement des engagements qu'il avait contractés ; cependant il fit en quelques mois, au milieu des empêchements de toute sorte, pour plus de cent cinquante mille francs de travaux pour Bordeaux, Toulon et le département de l'Indre.

A la fin de la guerre, il dut résilier son marché,

et ce n'est qu'en 1873 que l'indemnité qui lui était due lui fut accordée.

Après la guerre, M. Hidien s'arrangea avec la ville pour conserver, pendant un temps limité, les ateliers qu'il avait fait construire en 1870. Cet arrangement lui permit d'augmenter considérablement son personnel et son matériel de fabrication.

Il y a dans cet établissement un outillage complet, parfaitement soigné, construit en partie dans les ateliers et composé de toutes les machines-outils usitées dans les maisons de construction.

Le matériel des ateliers d'ajustage et de tour se compose de machines à raboter, d'étaux-limeurs, de machines à mortaiser, de perceuses, de poinçonneuses, de tours parallèles, à fileter, à charioter, etc.

Sa fonderie de fer et de cuivre possède aussi un matériel perfectionné : châssis de fer, grues, étuve, etc.

Les forges, alimentées, comme la fonderie, par un ventilateur, ont un pilon à vapeur et une machine à cisailler le fer.

L'atelier de menuiserie est parfaitement outillé, et le travail du bois s'y fait mécaniquement par des scies circulaires et des scies à ruban, des machines à mortaiser, des toupies à moulures, etc.

Toutes ces machines sont mises en mouvement par deux moteurs à vapeur construits dans la maison. Le moteur principal est un modèle de construction ; il est remarquable par tous les détails d'ajustage. La plus grande propreté entoure toutes ces machines.

Cet établissement comprend la construction des

machines agricoles en général, et spécialement des machines à vapeur fixes ou locomobiles de 2 à 20 chevaux et des batteuses à vapeur.

Tel qu'il est organisé actuellement, il peut livrer par semaine un matériel complet de battage à vapeur, sans compter les autres instruments agricoles, tels que : moissonneuses, faucheuses, coupe-racines, pompes à purin, herses, rouleaux, etc.

La clientèle de cette maison s'étend très-loin, et c'est surtout dans le midi de la France qu'elle expédie la plus grande partie de ses appareils de battage à vapeur.

Un des points intéressants de l'organisation de cet établissement, c'est la comptabilité de fabrication : par une combinaison très-simple, le temps des ouvriers est réparti d'une façon certaine entre les différents travaux en construction, de sorte que, quelles que soient l'importance et la durée de fabrication d'une pièce ou d'une machine complète, le chef de l'établissement sait exactement le nombre d'heures passées lorsque le travail est terminé.

Tous les ouvriers, aujourd'hui au nombre de 70, travaillent aux pièces ; les chefs d'atelier et les manœuvres sont payés à l'heure. Les ouvriers à façon gagnent de 4 à 8 francs par jour.

Cette maison, qui comptait déjà, en 1866, un grand nombre de récompenses, a obtenu, depuis cette époque, à tous les concours régionaux de France, plus de cent vingt prix, attribués en grande partie aux batteuses et aux machines à vapeur perfectionnées par

M. Hidien. Elle a obtenu, entre autres, une grande médaille d'or de la Société des agriculteurs de France: c'est la plus haute récompense décernée dans les concours. Cette maison marche à la tête du progrès de la machinerie agricole, et un bel avenir paraît lui être réservé. Les ateliers sont actuellement en pleine activité (janvier 1874), et M. Hidien espère représenter largement notre département au concours régional qui se tiendra à Châteauroux au mois de mai prochain.

### ARTICLE CINQUIÈME.
#### Imprimeries.

Nous ne trouvons pas, à Châteauroux, de trace d'imprimerie avant 1789. Il est probable que les imprimés dont on avait besoin se faisaient à Issoudun ou à Bourges. Il n'en fut plus de même lorsque notre ville fut choisie pour chef-lieu par suite de la division de la France en départements. Châteauroux, devenu alors centre de toutes les administrations, dut avoir ses imprimeries. C'est depuis cette époque, en effet, qu'on en trouve deux : celle de MM. Nicaisse et Escouet, et celle de M. Bourgeois, auquel succéda M. Brandely.

Aujourd'hui, nous avons deux maisons importantes pour l'imprimerie : la maison Migné et la maison Nuret. Il y a eu, pendant un certain nombre d'années, l'imprimerie Salviac.

*1. Maison Migné.* — M. Migné succéda à M. Brandely en 1816 ; ce dernier, après avoir eu son établissement rue des Pavillons, l'avait transporté au quartier Saint-Martin, dans la maison occupée aujourd'hui par M. Migné. La maison Migné a pris de l'accroissement lorsque, vers 1839, on y a joint une lithographie. C'est cette adjonction qui lui a permis de faire sortir de ses presses le magnifique volume des *Esquisses pittoresques* de M. de la Tramblais, dont la typographie a été encadrée par la lithographie des charmants dessins de M. Meyer. Cet ouvrage a obtenu une récompense à l'une des grandes expositions du règne de Louis-Philippe. En 1853, la maison Migné fit l'acquisition de l'imprimerie Amouroux. Cette imprimerie était la suite de celle de MM. Nicaisse et Escouet. M. Bayvet, gendre de ce dernier, avait continué cette maison, et M. Amouroux, gendre à son tour de M. Bayvet, l'avait eue et conduite pendant un certain nombre d'années. La maison Migné a appartenu à $M^{me}$ veuve Migné après le décès de son mari ; aujourd'hui elle appartient à son fils ; elle a pour gérant M. Renault, qui y est employé depuis 45 ans.

Les ateliers de M. Migné se trouvent dans deux maisons : la maison Migné proprement dite et la maison achetée de M. Amouroux. Dans cette dernière, il a été établi, il y a quatre ans, une machine à vapeur de la force de 5 à 6 chevaux, construite par M. Hidien.

La maison Migné a une trentaine d'employés. Elle travaille pour les administrations, le commerce, la librairie, et elle fait la reliure des registres. Les produits de son atelier spécial de lithographie sont trèsappréciés. Elle publie le journal le *Moniteur de l'Indre*, qui paraît trois fois la semaine.

*II. Imprimerie Nuret.* — Cet établissement ne date que de 1869. A cette époque, M. Adolphe Nuret, libraire à Châteauroux depuis 1838, eut l'idée de créer une imprimerie, afin de pouvoir conserver auprès de lui ses deux fils, et il acheta le brevet d'imprimeur et le matériel de M. Salviac. Au mois de septembre 1871, M. A. Nuret a associé ses deux fils à ses affaires; la maison a pris alors la raison sociale de : *A. Nuret et Fils.*

Cette imprimerie ayant acquis en peu de temps un grand développement, on fit construire un vaste atelier qui bientôt après a été agrandi du double.

Cette imprimerie comprend la typographie, la lithographie et la stéréotypie : on y fait tout ce qui a rapport à l'impression typographique et lithographique : glaçage du papier, clicherie, satinage, brochage, reliure, cartonnage des registres, estampage et gaufrage. Elle emploie trois presses mécaniques, mues par une machine à vapeur de la force de quatre chevaux, une presse à bras et trois presses lithographiques.

L'imprimerie Nuret occupe 44 personnes, dont 25 à la typographie, 5 à la lithographie, 3 à la reliure, 10 à l'atelier de pliage et satinage, et un garçon pour les courses. Sur ce nombre, il y a 34 hommes et 10 femmes. Les ouvriers gagnent de 3 fr. à 4 fr. 50 par jour, et les ouvrières de 1 fr. à 1 fr. 75.

A l'Exposition industrielle de Nevers, en 1872, où MM. Nuret avaient présenté des spécimens de leurs travaux courants de lithographie et de typographie, ils ont obtenu une médaille d'argent de 1re classe, avec cette mention : *Très-bonne exécution de leurs impressions ordinaires.* Au mois de novembre de la même année, MM. Nuret ont obtenu encore, à l'Exposition universelle d'Économie domestique de Paris, une médaille de bronze de la Société nationale d'encouragement des travailleurs industriels.

Les ateliers de MM. Nuret ont été construits sur l'emplacement de l'ancien hôtel du Dauphin, rue du Tripot.

*III. Imprimerie centrale de la Société anonyme de l'Ordre républicain,* rue Petite-du-Palan, 4. — Elle a été fondée le 15 décembre 1872, pour imprimer le journal l'*Ordre républicain ;* elle fait aussi tous les travaux de la compétence de l'imprimerie.

Cette imprimerie possède une presse à bras et une presse mécanique ; elle vient d'y ajouter une lithographie. Elle emploie 4 ouvriers et 4 apprentis.

*IV. Mouvement de la presse périodique.* — Nous croyons devoir placer ici un aperçu du mouvement de la presse périodique à Châteauroux. Aucun journal n'avait existé dans notre ville avant l'année 1816. M. Migné fonda, à cette époque, les *Petites affiches.* En 1827, son imprimerie publia l'*Iris, journal de l'Indre,* brochure in-8°, qui paraissait deux fois par mois. Cette publication était consacrée aux lettres, aux sciences, aux arts, à la jurisprudence, au commerce et à l'agriculture; elle comptait, parmi ses principaux collaborateurs, MM. Léon Pichot, Molineau et Briaune. Sa durée n'a été que de quelques années.

En 1831, une société de jeunes médecins, parmi lesquels il faut citer MM. Petel, Raoul Patureau, David (d'Écueillé), tentèrent un essai de publication mensuelle sous le titre de *Revue médicale*, brochure in-8°, qui ne dura que peu de temps. Plus tard, pendant la période de 1830 à 1840, parut encore une *Revue mensuelle de l'Indre*, sous la plume de M. Léon Pichot, ainsi qu'un journal hebdomadaire intitulé: *Revue de l'Indre*, qu'avait créé M. Caron, employé étranger au pays; ces publications eurent peu de succès. En 1847, M. Léon Pichot, loin de se décourager, essayait de nouveau la publication des *Annales de l'Indre*, paraissant une fois la semaine.

La Révolution de 1830 avait donc développé le goût d'écrire, et le besoin de communiquer sa pensée se manifesta bien plus par suite de la Révolution de 1848. Dans ce même temps, la maison Bayvet eut aussi sa part de publications; elle tenta un premier essai par la création d'un journal littéraire ayant pour titre: *La Pie voleuse*. Quelques années après la chute de cette feuille, elle fonda le *Journal de l'Indre* qui commença l'ère de la presse politique du département, et qui eut successivement pour rédacteurs MM. Léon Pichot, Lézerat et Amouroux. Ce journal paraissait deux fois la semaine. Il avait soutenu le ministère Guizot; mais il devint bientôt d'un républicanisme très-avancé. Il avait cessé de paraître un peu avant que l'imprimerie Amouroux-Bayvet fût achetée par la maison Migné.

Vers la fin de 1848, des personnes notables de Châteauroux et du département, pour faire prévaloir les principes d'ordre et de conservation contre deux journaux de la presse démocratique (le *Journal de l'Indre* et le *Travailleur*) imprimés dans la maison Amouroux-Bayvet, se réunirent pour fonder, dans la maison Migné, le journal le *Représentant de l'Indre*, qui paraissait deux fois la semaine et avait pour rédacteur M. Barbet-Devaux, sous le patronage de MM. Bertrand-Boislarge, Just Veillat, Delouche-Pémoret, Prothade Martinet et Ernest Lavigerie. Au commencement de 1850, M. Arthur Ponroy succéda à M. Barbet-Devaux et continua la rédaction de ce journal jusqu'en octobre 1851, époque à laquelle se créa une autre feuille sous le titre de : *le Conciliateur*, dont M. Arthur Ponroy devint le rédacteur en chef, et qui ne vécut que jusqu'au coup d'État.

Le coup d'État trouva M. Alexis Doinet chargé de la rédaction du *Représentant de l'Indre* qu'il conserva. Au mois de mars 1852, les fondateurs de ce journal ayant terminé leur mission, cette feuille devint la propriété exclusive de la maison Migné, qui en continua la publication jusqu'au 1er janvier 1853, époque où elle le transforma, avec le *Messager de l'Indre*, appartenant à la même maison, en une feuille tri-hebdomadaire sous le titre de *Moniteur de l'Indre*, ayant toujours comme rédacteur M. Doinet. M. Rouy succéda en 1857 à M. Doinet; en 1864, M. Léon Duportal devint rédacteur en chef et occupe encore ce poste aujourd'hui.

La Révolution du 4 septembre 1870 a donné lieu à deux nouveaux journaux. En octobre 1871, la maison Nuret a fondé le *Progrès du Centre*, paraissant d'abord trois fois par semaine. La direction de ce journal est passée, au mois de novembre 1873, à un groupe de conservateurs qui l'a fait paraître chaque jour, en diminuant le format. Il vient de cesser sa publication (1). L'autre journal, l'*Ordre républicain,* paraissant trois fois la semaine, monté par une société, n'a duré que dix mois, mais il vient de reparaître.

Au mouvement de la presse périodique, il ne sera pas sans intérêt de joindre une indication des ouvrages sortis de nos imprimeries. Après les *Esquisses pittoresques*, de M. de la Tramblais, déjà citées tant de fois, nous pouvons ajouter la petite édition de ces mêmes *Esquisses,* contenant en outre une série de mémoires du même auteur; les romans historiques de M. Just Veillat, les ouvrages médicaux du D$^r$ Gigot, les mémoires des docteurs Lambron et Rigodin, etc.

De son côté, la maison Nuret, outre ses travaux locaux et les œuvres de M. Léon Pichot, a imprimé déjà, depuis quatre ans, pour le commerce et la librairie de Paris, plus de 80 volumes. C'est elle qui édite et imprime l'histoire que nous écrivons.

---

(1) La cessation du journal a diminué le personnel de l'imprimerie de huit ou neuf employés.

## ARTICLE SIXIÈME.

### Autres industries plus ou moins importantes.

Parmi ces industries, nous devons citer la carrosserie, les scieries et les fabriques de meubles, les fonderies, la cordonnerie mécanique, les distilleries, les confections et les industries des moulins ; nous y joindrons enfin la photographie.

#### § I. — Carrosserie.

Cette partie a pris dans notre ville, depuis une vingtaine d'années, une très-grande importance. On peut dire qu'on y confectionne les voitures de luxe presque aussi bien qu'à Paris, et ces produits se placent non-seulement dans la ville et le département, mais encore bien au-delà.

*I. Carrosserie et sellerie de* **M.** *Cheseaud aîné.* — Cet établissement est situé rue du Pressoir, n° 6, et place aux Guédons, n° 12. Il a été fondé en 1786 par M. Corset, qui a laissé la suite de ses affaires à son fils. M. Tricoche a pris la maison en 1836, et M. Cheseaud lui a succédé en 1862.

Peu importante dès le début, cette maison s'est accrue successivement, et est devenue aujourd'hui considérable. Tout annonce qu'elle le deviendra bien plus encore, car tous les travaux nécessaires pour la confection des voitures : charronnage, menuiserie, forges, peinture, garnissage et sellerie, vont être réunis dans un même local.

M. Cheseaud fabrique des calèches, des coupés,

des omnibus, des landaus, des américaines, des breacks, des bourbonnaises de toute espèce et des voitures de chasse et de fatigue. Il confectionne aussi des harnais de luxe et de tout genre. Ses produits sont recherchés dans la ville, le département, et dans diverses parties de la France.

Il n'occupe, en ce moment, que 14 ouvriers, dont deux contre-maîtres ; mais il en a eu jusqu'à 22.

*II. Carrosserie et sellerie de M. Naudin-Bénard.* — Il y a près de trente ans que M. Naudin a fondé cet établissement, rue du Bombardon, n° 6. M. Bénard, qui était établi depuis 1867 dans la rue Chevrière, vient de l'acquérir et d'y réunir le sien. Comme M. Cheseaud, cette maison fait la carrosserie dans son entier ; elle tient le harnais et tout ce qui a rapport à la carrosserie et à la sellerie. — Elle emploie 12 ouvriers environ.

*III. Carrosserie de M. Penin.* — Cette maison située rue des Capucins, existe depuis 1855, et confectionne tout ce qui se rapporte à la carrosserie et à la sellerie. — Elle n'a en ce moment que trois ouvriers, elle en a eu jusqu'à sept.

*IV. M. Darnault,* rue Saint-Luc, 47, et *M. Trumeau fils,* rue du Pressoir, 57, font principalement les voitures de commerce et d'utilité. Le premier, établi depuis l'année 1848, emploie une douzaine d'ouvriers, et le second n'en emploie que six ou sept.

## § II. — Scieries à vapeur, fabriques de meubles, de serrurerie, de charpentes, etc.

Ces divers genres d'industries se sont multipliés depuis un certain nombre d'années, et nous ne pouvons omettre d'en faire mention.

*I. Maison Villaudière.* — M. Villaudière a commencé, il y a 20 ans, à fabriquer des meubles et de l'ébénisterie. Il avait alors ses ateliers, rue Grande, n° 106. En 1867, il a établi une scierie au moulin de Vindoux, et vendait des bois de menuiserie et de placage. En 1870, il a transporté ses ateliers et sa maison de vente, rue des Ponts, 5 et 7, et y a fait établir une machine à vapeur de la force de 15 à 20 chevaux ; il a pu alors largement développer son industrie. Il fabrique aussi, et en grand, les galoches articulées.

Dans cette maison, le bois entre en grume, et en sort tout travaillé. On y fabrique des meubles de toutes sortes et même élégants. — M. Bouchard, gendre et associé de M. Villaudière, fait la tapisserie.

La maison Villaudière expédie des meubles dans tout le département et au-delà. Elle envoie du chêne débité jusqu'à Béziers, Marseille et Nice. Ses galoches se répandent par toute la France et surtout à Paris. Elle a un brevet pour cette invention.

M. Villaudière occupe beaucoup de bâtiments et de grandes cours. Le local où se trouve la machine à vapeur a brûlé l'an dernier et a été immédiatement réparé. — 30 à 35 ouvriers y sont en ce moment employés ; il y en a eu beaucoup plus.

*II. Établissement de M. Massicot*, rue de l'Écho, 6, fondé en 1852. — M. Massicot s'intitule serrurier-mécanicien, mais son industrie s'étend à un très-grand nombre d'articles. Il fabrique des machines à battre, des tarares, des chassis en fer pour serres et toitures. Non-seulement il travaille pour le département, mais encore pour Paris. Il a entrepris des travaux de serrurerie aux gares de Normandie. Il s'occupe de faire et de poser des sonnettes électriques et à air comprimé. Il a une scierie de planches sur la route de La Châtre. Pour ce travail, il se sert d'une locomobile de la force de huit chevaux. Il expédie des planches vers Limoges et jusqu'à Paris ; il confectionne des panneaux et des parquets de toute essence, et entreprend des travaux de menuiserie.

M. Massicot emploie une trentaine d'ouvriers, et il les paye 3 francs par jour en moyenne ; c'est donc 32,000 francs environ par an qu'il répand dans la classe ouvrière.

*III. Établissement de M. Hippolyte Moreau*, entrepreneur de bâtiments, rue de la Gare. — M. Moreau, venu de Buzançais, sans aucune ressource, n'a marché qu'avec ses bénéfices. Il a commencé son établissement il y a 25 ans, a acheté un vaste enclos pour ses affaires, qui ont consisté principalement dans l'entreprise des charpentes et dans celle des bâtiments à forfait. Depuis 15 ans, il a une scierie pour son usage seulement ; une scie verticale est employée à scier le gros bois ; le tout marche au moyen d'une locomobile de la force de 8 chevaux, provenant de la fabrique de Pasquier, d'Issoudun.

M. Moreau occupe de 20 à 30 ouvriers, et les paye depuis 2 francs jusqu'à 3 francs 50 centimes.

### § III. — Fonderies.

Nous avons vu que M. Hidien possède une fonderie dans son établissement. Il y en a deux autres, celle de M. Cusson et celle de M. Mahut.

*I. Fonderie de M. Cusson.* — Cet établissement existe depuis 1845, et a pris le titre de *fonderie de Châteauroux*. Il est situé route de Châtellerault, n° 26. Cette fonderie travaille surtout pour la mécanique et pour l'agriculture, et fait, en outre, beaucoup de travaux accessoires. Elle met en œuvre environ 200,000 kilogrammes de fonte par année. Elle a des fours appropriés et destinés principalement au tournage des pièces de moulin. — M. Cusson a une locomobile de la force de quatre chevaux (système Calla), qui fait mouvoir le ventilateur et les meules qui servent à broyer les sables et charbons pour le moulage, et à faire marcher les tours.

Il mélange les fontes d'Écosse et de France dans des proportions qui varient suivant le but qu'on se propose. Il emploie beaucoup de vieille fonte. Pour la fusion, il tire ses cokes des mines d'Ahun et de la Haute-Loire. Les sables de fonderie se prennent à Cré, commune de Châteauroux, et auprès de Buzançais. On les mélange avec le charbon de terre pulvérisé. Il y a dans l'établissement deux meules pour broyer à part ces deux substances.

M. Cusson emploie de 15 à 20 ouvriers. Il paye les fondeurs de 3 francs 50 centimes à 5 francs par jour. Les manœuvres ne reçoivent que 2 francs 25 centimes à 2 francs 75 centimes.

*II. Fonderie de M. Mahut.* — M. Mahut, ci-devant constructeur de machines à Paris, a établi, il y a dix ans, ses ateliers à Châteauroux, également route de Châtellerault. Il met en fusion la fonte et le cuivre. Il se sert de toutes les vieilles fontes et les améliore avec de la fonte d'Écosse. Il ne fait venir que rarement la fonte des hauts-fourneaux. Il fournit à l'agriculture et à l'industrie. Depuis la guerre, il travaille particulièrement pour les diverses manufactures de tabacs et pour l'outillage des usines à gaz. En ce moment, il n'emploie que 5 à 6 ouvriers ; il en a eu le double. Il les paye en moyenne 3 francs par jour, mais il donne 5 francs à un contre-maître.

### § IV. — Distilleries.

Nous en avons deux à indiquer, mais qui ont des buts différents :

*I. Distillerie agricole de Saint-Sébastien* (commune de Déols). — Elle a été installée, vers 1860, par M. Veillat-Mallebay ; elle vient d'être réparée et augmentée par sa fille, M$^{me}$ Mars, qui y a ajouté un appareil de rectification. Cette fabrication consiste, comme partout, à distiller le jus de la betterave, préalablement macérée et fermentée. Le produit de cette première opération, nommé *flegme*, subit, avant d'être livré à la consommation, une autre préparation qu'on appelle *rectification*. M^me Mars compte fabriquer 300 hectolitres d'alcool. Elle emploie 5 ouvriers. Leur salaire est de 1 franc 50 et la nourriture. Le premier ouvrier gagne 2 francs ([1]).

*II. Distillerie de M. Haloche.* — En 1873, M. Haloche a créé, rue de Fonds, un établissement où il recueille l'acide pyroligneux et le traite pour en fabriquer l'*acétate de soude*.

Les bois ordinairement employés pour faire le charbon sont carbonisés dans deux appareils. Une grande cheminée est destinée à accélérer le tirage de ces appareils. Dans de vastes tuyaux, munis de refroidisseurs, les gaz condensables et les vapeurs, qui sont le produit de la distillation, sont réunis dans un réservoir et constituent l'acide pyroligneux. Dans ce réservoir, cet acide en contact avec du carbonate de chaux s'en sature en partie.

L'acide pyroligneux est transporté ensuite par une pompe dans un réservoir supérieur. De là, il est conduit, par des tuyaux mobiles, dans des chaudières où la saturation s'accélère et où l'acétate de chaux ainsi formé est mis en présence de sulfate de soude. L'acétate de soude liquide y est obtenu par une double décomposition.

---

(1) Il y a plusieurs autres distilleries de cette nature dans le département : à Saint-Maur, à La Brosse, à Treuillault, aux Sarrets, à Lancosme, à Entraigues, etc.

A cet état, la matière est portée dans une nouvelle chaudière et évaporée à siccité. Ainsi préparée, elle est torréfiée, puis reprise par l'eau et placée dans des cuves de repos. Enfin le liquide est évaporé, placé dans des cristallisateurs où il prend la forme propre à être livrée au commerce. L'opération générale dure environ un mois.

Les produits en charbon de M. Haloche sont pris par les forges de Clavières qui les apprécient, et ses acétates de soude sont expédiés sur Paris et sur Londres. L'établissement peut aujourd'hui distiller annuellement 5,000 stères de bois (1).

### § V. — Cordonnerie mécanique.

Cet établissement, fondé en 1863 par M. Péron, est une spécialité de chaussures perfectionnées par procédé mécanique. Il était, d'abord, rue du Bombardon ; mais depuis 1870 son propriétaire a fait construire, rue de Cluis, n° 31, une longue galerie, au bout de laquelle est une machine à vapeur de la force de quatre chevaux, de la fabrique de M. Hidien.

On peut voir, dans ce grand atelier, toutes les transformations subies par les matières premières : le battage des cuirs par un marteau dont la pression peut atteindre jusqu'à 10,000 kilogrammes, la coupe des tiges, leur cambrage, la piqûre mécanique, le montage sur les formes, le clouage ou vissage, la

---

(1) 12 à 15 fabriques d'acide pyroligneux existent en France pour la production des acétates de soude, de plomb, de fer, d'alumine, etc.

coupe des semelles par le balancier et l'emporte-pièce, le polissage des semelles, le dressage, le talonnage, le moulage des talons, 50 épaisseurs de coutils coupées à la fois par la lame à rubans, etc., etc. On fabrique des chaussures de 25 grandeurs.

Le système divisionnaire est employé dans toute sa pureté. Chaque ouvrier a son travail spécial et ne fait jamais autre chose.

Les cuirs à semelle sont tirés de Château-Renault et d'Argenton. Les autres cuirs viennent de Lyon, de Toulouse, de Paris et d'Allemagne. Le drap vient de Sedan, les satins (dits serges de Berry) viennent d'Angleterre ; les coutils pour doublures, de Flers (Orne) ; les tissus élastiques, de Saint-Étienne et de Saint-Chamond. On emploie les peaux ordinaires, et surtout celles de veau mégissées.

Les produits s'écoulent dans la ville, le département et toute la France, mais particulièrement dans le Nord et l'Est, malgré la concurrence des fabriques de Blois, d'Angers, de Tours et de Nantes.

M. Péron emploie environ 30 hommes et 15 femmes. Le salaire moyen des hommes est de 3 fr. et celui des femmes de 1 fr. 50. C'est donc 40,000 fr. environ qu'il répand annuellement parmi ses ouvriers.

### § VI. — Confections pour le commerce & pour l'armée.

Il n'y a qu'un de ces établissements pour le commerce, mais il y en a trois pour l'armée.

*I. Confection pour le commerce.* — Dans cet atelier, établi depuis quatre ans, avenue de Déols, n° 3,

M. J. Ledien emploie actuellement une trentaine d'ouvrières. Avant la guerre, il en avait eu une cinquantaine. C'est pendant les mois de janvier et de février que le travail est le plus considérable. Les ouvrières, suivant leur habileté, sont payées par jour depuis 50 c. jusqu'à 1 fr. 50 c. ; rarement plus. Quelquefois la maison fait travailler en ville. Un coupeur suffit pour préparer la besogne des ouvrières.

M. Ledien travaille pour son compte et pour des maisons de Paris. Pour le corps de la chemise il emploie les calicots de Mulhouse, et pour la fourniture (devants, cols et poignets) la toile d'Irlande. Depuis quelques années, les chemises de couleur étant très en usage, il en fabrique une forte proportion ; il emploie à cet effet les toiles dites d'Oxford.

*II. Confections pour l'armée.* — Il y a trois petits établissements pour les confections destinées aux militaires.

*Établissement de M. V. Boussin-Raiffey.* — Il est situé rue de la Manufacture, n° 24. Il date de 1867. On y confectionne des chemises et des caleçons, avec une étoffe de coton livrée par les fournisseurs qui traitent avec les régiments. Les guêtres et les pantalons sont faits avec une étoffe de fil appelée *treillis*. M. Boussin emploie 50 à 60 femmes, soit dans sa maison, soit au dehors. Dans sa maison, les *mécaniciennes*, c'est-à-dire celles qui emploient les machines à coudre, mettent 11 machines en mouvement. Elles sont à leurs pièces et gagnent environ 1 fr. 75

par jour. En ville, les ouvrières font les coutures qu'on ne peut faire avec les machines ; elle sont aussi à leurs pièces. Ces ouvrières demeurent généralement en ville ou dans la commune ; quelquefois dans les communes voisines.

*Établissement de M^me Aufrère-Châtel.* — Il est situé rue des Ponts, n° 3, dans des greniers dépendant de l'ancienne manufacture Godard et où ont commencé les travaux de la manufacture des tabacs. Il existe depuis deux ans environ. On y travaille aussi pour le compte des fournisseurs de l'armée, et en particulier pour les maisons Godillot, Dupont, With et Aubel, de Paris. 20 ouvrières sont occupées à coudre à la mécanique, et, comme chez M. Boussin, on fait finir en ville. Mais, outre les chemises, les caleçons, les pantalons et les guêtres, cette maison est outillée pour coudre tous les autres vêtements militaires. Elle reçoit toutes ces pièces taillées.

Si les mécaniciennes, qui sont à leurs pièces, étaient continuellement fournies de travail, elles gagneraient 2 fr. par jour.

*Établissement de M. Moreau-Verneuil.* — Cette maison, située rue de la Manufacture, 48, a été fondée en 1862, par M. Moreau-Forest ; en 1864, elle a été continuée sous la dénomination de Moreau, frères.

Par suite du décès de M. Moreau-Forest, à la fin de 1864, elle est devenue la propriété de M. Moreau-Verneuil. Ce dernier a bâti plusieurs ateliers, et cette maison, en 1866, a pu confectionner en 90 jours,

50,000 chemises militaires pour les maisons Beuvin et Calres, veuve Moriceau et fils, et Pagenel, fournisseurs de l'armée. Depuis la guerre, les affaires ne vont que très-peu et les ateliers sont souvent vides d'ouvrières. Cependant, M. Moreau-Verneuil a habituellement encore de 10 à 15 ouvrières, employées à manœuvrer les machines à coudre. Il a 5 machines à Saint-Maur. Les ouvrières mécaniciennes peuvent gagner jusqu'à 2 fr. par jour ; les ouvrières qui ne font que bâtir et finir ne gagnent que de 1 fr. à 1 fr. 50 c. Le fini consiste à coudre les boutons, à faire les boutonnières et les points d'arrêt.

M. Moreau-Verneuil a en tout 25 machines (système Callebault). Il se trouve donc outillé pour faire beaucoup plus d'ouvrage qu'on ne lui en envoie.

### § VII. — Industrie des moulins situés dans les communes de Déols et de Châteauroux.

Un assez grand nombre de moulins se trouvent sur la rivière de l'Indre et quelques-uns sur les petits cours d'eau. Nous allons les passer en revue.

*I. Moulin de Cantinier.* — Ce moulin a appartenu autrefois aux missions étrangères de Québec, qui, par un acte de 1778, l'avaient arrenté au sieur Morin, qui en était le meunier. Il fut acheté, en 1843, à M. Crublier de Miran, par M. Veillat-Malbay. Il est passé par héritage à M. le docteur Raoul Jouslin qui l'a fait restaurer en 1872. Il y a fait établir une bluterie pour le commerce et un nettoyage. On y trouve trois paires de meules.

*II. Moulin de Mousseaux.* — Il appartient à M. Marsenat et est affermé par M. Berger, meunier, qui travaille pour les particuliers. Il est monté à l'anglaise comme tous les autres moulins du pays. Il n'y a que deux paires de meules. Lorsque l'eau manque, ce qui arrive assez souvent, en raison surtout des retenues de la forge de Clavières, le meunier loue une locomobile pour continuer de travailler.

*III. Moulin de Bitray.* — M. Damourette père avait monté, vers 1825, une papeterie dans ce moulin. Aujourd'hui l'usine appartient à sa fille, M$^{me}$ Charles Moreau, qui l'a louée, depuis l'année 1870, à M. Gourichon, meunier, qui se borne à travailler pour la pratique. Il y a trois paires de meules. Dans une des pièces du moulin, est une locomobile de la force de quatre chevaux, fournie par la maison Gérard, de Vierzon, et destinée, comme au moulin de Mousseaux, à remédier aux insuffisances de l'eau.

*IV. Moulin de Chambon.* — M. Morin-Renaudet y avait établi une filature de laine avec foulon. Elle a cessé de marcher et le moulin, ainsi que les prés qui en dépendent, ont été achetés par M. Moreau-Crépin qui y a créé une vacherie pour faire des élèves qu'il vend à mesure. Il tire aussi parti du lait.

*V. Moulin de Saint-Denis.* — Il appartient à M. Emile Barboux qui l'afferme au sieur Denis, meunier, lequel y moud le blé et tous les menus grains pour la pratique et le commerce. Il y a quatre paires de meules. Ce moulin est très-bien organisé.

*VI. Moulin de la Rochette.* — Ce moulin ne servait autrefois qu'à moudre du blé. Mais, depuis dix ans, il appartient à M. Hibry-Roullin, de Romorantin, qui l'a acheté de M. Prothade-Moreau et y a fondé une filature de laines à façon qu'il dirige lui-même. Il file pour toutes les petites fabrications du rayon commercial. Il emploie de 12 à 15 ouvriers et ouvrières qui, en moyenne, gagnent de 75 c. à 2 francs par jour, dans le bon temps. Sa chute d'eau représente une force de 15 chevaux ; de plus, M. Hibry-Roullin a une machine à vapeur, construite par Pasquier, d'Issoudun, et dont la force est de 10 chevaux.

*VII. Moulin de Salle.* — Ce moulin a été vendu depuis trois ans, par M. Amador Grillon, à M. Chaumet-Bergerioux. On y moud le blé, l'orge et tous les menus grains ; il y a trois paires de meules. Ce moulin sert encore, à l'occasion, à battre les écorces pour en faire du tan. On y bat aussi le trèfle pour en retirer les graines. M. Chaumet-Bergerioux ne travaille que pour les pratiques. Il n'emploie habituellement que deux ouvriers ; il en prend un de plus pour les écorces et les graines.

*VIII. Moulin-Neuf.* — *Fabrique de terre à porcelaine.* — M. Blin, qui fabrique à Mehun-sur-Yèvre (Cher) de la pâte à porcelaine, a établi son fils au Moulin-Neuf, pour y fonder une succursale de cette fabrication. Elle a commencé il y a trois mois.

Les matières premières consistent en deux substances. L'une se compose de cailloux ou pierres roses, que l'on prend à Lavau-Franche, près de Guéret. Les cailloux sont broyés avec des meules ; ensuite on lave la poudre qui en résulte pour en retirer l'étain qu'elle contient et on la fait sécher. L'autre substance est du kaolin qui vient de la Haute-Vienne et d'Angleterre. Le mélange de ces substances forme la pâte à porcelaine. Cette pâte est vendue aux diverses fabriques. La fabrication de M. Blin, fils, est en ce moment suspendue.

*IX. Moulin de Vindoux.* — Deux établissements portent ce même nom. Celui de droite, en arrivant de Châteauroux, a servi de scierie à M. Villaudière, et, à la suite, M. Veillat (Gaston) y a fondé une fabrique de feutres à chapeaux ; mais cette industrie, qui n'a guère fonctionné qu'une année, a été fermée il y a quelques mois. L'établissement de gauche est une meunerie. Les deux moulins appartenaient à la succession de M. Grillon des Chapelles. Ce dernier moulin a été vendu, il y a quatre ans, au meunier Guignard, qui l'exploite ; il ne travaille que pour les particuliers. On dit que ce moulin avait été construit pour faire monter l'eau dans les fossés du Château-Raoul.

*X.* — *Le moulin de La Vallas*, autrefois dit de *Noé*, est renfermé dans la manufacture de draps de MM. Balsan. Sa chute d'eau était la seule force motrice importante dont la manufacture se servait dans son origine.

*XI.* — *Le moulin de Vilaine* appartient à deux boulangers de Châteauroux qui y font moudre leur blé ; il y a quatre paires de meules.

*XII.* — Le moulin de *Valençay* a une partie de ses dépendances sur la commune de Saint-Maur. C'est là que s'est constitué presque en entier le premier bataillon de notre garde mobile, sous le commandement du brave lieutenant-colonel d'Auvergne. Cette usine, bâtie par M. Lataille, a été cédée à MM. Balsan qui, aujourd'hui, y mettent une grande quantité de vaches, dont ils tirent des élèves et qui leur fournissent beaucoup de lait qu'ils font vendre en ville dans des dépôts. Ils y font aussi quelques élèves de moutons.

*XIII.* — Le moulin de *Vons* est à cheval sur les communes de Châteauroux et de Saint-Maur. Il appartient au meunier Morin, qui ne travaille que pour les pratiques ; il n'y a que deux paires de meules.

*XIV.* — Nous avons à mentionner deux autres *moulins*, celui de la *Jalousie* et celui de *Fonts*. Il sera question du premier dans le chapitre suivant, quand nous parlerons de la fabrique des engrais de M. Boudier. Il est établi sur un bras de l'Indre, tout en face du moulin de Vilaine et dépend de la commune de Saint-Maur. Quant au moulin de Fonts, qui est situé sur une fontaine assez considérable, on y faisait autrefois moudre un peu de blé ; mais c'est plutôt aujourd'hui une sorte de pavillon de plaisance, qui a souvent changé de maître et dont la construction est due à M. Grillon-Villeclair, ancien maire de Châteauroux. Il est question d'y établir une fabrique de colle et de gélatine.

*XV.* — Enfin, pour terminer, nous mentionnerons quelques moulins moins importants qui existent sur des cours d'eau accessoires, et d'autres petits moulins qui n'existent plus.

Le *moulin de Marban* est situé sur la Ringoire ou Angolin. Il dépend de la commune de Déols. Il a été acheté récemment par M. Théodore Vachet, limonadier. On y moud encore du blé ; mais l'usine est louée à M. Forichon, fils du chapelier de Déols, qui a le projet d'y confectionner de la chapellerie. En ce moment on se borne au foulage des feutres. — M. Vachet a arrenté les prés qui dépendent du moulin. Ces prés, qui ne produisaient que de mauvaises plantes, sont aujourd'hui mis en valeur par les maraîchers de Déols qui y pratiquent de profonds fossés, rejettent les terres sur le sol et se proposent d'y cultiver des légumes.

*Scierie du ruisseau du Montet.* — Sur la droite de Déols et sur la rive droite de l'Indre, on trouve une série de fontaines dont l'ensemble finit par constituer un fort ruisseau. Sur le coteau qui les domine, il existait un *fortin* surnommé *du Montet*, qui a donné son nom au ruisseau. Ce ruisseau avait été utilisé par les abbés de Déols pour amener de l'eau dans les fossés de l'abbaye. — Un ancien employé mécanicien de la manufacture de MM. Balsan a acheté un terrain près de ce ruisseau, y a bâti lui-même une petite maison et y a organisé le mécanisme nécessaire pour sa scierie.

*Anciens moulins sur les ruisseaux des Cordeliers et des Religieuses.* — Nous avons parlé, au commencement de ce volume, des deux ruisseaux qui longent la rue d'Indre. Sur le ruisseau des Cordeliers ou Font-Charles, il y avait autrefois le *moulin Clopet.* Le bief en existe encore près de l'ancienne maison Segot, corroyeur, rue des Ponts. — Il existait aussi sur le ruisseau des Religieuses le *moulin Nigry*, lequel, d'après de vieux titres, remontait à l'an 1500. Le bief de l'ancien empellement existe encore et est attenant à la maison de M. Blin, teinturier, rue des Ponts. Plus tard, le *moulin des Religieuses*, situé en amont de celui-ci, avait été construit. — Ces deux ruisseaux, comme nous l'avons dit, ont toujours servi aux diverses industries de la rue d'Indre ; on y remarque surtout aujourd'hui des lavoirs pour les blanchisseuses.

Nous ne saurions mieux mentionner qu'à cette place la belle *fontaine* qui se trouve au *Rochat* et qui sert particulièrement pour la blanchisserie de l'hôpital. Elle appartient au sieur Borie qui l'exploite.

### § VIII. — La Photographie.

Nous avons à Châteauroux deux établissements de photographie :

*I. Maison Verdot.* — En 1861, M. Verdot a commencé à faire de la photographie dans une cour, et, en 1862, il a construit, rue Grande, n° 54, ses ateliers actuels. Le portrait carte de visite, ainsi que la photographie sur papier, n'étaient alors qu'à l'état d'enfance. La falsification des produits chimiques étant une cause constante d'insuccès, M. Verdot, pour se rendre maître de ces produits, se livra à l'étude des réactifs. Différentes découvertes lui ont permis d'apporter certaines améliorations à l'exécution et à la solidité de ses épreuves. Il a pu reproduire des peintures, quelques-uns de nos établissements religieux et industriels, et des vues représentant une partie des richesses archéologiques de notre département. Ces travaux étant dispendieux, M. Verdot y consacre, tous les ans, une certaine somme pour continuer son œuvre. On a pu voir, dans sa montre, plus de soixante vues différentes. Il fait tous les portraits, depuis la carte de visite jusqu'à la grandeur naturelle ; en un mot, tout ce qui a rapport à l'art photographique.

*II. Maison Pacault.* — M. P. Pacault est établi depuis sept ans, à Châteauroux, place d'Orléans, n° 4. Il a acheté une maison et l'a fait élever de deux étages, en châlet, pour y installer sa photographie. Il a un bel atelier et tous les instruments nécessaires. Il fait le portrait, les paysages, les reproductions de tableaux et tout ce qui concerne la photographie.

# CHAPITRE SEPTIÈME.

### COMMERCE DE CHATEAUROUX.

Après avoir traité de l'industrie, nous devons nous occuper du commerce. Nous commencerons par établir quels sont les matières qui sont l'objet d'un trafic plus ou moins considérable, et nous présenterons ensuite la liste de tous les commerçants et industriels. Nous terminerons ce chapitre en donnant la composition de la chambre consultative des arts et manufactures de l'arrondissement de Châteauroux.

### ARTICLE PREMIER.
#### Matières qui sont l'objet d'un commerce plus ou moins considérable.

Ces matières sont les blés et les autres graines, les engrais, la laine, le fer, la houille, le bois et les écorces, le vin, le plâtre et la chaux.

### § I<sup>er</sup>. — Commerce des blés et autres graines.

Les progrès de l'agriculture ont fait de notre pays, naturellement disposé pour la production des grains, un des greniers de la France. Cette culture s'est prodigieusement augmentée depuis une vingtaine d'années et le commerce des engrais est venu faciliter son développement. Les négociants nous assurent qu'après les marchés d'Arras et de Chartres, ceux d'Issoudun et de Châteauroux sont les plus considérables pour la vente sur place. Toutefois, les mercuriales de ces marchés ne sauraient nous fournir des données précises, parce que les marchands et les commissionnaires achètent dans les fermes, et que, de plus en plus, les acquisitions se font sur échantillon.

Cette extension dans le commerce des grains nous est affirmée par les expéditions toujours croissantes de la gare de Châteauroux. M. Solacroup, directeur de la compagnie du chemin de fer d'Orléans, qui déjà avait eu l'obligeance de nous envoyer le tableau du trafic général de cette gare, a bien voulu y ajouter, pour les grains, le tonnage des quatre années que nous allons indiquer :

| | |
|---|---|
| 1853 | 131 tonnes. |
| 1862 | 3,653 |
| 1869 | 8,466 |
| 1872 | 11,092 |

On voit donc combien ce commerce a progressé. Les banquiers, d'un autre côté, s'accordent à dire que c'est par millions qu'il faut compter son importance. Pour en donner une idée, nous nous sommes livrés à une espèce d'enquête auprès des personnes qui s'en occupent et nous allons exposer ce que nous avons appris d'elles.

*I.* — *M. Péron-Vintroux*, rue de l'Hospice, n° 13, fait

le *commerce des blés* depuis quinze ans. Il les achète généralement livrables en gare. Ses achats ont lieu dans le rayon de Châteauroux, surtout dans les communes de Diors, Montierchaume, Levroux et Buzançais. Il a coutume de prendre toute la récolte des fermes de Saint-Maur et de Treuillault appartenant à M. Masquelier. C'est à Paris et dans les environs de cette capitale qu'il fait ses expéditions ; il en fait quelquefois aussi dans le Nord. Quand la récolte est bonne, il vend beaucoup, dans les trois premiers mois, à la maison Darblay, de Corbeil. En 1873 cette maison ayant peu acheté, il a vendu à la maison Truffaut, de Maintenon. — Les ventes au Midi se font toujours aux 80 kilogrammes nets ; mais à Paris on livre aux 120 kilogrammes.

Aujourd'hui le blé bleu, dit de Noé, est le plus cultivé. C'est celui qui rend davantage comme poids et comme qualité. Il atteint, en poids, presque toujours 79 à 80 kilogrammes à l'hectolitre. Le blé blanc est moins propagé ; il a moins de poids et présente à l'hectolitre 3 ou 4 kilogrammes de moins. Cependant sa vente est facile ; Paris et le Nord préfèrent ce blé. Le mélange de ces deux blés facilite la vente ; cela constitue le blé *bigarré*. Le blé originaire de notre pays, appelé à Corbeil *raclin*, est maigre de grain ; il est peu goûté à Paris, mais nos boulangers s'en arrangent. Le blé bleu est celui qui a le plus de paille ; elle est grosse et les animaux la mangent moins volontiers que celle du blé du pays. La paille du blé blanc est plus tendre et meilleure que celle des autres blés. Le blé de Saumur réussit bien dans l'Indre ; on le mélange avec les autres blés.

Le prix moyen du blé est aujourd'hui de 18 francs l'hectolitre ; il a atteint quelquefois 35 francs et par exception il est descendu à 15 et même 13 francs.

On fait dans le département de l'Indre une quantité énorme *d'avoines*. L'avoine grise d'hiver a été beaucoup cultivée depuis vingt ans et elle a très-bien réussi dans les défrichements avec emploi du noir animal. Depuis que les défrichements sont en culture, on remplace cette avoine par la noire qui produit davantage dans les anciennes terres. L'avoine grise d'hiver a l'inconvénient d'être sujette à la gelée. Avec le temps, nos avoines noires dégénèrent et perdent leur couleur ; il faudrait renouveler leurs semences au moins tous les deux ans.

L'avoine grise d'hiver pèse de 48 à 50 kilogrammes à l'hectolitre. L'avoine noire, qui est une semence de printemps, ne pèse que de 43 à 47 ; l'avoine grise de printemps ne pèse que de 40 à 45.

Depuis quelques années, les avoines ont valu depuis 16 fr. 50 jusqu'à 17 fr. les 100 kilogrammes. En ce moment elles se vendent 23 fr.

La plus grande partie de nos avoines sont expédiées dans les départements du Midi qui en font peu, et qui ont aujourd'hui beaucoup de garnisons de cavalerie. Ces pays préfèrent les avoines grises. On en expédie moins sur Paris qui a son rayon d'approvisionnement, lequel lui fournit des avoines meilleures que les nôtres.

Les avoines s'achètent en grande partie sur échantillon et aux 100 kilogrammes. Sur Paris, elles se livrent aux 76 kilogrammes pour 75 en raison du poids du sac. Sur le Midi, la livraison se fait aux 51 kilogrammes pour 50 par la même cause.

On cultive principalement les *orges* ou *marseiches*, dites de Saumur, du moins pour les premiers ensemencements. Leur commerce ne représente qu'un tiers de celui du blé. Le poids de l'orge varie suivant la culture ; lorsqu'il est bien cultivé, il pèse davantage. Le poids moyen de l'hectolitre est de 64 kilogrammes ; il peut atteindre 67. On expédie les orges sur Paris et quelquefois vers le Nord. — *L'escourgeon* ou *orge d'hiver* se cultive peu. Il se vend de suite après la récolte et est employé pour la fabrication de la bière. Le poids de l'hectolitre est de 57 à 60 kilogrammes. On l'expédie vers le nord de la France.

On cultive moins de *seigles* qu'autrefois. Nos seigles pèsent 67 à 70 kilogrammes à l'hectolitre. Ils s'écoulent en Belgique et en Allemagne pour la fabrication des eaux-de-vie. — Il ne se fait que très-peu de *blé noir* ou *sarrazin* ; on l'emploie pour les volailles et les porcs ; on ne peut le conserver qu'avec beaucoup de soins. — La culture des *colzas* est à peu près abandonnée dans l'Indre. La *rabette* ou *navette* (sorte de petit colza) est cultivée dans l'arrondissement du Blanc.

M. Péron fait le *commerce en détail* de toutes les graines qui se produisent dans le département, les forestières, les potagères, les graminées (comme fond de prairies naturelles); les graines de ray-grass, trèfle, luzerne, minette, sainfoin, jarousse, vesce d'hiver et de printemps. Il vend beaucoup de graines de betterave ; la préférée est la jaune des Barres. Il vend aussi beaucoup de graines de maïs pour être cultivé en fourrage vert ; on préfère le maïs blanc qui donne plus de feuilles.

*II.* — *M. Raoult*, rue Saint-Luc, a commencé le commerce des grains il y a six ans. Il achète les grains sur échantillon au marché de Châteauroux et dans les autres marchés, dans les foires, et partout où il y a des réunions. Il les écoule dans toutes les directions. Il doit cet avantage à notre position centrale. Il a pu faire des envois considérables à Lyon, ce qui pourtant est une exception, car les négociants de Marseille dominent dans cette ville. Le chiffre de ses affaires est très-élevé. Ses avoines vont particulièrement dans les départements du Midi, où il en a expédié 35,000 hectolitres depuis la dernière récolte. M. Raoult achète, autant que possible, ses blés livrables en gare ; mais il a plus ou moins, aussi, suivant les circonstances, de marchandises en magasin. Des négociants d'Orléans et d'autres villes viennent acheter directement à Châteauroux et faire concurrence à ceux de la localité.

*III.* — *M. Perrin*, rue des Capucins, n° 17, fait le commerce des grains et des fourrages depuis douze ans. Les grains l'occupent particulièrement, mais surtout les avoines. Il a fait par an jusqu'à 600,000 fr. d'affaires sur ces denrées. Ses acquisitions ont lieu dans le département et au delà. En 1873, la faible récolte a paralysé les affaires ; mais en 1871 et 1872, elles avaient été très-considérables. Pendant la guerre de 1870, il en a été fait énormément ; on tirait tous les approvisionnements du Midi et de la Bretagne. Le blé valait en moyenne 25 francs l'hectolitre, et l'avoine 18 francs. M. Perrin se fait aussi souvent que possible livrer en gare ; mais il a aussi un magasin. Il vend à l'État des grains et des fourrages ; il est entrepreneur des fournitures militaires.

IV. — *M. Rouffilange,* rue de la Bouquerie, n° 6, fait la commission des grains et des fourrages pour la maison Pary, de Limoges. Il fait aussi des affaires pour son compte. En 1873, il a acheté 2,000 quintaux de blé, et les a expédiés à M. Pary, qui, dans son établissement, moud le blé et fait du pain pour l'armée et les particuliers. En avoine, il a expédié la même année, à cette maison, 5,000 quintaux. Quand la fourniture militaire lui est adjugée, il garde de ses acquisitions ce qui lui est nécessaire pour les troupes du département de l'Indre et pour les troupes en marche. Il fait peu d'achats d'orges, dont la farine ne sert que pour le barbotage des chevaux. M. Rouffilange achète principalement des fourrages pour la consommation des troupes du département. Il a, dans la rue qu'il habite, un grand magasin de fourrages pour la fourniture de la troupe ; il en a un autre pour ce qu'il exporte. Il emploie en ce moment 8 ouvriers civils ; il en a eu jusqu'à 50 pendant la guerre. Il les paye 3 francs par jour (¹). — *M. Beigneux,* ancien boulanger, s'occupe du commerce des grains depuis 1850 ; il se borne à acheter et à revendre dans la localité. Il fait moudre au moulin de Vindoux. Il entreprend la fourniture des troupes (vivres et fourrages) (²).

### § II. — Commerce des Engrais.

Les progrès de l'agriculture, en faisant mettre en rapport toutes les terres, ont nécessité une plus grande quantité d'engrais. L'extension de ce commerce en a été la conséquence.

On peut dire que le commerce des engrais industriels ne date que d'une vingtaine d'années. Le *noir animal* a été d'abord le seul engrais introduit dans le département de l'Indre. On le tirait surtout des raffineries d'Orléans, de Nantes, de Paris et du Nord. Il était particulièrement destiné aux défrichements opérés sur les brandes et les terres argilo-siliceuses. On traitait ces terres au noir pendant trois années. On estimait qu'il en fallait en moyenne 300 kilogrammes par hectare. L'assolement était : 1ʳᵉ année, seigle ; 2ᵉ année, seigle, avoine ou colza ; 3ᵉ année,

---

(1) Voici, d'après M. Rouffilange, le prix des fourrages au 20 février 1874 :

| | | |
|---|---|---|
| Prix du foin hors ville (les 500 kilogr.) | | 25 fr. |
| Prix du foin artificiel — | | 20 |
| Prix de la paille — | | 15 |
| Prix de l'avoine (les 100 kilogr.) | | 22 à 23 |

(2) Nous ne garantissons pas les chiffres contenus dans ces notes ; la responsabilité en reste à leurs auteurs.

seigle, avoine, et, dans quelques parties, froment et prairies artificielles.

D'après M. Guinon, savant pharmacien de notre ville, la moyenne des noirs vendus au poids a été, de 1857 à 1862, dans notre département, de 290,000 kilogrammes, et celle des noirs vendus à l'hectolitre de 1,105,000 kilogrammes.

A partir de cette époque, il n'est plus arrivé dans l'Indre de noirs de raffineries. Ceux qu'on y a reçus étaient des noirs de sucreries, c'est-à-dire ayant déjà servi à la filtration et à la clarification des sucres. Les fabricants d'engrais les achetaient en grains qu'ils pulvérisaient et qu'ils livraient sous le nom de *noirs vierges*. Quelquefois, après les avoir mélangés à diverses substances inertes ou peu azotées, et après les avoir mouillés, ils les vendaient sous le nom de *noirs azotés*. Ces derniers étaient les plus recherchés, parce que les cultivateurs croyaient que, grâce à l'azote, ils devaient avoir de meilleurs résultats ; mais, la plupart du temps, ces noirs n'en contenaient pas. On y mêlait parfois des bouillons d'équarrissage ou du sang. Dans ces noirs, la proportion de l'eau variait de 20 à 30 p. 0/0.

C'est plus tard, vers 1862, que le *phosphate fossile* a été substitué aux noirs. Étant bien pulvérisé, il a rivalisé de suite avec eux dans la production du grain et de la paille. Les phosphates sont tirés de la Marne, des Ardennes et de la Meuse. On en a découvert récemment dans les départements de Tarn-et-Garonne et du Lot. On en met 500 kilogrammes à l'hectare. Des fraudes ont également lieu pour le phosphate fossile. Elles consistent dans le lavage plus ou moins bien opéré des nodules et dans la proportion plus forte des matières terreuses qui sont pulvérisées avec eux. C'est ce qui explique les différences que l'analyse a signalées dans leur composition qui a varié de 30 à 60 pour 100.

Les *guanos* ont été mis en usage en même temps que les noirs. La Compagnie du Pérou les livrait exempts de falsification. Ceux des îles Chinchas ont donné p. 0/0 à l'analyse la moyenne suivante : azote, 12 à 15 ; phosphate, 23 à 28. Dans le guano de Bolivie, la dose d'azote a été trouvée plus faible. Ces guanos arrivent par les ports de Bordeaux, du Hâvre, de Nantes et de Saint-Nazaire. Pour éviter les fraudes, quelques agriculteurs s'associent pour acheter directement ces engrais à leur arrivée en France. Les meilleurs guanos valent 32 fr. 50 les 100 kilogrammes.[1]

Le commerce vend, dans le département, d'autres engrais qu'on appelle *artificiels azotés*. Il en vient de Paris, d'Orléans, de La Motte-Beuvron [2], etc. Nous allons voir que M. Boudier en fabrique aussi aux environs de Châteauroux. La poudrette est employée en plus grandes quantités depuis la rareté des guanos du Pérou. On emploie beaucoup d'autres engrais ve-

[1] Les guanos des îles Chinchas étant épuisés, de nouvelles sortes de guanos nous sont arrivées depuis quelques années ; l'origine, la composition et le prix en sont très-variables. Aucune ne représente un type certain. Il faudrait à chaque vente recourir à l'analyse.

[2] L'engrais de La Motte-Beuvron, analysé par M. Guinon, contenait p. 100 : 24 de phosphate et 8 d'azote.

nant de Paris, Orléans, etc. MM. Balsan mettent en vente, comme nous l'avons vu dans le précédent chapitre, un engrais composé avec les débris et déchets de leur usine. L'engrais humain est mis en usage par M. Valery Masquelier (1).

Les guanos et les engrais artificiels azotés sont généralement employés en vue de la production des céréales, et par exception pour les colzas et les betteraves. On y a recours quand les fumiers sont insuffisants ; ils sont surtout recherchés pour les bonnes terres de notre Champagne.

M. Guinon a fait une statistique sur la quantité d'engrais importés dans l'Indre pendant l'année 1864. Les guanos et les engrais artificiels azotés y figuraient pour environ deux cinquièmes.

Depuis cette époque, tous les engrais commerciaux se sont répandus chez nous d'une manière toujours croissante. C'est ce dont on peut juger par la note suivante, qui nous a encore été fournie par M. Solacroup :

*Engrais de toutes sortes constatés à la gare de Châteauroux.*

| | |
|---|---|
| 1853..................... | 122 tonnes. |
| 1862..................... | 2,290 — |
| 1869..................... | 3,654 — |
| 1872..................... | 4,353 — |

Pour remédier aux falsifications, M. Bobierre, professeur de chimie à Nantes, a proposé, il y a déjà

---

(1) Cet agriculteur fait recueillir, comme le faisait son père, les matières des fosses d'aisance de la ville, et il les emploie avec avantage pour toutes ses cultures.

longtemps, un service de chimistes inspecteurs d'engrais, lesquels, assistés d'un commissaire de police ou d'un agent municipal, se transporteraient dans les lieux de production et dans les entrepôts pour vérifier, par l'examen d'échantillons recueillis avec les soins nécessaires, si la déclaration du vendeur est conforme à la garantie et à l'annonce des étiquettes et prospectus. Depuis cette époque, est intervenue une loi spéciale sur le commerce des engrais (1).

L'importance de ce commerce, qui s'élève aujourd'hui dans le département de l'Indre à plus de 1,500,000 francs par an, a contribué à augmenter les fraudes, et c'est dans l'intention d'y porter obstacle que la Société d'agriculture a décidé que la station agronomique qu'elle vient de créer aurait d'abord ce but (2).

Nous allons, comme nous l'avons fait pour les grains, présenter les résultats de notre enquête.

I. — *M. Boudier* est établi depuis l'année 1861. Il a ses bureaux et son domicile en face de la gare des marchandises du chemin de fer. A la Jalousie, commune de Saint-Maur, il a établi une usine hydraulique

---

(1) En 1865, une commission du gouvernement, dans laquelle se trouvaient MM. de Raynal et Valette, avait reçu mission de faire une enquête sur la falsification des engrais. MM. Masquelier père et Guinon furent appelés à y déposer. Précédemment, M. Guinon avait été chargé, par arrêté préfectoral, de constater les falsifications relatives aux engrais.

(2) Un comité, composé de MM. Ameye fils, P. Blanchemain, Marin-Darbel, Fillay, Faubert, le Dr Jouslin, Lavaux, V. Masquelier et Parise, a été élu pour régler l'organisation et l'exécution des travaux de la station, dont M. Guinon a été nommé directeur.

et à vapeur de la force de 8 chevaux. Les animaux y sont équarris ; on en fait bouillir la viande et on retire les os ; cette viande est séchée par un procédé spécial. Ainsi préparée, elle forme *l'engrais ou guano du Berry*. Cet engrais, qui est complet, convient sur toutes les terres. Ce fabricant en écoule facilement 2,000 sacs par an. — Dans cette même usine, les os sont carbonisés dans des fours à réverbère (¹). Auparavant, ils sont enfermés hermétiquement dans des pots pour les empêcher de prendre feu. M. Boudier carbonise ces os pour les raffineries ; ils lui reviennent après avoir servi à décolorer le sucre ; alors il les pulvérise. Il pulvérise aussi à son usine plus de 12,000 sacs par an de phosphates qui lui arrivent de la Meuse et des Ardennes. Il expédie les poudres dans l'Indre, la Creuse et dans la Haute-Vienne (²). M. Boudier emploie 10 à 12 ouvriers en hiver, et en été une quinzaine.

*II.* — M. *Sauvaget-Plat*, 28, rue des Fontaines, faubourg Saint-Christophe, après avoir été coopérateur dans la maison Boudier, fait, depuis trois ans, des affaires pour son compte. Il se livre au commerce des phosphates et des superphosphates, du guano, de la poudrette, des poudres de cornes et d'os, et de sang desséché. D'après M. Sauvaget, il se vend dans le dé-

---

(1) M. Boudier retire des suifs, des os et de la graisse. — Les poudres des phosphates se vendent à Paris pour la confection des savons.

(2) M. Boudier fait encore pulvériser, à Sainte-Ménehould, environ 12,000 sacs de phosphates qu'il fait vendre à Châteauroux ou qu'il fait expédier dans les autres gares.

partement des quantités énormes de *phosphates*. —
Les *superphosphates* sont un produit artificiel ; on les
produit en les acidulant, ce qui les rend plus assimilables. Il les tire de Saint-Gobain et de la maison
du quai de La Villette, gérée par M. Joulie. — Les
*guanos* sont très-demandés à Châteauroux ; en 1872,
M. Sauvaget en a vendu 70,000 kilogrammes ; en
1873, la vente a baissé. — La *poudrette* est encore
en faveur ; M. Sauvaget en a vendu 4,300 hectolitres en 1872. La maison Larue, de Limoges, en a
expédié à Châteauroux, pendant les années 1872
et 1873, 1,500 à 2,000 hectolitres. La poudrette se
tire aussi de la maison Chevron et C$^{ie}$, de Paris, et
de la fabrique de Bobigny, située dans la plaine d'Aubervilliers. — On vend encore une certaine quantité
de *poudre de cornes et d'os*, et de *sang desséché* ; on en
achète à Paris et un peu partout. — Les tourteaux
de colza et de césame ne se trouvent que très-peu
dans notre pays ; il faut les faire venir de Bordeaux,
de Marseille ou du Nord. Ils se vendent 12 à 14 francs
les 100 kilogrammes. C'est un bon engrais comme
azote.

*III.* — *M. Pearron*, place du Palan, a pour spécialité les phosphates. En 1871, il en a vendu 20,000
sacs, mais bien moins en 1872 ; sa vente est en général de 12 à 14,000 sacs. Il expédie dans l'Indre, la
Creuse, la Haute-Vienne et sur les limites de l'Allier.
Il est le représentant de la maison Vachet et Oudinet, de Vouziers. Ses phosphates, broyés à la grosse

meule, puis à la fine, constituent une poudre impalpable, appelée alors *poudre-farine*. A cet état, nécessaire pour produire les meilleurs résultats, cette poudre a une couleur gris-perle. Elle réussit parfaitement après les défrichements ; on la vante surtout pour les blés noirs et pour la rabette. Le dosage est garanti pour 60 à 65 p. 0/0. Le sac de 100 kilogrammes se vend 7 francs. Le transport par chemin de fer, de Vouziers à Châteauroux, est de 1 franc 90 centimes le sac ; de Châteauroux à Limoges son prix est de 15 centimes.

*IV.* — M. *Moreau-Crespin*, rue du Pilier, fait le commerce d'engrais depuis 1855. Il tire son *noir animal* des fabriques de sucre du Nord et l'écoule dans le département. — Ses *phosphates fossiles* viennent, comme ceux des autres marchands, de la Meuse et des Ardennes. — Il se procure le *guano* de la maison Dreyfus qui a pour cette vente un engagement avec le gouvernement péruvien. En en prenant 30,000 kilogrammes, on l'obtient à 33 francs 50 les 100 kilogrammes, pris dans les ports de France.

*V.* — M. A. *Godey*, petite rue de la Gare, tient un entrepôt d'engrais. — Enfin, M. *Rouffilange* fait venir de la *poudrette* de Limoges ; il en tire aussi de la voirie de Bondy où elle vaut 6 francs l'hectolitre. Ce produit se vend à la gare. ([1])

---

([1]) De même que pour le commerce des graines, nous laissons à leurs auteurs la responsabilité des chiffres contenus dans cette enquête.

## § III. — Commerce des Laines.

La qualité des laines du Berry jouissait autrefois d'une haute réputation. Elles étaient employées avec un grand avantage dans nos fabriques de draperies. C'était principalement à Châteauroux que s'en faisait la manipulation. Aussitôt que les tontes étaient terminées, les marchands les achetaient soit chez les particuliers, soit au marché. On divisait chaque toison en trois parties : 1° la laine de la gorge et du dos ; 2° celle de la croupe et des côtes ; 3° celle des pattes et du dessous du ventre. Aujourd'hui on ne fait plus ces distinctions ; on ôte seulement les parties défectueuses, c'est-à-dire la laine des pattes.

La laine est lavée à eau courante, dans des paniers d'osier à claire-voie. A cet effet, on la soulève, on l'agite, on la retourne continuellement ; on l'expose ensuite au soleil sur des toiles ou des perches ; mais on a remarqué que le soleil la durcissait et lui enlevait son soyeux. Lorsqu'elle est blanche et sèche, on l'emmagasine jusqu'à la vente. La plus belle toison de la campagne environnant Châteauroux pèse 2 kilogrammes 1/2 ; par le lavage elle se réduit de 60 p. 0/0.

En l'an IX, Châteauroux vendait 3,000 quintaux de laine lavée. Le quintal était payé, en première qualité 290 francs, en deuxième qualité 225 francs, et en troisième qualité 175 francs. — Les ventes se faisaient pour les fabriques de Rouen, d'Elbeuf, de Darnetal, de Reims, de Sedan et d'Orléans. Il y avait 48 marchands de laines dans le département.

Mais une révolution s'est opérée dans le commerce des laines. Celles d'Australie, de Buénos-Ayres et de la Plata sont arrivées sur nos marchés. Cette concurrence a été des plus défavorables aux laines du Berry. Les laines de Buénos-Ayres qui se trouvaient inférieures, à cause des pailles et des gratons dont elles étaient chargées, ont repris de la valeur depuis que, par des procédés chimiques, on peut enlever tous ces corps étrangers sans altérer la laine. — Il n'y a aujourd'hui que 4 marchands de laines à Châteauroux.

On peut sans doute attribuer aux traités de commerce, qui laissent entrer en France, presque sans droit, les laines étrangères, l'abaissement du prix des laines du Berry; mais quant à la fabrication des draps, nous avons vu que sa chute devait plutôt être attribuée à ce que les fabricants n'ont pas suivi les progrès de l'industrie. Quoi qu'il en soit, nos laines, au lieu de 1 fr. 25 la livre, sont descendues à 90 centimes et même à 60 et 50. Les laines de la Beauce ont éprouvé la même dépréciation.

Les marchands de laines s'éloignent de plus en plus de notre contrée ; cependant, en 1871, les marchands de Reims sont venus en acheter. Nos laines paraissent bien plus convenables pour les flanelles que pour le drap. Les fabricants de Reims les emploient pour cette fabrication et ils envoient ces flanelles dans tous les pays.

M. Jules Delaporte, ancien et important marchand de laines, de qui nous avons recueilli les renseignements qui précèdent, a bien voulu nous fournir, dans le tableau suivant, le *prix moyen* des laines du Berry, comparé à celui de la Beauce depuis l'année 1843 jusqu'à l'année 1869. On se fera ainsi une idée des oscillations et de la dépréciation graduelle de nos laines.

PRIX MOYEN DES LAINES EN SUINT DE BERRY ET DE BEAUCE.

| Années | Berry. | | Beauce. | |
|---|---|---|---|---|
| 1843 | 2,07 | le kilogr. | 2,05 | le kilogr. |
| 1844 | 2,03 | — | 1,95 | — |
| 1845 | 2,05 | — | 2,15 | — |
| 1846 | 2, » | — | 2,75 | — |
| 1847 | 1,90 | — | 1,84 | — |
| 1848 | 1,47 | — | 1,40 | — |
| 1849 | 1,92 | — | 1,82 | — |
| 1850 | 2,06 | — | 2,12 | — |
| 1851 | 1,85 | — | 1,88 | — |
| 1852 | 2,36 | — | 2,28 | — |
| 1853 | 2,44 | — | 2,40 | — |
| 1854 | 2,03 | — | 2,06 | — |
| 1855 | 2,44 | — | 2,30 | — |
| 1856 | 2,43 | — | 2,28 | — |
| 1857 | 2,70 | — | 2,81 | — |
| 1858 | 2,20 | — | 2,25 | — |
| 1859 | 2,46 | — | 2,47 | — |
| 1860 | 2,50 | — | 2,52 | — |
| 1861 | 2,07 | — | 2,15 | — |
| 1862 | 1,85 | — | 1,80 | — |
| 1863 | 2,20 | — | 2,12 | — |
| 1864 | 2,24 | — | 2,15 | — |
| 1865 | 2,15 | — | 2,08 | — |
| 1866 | 2,06 | — | 2, » | — |
| 1867 | 1,80 | — | 1,80 | — |
| 1868 | 1,60 | — | 1,60 | — |
| 1869 | 1,20 | — | 1,30 | — |

Le marché aux laines se tient à Châteauroux tous les samedis, depuis le 1ᵉʳ juin jusqu'au 1ᵉʳ juillet, dans le bois des Capucins.

### § IV. — Le Fer.

Le fer a été autrefois une importante branche de commerce pour Châteauroux ; cela se comprend, puisque le département de l'Indre possédait onze forges et treize fourneaux. Dans la statistique de Dalphonse, de grands détails sont donnés relativement à cette industrie, sur la manipulation, le nombre des ouvriers, le prix qu'ils gagnaient, la valeur du bois, la nécessité des forêts, la navigation de la Creuse pour l'exportation des produits, etc.; mais nous devons nous borner au commerce de Châteauroux.

Il n'existe plus aujourd'hui dans notre ville qu'un seul marchand de fer, M. Émile Lemaire, rue Grande, n° 13. Il est établi depuis onze ans ; il a succédé à son père qui, lui-même, avait succédé à la maison Berton-Patureau. M. Lemaire tire ses fers de la société de Châtillon-Commentry, de Fourchambaut, du Creusot, de Clavières et de la Caillaudière. Il vend ses fers principalement pour l'agriculture ; la construction y entre à peine pour un quart. Avant la guerre de 1870, les fers étaient à bon marché par suite d'une trop grande production. Après la guerre, il y a eu une hausse dans les prix, laquelle s'est éteinte depuis quatre à cinq mois. Selon M. Lemaire, les traités de commerce n'ont porté au commerce des fers qu'une perturbation passagère ; l'équilibre n'a pas tardé à s'établir.

Avant la guerre, le prix du fer à Châteauroux était de 26 francs les 100 kilogr. Après la guerre, il est monté à 40 francs ; aujourd'hui, il est de 35 francs.

## § V. — La Houille.

Le charbon de terre se tire principalement de Commentry, d'Ahun et de Saint-Étienne. Ce dernier est un charbon de forge, qui est employé spécialement par les maréchaux, les taillandiers et les serruriers. Le prix du charbon vendu dans la ville, est aujourd'hui le suivant : Commentry et Ahun, 3 francs 50 l'hectolitre ; Saint-Étienne, 4 francs 50. — Le charbon anthracite de Commentry-Chamblet, ne convient que pour la fabrication de la chaux ; il vaut 2 francs 65. — Le coke vendu dans la ville, vient de l'usine à gaz et de la manufacture de MM. Balsan.

Châteauroux consomme aujourd'hui une grande quantité de houille. La manufacture de draps en emploie 1,500 à 2,000 tonnes par an ; celle des tabacs 800 tonnes. Les petites industries et les particuliers en consomment aussi. Le chemin de fer, pour ses trains directs, se sert de composés, c'est-à-dire de poussière de coke reliée avec du goudron, ce qui produit moins de fumée.

## § VI. — Les Bois & les Écorces.

Voici les renseignements que nous avons obtenu de M. Baronnet, le principal commerçant en bois de notre ville, et qui, depuis trente-quatre ans, s'occupe de ce genre d'affaires.

*I.* — Le *Bois* se tire principalement de la forêt de Châteauroux, qui en vend annuellement pour 250,000 à 300,000 francs. L'administration de cette forêt vend, en outre, pour 50,000 francs de bois dépérissant, qu'elle fait exploiter à ses frais, et qu'elle vend au stère. Les bois de Diors, de Maron, de Beauregard, de Saint-Maur et de Villedieu, fournissent aussi beaucoup à notre ville. Il en est de même des bois qui entourent Issoudun et de ceux des bords de la Creuse, ainsi que de ceux des environs de **Cluis**, de **Neuvy**, de **La Châtre**, de **Saint-Chartier**, de **Saint-Août**, du **Magnet**, etc.

Les bois de petite charpente sont vendus à Châteauroux; ceux de grosse charpente sont emmenés à Vierzon, Angers, Nantes et Paris (1). Les merrains sont très-recherchés par les deux Charentes, et sont reconnus, dit-on, pour donner de la qualité aux eaux-de-vie. La maison Lescable, de Paris, a, à Châteauroux, un agent chargé d'acheter des lots de merrain dans la forêt ; cet agent achète aussi aux marchands du merrain tout fabriqué.

La base des taillis fournit le rondin ou bois de chauffage ; le sommet sert pour faire du charbon. Les cimées, comme les taillis, fournissent aussi du bois à brûler ; pour l'usage domestique, on emploie particulièrement le chêne ; le charme est employé en moindre proportion.

Le prix du bois-rondin, dans les forêts de l'État, est de 10 francs le stère sur pied ; le bois écorcé vaut 2 francs de moins.

*II.* — Les *écorces* du Bas-Berry sont toutes réputées

---

(1) On vend assez peu de bois pour les traverses des chemins de fer, parce que leur administration, pouvant en acheter partout, ne les paye pas un prix assez rémunérateur.

bonnes. Celles des bois de l'État sont un peu grosses, car on les prend sur des arbres de vingt-cinq à trente ans, tandis qu'ailleurs elles n'ont que de douze à vingt ans. Les écorces des bords de la Creuse passent pour être de première qualité. On enlève les écorces du 15 avril jusqu'à la fin de juin, lorsque la sève monte. Pour les enlever on penche les perches, on fend l'écorce, et on la sépare avec une cuiller. On la fait ensuite sécher, puis elles se vend au poids, dans le bois, par bottes de 25 à 50 kilogrammes. Le prix est de 80 à 100 francs les 1,040 kilogrammes rendus aux tanneries ou aux gares. — Le commerce des écorces est très-considérable ; on en vend, chaque année, pour plus d'un million dans le rayon de Châteauroux. Une partie reste dans les tanneries d'Argenton, de Levroux, etc. ; mais la plus grande partie est dirigée sur celles de Châtellerault et du Nord. Elles vont jusqu'en Belgique.

*III.* — On fait beaucoup de *charbon* qui s'expédie sur Paris. Il vaut en gare de 2 francs à 2 francs 50 l'hectolitre.

Les forges ayant presque toutes cessé de fonctionner, n'achètent plus que très-peu de bois dans nos forêts. Mais ce commerce n'a pas cessé pour cela d'être très-actif. On écorce beaucoup plus. Dans le moment où l'on coupe le bois et où l'on recueille les écorces, plus de mille ouvriers sont employés à ces travaux. Il y en a de la ville, mais la plus grande partie vient des villages. Ils gagnent de 3 à 5 francs par jour.

## § VII. — Les Vins.

Dans la commune de Châteauroux, 350 hectares sont plantés en vignes. Tous les vins qu'on y récolte sont d'une médiocre qualité ; ils se consomment presque tous dans la ville et dans la commune. Depuis dix ans, le prix du vin du pays n'est guère descendu au-dessous de 70 francs les deux hectolitres. Celui de la dernière récolte vaut de 90 à 100 francs. On amène à Châteauroux beaucoup de vins du Cher ; les marchands de la ville vont les chercher avec leurs voitures ; ce commerce est principalement fait par les gens de Déols qui les vendent sur charrettes sans avoir aucun dépôt. Le samedi, il y a, sur la place du Palan, un petit marché qu'on appelle l'*étape du vin*. On n'y trouve que très-peu de pièces. A l'époque de la moisson, il y en a davantage ; on y vend pour les moissonneurs de petits vins mélangés qu'on appelle *vins de moisson*, au prix de 40 à 45 francs la pièce. Les maisons Bisson et Lenseigne, qui sont les plus fortes maisons de la ville, ne tiennent pas les vins du pays, mais des vins de toute provenance. Elles en emmagasinent une grande quantité.

M. le Directeur des Contributions indirectes a bien voulu nous faire relever le tableau suivant, contenant les indications des tarifs des vins et des alcools depuis 1860, et les quantités qui ont été introduites dans la ville, ainsi que la quantité d'alcool fabriqué dans les distilleries de Saint-Sébastien et de Saint-Maur.

| DÉSIGNATION des Années. | ENTRÉE. INDICATION des tarifs par hectol. || QUANTITÉS de VINS || QUANTITÉS D'ALCOOL || QUANTITÉS D'ALCOOL fabriquées par les distilleries de ||
|---|---|---|---|---|---|---|---|---|
| | Vins. | Alcools. | introduites en ville. | sorties pour l'extérieur | introduites en ville. | sorties pour l'extérieur | St-Sébastien. | de St-Maur |
| | fr. c. | fr. c. | hect. | (1) | hect. | (1) | hect. | hect. |
| 1860 | » 80 | 8 » | 10,196 | | 404 | | 88 | 42 |
| 1861 | » 80 | 8 » | 10,677 | | 468 | | 98 | 422 |
| 1862 | » 80 | 8 » | 16,466 | | 476 | | 104 | 808 |
| 1863 | » 80 | 8 » | 13,969 | | 488 | | 623 | 971 |
| 1864 | » 80 | 8 » | 11,705 | | 440 | | 92 | 1929 |
| 1865 | » 80 | 8 » | 20,252 | | 491 | | 1433 | 833 |
| 1866 | » 80 | 8 » | 19,165 | | 487 | | 604 | 1056 |
| 1867 | » 80 | 8 » | 16,273 | | 495 | | 361 | 2030 |
| 1868 | » 80 | 8 » | 23,388 | | 525 | | 485 | 1574 |
| 1869 | » 80 | 8 » | 24,023 | | 602 | | 404 | 1259 |
| 1870 | » 80 | 8 » | 20,080 | | 554 | | 738 | 918 |
| 1873 (2) | » 80 | 12 » | 23,163 | | 441 | | 640 | 2089 |

### § VIII. — Épicerie en gros.

*Maison J. Amirault et D. Belloy*, rue des Capucins, 21 et 23. — Cette maison a fait suite à celle de M. Meunier-Delaroche, en 1866; mais elle a pris promptement un grand développement en ne faisant que l'épicerie en gros et en étendant ses fournitures à tout le département. Son principal commerce consiste dans les sucres, les cafés, les huiles de toutes espèces,

---

(1) Les documents positifs manquent pour les sorties.

(2) Les années 1871 et 1872 ne sont pas notées à cause des perturbations causées par la guerre.

Pour l'année 1873 les droits ont été augmentés par la loi du 26 mars 1872.

les savons, la droguerie, le sel et les salaisons de pêche. Ses produits sont tirés directement de tous les pays : les oranges d'Afrique et d'Espagne, les balais, les haricots, les fruits secs, d'Italie ; les cafés, des entrepôts du Hâvre, de Nantes et de Bordeaux ; les savons, de ceux de Marseille ; les huiles d'olives du midi de la France ; les sucres, des raffineries diverses ; les salaisons, des divers ports de mer. Cette maison emploie 7 à 8 hommes ; 4 chevaux lui sont nécessaires pour les livraisons en ville, à la gare et dans le département.

MM. Amirault et Belloy viennent de faire construire une belle maison à deux étages, où ils sont logés avec leurs familles. Le rez-de-chaussée est occupé par leurs magasins et leurs bureaux, la cour par des hangars. Ils ont aussi des magasins dans le voisinage.

### § IX. — La Chaux et le Plâtre.

Si la chaux et le plâtre ne peuvent être considérés comme des engrais, ce sont du moins des amendements utiles à l'agriculture. Certaines contrées, comme la Sologne et la Brenne, doivent en partie à ces substances leur transformation agricole.

*1. La chaux.* — Les fours à chaux sont très-répandus dans le département de l'Indre ; mais, dans la commune de Châteauroux, il n'y en a que cinq. M. Jouanique en a trois, et MM. Godey et Duchezeau en possèdent deux. Notre sol calcaire est très-propre à la fabrication de la chaux ; celle qu'on en retire est d'une qualité supérieure.

Voici le résultat d'analyses faites, en 1864, par M. Hervé-Mangon, dans le laboratoire de l'école des ponts et chaussées :

1° *Analyse des calcaires à chaux hydraulique.*

|  | ÉCHANTILLON de pierre à chaux hydraulique de Neuvy-St-Sép. (Indre). | ÉCHANTILLON de pierre à chaux hydraulique de Celon (Indre). |
|---|---|---|
| Résidu insoluble dans les acides.... | 10,45 | 11,35 |
| Alumine et peroxide de fer......... | 5,25 | 2,10 |
| Chaux........................... | 43,90 | 47,10 |
| Magnésie........................ | 0,55 | 0,55 |
| Eau et acide carbonique........... | 36,85 | 38,90 |
| TOTAUX.............. | 100,00 | 100,00 |

2° *Analyse des chaux.*

|  | ÉCHANTILLON de chaux grasse de Châteauroux. | ÉCHANTILLON de chaux grasse grise de Châteauroux. |
|---|---|---|
| Silice........................... | 1,75 | 2,05 |
| Alumine et peroxide de fer......... | 1,00 | 1,85 |
| Chaux........................... | 90,90 | 92,75 |
| Magnésie........................ | 0,10 | 0,10 |
| Eau et acide carbonique........... | 6,25 | 3,25 |
| TOTAUX.............. | 100,00 | 100,00 |

On exporte beaucoup de chaux dans la Creuse et dans le Limousin surtout où le calcaire manque.

Non-seulement on l'emploie pour amender les terres, mais encore pour les constructions : pour le premier usage, elle se vend 10 francs le mètre cube prise au four ; si c'est pour les constructions on la paye 11 francs, parce qu'il faut qu'elle soit plus pure.

II. — *Le plâtre* nous vient de Paris. On s'en sert beaucoup plus pour les constructions que pour l'agriculture. Il en arrive annuellement à Châteauroux, par le chemin de fer, 1,200,000 kilogrammes. M. Moreau-Crespin qui se livre aussi à ce commerce, fait venir son plâtre de Montreuil-sous-Bois (Seine). Il vaut à Paris de 10 à 13 francs les 1,000 kilogrammes, suivant sa cuisson.

Nous n'en dirons pas davantage sur les matières qui sont l'objet d'un commerce plus ou moins considérable, et nous terminerons l'histoire commerciale et industrielle proprement dite en énumérant la nature et le nombre de tous les commerçants qui existent dans la commune de Châteauroux.

### ARTICLE DEUXIÈME.

#### Commerçants et Industriels de Châteauroux.

Pour compléter l'idée que l'on doit se former du commerce et de l'industrie de Châteauroux, il nous faut énumérer le nombre et l'espèce de ses commerçants et industriels ; mais nous ne pouvons nous empêcher, d'abord, d'indiquer certaines maisons qui, par l'importance de leurs affaires, s'élèvent au-dessus des autres. Ainsi nous citerons, pour la bijouterie, M. Jussiaume ; pour la confection des robes, M^me Rochet ; pour l'épicerie, M. Carraud ; pour l'hôtellerie, les hôtels Sainte-Catherine, de France et de la Promenade ; pour la mercerie, M. Duret ; pour les ameublements, la miroiterie, etc., M. Couturaud ; pour la porcelainerie, M. Constantin ; pour la tapisserie, M. Bernard-Pérès ; pour la nouveauté, MM. J. Picard, Leprêtre, Pouzet et Bonnichon ; pour les toiles, M. Jouet ; pour la librairie, les maisons Nuret et Fils, et Galliot ; pour l'habillement, M. Lizé.

## § I^er. — Nombre et espèces des Commerçants et Industriels (1).

- 3 Agents d'affaires.
- 1 Apprêteur d'étoffes.
- 2 Architectes.
- 1 Ardoises (marchand d').
- 2 Armuriers.
- 12 Agents d'assurances et directeurs d'assurances.
- 2 Arpenteurs-géomètres.
- 4 Bals publics (entrepreneurs de).
- 2 Bains (directeurs de).
- 2 Banquiers.
- 6 Bijoutiers.
- 2 Billards (fabricants de).
- 13 Bois de construction et de chauffage (marchands de)
- 9 Blanchisseurs.
- 13 Bouchers.
- 39 Boulangers.
- 10 Bourreliers.
- 2 Brasseurs.
- 20 Cabaretiers.
- 32 Cafetiers.
- 2 Camionage et factage (entrepreneurs de).
- 4 Carriers.
- 10 Chapeliers.
- 4 Charbon de terre, houille et coke (marchands de).
- 8 Charcutiers.
- 8 Charpentiers.
- 11 Charrons.
- 1 Chauffournier.
- 7 Chaussures (fabricants de).

(1) Nous prenons cette liste dans l'indicateur de M. Galliot, pour cette année 1874, en nous abstenant seulement d'indiquer les noms et les adresses.

- 5 Chemises (fabricants de).
- 4 Chiffons (marchands de).
- 3 Ciriers.
- 4 Coiffeurs.
- 3 Confiseurs.
- 3 Cordiers.
- 13 Cordonniers.
- 5 Corroyeurs.
- 1 Corsets (fabricants de).
- 2 Couteliers.
- 13 Couturières.
- 5 Couvreurs.
- 2 Dentistes.
- 1 Doreur sur bois.
- 2 Distillateurs et liquoristes.
- 2 Draps (fabricants de).
- 16 Draperies, rouenneries, toilerie, lainages et nouveautés.
- 4 Ébénistes.
- 1 Écrivain public, bureau de placement.
- 6 Engrais (marchands d').
- 10 Entrepreneurs de travaux publics.
- 63 Épiciers.
- 2 Équarisseurs.
- 3 Étameurs.
- 5 Experts pour les rendues des domaines et pour la grêle.
- 8 Ferblantiers, lampistes, poëliers, chaudronniers.
- 1 Fer (marchand de).
- 2 Filateurs de laines.
- 2 Fondeurs.
- 8 Fripiers.
- 1 Fumiste.
- 12 Grains et légumes secs (marchands de).
- 7 Gibier, poissons et marée (marchands de).
- 7 Horlogers.
- 7 Hôtels (maîtres d').
- 5 Jardiniers, pépiniéristes.
- 4 Jouets d'enfants (marchands de).
- 14 Laines (marchands de).
- 1 Lamier.
- 10 Lavoirs (chefs de).
- 4 Libraires.
- 6 Lingères.
- 5 Loueurs de chevaux.
- 46 Loueurs en garni.
- 17 Maçonnerie (entrepreneurs de).
- 11 Marchands forains.
- 11 Maréchaux-ferrants.
- 15 Menuisiers.
- 20 Merciers.
- 3 Meubles (marchands de).
- 6 Meuniers.
- 10 Modistes.
- 2 Monuments funèbres (entrepreneurs de).
- 3 Moutarde (marchands de).
- 1 Naturaliste préparateur.
- 4 Papiers peints (marchands de).
- 5 Pâtissiers.
- 4 Papeteries et articles de bureau.
- 11 Peintres en bâtiments.
- 3 Peintres en voitures.
- 1 Paillassons (fabricant de).
- 3 Pensions bourgeoises (teneurs de).

13 Perruquiers.
3 Photographes.
1 Plâtre et ciment romain (marchand de)
7 Plâtriers.
1 Pompes funèbres (entrepreneur de).
5 Porcelaines et cristaux (marchands de).
1 Produits chimiques (marchand de).
8 Pressoirs (teneurs de)
9 Quincailliers.
3 Relieurs.
15 Sabotiers.
1 Sculpteur.
6 Selliers-Carrossiers.
3 Scieries mécaniques.

12 Serruriers mécaniciens.
20 Tailleurs d'habits.
7 Tailleurs de pierres.
1 Tanneur.
4 Taillandiers.
4 Tapissiers.
6 Teinturiers.
5 Toiles et tissus (marchands de).
6 Tonneliers.
4 Tourneurs.
10 Tuiliers.
2 Vanniers.
3 Voituriers.
11 Vins (marchands de).
8 Volailles et beurre (marchands de).

## § II. — Chambre consultative des Arts et Manufactures de l'arrondissement de Châteauroux.

Cette chambre est composée comme il suit :

*Président* : M. Balsan (Charles), manufacturier à Châteauroux.
*Secrétaire* : M. Guinon, pharmacien à Châteauroux.

*Membres.*

MM. Grillon (Adrien), brasseur à Châteauroux.
Marandon (Raymond), tanneur à Argenton.
Trotignon (Auguste), tanneur à Levroux.
Cusson (Denis), fondeur à Châteauroux.
Thion (Adolphe), porcelainier à Saint-Genou.
Sallé (Richard-Alexandre), minotier à Argenton.
Boudier, frabricant d'engrais à Châteauroux.
Dauvergne, architecte du département.
Nuret (Adolphe), imprimeur à Châteauroux.
Legendre (Constant), marchand de laines, à Buzançais.

# CHAPITRE HUITIÈME.

## AGRICULTURE.

Nous avons à parler, dans ce chapitre, de la Société d'agriculture, de ses comices et des concours régionaux qui ont eu lieu à Châteauroux ; nous indiquerons ensuite les foires et les marchés de notre ville ; nous terminerons par quelques mots relatifs à l'influence de cette Société et de ses concours sur les progrès de l'agriculture et de la viticulture.

### ARTICLE PREMIER.

#### Société d'Agriculture. (1).

La Société d'agriculture de Châteauroux date du commencement du siècle. Elle fut fondée par le premier de nos préfets, M. Dalphonse, dont le dévouement aux intérêts de notre pays est resté si connu.

---

(1) Nous prenons, presque textuellement, tout ce que nous avons à dire à ce sujet, dans deux discours lus devant la Société d'agriculture ; le premier de M. Cornu, à l'occasion de l'inauguration des portraits des anciens présidents ; l'autre de M. E. Damourette, à l'occasion aussi de l'inauguration des portraits de MM. Thayer et Masquelier. (V. les *Annales* de la Société d'agriculture, séances du 26 janvier 1862, et du 14 décembre 1872).

Par un arrêté préfectoral du 4 nivôse an IX, ce magistrat désigna huit membres qui formèrent le noyau primitif de la Société. Ces huit membres furent MM. le marquis de Barbançois ; Duris-Dufresne ; Bourin, ingénieur en chef du département ; Quesnel, ingénieur ordinaire ; Chollet, fabricant de draps ; Jacquemain, ancien arpenteur du duché, et, en cette qualité, auteur du premier aménagement de la forêt de Châteauroux ; Grêtré, qui soutenait, depuis la fin du XVIII° siècle, l'honneur des forges de Clavières ; et M. Chalumeau, professeur à l'école centrale, à qui l'on doit plusieurs opuscules sur des matières agricoles.

Dès la première séance, cette commission élut pour président M. le marquis de Barbançois, et pour secrétaire M. Quesnel.

Le réglement du 30 germinal fixa à 36 le nombre des sociétaires et statua que le bureau serait composé d'un président, d'un vice-président, d'un secrétaire, d'un vice-secrétaire et d'un trésorier.

M. Quesnel, élu vice-président en l'an XI, abandonna ses fonctions de trésorier à M. Baudoin, qui ne le cédait pas en dévouement agricole à M. Chalumeau, son collègue à l'école centrale.

La suppression de cette école et le départ de plusieurs fonctionnaires ayant laissé de grands vides dans le personnel de la Société, M. Prouveur, alors préfet de l'Indre, pourvut à sa réorganisation par un arrêté du 6 septembre 1807.

Sous lui fut également instituée une commission

de cinq membres, ayant pour but d'accélérer la marche des travaux de la Société, et composée de MM. le marquis de Barbançois, Bonneau, Charlemagne, Grillon-Villeclair et Girard de Villesaison.

*I.* — Pendant sa présidence, M. le marquis de Barbançois rendit les plus grands services à la Société. Le goût de l'agriculture était inné chez lui. Après avoir quitté sa lieutenance dans les gardes françaises avec le grade de lieutenant-colonel, il se retira dans sa terre de Villegongis, et l'amélioration de cette terre fut l'œuvre de sa vie. Il eut à vaincre l'ignorance et l'esprit de routine des cultivateurs. Dans sa nouvelle carrière, il rencontrait des traditions et des exemples de famille. Dès 1763, son père, au prix de bien des efforts, s'était procuré plusieurs béliers de la précieuse race de mérinos dont l'Espagne se conservait le monopole avec un soin jaloux. Le célèbre troupeau de Villegongis fut l'objet, pendant trente ans, des soins assidus et éclairés de son propriétaire. Le fils de M. de Barbançois, moins avare de son trésor que ne l'avait été le gouvernement espagnol, n'épargna rien pour propager la belle race qu'il possédait. Plusieurs fois, avec sa générosité ordinaire, il mit à la disposition de la Société, des béliers destinés à être livrés gratuitement aux agriculteurs qui en feraient la demande. Toutefois, M. de Barbançois s'était déterminé à réduire le nombre des animaux de race pure et à se livrer de préférence au croisement. Après sa mort, le troupeau a été supprimé, soit que le sol et le climat de notre département ne convinssent pas à la race espagnole, soit que les besoins du commerce et les demandes croissantes de la boucherie parisienne eussent déterminé les cultivateurs à adopter de préférence des espèces plus aptes à l'engraissement.

M. de Barbançois avait entrepris de substituer à la culture du moyen âge conservée dans sa simplicité primitive, des assolements raisonnés et appropriés à chaque nature de terre. Il lui fallut former des ouvriers, corriger ou changer les instruments, et tout surveiller par lui-même. Il se mit hardiment à la tête d'un *faire-valoir* de mille hectares. Tel fut l'ordre qu'il sut introduire dans cette vaste exploitation, qu'au bout de quelques années il put faire des absences assez fréquentes, sans que la marche des travaux en fût ralentie ou altérée.

M. de Barbançois s'était livré à des expériences sur l'inoculation du *claveau* et sur l'emploi du plâtre. Il fit faire de grands travaux d'irrigation ; un système de chaussées et de fossés de décharge permit d'admettre dans la prairie ou de déverser dans le lit de la Trégonce, suivant les besoins et les saisons, les eaux pluviales provenant des coteaux voisins. Cette belle entreprise, poursuivie avec autant de succès que de persévérance, lui valut le grand prix de la Société centrale d'agriculture.

Ce qui distinguait surtout M. de Barbançois, c'était son empressement à communiquer à ses collègues et au public le trésor de ses connaissances acquises au prix de tant de labeurs et de dépenses. Il était en même temps prodigue de ses conseils, de son temps et de sa bourse. En 1811, il réunit et coordonna les résultats de ses travaux dans un ouvrage qu'il fit paraître sous le titre de *Petit traité d'agriculture.*

M. de Barbançois mourut à Paris en février 1822 ; sa dépouille mortelle fut ramenée à Villegongis, sur la terre qu'il avait fécondée et au milieu des cultivateurs qu'il avait éclairés et enrichis.

*II.* — Après la mort de M. de Barbançois, les suffrages de la Société se portèrent naturellement sur son vice-président, M. Bonneau, propriétaire du château de La Brosse, qui exerçait cette fonction depuis le 6 septembre 1807 et qui fut élu président le 1er septembre 1822.

M. Bonneau joignait, comme son prédécesseur, la pratique à la théorie ; comme lui, il s'était appliqué avec succès à l'amélioration des prairies naturelles ; par ses soins, des marais stériles et insalubres avaient été convertis en prés et en jardins. Son zèle pour l'introduction et la propagation des prairies artificielles et pour la suppression des jachères lui avait mérité plusieurs médailles de la Société d'encouragement pour l'industrie française, ainsi que de la Société centrale d'agriculture.

En 1805, M. Bonneau avait offert à la Société de consacrer à une ferme expérimentale une partie de sa terre de La Brosse. Cette offre ayant été acceptée, il fut lui-même choisi comme directeur de cet établissement. Il est inutile d'ajouter que ces fonctions n'étaient pas seulement gratuites, mais qu'elles étaient fort onéreuses pour le propriétaire-directeur.

M. Bonneau, à peine investi de la présidence, vit s'élever un orage menaçant pour l'existence de l'œuvre dont il avait la direction. Vainement la Société s'était toujours scrupuleusement renfermée dans le cercle de ses attributions, elle n'avait pu dissiper les craintes et les soupçons de quelques esprits ombrageux. Des amours-propres froissés ne lui pardonnaient pas toujours ses choix et ses préférences. Enfin, le Conseil général, cédant aux considérations d'une économie un peu étroite, retrancha, dans sa session de 1823, la subvention de 1,500 francs allouée jusque là à la Société.

M. Bonneau ne perdit pas courage. Secondé par les membres les plus dévoués, il fit un appel à la générosité de ses collègues. Le taux de la souscription fut élevé ; M. Forest, secrétaire, sacrifia l'indemnité de 500 francs qu'il percevait annuellement ; un nouveau règlement fut rédigé et le cercle des admissions élargi. Enfin, on inséra, dans les *Éphémérides* de 1823, comme une sorte d'appel au public, un exposé des travaux de la Société depuis son origine. Peu d'années après, M. Bonneau, forcé d'établir sa résidence à Paris, cessa de s'occuper régulièrement de ses fonctions de président qu'il résigna en 1829 ; toutefois, il continua jusqu'à la mort de faire partie de la Société.

III. — Dans son assemblée générale du 17 mars

1829, la Société appela à la présidence M. Duris-Dufresne. Son dévouement bien connu aux intérêts du département qui l'avait élu député, la juste considération dont il était entouré, sa position de famille et de fortune justifiaient ce choix à tous égards. M. Duris-Dufresne comptait, d'ailleurs, parmi les membres les plus anciens. Il était de ceux que leur amour du bien public, autant que leur haute intelligence, avaient, dès l'an IX, fait choisir pour former le noyau de la Société d'agriculture de l'Indre. Mais, à peine cet honorable collègue venait-il d'en accepter la direction, que les événements de 1830 l'appelaient, comme député, à résider à Paris. Il crut devoir, en 1832, se démettre d'une fonction que d'autres occupations plus graves ne lui permettaient pas de remplir.

*IV.* — A côté des noms honorables déjà mentionnés, vient maintenant celui de M. Jean-Claude Charlemagne. Déjà nous avons eu occasion de parler de sa famille. En 1793, il avait été maire d'Issoudun; en 1795, l'un des administrateurs du département; et, en 1800, conseiller de préfecture. Son mariage avec M$^{lle}$ Legrand le fixa tout à fait à Châteauroux, et c'est de cette époque que date son entrée dans la Société d'agriculture, à laquelle il devait prêter un si utile concours.

Si l'on se reporte, en effet, aux *Éphémérides* de cette Société, on y voit peu de questions auxquelles M. Charlemagne soit resté étranger, et qu'il n'ait éclaircies par de lumineux rapports. Chargé, en 1805, de visiter la ferme expérimentale établie à La Brosse, il faisait, peu après, connaître à ses collègues la situation de cet établissement, et exposait ses vues et ses idées sur son avenir. L'année suivante, le croisement des bêtes à laine qui, de nos jours, a donné de si beaux résultats, devenait pour lui le sujet d'un nouveau rapport. En 1811, il indiquait à nos cultivateurs les avantages que présentait la culture des prairies artificielles. Vers le même temps, alors que la rareté des denrées coloniales, dont l'entrée en France devenait de plus en plus difficile, élevait leur prix outre mesure, il suivait, avec tout l'intérêt qu'ils méritaient, les essais tentés pour la fabrication du sucre de betterave, et il indiquait à la Société les résultats qu'obtenait un de ses membres, M. Grillon-Villeclair, qui avait été placé à la tête de la manufacture établie à Châteauroux.

Sous-préfet de notre ville en 1815, et bientôt après élu membre de la Chambre des réprésentants, la rapidité des événements lui laissa à peine le temps d'aller occuper ce dernier siége. Nous avons vu qu'en 1818, il fut encore élu député. Il occupa ce poste jusqu'en 1825. Malgré les sessions de la Chambre, il présida souvent les séances de la Société d'agriculture, comme vice-président.

Rendu à la vie privée, il occupa ses loisirs en faisant, sur la croissance et le rendement des blés printanniers, dont il devait des échantillons au célèbre Thouin, des essais répétés et intéressants. Il porta aussi son attention sur nos charrues, déjà perfectionnées par M. de Barbançois, et qui lui semblaient encore susceptibles d'être avantageusement modifiées.

En 1832, M. Charlemagne fut, d'une voix unanime, proclamé président de la Société d'agriculture. Nul, plus que lui, n'était digne d'être placé à sa tête; mais sa modestie lui fit décliner cet honneur. Il allégua son âge, et il ne voulut accepter, pour ne pas se séparer du bureau, que le titre de président honoraire.

Une carrière si utilement, si honorablement remplie, ne pouvait rester sans récompense. M. Charlemagne fut nommé chevalier de la Légion d'honneur.

Pendant vingt ans encore, il continua d'appartenir à la Société. Jusqu'en 1853, il fut donné à ses membres de l'entourer de leurs respects.

V. — Le fauteuil de la présidence qu'avait refusé M. Charlemagne fut offert à M. de la Tramblais, qui mit une égale modestie à ne pas l'accepter. Ce fut dans ces circonstances que, le 23 décembre 1832, M. Muret de Bort fut appelé à présider la Société d'agriculture. Il accepta cette fonction nouvelle, déterminé à la remplir avec l'activité qu'il apportait dans ses affaires privées, et le dévouement, non moins plein d'ardeur, avec lequel, jusqu'à son dernier jour, il a servi les intérêts publics.

La Société d'agriculture sortait, à cette époque, de la phase la plus critique qu'elle ait eue à traverser, celle où, par le retranchement de sa subvention, elle s'était vue menacée jusque dans son existence. On a vu comment elle se sauva par son propre effort, et arriva, du même coup, à son organisation définitive. C'est de 1828, en effet, que date son organisation actuelle qui la rend ouverte à tous les hommes de bonne volonté qui veulent s'y affilier.

Au dehors de son enceinte, la situation politique continuait de peser sur l'industrie agricole. La révolution qui se préparait, ne permettait guère de s'aventurer dans les entreprises qui demandent le plus de sécurité et de confiance; d'ailleurs, l'assimilation agricole de notre Bas-Berry aux parties vives de la France n'était pas encore entièrement accomplie. Pour hâter ce moment, pour s'apprêter à en saisir les avantages, la Société d'agriculture n'avait besoin d'aucun stimulant étranger, car ses publications de cette époque prouvent qu'elle n'était pas indifférente aux conquêtes de la science et à la puissance de ses bienfaits.

Les années 1829, 1830, 1831 furent encore des années d'hésitation ; mais le gouvernement de Juillet donna une forte impulsion aux travaux publics, et la loi de 1836 sur les chemins vicinaux contribuait déjà à la métamorphose de la France. Nos routes ordinaires allaient successivement s'ouvrir; bientôt ce ne fut pas assez. Déjà la vapeur avait fait inventer les véhicules rapides et les rails dont les réseaux allaient nous mettre en communication avec les plus riches contrées de la France.

Nous avons eu déjà l'occasion d'attribuer à M. Muret

de Bort toute la part qu'il a prise dans la direction, à travers notre département, de la voie ferrée du Centre ; nous n'y reviendrons pas ici. Rappelons seulement que de Paris, où ses fonctions de député le retenaient une partie de l'année, il ne cessait de stimuler le zèle des membres de la Société et de correspondre avec eux. Les travaux agricoles de la ferme de la Madrolle, plusieurs fois visités par les commissions, contribuaient à propager les meilleures méthodes et imprimaient un élan vers le progrès.

Nous ne pouvons omettre de parler des collaborateurs de M. Muret de Bort. En son absence, M. de la Tramblais, comme vice-président, dirigea d'abord les travaux de la Société, et l'on ne peut oublier le discours qu'il prononça le 29 mai 1837, discours dans lequel, après avoir retracé l'état misérable où la Brenne se trouvait réduite par plusieurs siècles d'abandon, il réclamait chaleureusement pour elle l'assistance du gouvernement. Il indiquait les moyens d'assainir et de régénérer cette malheureuse contrée et mettait au premier rang de ces moyens l'établissement de nombreuses voies de communication. De ce moment, l'intérêt public se reporta vivement sur la Brenne ; les administrations s'en occupèrent, et quelques années après, le gouvernement consacrait 1,300,000 francs à la création d'un réseau de 220 kilomètres de routes agricoles qui sillonnent aujourd'hui son territoire, et y ont déjà déterminé un progrès très-marqué.

M. de la Tramblais ayant été appelé, en 1841, à la

sous-préfecture du Blanc, fut remplacé dans sa vice-présidence par M. le docteur Marchain, qui, depuis 1808 jusqu'à sa mort, n'a pas cessé de faire partie de la Société. Nous avons donné sa biographie ; mais constatons de nouveau qu'agriculteur aussi dévoué qu'il l'était dans la pratique de son art, il rendit de nombreux services à la Société.

M. Muret de Bort eut un troisième collaborateur dont nous ne pouvons passer le nom sous silence. Ce fut M. Anselin, ingénieur en chef des ponts et chaussées, qui, sous le titre modeste de secrétaire, devint comme la cheville ouvrière de la Société. Pendant vingt ans, il remplit les *Éphémérides* de rapports qui constituent des traités presque complets pour la science agricole et en même temps de véritables mercuriales poussant dans la voie du progrès les membres de la Société. Il ne se contentait pas de montrer ce progrès du geste, il y entrait lui-même activement dans son domaine des Divers. Ce fut lui qui créa presque tout le système de nos routes départementales et qui en modifia le système d'entretien. On doit d'autant plus compter cette obligation à M. Anselin que, pour augmenter les productions d'un pays, il faut en faciliter les abords. Avec M. Muret de Bort et M. Anselin, les principaux interlocuteurs de la Société étaient MM. Marchain, Damourette père, Borrel et Briaune. Ces honorables membres ont essentiellement contribué à entretenir, avec l'amour du progrès, le feu sacré des espérances qui, depuis, se sont réalisées.

*VI.* — Une position politique semblable, une activité égale à celle de M. Muret de Bort désignaient M. le comte de Bryas, comme son successeur. Nous avons déjà raconté sa vie, et nous n'avons pas à revenir sur son dévouement aux intérêts agricoles, sur son rapport concernant la loi des cent millions prêtés aux propriétaires désireux d'appliquer le drainage, sur ses propres travaux de drainage dans sa terre de Boulaise, sur son rôle dans le percement des routes agricoles de la Brenne et dans l'établissement de notre manufacture des tabacs.

*VII.* — Dans une réunion exceptionnellement nombreuse, M. de Bryas, que la Société venait de perdre, fut remplacé, le 23 janvier 1859, par M. le sénateur Amédée Thayer. Sa haute situation lui donnait droit à tous les honneurs que sa rare modestie ne lui a jamais fait rechercher. D'un abord facile, bon, affable, il n'a joui de sa légitime influence que par les bienfaits qu'elle lui permettait de répandre autour de lui. Placée sous son patronage, la Société d'agriculture de l'Indre devait acquérir une nouvelle importance. Son extension rapide l'amena bientôt à prendre une délibération en vertu de laquelle ses concours auraient, à partir de l'année 1861, alternativement lieu au Blanc, à Châteauroux et à La Châtre.

M. Thayer avait la passion des fleurs. Persuadé que l'horticulture a, pour le riche comme pour le pauvre, un but agréable, utile et moralisateur, il provoqua, comme nous l'avons déjà dit, un comité de dames patronnesses. Par ses soins, la première exposition de fleurs eut lieu les 21, 22 et 23 juin 1860. Le succès fut complet. Pendant dix ans, une exposition semblable se tint à Châteauroux. Plusieurs furent aussi installées à La Châtre et au Blanc.

Pendant la présidence de M. Thayer, les publications de la Société, qui avaient pris le nom d'*Annales*, se succédèrent avec rapidité et exactitude. Les études de M. Cornu sur les questions d'économie rurale les plus débattues eurent un véritable retentissement. Le travail de M. Boucard sur la mise en valeur des terres incultes, le cours de géologie agricole de M. Godefroy, professeur au Lycée, méritent tout particulièrement d'attirer l'attention.

Rien de ce qui pouvait être utile n'échappait à la féconde activité de M. Thayer et de M. Masquelier qui, comme vice-président, le secondait avec le plus grand zèle. Le général Bertrand avait montré, dans sa propriété des Lagnys, que la vigne pouvait très-bien utiliser les terres peu profondes et sèches de notre Champagne. Fort de cette expérience, M. de Saint-Lary n'hésita pas à créer le beau vignoble des Vallées. Cette création fut le point de départ de progrès considérables. Une ère nouvelle s'ouvrait pour les propriétaires de ces vastes plaines calcaires qui, jusque-là, étaient restées à peu près improductives. MM. Thayer et Masquelier n'hésitèrent pas eux-mêmes à joindre la pratique à la théorie. Se mettant à la tête de ce mouvement remarquable, ils plantèrent de grandes étendues de vignes aux Lagnys, à Saint-Maur et à

Treuillault. Ils encouragèrent une foule de recherches sur la synonymie des cépages, recherches qui furent largement aidées par une série de dessins dus à M. Viau, et qui sont conservés dans les archives de la Société.

Grâce à ces travaux, la visite que le docteur Guyot fit, les 25, 26, 27, 28, 29 et 30 mars 1865, dans les vignobles de notre département, put exercer toute l'influence qu'on devait en espérer. M. Bouault en a fait un compte-rendu très-complet qui a été inséré dans les *Annales* de la Société (n° 58, 1865). M. Thayer, comprenant toute l'importance de cette visite, n'avait pas hésité à quitter, pour quelques jours, les travaux du Sénat pour recevoir le savant viticulteur, le diriger dans ses courses aux environs de Châteauroux et présider la réunion dans laquelle l'enquête fut faite. M. Masquelier prêta, de son côté, le concours le plus empressé et le plus actif à l'hôte des viticulteurs.

Avec l'assentiment unanime de toute la Société, MM. Thayer et Masquelier adressèrent, à la suite de la séance du 19 mars 1867, à M. le ministre de l'agriculture, une demande tendant à obtenir que la ville de Châteauroux devînt le chef-lieu de la septième région agricole pour un concours d'animaux gras. Cette démarche eut tout le succès désiré, et les 8 et 9 avril de la même année eut lieu, dans notre ville, la première exposition d'animaux de boucherie.

Ces messieurs donnèrent tous leurs soins à la rédaction des réponses à faire, au nom des nombreux intérêts représentés par la Société, au *Questionnaire* envoyé par la Commission de la grande enquête agricole.

Ils provoquèrent la création d'un champ d'expérience dans lequel furent installés, sous la direction de M. Godefroy, les essais les plus intéressants sur l'emploi des engrais chimiques.

Grand consommateur d'engrais artificiels, M. Masquelier avait encouragé M. Guinon à s'occuper de cette question si grave et si grosse de fraudes. Ce savant et consciencieux chimiste a fait à ce sujet, à la Société, diverses communications ; son rapport sur la vente et l'emploi des engrais dans le département de l'Indre offre un intérêt hors ligne. (V. le n° 54, année 1865 des *Annales*.) Nous avons déjà dit que, lorsqu'une Commission d'enquête sur la réglementation des engrais fut instituée auprès du ministère de l'agriculture, MM. Masquelier et Guinon furent naturellement appelés à déposer devant cette Commission.

On voit, par cet exposé, toute l'activité que MM. Thayer et Masquelier avaient su imprimer à la Société. Deux chiffres vont démontrer les résultats qu'ils avaient obtenus. En 1857, le nombre des sociétaires était de 80 seulement ; en 1866, la Société comptait 340 membres et 139 dames patronesses. Les ressources de la Société ne s'élevaient qu'à 4,500 francs en 1857 ; l'année du concours régional de 1866, la Société a pu dépenser 14,004 francs 93 centimes et conserver dans sa caisse une réserve de 5,266 francs 75 centimes ; de sorte que le total de ses ressources atteignit, cette année-là, le chiffre de 19,271 francs 68 centimes.

La prospérité de la Société semblait être arrivée à son apogée ; mais le 17 mars 1867, M. Masquelier succomba, et M. Thayer, déjà souffrant, après s'être efforcé, avec un dévouement sans bornes, de faire occuper, par le département de l'Indre, un rang convenable à l'exposition universelle, d'y faire réunir tous ses produits, et de veiller à leur installation, devint en proie à sa longue maladie et succomba lui-même le 6 juillet 1868.

*VIII.* — La maladie de M. Thayer laissait la Société à la direction de deux vice-présidents, MM. Cornu et Fauconneau-Dufresne. Le zèle ne leur manqua pas. Après l'exposition universelle, un concours de labourage à vapeur ayant été organisé par M. Lecouteux dans les plaines de Petit-Bourg, ce fut là qu'un membre de la Société, M. Dubois-Suard, conçut la première pensée d'introduire dans l'Indre les appareils de ce nouveau labourage. Les dernières séances de l'année 1867 et les premières de celle de 1868 furent employées à prendre les mesures destinées à aider ce membre de la Société, aussi hardi qu'intelligent, à surmonter toutes les difficultés d'une semblable installation. Après de longs efforts, on fut assez heureux pour inaugurer, le 31 mars 1868, le labourage à vapeur dans les champs de Montvry. M. Thayer, bien que sur son lit de douleur, voulut encore servir la Société ; il lui fit obtenir une belle médaille d'or, qui fut décernée à M. Dubois-Suard, dans la séance du 19 avril 1868.

La fête de Montvry eut un grand retentissement. Une grande affluence s'y était portée. Les autorités, les troupes, les représentants de la presse agricole, et toute la ville assistaient à cette curieuse cérémonie. Le clergé avait contribué à la solennité en venant bénir les appareils. Un grand banquet eut lieu le soir, dans la grande salle de l'Hôtel-de-Ville. Mais ces appareils à vapeur, composés de machines trop lourdes et difficiles à mouvoir, après avoir fonctionné plus ou moins avantageusement dans nos plaines, ont fini par être abandonnés. Leur perfectionnement et leur simplification ne manqueront pas, quelque jour, d'en permettre un emploi plus facile et plus général.

La difficulté de remplacer M. Thayer produisit dans la direction de la Société une sorte d'interrègne. Cependant ses vice-présidents apportèrent tous leurs soins à ne pas la laisser déchoir. Les concours du Blanc et de Châteauroux eurent lieu comme de coutume, ainsi que ceux des animaux de boucherie. Il y eut aussi une exposition florale et une exposition de fruits et de légumes. Si, par l'absence de M. Thayer et de M. Masquelier, il se rendait moins de membres aux séances, on peut dire que les lectures et les communications n'y firent pas défaut et que les numéros des *Annales* parurent sans interruption. Le champ d'expérience lui-même fonctionnait régulièrement par les soins de M. Godefroy. Mais, au moment où l'on songeait sérieusement à remplacer M. Thayer, il s'éleva contre le bureau une sorte de conspiration démocratique qui prenait sa source dans une nouvelle institution qui s'intitulait le *Cercle agricole*. Les séances ne furent plus tenables et les membres du bureau se décidèrent à se retirer.

*IX*. — M. Pigornet et quelques autres membres de la Société cherchèrent à la reconstituer. On s'adressa à M. le comte de Bondy, qui voulut bien accepter la présidence, et MM. Paul Baucheron et Léonce Marchain furent élus vice-présidents. Un nouveau règlement fut fait et voté. Depuis, M. Marchain a été remplacé par M. E. Damourette (1).

*X*. — Après avoir rendu un juste hommage à toutes les personnes qui ont dirigé la Société depuis son origine, il convient de constater les principaux services qu'elles ont rendus à l'agriculture. Nous ne saurions entrer dans de grands détails à ce sujet ; mais on ne peut s'empêcher de reconnaître l'influence de la Société sur l'amélioration des races d'animaux par le croisement et la sélection ; sur le perfectionnement des instruments et des procédés de culture ; sur la propagation des engrais et des amendements nou-

(1) Dès son origine, la Société d'agriculture avait tenu ses séances dans une très-petite maison de la rue du Pressoir ; mais sous la présidence de M. de Bryas, elle se transporta dans un local municipal, situé place du Marché. Dans ce local, il y a une salle assez convenable pour les séances, une bibliothèque où l'on est parvenu à réunir une belle collection de livres sur l'agriculture, et dans une autre pièce, louée sur une maison attenante, on a commencé la formation d'un musée agricole.

veaux ; sur le développement de l'usage des prairies artificielles et de l'emploi des racines ; sur la mise en valeur des terres improductives et leur reboisement ; sur l'extension de la culture de la vigne et sur le perfectionnement des procédés de vinification, ainsi que sur la multiplication et le produit des jardins ; sur le choix des systèmes de faire-valoir ; enfin sur la généralisation et le meilleur entretien des voies de communication.

## ARTICLE DEUXIÈME.
### Comices de la Société d'agriculture et concours régionaux.

Nous avons à indiquer dans cet article l'historique des divers comices de la Société d'agriculture, et nous donnerons ensuite un aperçu des deux concours régionaux qui ont eu lieu dans notre ville.

### § I<sup>er</sup>. — Comices de la Société d'agriculture.

Presque depuis son origine, la Société d'agriculture a tenu des comices agricoles. Ce n'était d'abord qu'un concours sur les meilleurs labourages et sur les instruments dont on se servait. On distribuait des médailles et de petites sommes d'argent. La Société avait une tente qu'elle faisait dresser au milieu d'un champ et c'est sous cette tente que se plaçaient les membres de la Société et que les rapports étaient présentés. Un repas champêtre, *sous la ramée*, avait coutume de réunir les lauréats et les membres de la Société.

Mais depuis que M. Thayer avait fait établir que les concours auraient lieu alternativement au Blanc, à Châteauroux et à La Châtre, les cérémonies auxquelles ils donnaient lieu s'accompagnèrent d'une plus grande solennité. Le préfet et les sous-préfets les présidèrent ; les autres autorités s'y rendirent ; et une grande quantité de personnes y étant invitées, il fallut dresser des amphithéâtres et soigner la décoration générale. Les allocations dont la Société pouvait disposer étant devenues plus considérables, un plus grand nombre de récompenses furent distribuées : les rapports des commissaires se firent aussi avec plus de soin.

Ces comices se continuent encore de la même manière dans les trois arrondissements qui ont été nommés. Issoudun ayant son comice qui marchait bien s'est tenu jusqu'ici à l'écart.

### § II. — Concours régionaux.

Nous avons eu à Châteauroux deux concours régionaux, et un troisième va avoir lieu le 2 mai 1874.

I. — *Le premier de ces concours* a eu lieu au commencement de mai 1857. C'était un grand événement pour le département de l'Indre, et pour Châteauroux en particulier. Les concours qui avaient eu lieu les années précédentes à Tours et même à Bourges n'avaient que très-peu excité l'émulation de notre département ; mais, dans sa propre exposition, il s'est montré plein de zèle et d'entrain. Pendant les quatre jours qu'a duré le concours, la ville était remarquable par son animation.

Le jury se divisait en deux sections ayant à leur tête M. le comte de Bouville, préfet de l'Indre. La première était présidée par M. Boitel, inspecteur général de l'agriculture ; la seconde, par M. le comte de Bryas, président du Comice agricole de Châteauroux.

Le *premier jour* du concours a été employé à l'aménagement des animaux, des machines et des produits agricoles. Leur exposition avait été établie sous les ombrages de la promenade publique, appelée *Bois des Capucins*.

Le *second jour*, il y a eu, à 2 kilomètres de la ville, un essai de toutes les machines fonctionnantes.

Le *troisième jour*, le public a été admis à visiter l'exposition générale. L'espèce bovine appelait surtout l'attention par les races charolaise et nivernaise ; mais le département de l'Indre a pris largement sa revanche par les races pures ou croisées entre elles ; il conservait encore sa supériorité relativement aux races étrangères, pures ou croisées. Quant à l'espèce ovine, elle se faisait remarquer par les races berrichonne et solognote, ainsi que les races étrangères pures et croisées. L'Indre fournissait encore une nombreuse exposition dans la catégorie de l'espèce porcine, comprenant les races indigènes pures et croisées. L'exposition des animaux de basse-cour, des instruments, machines et appareils agricoles, des produits horticoles et agricoles, a été nombreuse et remarquable.

Le *quatrième jour*, enfin, a été consacré aux cérémonies officielles. A 11 heures, un brillant cortége ayant à sa tête le préfet de l'Indre et le maire de Châteauroux, et composé des membres du jury et de tous les fonctionnaires, se dirigeait à l'église Saint-André, où une messe a été chantée ; de là au lieu des exhibitions et ensuite sur la place du Marché, où une immense tente, très-ornementée, avait été dressée pour la distribution des récompenses. Après le discours du préfet, les rapports ont été successivement présentés. L'attention a surtout été fixée sur celui concernant la prime d'honneur, qui était une création toute nouvelle. Cette tâche a été brillamment remplie par M. Minangouin, directeur des cultures à la colonie de Mettray. Cette prime, qui consistait en une coupe d'honneur d'une valeur de 3,000 fr., et une somme de 5,000 fr., a été décernée à M. Juqueau, propriétaire à la Bretonnerie, commune d'Issoudun, dont l'exploitation avait réalisé les améliorations les plus utiles.— Malheureusement, pendant la lecture du rapport de M. Minangouin, une bourrasque des plus violentes s'était élevée ; elle avait inondé la place de poussière, ébranlé le fragile édifice où se tenait la cérémonie, et la foule effrayée s'était sauvée par toutes les issues.

*II. — Le second concours régional* a eu lieu en 1866, également au mois de mai, et au lieu de la température élevée qui régnait à celui de 1857, il a été troublé par des pluies torrentielles. A ce concours, le progrès, dans toutes les branches de l'industrie agricole, s'imposait aux esprits les plus sceptiques.

De grandes fêtes étaient annoncées pour toute la durée de ce concours : une exposition de fleurs, une retraite aux flambeaux, un grand concert au théâtre où devaient paraître des artistes de l'Opéra et du Théâtre Italien, une ascension aérostatique, un bal à la préfecture, une représentation gratuite, des morceaux de musique et des chants d'orphéon ; le soir, dans le jardin de l'exposition florale, un feu d'artifice, des illuminations et des danses publiques.

La ville de Châteauroux, en présence de l'éclat donné par les autres villes à leurs concours, ne pouvait se montrer inférieure à ses devancières. Le conseil général et le conseil municipal avaient fourni largement aux dépenses nécessaires. Un vaste portique, représentant au fronton les armes de la ville, donnait accès au lieu de l'exposition. De nombreux mâts vénitiens, ornés de flammes aux couleurs nationales, indiquaient aux étrangers le chemin à suivre pour se rendre soit au concours, soit au jardin des fleurs.

Le jury, sous la présidence d'honneur du préfet, formait trois sections. La première, dirigée par M. Boitel, inspecteur général, devait s'occuper du prix d'honneur ; la seconde était chargée d'apprécier le mérite des animaux ; et la troisième, à la tête de laquelle était M. Thayer, devait juger les perfectionnements des instruments d'extérieur.

Les opérations et les fêtes du concours durèrent cette fois pendant huit jours. Le *premier jour* fut destiné à recevoir, à classer et à monter les machines. Les opérations relatives à l'examen des instruments occupèrent le *deuxième* et le *troisième* jour. Le *quatrième* jour, on fit des essais publics des machines et on reçut les animaux et les produits agricoles. Le même soir eut lieu la retraite aux flambeaux. C'était une nouveauté pour la ville. La musique municipale, celle des pompiers avec leurs tambours et ceux du 19° de ligne, escortées par des militaires portant des torches et des lanternes vénitiennes, parcoururent toute la ville. Le succès fut complet. Ces musiques se réunirent ensuite à la Closerie des Tilleuls et un bal eut lieu au profit des pauvres.

Le *cinquième* jour, toute l'exposition était en place et les sections du jury pour les animaux et les produits agricoles purent commencer leurs opérations. C'est ce même soir qu'eut lieu au théâtre le grand concert où l'on entendit Agnesi, M$^{me}$ Van den Heuvel, Alard et Berthelier. La société philharmonique s'était empressée de donner son concours à cette brillante représentation.

Le *sixième* jour, le concours continuait et fut visité par M. Béhic, ministre de l'agriculture et du commerce, qui admira un grand nombre d'animaux et s'arrêta assez longtemps devant la *teilleuse de chanvre*, exposée par M. Pinet, constructeur à Abilly ; de là, le ministre se rendit à l'exposition des fleurs. — L'ascension de la *montgolfière de Godard* eut lieu à 5 heures dans le champ de manœuvres ; l'atterrissement se fit dans la commune de Montierchaume. — Le soir une brillante société était réunie dans les salons de la préfecture, au bal donné par M. et M$^{me}$ De Laire.

— En même temps se donnait au théâtre une représentation gratuite.

*Septième jour.* C'est dans ce jour, comme dans le précédent, que l'on put juger de la splendeur de l'exposition. Il était impossible de contempler de plus beaux produits de l'art de l'élevage. L'espèce bovine était représentée par 323 animaux tout à fait supérieurs. La belle race charolaise, les autres races françaises, la race Durham pure, ses croisements, les étrangères pures, diverses races se faisaient remarquer par tous les connaisseurs. — L'exposition ovine n'était pas moins digne d'attention que la bovine ; elle offrait les plus remarquables sujets et occupait au catalogue 226 numéros. Si, dans la catégorie des mérinos, le Loiret l'emportait par le nombre et la beauté, la race berrichonne de l'Indre et du Cher offrait les plus beaux types et les plus belles formes. Les races anglaises représentaient seules les races étrangères. — Les animaux de la race porcine étaient loin d'être comparables à ceux des espèces précédentes. — Ceux de basse-cour étaient encore plus faibles. — Les produits agricoles et les matières utiles à l'agriculture étaient au nombre de 104 ; parmi les exposants de l'Indre, il faut citer MM. E. Damourette, Mallebay, F. Morin, Boüault, de La Chastre, Alphonse Bertrand et la Société vigneronne d'Issoudun.

Enfin le *huitième jour* a été consacré aux cérémonies officielles. Après la messe à laquelle s'étaient rendus, comme au premier concours, les autorités et tous les membres du jury, le cortége s'est rendu au Bois des

Capucins. Le mauvais temps n'ayant pas permis de se servir de la magnifique tente qui avait été préparée, on s'est réfugié dans la salle des assises du palais de justice. Pendant le discours du préfet, la lecture des rapports et la distribution des récompenses, on voyait briller, sur un socle élevé le splendide VASE D'ARGENT destiné à l'agriculteur qui avait mérité le prix d'honneur. Sa base, représentant les animaux et les instruments des travaux agricoles, était surmontée d'un plateau de cristal, ornementé de charmantes découpures. Du plateau lui-même s'élevait une statuette portant des couronnes et une corne d'abondance.

Au moment où M. Laigle des Masures se présenta pour lire son magnifique rapport, un mouvement d'intérêt et de curiosité s'était manifesté dans l'Assemblée ; et bientôt on suivit avec la plus grande attention l'énumération des mérites divers de tous les concurrents. On applaudissait successivement les hommes qui se sont placés à la tête de notre agriculture, et qui, sans avoir obtenu la grande prime, avaient droit cependant à de brillants éloges ou à d'honorables récompenses. C'est ainsi que les noms de MM. Crombez et Mesrouze, Mallebay-Vollant, Rand et Guyet, de Tanouarn, de Lesseps, Valette, Magnard, Dauvergne, E. Damourette, Favry, Thimel et Firbach ont été salués comme les représentants du progrès agricole dans le département de l'Indre.

Une ovation était réservée pour l'heureux vainqueur du brillant tournoi, suivant l'expression de l'éloquent rapporteur. M. Masquelier laissait à son collaborateur, M. Foucret, l'honneur de venir au bureau recevoir sa récompense; mais l'appel de l'assemblée, tous les bras tendus vers lui, le forcèrent de quitter sa place et de venir recevoir les serrements de main des membres du bureau et l'accolade du président. Des bravos réitérés accompagnèrent la marche triomphale de M. Masquelier, dont l'émotion ne pouvait être contenue. Chacun s'empressait d'arriver auprès de lui et de lui adresser son compliment. M. Masquelier dut comprendre, en ce beau jour, qu'il était devenu l'homme du pays, non-seulement par les beaux exemples qu'il y donnait, mais encore par les bienfaits qu'il répandait autour de lui et dont il recevait l'éclatant et touchant témoignage.

Des prix de canton, d'arrondissement et de département furent encore distribués aux métayers et aux fermiers les plus méritants. Il y en eut aussi pour les produits de l'horticulture.

Il fallait terminer brillamment cette dernière journée. Un feu d'artifice fut tiré, au bord de l'Indre, dans la prairie de Saint-Gildas. Une foule immense, frémissante de joie et d'impatience, avait, bien avant neuf heures, envahi la terrasse de la préfecture, la rue des Fontaines, le pont de bois et le Pont-Neuf, en un mot tous les points avoisinant la prairie, pour jouir de ce spectacle. — Cette foule se précipita ensuite vers la ville pour voir les illuminations. L'Hôtel-de-Ville rayonnait sur ses trois façades; des aigles gigantesques, placés au-dessus des deux portes d'entrée, lançaient mille feux. Mais c'était surtout du côté des promenades que l'illumination était splendide ; à partir du théâtre, ce n'était qu'une nappe de lumières. Les places d'Orléans et de Sainte-Hélène étaient éclairées par des lanternes vénitiennes, des girandoles et des guirlandes ; des lustres formés de verres de couleur garnissaient, jusqu'au Champ de foire, l'avenue de Déols. La Société d'agriculture avait fait illuminer le Jardin des Fleurs. — Des danses publiques et gratuites avaient été organisées sur la place Sainte-Hélène et ne cessèrent que fort avant dans la nuit. Enfin, la compagnie du chemin de fer avait expédié plusieurs trains spéciaux pour ramener chez eux tous ceux qui avaient assisté à ces fêtes.

## ARTICLE TROISIÈME.

### Marchés et Foires de Châteauroux.

Nous ne saurions mieux placer ce qui a rapport aux marchés et foires de Châteauroux qu'au chapitre qui a pour sujet l'agriculture.

### § I$^{er}$. — Marchés.

Un certain nombre d'arrêtés municipaux ont réglé les marchés de Châteauroux. Un arrêté du 1$^{er}$ nivôse an XII défendait aux marchands revendeurs d'entrer sur le marché avant les heures fixées pour son ouverture. On les empêchait d'aller au-devant des approvisionneurs dans les rues de la ville, et de traiter avec ces derniers par des moyens illicites et de nature à faire augmenter le prix des denrées.

Un arrêté du 1er octobre 1830 fixait les heures d'entrée sur le marché au blé. Il devait être constamment ouvert à midi précis. A cette heure, les marchands étaient tenus d'être présents et à la place choisie par eux pour le placement de leur blé. Il était défendu aux boulangers de la ville et à ceux des communes de Déols, Ardentes, Villedieu, Arthon, Mâron et autres du canton, n'ayant point de marché et s'approvisionnant à Châteauroux, de s'y introduire avant les *trois heures*. Il était également fait défense à tous blatiers et à tous étrangers aux communes ci-dessus désignées d'entrer sur le marché avant ce temps. A midi, le son d'une cloche devait annoncer l'ouverture du marché ; à trois heures, l'entrée des boulangers, et à 4 heures celle des blatiers et étrangers.

Un arrêté du 6 septembre 1841 reporte à des arrêtés du 20 juillet 1796, du 7 novembre 1816, du 27 décembre 1820, du 18 décembre 1824, du 11 août 1827 et du 11 octobre 1833, arrêtés qui n'ont pas été conservés au bureau de police. Cet arrêté est le plus important et mérite d'être analysé. La nouvelle place venait d'être établie et le marché aux grains y était transporté. Les grains de toute espèce, amenés sur les marchés de la ville, devaient y être exposés en vente. La place de l'Hôtel-de-Ville était affectée, pour chaque jour de la semaine, à l'exposition et à la vente de la viande de boucherie et de charcuterie, des légumes, du beurre, de la volaille morte ou vivante, du poisson, du bois, etc. Les marchands tripiers, ceux de châtaignes, les marchands et revendeurs d'œufs, de fruits, de gibier, de menues denrées de toute espèce, les marchands et revendeurs de rouenneries, de quincaillerie, de mercerie, de vieux fers, de poterie, faïence, porcelaine, enfin les marchands d'objets quels qu'ils soient, étaient également tenus d'y exposer en vente leurs marchandises ou objets de leur commerce. Toutefois, le samedi de chaque semaine seulement (jour du marché aux grains), les légumes et le beurre devaient être mis en vente sur la place Saint-Cyran, et la poterie, la faïence et la porcelaine sur la petite place qui se trouve entre le théâtre et la promenade d'Orléans. Le bois, le samedi seulement, devait occuper la place aux Guédons.

Les heures d'entrée sur le marché au blé sont modifiées par un arrêté du 25 novembre 1870. A partir du 3 décembre, les boulangers de la ville et des communes énoncées dans le précédent arrêté pouvaient s'y introduire à une heure, et les blatiers et les étrangers à ces communes à deux heures.

Enfin, un arrêté du 8 juin 1872 transférait le marché au beurre et aux fromages sur la promenade d'Orléans, à la suite du marché aux fleurs. Cet arrêté a été confirmé par un autre du 10 octobre de la même année.

Le *marché aux laines* et l'*étape aux vins* ont été longtemps établis sur la place du Palan ; depuis quelques années, le premier se tient au bois des Capucins, ainsi que nous l'avons déjà dit, et il a lieu tous les samedis, depuis le 1er juin jusqu'au 1er juillet.

*Ventes à la criée.* — Le Maire de Châteauroux vient d'autoriser la vente *à la criée* et aux *enchères publiques* de toutes les denrées alimentaires : poissons, volailles, gibiers, fruits, primeurs, etc. Cette vente a lieu le matin à huit heures, du 1ᵉʳ octobre au 1ᵉʳ avril, et à sept heures du 1ᵉʳ avril au 1ᵉʳ octobre. Les comestibles exposés sur le marché sont vendus en gros, demi-gros ou en détail, sous la surveillance d'un agent de l'administration municipale. Pour chaque lot ou chaque pièce adjugée, le facteur délivre immédiatement une carte indiquant le prix de la vente. La perception des droits d'octroi, sur les denrées présentées à la vente, est opérée conformément aux conditions du traité intervenu entre le facteur et le maire. Il est attribué au facteur, sur le montant du prix de vente, une remise de 5 0/0 payable par l'acheteur en sus de ce prix. Les marchandises vendues à la criée sont soumises aux règlements particuliers et généraux relatifs à la fidélité du débit et à la salubrité des comestibles. Une fois l'adjudication prononcée, aucun lot ne peut être refusé sous prétexte que la marchandise est gâtée ou diffère de qualité. La concession ne préjudicie en rien au droit des particuliers, marchands en gros, en détail ou revendeurs, d'étaler et de vendre, sur les marchés ou dans les rues de la ville, du poisson et des denrées alimentaires quelconques.

## § II. — Foires.

Par un arrêté du 28 août 1872, sous l'administration de M. Pigornet, maire, en vertu d'une délibération du Conseil municipal, approuvée par le Conseil général, les modifications ci-après ont été apportées dans le nombre et la tenue des diverses foires de Châteauroux.

Ces foires, au nombre de 14 jusqu'à ce jour, sont réduites à 10, qui se tiennent le deuxième samedi des mois de janvier, février, mars, avril, mai et juillet, le 7 septembre, le 3 et le 30 novembre et le 21 décembre de chaque année. Dans le cas où l'une ou plusieurs de ces échéances se trouveraient un dimanche, la première foire de novembre aurait lieu le samedi 2, au lieu du 3, et les trois autres seraient remises au lendemain lundi.

Les bestiaux de toute nature peuvent être amenés à ces foires ; toutefois, quatre d'entre elles sont plus spécialement affectées à certaines espèces d'animaux, savoir : Celle de février aux animaux gras ; — celle de mai aux jeunes chevaux et aux béliers ; — celle de septembre aux moutons et aux vassivaux ; — et les premières foires de novembre aux chevaux faits.

Toutes ces foires se tiennent sur l'emplacement municipal, à gauche de l'avenue de Déols, à la suite du lycée.

Aucune rétribution n'est exigée pour le stationnement des bestiaux, excepté pour les porcs, pour lesquels un droit a toujours existé.

Afin de déterminer les cultivateurs à amener un plus grand nombre de bestiaux à ces foires, l'administration municipale accorde, pour quelques-unes d'entre elles, des primes et des gratifications aux propriétaires des plus beaux animaux, ou à ceux qui installent les premiers leurs bestiaux sur le champ de foire.

A la foire du 7 septembre 1872, elle a commencé à distribuer en primes et en encouragements une somme de 300 francs répartie ainsi qu'il suit : 200 fr. à raison de 10 centimes par tête de bétail, aux propriétaires des 2,000 bêtes à laine, amenées les premières pour être vendues ; et 100 francs, divisés en 4 primes de 10, 20, 30 et 40 francs, aux quatre plus beaux lots de bêtes à laine, composés d'au moins 25 têtes. — Les primes et gratifications sont décernées par une commission de huit membres, comprenant 4 conseillers municipaux et 4 propriétaires ou cultivateurs.

### ARTICLE QUATRIÈME.

#### Pisciculture.

N'ayant pas trouvé l'occasion de parler des essais de pisciculture qui ont lieu à Châteauroux, nous en dirons ici quelques mots.

A Huningue, petite ville sur la rive gauche du Rhin, le gouvernement, d'après les données de M. Coste, le célèbre professeur du Collége de France, avait fondé un établissement modèle, qui a cessé malheureusement de fonctionner depuis que cette localité n'appartient plus à la France. De cet établissement, confié aux soins de MM. Berthot et Detzem, ingénieurs du canal du Rhône au Rhin, on envoyait, partout où l'on voulait faire des essais sérieux, des œufs tout fécondés.

Le département de l'Indre n'est pas resté en arrière pour cette application de la science. Il en a pris l'initiative et a reçu de suite une allocation de 1,000 francs du ministère de l'Agriculture, de plus 300 francs lui ont été alloués pendant plusieurs années. Dès 1867, il recevait chaque année 10,000 œufs fécondés. M. Naline, conducteur des ponts et chaussées, a été chargé des soins à donner à cette pisciculture, sous la surveillance supérieure de M. Arnaud, ingénieur de cette même administration.

Voici comment on transporte les œufs. Pour ceux qui sont libres, à enveloppes résistantes, et qui ne doivent arriver à destination qu'après un voyage de huit à dix jours, on se sert de boîtes en fer blanc, qu'on fait d'abord macérer dans l'eau pendant quelques heures. On dépose au fond une première couche de sable et l'on place une autre couche d'œufs ; ainsi de suite. On peut associer au sable des herbes aquatiques ou de la mousse humide. On arrange le tout de façon a ce qu'il n'y ait pas de ballottement. Si la température se maintient basse, les œufs peuvent rester ainsi deux mois sans se détériorer, à moins qu'il ne s'agisse d'espèces où l'incubation est très-courte. Pour déballer, on verse le tout dans un baquet d'eau pure, où le triage est facile à opérer. Si l'on craignait la gelée, on envelopperait la boîte dans une plus grande, avec de la sciure de bois, de la paille, etc., intermédiairement.

Pour les œufs agglutinés et adhérents, qui ont peu de résistance, le transport est plus délicat. La précaution à prendre, pour les faire arriver avec sécurité, est de les distribuer dans de petits tas d'herbes, d'envelopper le tout dans des linges mouillés et de le placer dans une bourriche.

Le moment où l'on doit expédier les œufs est celui où l'embryon est assez avancé pour que les yeux commencent à se montrer comme deux points noirs à travers la membrane de la coque.

Pour faciliter l'incubation, M. Coste, a imaginé des appareils à ruisseaux factices et à courants continus. Ils consistent dans un assemblage d'auges mobiles, portatives, qu'on désarticule à volonté et dont le nombre peut s'augmenter indéfiniment. Ces auges, qui sont en poterie émaillée, sont garnies de claies en baguettes de verre, sur lesquelles reposent les œufs et qui donnent passage au courant continu de l'eau. C'est sur l'observation de ce qui se passe dans les rivières, que ces appareils ont été construits. Ces appareils ont été dressés dans un pavillon qui se trouvait dans le jardin de M. Naline.

Les œufs deviennent d'abord un peu opaques, mais ils reprennent bientôt leur transparence. Une petite tache circulaire s'y forme; elle est due à la coalition des granules qui forment le germe. Peu après, sur le globe intérieur, se dessine une ligne qui représente un quart de cercle; c'est l'origine de la colonne vertébrale; une extrémité réalise la queue, l'autre la tête, reconnaissable à deux points brunâtres, qui sont les yeux, et qui constituent les deux tiers de la masse encéphalique.

A mesure que ces formes se dessinent, on voit, à travers les membranes de l'œuf, le jeune poisson exécuter des mouvements, se retourner et agiter principalement sa queue. Ces mouvements contribuent à déchirer l'enveloppe. La queue ou la tête s'échappent, mais, quelquefois aussi, c'est la vésicule ombilicale qui commence à faire saillie en dehors. Les membranes d'enveloppes, désormais inutiles, sont entraînées par les courants ou tombent au fond des appareils à éclosion.

Dans les conditions normales, les œufs, suivant les espèces, éclosent après une semaine ou deux d'incubation, vers le vingt-cinquième ou le trentième jour, et même au bout de deux ou trois mois. Ces éclosions sont hâtées par diverses circonstances, comme une lumière plus vive, une température plus élevée.

Pendant leur éclosion, les œufs exigent une certaine surveillance. Il ne faut pas qu'ils soient entassés ; on doit faire disparaître ceux qui ont échappé à la fécondation, et qui, en s'altérant pourraient endommager les autres ; les sédiments qui peuvent les recouvrir seront enlevés avec soin avec les barbes d'une plume ou un pinceau de blereau ; il devient même nécessaire de transborder les œufs, si ces sédiments sont considérables.

Après leur éclosion, les jeunes poissons ne montrent pas tous les mêmes instincts : les uns, comme la perche, le brochet, se dispersent aussitôt et recherchent la lumière ; les autres, comme les saumons et les truites, alourdis par une énorme vésicule ombilicale, ne s'écartent pas beaucoup du lieu de leur naissance, restent couchés sur le flanc ou sur leur vésicule et recherchent un abri.

On peut, pour les espèces communes, dont les eaux abondent, les mettre en liberté dès que la vésicule est résorbée ; mais pour les espèces précieuses de la famille des salmonidés, dont les œufs sont plus volumineux et moins nombreux, l'industrie doit se préoccuper de les garantir des dangers du premier âge. On les conserve dans des bassins d'alevinage, en leur ménageant des abris et en leur fournissant de l'alimentation.

Les jeunes poissons gardent, d'abord, une diète rigoureuse, variable selon les espèces, et dont le terme est annoncé, chez toutes, par la disparition de la vésicule ombilicale. La faim ne s'éveille qu'après que les éléments contenus dans cette vésicule ont été absorbés. La truite ne commence à manger que vers la fin de la quatrième semaine, le saumon au bout de six semaines.

Après beaucoup d'essais, M. Coste a déterminé la meilleure nourriture à leur fournir. Elle consiste en de la chair musculaire de bœuf ou de cheval bouillie, à laquelle on donne une ténuité proportionnée à la petitesse des alevins. Il en est de même des petits vers de terre, des crustacés, des mycroscopiques des genres cyprès, cyclops, etc., dont les petits saumons se montrent très-friands ; plus tard, ils s'accommodent des débris de cuisine.

Après trois mois de séjour dans les aleviniers, on peut sans danger mettre en liberté les truites, les saumons, les ombres-chevaliers. Plus ils sont jeunes, et plus il est facile d'opérer le transport à de grandes distances. On peut les maintenir assez longtemps dans de simples bocaux ; avec un petit filet d'eau continu, ils y vivent comme dans une rivière. Arrivés à l'état d'alevins, les poissons sont plus embarrassants à transporter ; cependant on peut encore les mettre dans des bocaux dont on renouvelle l'eau.

Voici les dimensions qu'atteignent les salmonidés dans un temps déterminé. Leur accroissement est rapide, et d'autant plus que les eaux où ils vivent sont plus abondamment fournies de pâture. Le saumon franc a 18 millimètres à sa naissance ; à vingt-huit mois, il en a acquis 300. La truite commune en a 15 à sa naissance ; à vingt-huit mois, elle en a 250.

Chaque année, lorsque ces poissons avaient acquis une certaine dimension, M. Naline plaçait dans un quartaut rempli d'eau les saumons, et dans un autre les truites, et il allait jeter les premiers dans la Creuse, au pont des Piles, près d'Éguzon, et les seconds dans l'Indre, au-delà de Sainte-Sévère.

La *culture des anguilles* a été essayée dans la commune de Châteauroux par M. Damourette père. Cette industrie a une véritable importance, car ces poissons ont une chair non-seulement agréable au goût, mais qui constitue encore un aliment favorable à la santé des hommes, comme le prouve l'exemple des populations qui habitent la lagune de Commachio, dans l'Adriatique.

Les procédés de fécondation et d'incubation artificielles sont ici inutiles par la facilité qu'on a de se procurer des alevins d'anguilles. Tous les ans, en effet, vers les mois de mai ou d'avril, à l'embouchure de tous les fleuves et de toutes les rivières, on voit s'élever des myriades d'animalcules filiformes, diaphanes, de six à sept millimètres de long, à la surface des eaux dont ils remontent le cours. Ce curieux phénomène se manifeste à l'entrée de la nuit. Ce sont des anguilles qui quittent le lieu de leur naissance pour aller se disperser dans les canaux, les lacs, les étangs qui communiquent avec le fleuve dont elles remontent le cours.

Cette émigration est connue sous le nom de *montée* ou *civelle*. Pour les transporter de l'embouchure des fleuves où on les recueille jusqu'aux pièces ou aux cours d'eau que l'on veut ensemencer, le meilleur moyen est l'emploi de paniers d'osier où l'on met, de préférence, des herbes recueillies sur le bord des rivières où se fait cette pêche.

Livrées à elles-mêmes, dans les bassins qu'elles habitent, les anguilles ont un régime exclusivement animal; elles se nourrissent de vers, d'insectes, de larves, etc., mais ces moyens d'alimentation deviendraient insuffisants si leur nombre s'accroissait d'une manière indéfinie. Pour les engraisser et multiplier les récoltes, M. Coste, conseille des débris de chairs quelconques, hachés menus et disposés en boulettes. Elles s'acharnent sur cette nourriture à tel point que leurs mouvements cessent d'avoir la même vivacité.

Ainsi nourries, on a constaté qu'après six ou sept mois, elles avaient 12 centimètres, 22 après dix-huit mois, et 39 à vingt-huit mois. Une telle exploitation doit donc produire des bénéfices considérables, car les anguilles sont, de tous les poissons, ceux qu'on peut élever en plus grand nombre, dans le moindre espace de temps et dans presque toutes les eaux.

# CHAPITRE NEUVIÈME

## L'ÉCLAIRAGE, LES EAUX, LE THÉATRE.

Nous avons réuni pour la fin ces trois sujets qui se rapportent jusqu'à un certain point au commerce et à l'industrie.

### ARTICLE PREMIER
#### L'Éclairage.

Il fut un temps où il n'y avait aucun éclairage dans la ville. Quand on voulait sortir le soir, il fallait emporter son *fanal*. L'établissement des reverbères à l'huile fut considéré comme un grand progrès. Il eut lieu dans notre ville en 1816 ; mais, en 1856, on voulut imiter ce qui se passait dans la plupart des cités importantes et l'on se décida à traiter avec une compagnie pour nous donner l'éclairage au gaz.

Le traité a été fait par M. Raoul Charlemagne, alors maire, avec M. Jacques Loubat, lequel, après avoir été inspecteur de la Compagnie parisienne, a fondé la Compagnie du Centre qui éclaire en même temps Issoudun et Blois.

La municipalité a concédé à cette Compagnie,

pour trente années consécutives, à partir de la mise en activité de l'usine, le droit de fournir du gaz dans la ville de Châteauroux et ses faubourgs. A l'expiration de ce temps, la ville deviendra libre de traiter de son éclairage avec un nouvel entrepreneur. Elle aura le droit de devenir propriétaire de l'usine et de tous les appareils servant à l'éclairage municipal, estimés à dire d'experts ; mais la Compagnie existante conservera la faculté de continuer la fourniture du gaz aux particuliers dans tous les quartiers où elle aura des tuyaux posés.

Dans le cas où le bail serait renouvelé pour trente autres années, l'entrepreneur, à la fin du second traité, abandonnerait à la ville, sans aucune indemnité, tout le matériel affecté au service de l'éclairage public.

Le concessionnaire est tenu d'éclairer les rues, avenues, places, et établissements publics municipaux.

On lui a donné le privilége exclusif de placer, dans les rues et terrains dépendant de la voirie, les tuyaux destinés à l'éclairage. Moyennant ce privilége, il a fait établir et il fait entretenir, à ses frais, une usine à gaz, convenablement pourvue de gazomètres et de tout le matériel nécessaire pour l'éclairage de la ville et des particuliers.

Lorsqu'il en est requis par le maire, l'entrepreneur est tenu de poser, à ses frais, de nouveaux conduits ; dans ce cas, la commune doit lui assurer un bec public pour chaque 40 mètres de parcours.

Les tuyaux de conduite ont été placés à une profondeur d'au moins 75 centimètres, et le pavage et le macadam des rues canalisées ont été rétablis par le concessionnaire.

L'éclairage municipal ne peut être moindre de 280,000 heures chaque année, réparties sur 200 becs. Sur ces 280,000 heures, 6,000 sont applicables au service d'été, de façon qu'il n'y ait jamais interruption complète d'éclairage, sauf les jours de lune.

Il n'y a qu'une seule espèce de bec pour la ville et les établissements communaux ; néanmoins, ces derniers peuvent prendre le gaz au compteur, et, dans ce cas, diviser les becs comme ils le désirent. La dimension de la flamme doit être de 80 à 90 millimètres de largeur, et de 50 à 60 de hauteur. La consommation de chaque bec municipal doit être de 160 à 170 litres par heure.

Le service de l'éclairage municipal est divisé en éclairage permanent et en éclairage variable. Le permanent s'applique aux becs qui doivent rester allumés toute la nuit, et le variable à ceux qui sont susceptibles d'interruption.

Les heures d'allumage et d'extinction des becs sont déterminées dans un tableau dressé et remis à l'entrepreneur au commencement de chaque mois. Ce service doit être fait en trente minutes au plus.

Les lanternes, les candélabres et les consoles sont fournies par l'entrepreneur. Il en est de même des tuyaux de conduite et de tous les accessoires qui constituent l'ensemble d'un appareil à gaz. Le tout doit être convenablement entretenu par lui.

La ville paye au concessionnaire, *par chaque heure d'éclairage et par bec, la somme de 3 centimes.* Elle a le droit de lui faire des retenues pour tous les défauts d'exécution de ses obligations.

Le montant des sommes revenant à l'entrepreneur pour le prix de son service d'éclairage est fixé sur le nombre d'heures pendant lesquelles aura brûlé chaque bec. Le payement a lieu par douzième, de mois en mois.

Pendant toute la durée de la concession, l'entrepreneur est tenu au service de l'éclairage à l'huile dans les parties de la ville qui ne sont pas comprises dans le périmètre de l'éclairage au gaz. Le prix du bec à l'huile est le même que celui du bec au gaz.

On a vu, à l'article du budget, que, pour l'année 1871, l'éclairage de la ville avait coûté 14,955 francs 10 centimes.

Pour *l'éclairage des particuliers,* l'entrepreneur est tenu, dans toutes les rues et autres voies publiques où il existera des conduits, de fournir le gaz à tous les particuliers qui le désireront. Le gaz est livré au compteur. La compagnie peut accorder des abonnements fixes, dont les conditions sont débattues de gré à gré avec l'abonné, et stipulées sur une police d'abonnement. Le prix du gaz vendu au compteur ne peut dépasser 50 centimes le mètre cube.

## ARTICLE DEUXIÈME.

### Les Eaux (1).

En dehors des puits particuliers qui existent dans presque toutes les maisons, Châteauroux était autrefois alimenté par 39 puits publics, munis de pompes et espacés à 150 mètres environ de distance les uns des autres.

Si l'eau de ces puits avait été de bonne qualité et si la nappe souterraine avait été assez riche, on aurait pu considérer la ville comme convenablement fournie et en conclure qu'il était tout à fait inutile de faire des dépenses importantes pour remplacer les pompes par des bornes-fontaines et pour établir un réservoir artificiel à la place du réservoir que la nature a créé dans le sous-sol. Mais il était loin d'en être ainsi. Les eaux des puits de Châteauroux renfermaient, outre les matières minérales fixes que l'on rencontre habituellement dans les eaux qui traversent le terrain jurassique, de fortes proportions de sulfates, phosphates et azotates (2); on y trouvait aussi une grande quantité de substances organiques dont l'origine devait être rapportée à la pénétration,

---

(1) Voir le mémoire de M. Grissot de Passy, ingénieur des ponts et chaussées, 1861, Nevers.

(2) Essayées à l'hydromètre, les eaux des puits de Châteauroux marquaient : pour ceux creusés au sommet de la ville......... 31°
Sur le haut du coteau de la Manufacture des tabacs......... 27°
Dans la vallée (rue d'Indre)............................. 23°

soit directe, soit indirecte, des résidus liquides de l'économie domestique ; ce qui faisait que ces eaux étaient mauvaises, lourdes à l'estomac et complétement impropres à l'alimentation. De plus, presque tous les puits tarissaient pendant les grandes chaleurs. Il était donc urgent, au double point de vue de la salubrité publique et de l'hygiène des habitants, de doter Châteauroux d'une distribution d'eau qui pût satisfaire à tous les besoins.

*I.* — La ville, baignée par l'Indre, n'exigeait pas un volume d'eau très-considérable, car cette rivière aura toujours le privilége exclusif des lavoirs et abreuvoirs publics, et devra continuer à fournir à la ville la quantité d'eau nécessaire ; de telle sorte qu'en portant à 50 litres la consommation moyenne de chaque habitant, Châteauroux ne pouvait rien envier aux villes les mieux partagées dans les mêmes conditions de climat. Mais la salubrité publique demandait, à Châteauroux plus qu'ailleurs, une grande consommation d'eau. Les rues, pour la plupart, sont tellement étroites et leur pente si faible qu'il était utile d'arroser les chaussées jusqu'à deux et trois fois par jour au plus fort de l'été. Enfin, la nouvelle manufacture des tabacs ne trouvant, avec le puits qu'elle avait fait creuser à une très-grande profondeur, qu'une eau assez impure qu'elle était obligée d'élever à grands frais, devait s'empresser de puiser aux nouvelles sources pour l'alimentation de ses machines à vapeur et pour la préparation de ses produits.

. Ces considérations conduisaient à établir le volume d'eau nécessaire, par vingt-quatre heures, à l'approvisionnement de la ville de Châteauroux et de ses faubourgs, ainsi qu'il suit :

1° Pour les besoins des habitants, à raison de 50 litres par tête. (Service privé)............ 650 m.c.

2° Pour les besoins de l'industrie, manufacture des tabacs, bains, etc. (Service industriel)................................ 100

3° Pour le lavage et l'arrosage des rues, à raison d'un litre par mètre superficiel. (Service public)....................... 114

TOTAL................ 864 m.c.

Le volume total de 10 litres par seconde devait être considéré comme la satisfaction la plus large de tous les besoins, car il répondait à un contingent moyen de 140 litres par jour et par habitant.

Il était impossible d'obtenir une alimentation pérenne. On n'aurait pu penser pour cela qu'au Vâvre, dont le confluent est à Mers ; mais, en présence des frais trop considérables, on a dû s'attacher à un système d'alimentation au moyen de l'eau élevée par un moteur.

Les eaux de rivière sont, en général, les plus propres à tous les usages domestiques. Celles de l'Indre présentaient bien les qualités désirables au point de vue de la composition chimique et du débit ; mais elles offraient cependant, comme toutes les eaux de rivière, certains inconvénients. Ainsi elles deviennent troubles à chaque crue ; elles sont très-chaudes en été ; de plus, la décomposition des herbes aquatiques qui tapissent les bords et une partie de leur lit, et le rouissage des chanvres, rendent ces eaux nauséabondes et d'une saveur désagréable. Bien qu'on pût remédier à une partie de ces inconvénients, on a cru devoir préférer l'eau de la source des Religieuses.

*II.* — L'eau de cette fontaine, qui prend sa source dans le jardin du proviseur du Lycée, et qui, par cela même, appartient à la ville, avait le double avantage de présenter une température plus uniforme et une limpidité plus constante. Le résultat de l'analyse, qui a été faite à l'École des Mines, ne donnait que 0 gram. 330 [1] de résidu fixe par litre d'eau, et les expériences répétées par M. Grissot de Passy sur des échantillons pris à la source même, lui avaient démontré que le bicarbonate de chaux entre pour la plus grande part, dans les éléments constitutifs de ce

---

[1] ANALYSE QUANTITATIVE DE L'EAU DE LA FONTAINE DES RELIGIEUSES.

| | | |
|---|---|---|
| Résidu fixe par litre d'eau....................... | 0 gr. | 330 |
| On a dosé par litre : | | |
| Acide sulfurique....................... | 0 gr. | 005 |
| Acide hydrochlorique................... | 0 | 090 |
| Acide carbonique { des carbonates.............. | 0 | 086 |
| { des bicarbonates............ | 0 | 090 |
| Silice................................. | traces. | |
| Oxide de fer et alumine................ | traces faibles. | |
| Chaux................................ | 0 | 110 |
| Magnésie............................. | 0 | 015 |
| Alcalis............................... | 0 | 010 |
| Totaux dosés par litre.......... | 0 | 406 |

résidu. La présence de ce sel doit être considérée comme plutôt utile que nuisible, car il rend l'eau plus légère, plus digestive, et celle-ci agit sur l'estomac à la façon des eaux de Pougues et de Vichy. A l'hydromètre, l'eau de la source des Religieuses marque 22°. Ainsi, en jugeant des eaux de la fontaine des Religieuses, soit d'après leur analyse quantitative, soit d'après la place qu'elles occupent dans l'échelle hydrométrique, on arrivait à cette même conséquence que ces eaux devaient être regardées comme très-salubres, excellentes pour la boisson, très-propres à la cuisson des légumes et sans danger pour l'incrustation des conduites. En outre, elles sont limpides en tout temps, à une température presque constante en toute saison.

Mais il s'agissait de savoir si le débit de cette fontaine était suffisant. Son débit atteint 30 litres par seconde et son volume reste toujours constant. Dans tous les cas, son produit, pendant les plus grandes chaleurs, ne se réduirait pas assez pour empêcher que l'approvisionnement normal de Châteauroux soit assuré en tout temps.

*III.* — Il eut été très-dispendieux d'acquérir ou de construire sur l'Indre un moulin en amont de la ville, et d'établir de très-longues conduites ; d'ailleurs, une machine hydraulique ne pouvait fonctionner que d'une manière intermittente en raison des sécheresses et des crues. Le seul mode d'ascension qui assurait un service continu, si indispensable quand il s'agit d'alimentation, était donc une machine à vapeur. Ce mode a, en outre, l'avantage de proportionner la dépense à la consommation, et de se prêter à un rendement qui puisse s'accroître avec le développement progressif des besoins. Il fallait, pour cela, une machine de la force de 12 chevaux, capable de monter, par seconde, à une hauteur de 32 mètres 66 centimètres, un volume d'eau double de celui qui répond à l'approvisionnement normal de la ville de Châteauroux. Tant que la consommation ne dépasserait pas 864 mètres cubes par vingt-quatre heures, la machine ne marcherait pas plus de douze heures par jour, ce qui permettrait à un ouvrier mécanicien de faire seul le service et de diminuer les frais d'exploitation.

*IV.* — C'est d'après les données précédentes que le système des eaux de la ville a été adopté et qu'il a été établi.

*L'emplacement* le plus avantageux pour établir la *machine à vapeur* était la portion du champ de foire contiguë au mur du Lycée, car il se trouvait à proximité de la fontaine des Religieuses et placé à un niveau assez élevé pour être à l'abri des grandes crues. La prise d'eau se fait dans le bassin même de la fontaine par une conduite en contre-bas du niveau normal; la longueur de cette conduite est de 225 mètres.

Le *bâtiment de la machine* a été disposé de manière à ce que les fourneaux, les chaudières, la cheminée, la machine elle-même, le puisard et la pompe pussent trouver un jeu facile.

Le *réservoir* ou *château d'eau* placé dans la rue du Pilier, sur un point culminant de la ville, est l'intermédiaire entre l'alimentation et la distribution. Il peut contenir 400 mètres cubes d'eau : on a préféré, à un réservoir en maçonnerie ou à une cuve en fonte, une cuve en tôle qui se prête à toutes les formes, et avec laquelle, en rivant les feuilles entre elles, on obtient une étanchéité parfaite. Le massif du support, composé de moellons lithographiques, posés en assises régulières et de manière à ne laisser aucun vide, est limité par un mur circulaire avec des piliers en pierres de taille. La charpente est un pavillon octogonal. L'accès de la plate-forme s'obtient par un escalier tournant.

Les eaux sont poussées en même temps dans le *réseau de distribution* et dans le réservoir. Ce mode avait été employé sans inconvénient dans d'autres villes. Le refoulement se compose d'un tuyau unique. Les diamètres des différentes artères de distribution ont été déterminés d'après la condition d'un débit continu de un litre par seconde et par borne-fontaine. Les tuyaux des conduites sont en fonte de première fusion, goudronnés à chaud intérieurement et extérieurement.

Les *bornes-fontaines* sont à levier, de manière à ne donner l'eau pour le puisage que d'une manière intermittente. Elles renferment à l'intérieur un robinet d'arrêt et la bouche à clef, ce qui permet de démonter tout le système sans fouiller la voie publique. Enfin, la bouche d'eau est montée sur un raccord à incendie. Le fût est en fonte et porte les armes de la ville.

Les *bouches d'arrosage* sont au nombre de dix. Elles sont placées aux points culminants des chaussées, de manière à rejeter les eaux sur les deux versants.

Des robinets d'arrêt existent à l'origine de chaque branchement, afin de pouvoir intercepter l'écoulement de l'eau si le branchement a besoin d'être réparé; pour ce cas, il existe, à chaque point bas, un robinet de vidange pour déverser les eaux dans un puits ou dans un égout.

*V.* — D'après les devis estimatifs, les travaux à entreprendre pour le service des eaux devaient s'élever à 230,000 francs, y compris une somme à valoir de 15,939 francs, pour les cas imprévus. On s'adressa au Crédit foncier et l'on convint d'un emprunt de 232,000 francs, avec une annuité de 15,939 francs 98 centimes à payer pour la commune et un amortissement en 30 années.

M. Bonnin, entrepreneur de Paris, qui avait déjà fait des travaux de ce genre, fut chargé de faire exécuter tous les travaux et de les terminer dans la campagne de 1862. Il se mit à l'œuvre aussitôt après la promulgation de la loi qui autorisait la ville à emprunter la somme ci-dessus indiquée.

Les travaux terminés, M. Haloche, présenté par M. Bonnin, obtint la concession des eaux pour neuf années aux conditions d'un cahier des charges rédigé par M. de Passy.

On voulut célébrer par une cérémonie l'inauguration du service des eaux. Une estrade avec une tente élégante fut élevée auprès du bâtiment qui leur était destiné. L'archevêque de Bourges, Mgr de la Tour d'Auvergne, vint bénir la machine, accompagné par toutes les autorités. Puis, entouré d'une société brillante et d'une foule immense, il prononça un discours ; le maire et M. de Passy en firent autant, et le soir M. Raoul Charlemagne réunissait Monseigneur et toutes les autorités dans un magnifique banquet (1).

*VI.* — Voici les principales conditions du traité passé entre M. le maire et M. Haloche, le 3 novembre 1862. La ville consentit au concessionnaire une redevance annuelle de 4,500 francs et lui accorda le produit des abonnements qu'il pourrait faire aux particuliers ; elle lui laissa, en outre, le privilége exclusif de faire les travaux de branchement sous la voie publique. En compensation, le concessionnaire dut fournir gratuitement l'eau à tous les établissements communaux, être chargé des impôts et des frais d'assurances pour les bâtiments de la machine et du réservoir.

Pour chaque borne-fontaine nouvelle, le concessionnaire recevait de la ville une somme de 150 francs

---

(1) M. Grissot de Passy était ingénieur du gouvernement en résidence à Nevers. En se chargeant du projet et de la surveillance des travaux, il avait déclaré qu'il ne voulait recevoir aucun honoraire ; mais lorsque l'œuvre fut entièrement terminée, le conseil municipal, sur la proposition du maire, lui alloua un cadeau d'argenterie de la somme de 3,000 francs.

par année, et une indemnité également pour chaque bouche d'arrosage.

Le concessionnaire était chargé de l'entretien de tout le matériel et devait le rendre en bon état à la fin de son bail. Enfin, pour garantie de son entreprise, il devait déposer, à titre de cautionnement, une somme de 4,000 francs.

*VII.* — Dès l'année 1864, on reconnut la nécessité d'une seconde machine à vapeur et d'une annexe du bâtiment pour la recevoir. Il fallut encore dépenser 25,000 francs pour la machine et 22,000 francs pour le bâtiment. En 1873, la première machine ne pouvant plus marcher, on s'est adressé à la maison Farcot, de Paris. Cet entrepreneur fait monter en ce moment une machine horizontale de la force de 25 chevaux, et dont l'établissement complet coûtera environ 35,000 francs.

En 1872, après de nombreuses difficultés avec M. Haloche, l'administration municipale s'est décidée à résilier le traité qu'elle avait avec lui et à faire gérer l'entreprise à son compte.

*VIII.* — On ne trouvera sans doute pas déplacé que nous reproduisions ici le tarif des abonnements des eaux.

### Abonnements à robinet libre.

Les redevances annuelles pour abonnements à robinet libre, sont fixées conformément au tableau ci-après :

Pour un ménage composé de 5 personnes et au-dessous .................................................. 12 fr.
Pour un ménage composé de plus de 5 personnes... 15
Pour une voiture suspendue à 2 ou à 4 roues....... 2
Pour un cheval................................... 3
Pour un are de surface arrosable................. 2

(Toute fraction de 50 centiares et au-dessus sera comptée pour un are, toute fraction inférieure à 50 centiares sera négligée.)

Pour les hôtels, les fabriques de draps peu importantes........................................... 50
Pour les auberges, blanchisseries, teintureries, fabriques d'eaux gazeuses............................. 30
Pour les boulangeries, pâtisseries, épiceries en gros, drogueries, pharmacies, boucheries, charcuteries, triperies, cafés, cabarets, marchands de vin et de vinaigre................................................ 20

Pour les établissements de bienfaisance et d'instruction, les communautés, casernes, prison, gendarmerie, dépôt de mendicité, etc., 40 centimes par personne, en sus des ménages logés dans ces établissements.

Pour les écoulements à jet continu, qu'en raison de leur peu d'importance, l'administration n'aura pas jugé à propos de soumettre au compteur, l'évaluation de l'eau dépensée, par heure, sera faite au moyen d'un jaugeage exécuté en présence de l'abonné ; le prix en est fixé à 25 centimes le mètre cube.

A l'égard des établissements non prévus au tableau qui précède, l'abonnement sera réglé, le Conseil municipal entendu, par assimilation avec les établissements qui ont avec eux le plus d'analogie.

### Abonnements réglés par un compteur.

Pour les concessions d'agrément et les concessions domestiques, réglées au moyen d'un compteur, le prix est fixé à

0 fr. 15 cent. par mètre cube; pour les concessions industrielles à 0 fr. 12 cent. par mètre cube.

### ARTICLE TROISIÈME
#### Le Théâtre

Anciennement, et à diverses reprises, des troupes de comédiens avaient donné des représentations à Châteauroux, et nous avons mentionné, dans une note de la page 960 de ce volume, que Molière, avec une troupe ambulante, joua plusieurs pièces dans un local dépendant de l'ancien hôtel du Dauphin. Vers 1815, il y avait, rue Saint-Jacques, une sorte de hangar qui avait été arrangé pour y jouer la comédie; un peu plus tard, M. Patureau-Bordes louait une mauvaise salle sur la promenade Lafayette, au coin de la rue du Pilier; mademoiselle George vint, cependant, s'y montrer dans une tragédie.

En 1831, les amis de M. Eugène Douard de Saint-Cyran, lequel possédait une grande fortune, l'engagèrent à construire un théâtre sur un emplacement situé à l'extrémité de la promenade d'Orléans, que la ville était disposée à concéder à cet effet. M. de Saint-Cyran se décida à lui demander la concession gratuite de ce terrain, concession qui lui fut accordée à la date du 5 janvier 1832. Les limites du terrain ayant été reconnues, un traité, dont voici les principales clauses, intervint entre M. Eugène Grillon, maire, et M. de Saint-Cyran, concessionnaire.

Le terrain était cédé à perpétuité aux conditions suivantes: une salle de spectacle y sera construite dans le délai de deux ans. Cette salle pourra contenir de 6 à 800 personnes. La destination de l'immeuble ne pourra, en aucune circonstance, être changée. Le concessionnaire payera les frais d'acte et acquittera toutes les contributions. Il sera tenu d'entretenir la salle dans un état convenable à sa destination. Les constructions accessoires, qu'il aura le droit d'y ajouter, ne pourront nuire en aucune façon à son but principal.

Si la ville faisait construire une autre salle de spectacle ou concédait à titre gratuit un terrain à cet effet, M. de Saint-Cyran serait dégagé de l'obligation de ne jamais changer la destination de la salle.

M. de Saint-Cyran ou ses ayants droit seront tenus de faire assurer contre l'incendie ladite salle, ainsi que les bâtiments qui en dépendront, et, en cas de sinistre, de faire reconstruire la salle pour qu'elle soit rendue à sa destination première. Il sera tenu également de la faire reconstruire dans le délai de deux années, si elle venait à s'affaisser soit par un vice de construction, soit par défaut de réparation ou par toute autre cause.

Si M. de Saint-Cyran ou ses ayants cause ne faisaient pas la reconstruction dans le délai ci-dessus, la ville de Châteauroux serait en droit, soit de rentrer dans la propriété du terrain concédé, ainsi que des autres constructions qui pourront s'y trouver, soit d'exiger que M. de Saint-Cyran ou ses ayants droit fissent l'enlèvement des matériaux dans le délai de trois mois, ou de le faire effectuer à leurs frais.

L'édification du théâtre fut confiée à M. Murison, architecte du département, qui avait déjà construit l'Hôtel-de-Ville et la préfecture. M. de Saint-Cyran, voulant faire en même temps une spéculation, entoura son théâtre de boutiques qu'il espérait devoir être productives. L'ensemble des constructions s'éleva à la somme de 300,000 francs. La salle, reprochable sans doute, dans ses abords surtout, fut peinte avec goût par des décorateurs de l'Opéra de Paris. Une troupe d'une certaine importance y fut attirée, grâce aux appoints que le propriétaire ne craignit pas de lui faire. On y vit, dans ses débuts, Rose Chéri ; et plus tard Rachel vint y donner une représentation. Pendant quelques années il fut fort suivi par la société de la ville et du département. Des amateurs y jouèrent plusieurs pièces et des concerts y furent donnés au profit des pauvres.

Aujourd'hui, le théâtre est abandonné par son propriétaire, qui regrette sans doute tout l'argent qu'il y a dépensé ; ses peintures sont ternies ; ses abords sont dans une déplorable saleté, et son bâtiment, ainsi que ceux qui l'entourent, se dégradent tous les jours. Cependant, dans quelques circonstances, soit pour le passage d'artistes célèbres, soit à l'occasion d'un bal, comme celui donné au duc et à la duchesse de Nemours, soit encore à l'occasion des concours régionaux [1], on a pu y réunir une nombreuse et brillante

---

(1) Au concours régional de 1866, on donna, dans la salle du théâtre, un concert où l'on entendit Agnesi, premier sujet du Théâtre italien,

assistance. Le reste du temps, malgré la présence d'acteurs d'un certain mérite, il n'est suivi que par un petit nombre de personnes.

La ville, selon nous, devrait acheter le théâtre et ses dépendances. Elle l'entretiendrait, pourrait tirer parti des boutiques en les réparant convenablement, et elle favoriserait des troupes de comédiens en leur concédant gratuitement la scène. Le café et l'ancien cercle qui sont de chaque côté de l'entrée, donneraient lieu à d'assez importantes locations, et cet ensemble constituerait un centre animé sur la promenade d'Orléans, où la construction offre une belle façade.

Mme Van den Heuvel-Dupré, premier sujet des théâtres du grand Opéra et de l'Opéra-Comique, Alard et Berthelier.

Nous croyons devoir faire connaître quelle a été la recette de ce remarquable concert.

Locations :

| | | | |
|---|---|---|---|
| Parquet.......... | 182 places à 6 francs...... | 1,092 fr. |
| Premières loges. | 118 — 7 — | 608 |
| Deuxièmes loges. | 142 — 4 — | 568 |
| Baignoires...... | 62 — 4 — | 248 |
| | Total... | 2,516 fr. |

Le total des frais de toute nature s'élevait à peine à. 3,500 fr.

Dans les grandes circonstances, le parterre est recouvert d'un parquet qui s'élève au niveau de la scène ; les places de parquet sont les plus nombreuses et les plus recherchées.

# RÉSUMÉ ET CONCLUSIONS.

Le voyageur arrivé, dans sa course, sur un point culminant, se plaît quelquefois, suivant la comparaison d'un historien illustre, à considérer l'espace qu'il a parcouru. Faisons de même et jetons un coup d'œil rapide sur les faits de l'histoire que nous venons d'exposer.

Le nom de Déols est prononcé vaguement au premier siècle et la légende nous décrit un personnage singulier, Denis Gaulois, qui aurait possédé cette contrée ; puis apparaît un autre personnage demi historique et demi légendaire, Léocade, sénateur romain, que saint Ursin aurait converti au christianisme. Vivaient-ils au premier siècle de notre ère ou au troisième ? C'est une question débattue encore aujourd'hui entre les historiens proprement dits et les écrivains du clergé.

Mais les siècles s'obscurcissent pour l'histoire. L'invasion des barbares détruit les documents et ne permet plus d'en réunir d'autres. Ce n'est qu'au commencement du dixième que la lumière apparaît. On reconnaît alors la maison de Déols. Elle s'affirme surtout dans la grande figure d'Ebbes le Noble, qui fonda l'abbaye de Déols et qui succomba en repoussant les barbares.

Saint Bernon est le premier abbé de cette abbaye. En 917, jusqu'en 1623, c'est-à-dire pendant 706 ans, 37 abbés environ se succèdent. Durant ces sept siècles, l'abbaye acquiert de grandes richesses, des souverains pontifes viennent la visiter ; enfin, manquant à son but primitif, et le pape Grégoire XV se prêtant aux exigences de l'avarice de Henri II, prince de

Condé, premier duc de Châteauroux, qui convoitait ses richesses, elle est sécularisée à son profit.

A côté de l'abbaye de Déols, s'en élevait une autre, plus modeste, fondée également par Ebbes le Noble, portant le nom de Saint-Gildas et obéissant, comme la première, à la règle de saint Benoît. Elle eut pour premier abbé, Daocius, venu de Bretagne. Après une existence égale à celle de l'abbaye de Déols et après avoir accumulé aussi de grandes richesses, elle subit le même sort.

Mais que deviennent, pendant la durée de ces abbayes, les descendants d'Ebbes le Noble ? Raoul I$^{er}$, son fils, obéissant à ses vœux, abandonne Déols, après s'être fait construire une forteresse de l'autre côté de l'Indre. Ce fut l'origine de Châteauroux : Le *castrum Radulphi* donne son nom à notre ville. Ce château ne fut habité qu'en 950. C'est sous son abri que se créèrent graduellement les habitations.

Raoul a dix successeurs, sous les titres de princes ou de barons de Déols, tous braves, ayant visité les lieux saints et combattu dans les croisades. Cette maison possédait tout le Bas-Berry, depuis le Cher jusqu'à la Gartempe. Elle a duré 241 ans, jusqu'en 1176.

Raoul VII, le dernier de ces princes, ne laissait qu'une fille, âgée de trois ans, Denise. Henri II, roi d'Angleterre, en prit la tutelle et l'emmena à Londres. Pendant la minorité de cette princesse, c'est-à-dire pendant treize années, notre pays fut en proie à toutes sortes de malheurs. Les rois de France et d'Angleterre l'avaient pris pour le théâtre sur lequel ils vidaient leurs démêlés. Les bandes hideuses, connues sous le nom de routiers ou cottereaux, qui se vendaient au plus offrant, y commirent les plus grandes rapines et des excès de toutes sortes.

Enfin, en 1187, Richard Cœur de Lion donna en mariage la jeune Denise à André de Chauvigny, son compagnon d'armes, lequel devint le chef d'une seconde maison. Sous le règne du *preux des preux*, notre pays renaît et est gouverné avec sagesse. André a neuf successeurs ; le dernier meurt sans enfants mâles, en 1502. Cette maison a gouverné le Bas-Berry pendant 313 ans. Comme les princes de la maison de Déols, ceux de la maison de Chauvigny se distinguèrent par leur piété et leurs fondations religieuses. A ces caractères, ils allièrent la plus grande bravoure. On les voit aussi jouer un rôle considérable dans les affaires publiques.

Le riche héritage de la maison de Chauvigny est partagé entre les familles de Maillé de La Tour-Landry et d'Aumont. Des procès interminables s'engagent entre elles. Divers princes se succèdent, et les deux familles, après 110 ans de possession, de 1502 à 1612, vendent chacune leur partie d'héritage au prince de Condé, dont nous avons prononcé le nom à l'occasion de la sécularisation des deux abbayes.

Les Condés se succèdent à leur tour et donnent cinq générations. Ils n'habitèrent pas la terre de Châteauroux et n'y laissèrent aucun souvenir avantageux. La sécularisation des abbayes par le premier d'entre eux fut une spoliation. Son fils, le *grand Condé*, s'il mérita ce nom par ses talents militaires, a excité la réprobation universelle par sa conduite abominable envers sa femme, conduite que son fils fut bien loin de réparer envers sa mère.

Le duché, vendu à Louis XV par le comte de Clermont, cinquième duc de Châteauroux, mit fin à la possession des Condé qui avait duré 123 ans, sous cinq de ces princes. — Louis XV donna à la marquise de La Tournelle, sa favorite, le duché de Châteauroux ; mais sa possession dura moins d'un an, et elle ne vint jamais dans notre ville. A sa mort, le roi opéra le retour du duché au domaine de la couronne.

Le duché de Châteauroux en fut détaché depuis pour faire partie de l'apanage du comte d'Artois qui le possédait, à ce titre, au moment de la Révolution. Enfin, cette révolution ayant aboli les apanages, ses nombreux domaines furent vendus nationalement.

Telle est notre histoire politique résumée en quelques mots.

Mais ce n'était pas assez que de considérer Châteauroux sous le rapport politique, il fallait encore en faire l'étude sous les points de vue économique, industriel et commercial.

Sous le *rapport économique,* nous avons décrit le château Raoul et son enceinte, l'enceinte de la ville et celle de la rue d'Indre, et nous avons montré l'extension progressive de notre cité et de ses faubourgs.

Nous avons traité avec détail de tout ce qui concerne l'administration politique moderne depuis son origine. Il en a été de même des administrations municipale, judiciaire, militaire, et de celle des forêts.

Nous avons raconté l'histoire des couvents anciens et modernes, l'histoire également des anciennes églises et celle des églises récentes, et nous avons consacré un article à l'église principale en construction. A l'histoire de ces établissements religieux, nous avons joint quelques détails sur les chapelles, les signes religieux, les processions, les confréries.

L'histoire de l'hospice de Châteauroux, du dépôt de mendicité et de la prison devait trouver sa place dans la même division. Nous nous sommes occupé ensuite des travaux publics, de la voirie urbaine et de tous ses accessoires, et nous avons consacré un article à l'étymologie des noms des rues, places, etc.

La population pour laquelle tant de travaux ont été constamment entrepris, a appelé surtout notre attention. Nous avons suivi ses progrès ; nous avons décrit ses usages, ses mœurs, son langage, ses goûts et ses habitudes. — Un des points les plus intéressants était l'instruction qu'on lui donne. Nous nous sommes attaché à faire connaître tous les établissements qui lui sont consacrés.

Cette nombreuse population ayant besoin de secours, nous avons été conduit à passer en revue les établissements qui ont ce but. Il lui fallait aussi des institutions de prévoyance, et, à cette occasion, nous avons dû nous occuper des diverses sociétés d'assurances.

Notre patriotisme nous faisait un devoir de payer un tribut d'hommages à tous les hommes remarquables nés à Châteauroux, ainsi qu'à ceux qui, sans y être nés, y ont passé une plus ou moins grande partie de leur vie. Nous avons considéré comme un intérêt historique de faire mention des familles importantes dont les descendants vivent au milieu de nous.

Il ne suffisait pas de décrire la ville elle-même de Châteauroux, nous avons dû aussi jeter un regard sur la banlieue.

*L'histoire commerciale et industrielle* était un sujet qui n'avait jamais été traité dans toute son étendue : nous nous y sommes attaché particulièrement. Après avoir énuméré les administrations financières de l'État, nous avons traité de l'octroi et des droits de place et nous avons établi avec soin le budget de la ville.

Les établissements de crédit, si utiles au commerce, ne devaient pas être passés sous silence. Nous devions aussi faire mention des moyens de transport, de communication et de trafic.

Nos établissements industriels, qui font la fortune de notre ville, qui enrichissent notre population, ont été l'objet de nos recherches. Nous avons donné de nombreux renseignements sur nos deux grandes manufactures, sur les brasseries, sur un important établissement de construction de machines agricoles, sur nos imprimeries, sur les ateliers de carrosserie, de scieries à vapeur, de fabrique de meubles, de serrurerie en grand, en un mot sur toutes les branches de nos industries locales. Si quelques unes ont quitté notre ville, comme les tanneries qui se sont portées à Argenton, d'autres, en plus grand nombre, se sont créées.

Après les industries devait venir le commerce proprement dit. Nous avons cru devoir nous étendre sur le commerce des blés et des engrais, sur celui des laines, du fer, des bois et écorces, des vins, etc., et nous avons présenté la liste de toutes les industries et de tous les genres de commerce.

Enfin nous avons donné l'historique de la Société d'agriculture, des comices et des concours régionaux, ainsi que l'état des marchés et des foires. Nous avons terminé en traitant de l'éclairage, des eaux et du théâtre.

Maintenant, si nous voulons tirer des *conclusions* de tout ce qui a été exposé dans cet ouvrage, nous établirons que les événements dont il fait le récit, sans pouvoir être comparés à ceux de centres plus actifs, ne sont pas sans présenter d'intérêt. L'histoire des abbés de Déols, celle de la famille de Déols et de la famille de Chauvigny méritera toujours d'exciter l'attention et le respect. Si l'on a eu à déplorer les procès des La Tour-Landry et des d'Aumont, si l'on peut juger sévèrement les Condé, on s'apitoyera sur le sort de Claire-Clémence de Maillé-Brézé dont les vertus et le courage méritaient l'estime et la reconnaissance, au lieu du persévérant dédain et de la cruauté de son mari et de son fils. En voyant le reflet révolutionnaire se produire dans notre ville, on pensera, avec M. Léon Pichot, que la révolution était faite dans les cahiers des États généraux que nous avons tenu à reproduire *in extenso*, et que tous les excès qui ont suivi n'ont servi qu'à déshonorer la France aux yeux du monde.

En cherchant à reconnaître les progrès successifs de notre ville, en étudiant ses fondations de toute espèce et ses institutions, on pourra en conclure que le travail, l'économie, une vie réglée finissent par amener la prospérité et sont une garantie du bonheur. On reconnaîtra les bienfaits répandus par nos grandes manufactures et par les industries diverses qui se sont fondées sous nos yeux, lesquelles versent annuellement sur nos classes ouvrières plus de deux millions et demi de francs. On constatera avec satisfaction que l'instruction publique est répandue à grands flots ; que, si l'on a à regretter qu'une faible partie de la population dépense ses gains dans le désordre, au lieu d'en faire profiter sa famille, l'immense majorité économise, améliore son régime, son vêtement, son habitation, bien plus, que pensant à sa vieillesse et à l'avenir de sa famille, elle place chaque semaine ou chaque mois, à la caisse d'épargne l'excédant de ses salaires.

Après avoir rendu hommage, dans des biographies, aux hommes qui ont illustré et honoré notre ville, à ceux aussi qui, dans les temps divers, ont rendu à notre population des services plus ou moins importants, nous n'avons pas dû oublier ceux de nos contemporains qui, placés à la tête de nos nombreuses institutions, cherchent avec modestie, mais avec zèle, à les améliorer et à leur faire produire tout le bien dont elles sont susceptibles. S'il nous était permis d'être indiscret et de citer les noms qui veulent rester dans l'ombre, nous aurions à nous rendre l'écho de la reconnaissance publique, et à faire connaître les personnes qui se dévouent au service des pauvres et au soulagement des infortunes.

# ADDITIONS ET ÉCLAIRCISSEMENTS.

## PREMIER VOLUME.

P. 38. Ajouter à l'avant-dernière ligne : C'est près de Déols que, vers 471, Évaric, roi des Visigoths remporta sur le roi armoricain, Riothana, et sur Siagrius, une victoire complète (Henri Martin, tome 1er).

P. 92, fin de la page. Ajoutez : En 1422, sous Guy III de Chauvigny, l'abbaye de Déols fit construire trois forts, avec la permission de ce seigneur. « L'abbé de Déols (v. La Thaumassière) se réserva de fortifier et de mettre un capitaine en l'abbaye de Déols et ès-lieux d'Ivernau (commune de Mosnay), de Bois-l'abbé (commune de Vicq-Exemplet), de Saint-Denis et de Magny (à une demi-lieue de La Châtre). » M. Boisay était capitaine de l'abbaye de Déols.

P. 112. D'après Chenu (catalogue archiépiscopal et épiscopal des abbayes et des archidiaconés ; Paris, 1603), la paroisse de Saint-Maur faisait partie de l'archiprêvêré de Châteauroux et appartenait à l'abbaye de Déols.

P. 121, ligne 3. Au lieu de charretiers, lisez : Chanoines du chapitre. — Ajoutez à la fin du premier alinéa : Les boiseries de l'église N.-D. de Déols furent vendues. (V. inventaire de reconnaissance et vente d'effets mobiliers, 1793, archives, 1er carton.)

P. 125. Addition à faire à la ligne 5. Les eaux de la fontaine de la cure de Déols s'écoulent dans des bassins d'une propriété voisine (celle de M<sup>me</sup> Lézerat), qui paraissent aussi contenir d'autres sources ; après avoir formé un canal dans cette propriété, elles constituent un ruisseau assez considérable. — A la 7e ligne, après les mots *plusieurs jardins*, ajoutez : passent sous la route.

P. 130. Après les mots *du 8 septembre*, ajoutez : Autrefois, on venait de très-loin à ces fêtes. Les parents profitaient de cette occasion pour se visiter et on les appelait *les cousins de la bonne dame.*

P. 138. Après le premier alinéa, ajoutez : Le cimetière de Déols est derrière l'église, à la distance voulue. — *Anciens cimetières.* Les deux premiers étaient autour des églises Saint-Étienne et Saint-Germain. Celui de Saint-Étienne avait été reculé plus tard à 50 mètres environ. Un autre, dont on ignore la date, appelé *Sementier (semeterium)*, sert aujourd'hui de champ de foire. M. le curé Chagnon y a trouvé un lacrymatoire. Dans le cimetière Saint-Germain, on a découvert la tombe sépulcrale qui est dans la cour de l'église Saint-Étienne. L'inscription de la sacristie a été trouvée dans le second cimetière de Saint-Étienne.

P. 142, ligne 5. Après demies de gueules, ajoutez : Au lambel de sable de six pendants. — Après les mots, selon La Thaumassière, ajoutez : et par les divers armoriaux.

P. 158. Après la 17ᵉ ligne, ajoutez : D'après Chenu, Bommiers et Saint-Christophe dépendaient de l'abbaye de Saint-Gildas.

P. 171. Ajoutez entre le texte et la note : Les fossés étaient très-profonds et remplis d'eau.

P. 199. 2ᵉ alinéa. Rectifier ainsi : D'après M. de Maussabré, voici quelles étaient les armoiries de la maison de Déols : « Les Seigneurs de Déols portaient d'or à trois fasces de gueules, et non d'argent, ainsi que l'annonce par erreur La Thaumassière. Les seigneurs de Châteaumeillant, leurs puinés, portaient : fascé d'or et des gueules de six pièces. »

P. 203. A *Jeu*, ajouter en note : suivant Chenu, Jeu dépendait de l'archidiaconé du Château-Raoul.

P. 240, 2ᵉ alinéa, il est dit qu'après la mort d'André de Chauvigny, arrivée en 1202, Denise de Déols, sa veuve, rendit hommage à l'archevêque de Tours pour le donjon du Château-Raoul. En vertu de quel titre le donjon relevait-il des archevêques de Tours ? Comment la Touraine avait-elle empiété ainsi sur le Berry ? Catherinot reconnaît qu'il en ignore les causes. Cette question soumise, en 1873, au Congrès archéologique de Châteauroux n'y a pas trouvé de solution ; jusqu'à présent on ne peut présenter que des rapprochements.

Énumérons d'abord les pièces qui constatent l'hommage rendu par les barons de Châteauroux à l'archevêque de Tours ; nous les trouvons dans l'Inventaire des titres du duché, vol. IX, armoire 1re, paquet 3, 3e liasse, 15e cote.

Copie collationnée pour extraits des hommages rendus au Seigneur archevêque de Tours par les barons de Châteauroux, à cause de leur château du donjon, les années 1005 (1), 1202, 1205, 1336, 1368 et 1418.

Du 13 octobre 1419, lettres de souffrance accordées pour un an à Guy II de Chauvigny par Mgr Jacques, archevêque de Tours, pour rendre ses devoirs et faire sa foi et hommage à cause du château du donjon.

Hommage et dénombrement fourni par Guy III de Chauvigny, le 5 mars 1445, et le 12 décembre 1448, pour raison de son château du donjon et de ses dépendances.

Du 10 août 1453, acte pour lequel le S. Archevêque de Tours a refusé de recevoir, pour n'être pas spécifié, l'aveu et dénombrement du château du donjon et dépendances à lui présenté par le sieur de Gireugne, fondé de procuration de Guy III de Chauvigny.

17 septembre 1459, contestations entre l'archevêque et Guy III de Chauvigny ; promesses respectives des procureurs de l'archevêque de Tours et de M. de Chauvigny.

Du 29 décembre 1517, hommage prêté par Hardouin de La Tour à l'archevêque Christophe de Brillac (Société du Berry, 10e année, p. 159 et suivantes). Nous l'avons mentionné vol. 1er p. 325.

---

(1) Dans l'*amplissima collectio* de dom Martène (*prima colonna*), il y a un acte de 1035 relatif aux hommages qui sont dus aux archevêques de Tours par tout héritier de la baronnie de Châteauroux.

Rapportons maintenant les opinions qui ont été émises sur l'origine de cet hommage.

On voit, dès le XIe siècle, les pays situés sur les bords de l'Indre se dévouer à la cause du comte d'Anjou, Foulques Nerra, dit le Jérosolomytain. Lorsque sa race, sous le nom devenu célèbre de Plantagenet, grandit au point de s'asseoir sur le trône d'Angleterre et de disputer l'empire de la France, on conçoit que Tours, l'un des siéges de sa puissance féodale, dut acquérir une sorte de suprématie sur les pays environnants.

M. Palustre (Bulletin monumental, 1873, p. 181) émet des raisons qu'il regarde comme plausibles à défaut de titres : « Segirannus, Saint-Cyran, le célèbre fondateur des abbayes de Méobec et de Lonrey, dans la Brenne, avait pour père un noble seigneur nommé Sigelaïc, qui, après avoir joué un grand rôle politique et même gouverné le comté de Bourges, si l'on en croit une charte de Dagobert d'une authenticité, il est vrai, fort douteuse, était devenu évêque de Tours. Tout porte à croire que la mission civilisatrice du premier aida singulièrement à l'extension de l'influence du second, et que nous trouvons là la source de la suzeraineté exercée par les successeurs de Saint-Martin sur une partie du diocèse de Bourges et sur le donjon de Châteauroux principalement. »

Rien n'empêche de supposer, du reste, selon M. l'abbé Damourette, que le terrain sur lequel Raoul le Large édifia son château, vers le milieu du Xe siècle, ne dépendît des évêques de Tours, et un petit fait, nullement remarqué jusqu'ici, semble venir à l'appui de cette opinion. Chaumeau dit, en parlant du château : « Dans iceluy est assise ladite paroisse Saint-Martin. » Or, si l'on ne sait pas à quelle époque cette église fut fondée, on voit clairement pourquoi elle fut placée sous le vocable du grand thaumaturge des Gaules, et il n'est pas ambitieux de penser que son existence a précédé celle de la puissante demeure des princes de Déols.

Raoul le Large et ses descendants se sont donc trouvés tout naturellement feudataires des archevêques de Tours, par le seul fait d'avoir transporté leur résidence sur la rive gauche de l'Indre.

Enfin, encore d'après M. l'abbé Damourette, le donjon de Châteauroux aurait été construit sur un *feudum*, appartenant incontestablement aux princes de Déols. Il leur aurait appartenu, 1° puisqu'ils en ont disposé dans un acte (l'acte de la fondation de l'abbaye de Déols), 2° puisqu'ils habitaient le donjon. Ce feudum leur appartenant, ils avaient le droit d'en faire hommage à qui bon leur semblait et ils en ont pu faire hommage à l'archevêque de Tours, (qui est le successeur de Saint-Martin) parce que sur ce feudum on avait honoré saint Martin dans une église qui portait le nom de Saint-Martin *(ecclesia sancti Martini cum claustro)*.

P. 271. 4° Marguerite de Chauvigny. — D'après M. de Maussabré, La Thaumassière se trompe en faisant Marguerite, fille de Guillaume III de Chauvigny et de Jeanne de Châtillon, sa première femme. Elle serait, selon lui, fille d'André II de Chauvigny, dit le Sourd, fils de Guillaume III et de Jeanne, vicomtesse de Brosse.

P. 305, 3° alinéa, 5° ligne. Ajoutez cette note : Il y a au musée de Châteauroux, (3° salle à gauche en y entrant) le contrat de mariage d'André III de Chauvigny, en 1494, avec sa première femme, fille de François d'Orléans et d'Agnès de Savoie. Cette pièce est encadrée.

P. 357. Henri II de Condé. Ce prince non-seulement était duc de Châteauroux, mais s'intitulait, en outre, seigneur d'Arthon, de Coings, de Déols d'Étrechet, de Jeu-les-Bois, de La Pérouille, de Lourouer, de Luant, de Mehun, de Notz, de Saint-Martin d'Ardentes, de Sassierges, de Velles et de Vineuil.

P. 369. Érection de la terre de Châteauroux en duché-pairie. Cette terre était la plus étendue de tout le duché et celle qui comptait le plus grand nombre de seigneuries particulières. Elle relevait presque en entier de la grosse tour d'Issoudun.

P. 403. 1re ligne. Au lieu de 63 *ans*, lisez 66 ans.

P. 416. Dernière ligne. Après *paragraphes qui le concernent,* ajoutez : Bien que ce dernier ait été élu membre de l'Académie française.

P. 419, au 3° alinéa, ajoutez : 1707-1775. Bail général du duché, renouvelé au profit de François Hacquin, requête dudit Hacquin pour se faire autoriser à sous-louer des terres incultes relevant du duché. (Inventaire sommaire, p. 8.)

P. 428, note, au lieu de sœurs du roi, lisez : Filles de Louis XV. — Ajoutez à cette note ce qui suit : Marnaval venait de construire un château somptueux, celui de *Bouges*. Il perdit la concession des forges et la direction de la manufacture. Ses créanciers, dirigés par M. Béchet, envoyé par le gouvernement, le ruinèrent. Quatremère-Disjonval lui succéda. Pour empêcher la ruine de la manufacture, l'intendant du commerce, M. de Tolosan, fit passer 6,000 livres au bureau de charité de Châteauroux, qui acheta des laines, les fit travailler et les répandit ensuite dans diverses villes du Bas-Berry. La ville députa à Paris M. Lecaplain.

P. 492, fin du texte, ajoutez : Après le 14 juillet 1789, la milice bourgeoise fut réorganisée en huit compagnies, à la nouvelle des troubles de Paris. Les notables désignèrent les officiers. Le 25 août suivant, elle devint la garde nationale. M. Crublier de La Rivière en fut le commandant.

P. 524. Il paraît qu'il y eut un autre curé condamné à mort, mais non exécuté. Voici ce qu'on trouve au greffe du palais de justice de Châteauroux :

« Du 28 du 1er mois de l'an II de la République ;
» Vu ce qui résulte de la lettre en forme de dénonciation par le citoyen Clignat, administrateur de district de Châtillon, le 2 octobre présent mois, contre Jean-Baptiste Rollin, curé de Pellevoisin ;
» Vu l'interrogation ;
» Vu la loi du 9 avril dernier ;
» Considérant que le 15 septembre dernier, Rollin a recommandé au prône la famille et les princes chrétiens ;
» Condamne Rollin à mort.
» JAYMEBON, *président* ;
» Nicolas-Jean DUBOIS, *juge*, et BERNARD-DAUBIGNÉ, *juge*. »

P. 532, ligne 27. Après peintures tricolores, ajoutez ce qui suit : On vendit l'orgue de l'église. (20 janvier 1793, Archives, 1er carton.)

P. 533, fin du 2e alinéa, ajoutez en note : (Procès-verbaux de transport des commissaires nommés par le district de Châteauroux chez les notaires et autres officiers publics, à l'effet de recevoir leur déclaration sur les dépôts qui auraient pu leur être faits par les émigrés, prêtres déportés, etc. Brumaire an II, archives, 2e carton.)

P. 573, dernier alinéa, ajoutez : La guerre d'Espagne amena à Châteauroux un grand nombre de prisonniers de cette nation. Ils étaient dans le plus déplorable état. On les logea dans des granges. Le typhus se développa parmi eux et se répandit dans la ville ; un grand nombre de personnes en furent atteintes, malgré les précautions qui furent ordonnées, et il y eut beaucoup de victimes.

## DEUXIÈME VOLUME.

P. 599, note à placer à l'article « *Rivière de l'Indre* ».

*Analyse quantitative de l'eau de l'Indre.*

| | |
|---|---|
| Résidu fixe par litre d'eau.................... | 0 gr. 190 |
| On a dosé par litre : | |
| Acide sulfurique........................... | 0 gr. 005 |
| Acide hydrochlorique...................... | 0     015 |
| Acide carbonique { des carbonates........... | 0     009 |
| { des bicarbonates......... | 0     065 |
| Silice....................................... | traces |
| Oxyde de fer et alumine..................... | traces faibles |
| Chaux....................................... | 0     085 |
| Magnésie.................................... | 0     011 |
| Alcalis...................................... | traces |
| Totaux dosés par litre | 0 gr. 250 |

# ADDITIONS ET ÉCLAIRCISSEMENTS.

Extrait du rapport de l'ingénieur des mines, chargé des essais (17 novembre 1859).

P. 626. Ajouter aux sous-préfets de Châteauroux le nom de Charlemagne (Jean-Claude).

P. 647. Ajouter le nom de M. Aucapitaine à celui de M. Grillon-Villeclair parmi les maires sous le Consulat et l'Empire.

P. 678. Nous avons noté parmi les généraux qui ont commandé en chef le département de l'Indre le général Signorino, en 1869. Ce général mourut à Châteauroux presque subitement. Après le service à l'église Saint-André, le corps fut conduit au chemin de fer, et là, le général de Polhès, commandant la division de Bourges, prononça le discours d'adieu.

P. 720. En décrivant le couvent de la congrégation Notre-Dame, nous avons oublié de noter le bel escalier en pierre qui se trouve à l'extrémité de l'aile gauche.

P. 729. A la suite de la note, ajoutez : 9 germinal an II, adjudication des effets de l'église Saint-André. (Archives, 1er carton.)

P. 744 Après le premier alinéa, ajoutez : 20 janvier 1793, vente des effets de l'église Saint-Martial. (Archives, 1er carton.)

P. 751. Aux ressources que nous avons indiquées pour la construction de l'*Église principale*, il faut ajouter 48,000 francs. Voici d'où provient cette somme : En 1843, par suite d'une convention intervenue entre l'État et la ville, l'État devait donner 100,000 francs pour la construction de la première église. Comme il n'avait versé que 52,000 fr., à l'époque où l'on cessa les travaux, M. Matheron, maire, a réclamé les 48,000 francs qui n'avaient pas été payés. Cette demande, appuyée par M. le préfet de Cazes, par M. Auguste Balsan, député et ancien maire et par Mgr l'archevêque de Bourges, a été reconnue légitime par M. Batbie, alors ministre des Cultes, et a été accordée.

P. 772. Après la 1re ligne, ajoutez : Vente des effets de l'église Saint-Denis. (Archives, 2e carton.)

P. 815. ligne 22, ajoutez : Ces concerts se donnent au profit des pauvres ; celui de 1869 a produit 806 francs.

P. 843. Note à ajouter à l'article *École des sœurs de la rue descente des Cordeliers* : Il y a sous la maison de ces sœurs, un souterrain très-long qui se bifurque. L'un des côtés aboutit au milieu de la profondeur d'un puits, et l'autre côté, qui est muré, se dirige vers l'église des Cordeliers (Saint-André).

P. 869. Il y a quelques erreurs de chiffres dans le tableau sur l'enseignement primaire laïque, comparé au congréganiste. Il faut les corriger en ce sens :

| | | |
|---|---:|---:|
| École des Frères : chaque élève coute annuellement. | 17 fr. | 92 |
| École de M. Lamy | 29 | 46 |
| École Saint-Christophe | 36 | 17 |
| École Saint-Martin | 77 | 90 |

P. 855, p. 9. Tous les ans on organise des loteries au profit des pauvres ; elles se tiennent soit à la préfecture, soit à l'Hôtel-de-Ville.

P. 858. A la fin, ajoutez : Il y a un concours pour l'admission, aux frais du département, d'élèves sages-femmes, à l'école d'accouchement de la Maternité de Paris.

P. 859, avant-dernière ligne, ajoutez en note : Henri II de Montmorency, maréchal de France, décapité à Toulouse, était frère de la princesse de Condé, Charlotte-Marguerite de Montmorency, femme de Henri II, prince de Condé, duc de Châteauroux.

P. 963, ligne 12. Après le mot *Fonts*, ajouter une note comme il suit : Il y a peu d'années, on découvrit au village de Fonts, non loin du large bassin qui retient les eaux de la Belle Fontaine, les restes d'une petite statue de Cupidon, dont la pose gracieuse, les contours pleins de charmes attestent une origine antique. Ce joli morceau est conservé au musée de Châteauroux *(de la Tramblais, Esquisses pittoresques, p. 33).*

# TABLE DES MATIÈRES

TOME DEUXIÈME

## HISTOIRE DE CHATEAUROUX

## DEUXIÈME SECTION

| | Pages |
|---|---|
| HISTOIRE ÉCONOMIQUE | 597 |
| Situation de Châteauroux | 598 |
| Météorologie | 598 |
| Rivière d'Indre | 599 |
| Fontaines et ruisseaux | 600 |
| Routes | 601 |
| Coup d'œil général sur les temps anciens sous les rapports religieux, administratif, judiciaire, financier et militaire | 601 |

### CHAPITRE Ier

| | |
|---|---|
| **Des enceintes du Château et de la Ville** | 608 |
| Article Ier. — Le Château-Raoul et son enceinte | 608 |
| Article II. — Enceinte de la Ville | 612 |
| Article III. — Enceinte de la rue d'Indre | 617 |
| Article IV. — Extension de la Ville | 618 |

### CHAPITRE II

| | |
|---|---|
| **Administration politique** | 621 |
| Article Ier — Administration ancienne | 621 |
| § Ier. — Organisation de l'administration ancienne | 621 |
| § II. — Personnel de l'administration ancienne | 622 |
| Article II. — Administration moderne | 623 |
| § Ier. — Administration pendant la Révolution | 623 |
| § II. — Administration depuis la Révolution | 624 |

| | Pages |
|---|---|
| Article III. — Local de l'administration préfectorale....... | 626 |
| § Ier. — Hôtel de la Préfecture........................ | 627 |
| § II. — Bureaux de la Préfecture ...................... | 628 |
| § III. — Archives de la Préfecture .................... | 631 |
| Ier. Les Archives................................. | 631 |
| II. Les Archivistes .............................. | 633 |
| III. Fonctions des archivistes...................... | 634 |
| § IV. — Commission des monuments historiques......... | 636 |
| Article IV. — Ancienne cérémonie féodale au Château-Raoul | 637 |

## CHAPITRE III

**Administration municipale**............................ 642

| | |
|---|---|
| Article Ier. — Administration municipale ancienne.......... | 642 |
| § Ier. — Historique et organisation de l'administration ancienne........................................ | 642 |
| § II. — Personnel de l'administration ancienne ........... | 644 |
| Article II. — Administration municipale moderne.......... | 645 |
| § Ier. — Personnel de l'administration municipale pendant la Révolution................................. | 646 |
| § II. — Personnel depuis 1800........................ | 647 |
| Article III. — Local de l'administration municipale......... | 647 |
| § I. — Historique du local de l'Hôtel-de-Ville.......... | 648 |
| § II. — Les services de l'Hôtel-de-Ville................ | 649 |
| § III. — Archives de la Mairie........................ | 650 |
| § IV. — Bibliothèque................................. | 652 |
| § V. — Musée..................................... | 654 |

## CHAPITRE IV

**Administration judiciaire**............................. 659

| | |
|---|---|
| Article Ier. — Administration judiciaire ancienne........... | 659 |
| § Ier. — Juridiction du bailliage ....................... | 659 |
| I. Organisation de la justice du bailliage........... | 659 |
| II. Officiers du bailliage ......................... | 660 |
| § II. — Juridiction de l'élection....................... | 661 |
| I. Organisation de la juridiction de l'élection....... | 661 |
| II. Officiers de l'élection......................... | 662 |
| Article II. — Administration judiciaire moderne........... | 662 |
| § Ier. — Administration judiciaire depuis 1789............ | 663 |

|  |  | Pages |
|---|---|---|
| | I. Pendant la Révolution | 663 |
| | II. Depuis la Révolution | 664 |
| § II. | — Fonctionnaires de la magistrature à partir de la Révolution | 665 |
| | I. Pendant la Révolution | 665 |
| | II. Depuis la Révolution | 666 |
| § III. | — Services divers auprès du Tribunal de 1re instance. | 666 |
| § IV. | — Justice de paix | 666 |
| | I. Organisation de cette Justice | 667 |
| | II. Juges de paix depuis l'origine | 663 |
| § V. | — Tribunal de Commerce | 668 |
| | I. Organisation de ce Tribunal | 668 |
| | II. Présidents du Tribunal de Commerce depuis l'origine | 669 |
| Article III. | — Archives du Palais de Justice | 670 |
| § Ier. | — Archives avant 1790 | 670 |
| § II. | — Archives après 1790 | 671 |
| Article IV. | — Nouveau Palais de Justice | 672 |

## CHAPITRE V

**Administration et état militaires** ............... 673

| Article Ier. | — Des anciennes forces militaires à Châteauroux | 673 |
|---|---|---|
| § Ier. | — Milice bourgeoise | 673 |
| | I. Organisation de la milice | 673 |
| | II. Officiers de la milice | 674 |
| § II. | — Maréchaussée | 674 |
| | I. Organisation de la maréchaussée | 674 |
| | II. Officiers de la maréchaussée | 675 |
| Article II. | — Forces militaires modernes | 675 |
| § Ier. | — Garde nationale | 676 |
| § II. | — Subdivision militaire | 677 |
| § III. | — La garnison | 679 |
| § IV. | — La gendarmerie | 679 |
| § V. | — Passage des troupes | 680 |
| Article III. | — Établissements militaires | 684 |
| § Ier. | — Parc de construction des Équipages militaires. — Caserne des Ouvriers de ce parc | 684 |
| § II. | — Caserne des Cordeliers | 685 |

|  | Pages |
|---|---|
| § III. — Quartier Veillat | 685 |
| § IV. — Nourriture des hommes et des chevaux de la garnison | 686 |

## CHAPITRE VI

**Administration des Forêts** .................................................. 688

Article I. — Administration et justice des Eaux et Forêts dans l'ancien régime .................... 688
    I<sup>er</sup>. Historique et organisation de l'administration ancienne ............................................. 688
    II. Officiers de l'administration ancienne ............. 690
Article II. — Administration des Forêts dans les temps actuels. 690
    Service de la Louveterie ............................. 691

## CHAPITRE VII

**Couvents** ..................................................................... 693

Article I<sup>er</sup>. — Couvent des Cordeliers ..................... 693
    Fondation du couvent ................................. 693
    Consécration de l'église ............................. 696
    Visite de saint Antoine de Padoue ................... 697
    Mort de Bonencontre .................................. 698
    Description du couvent ............................... 699
    Histoire spéciale du couvent ......................... 701
    Fin du couvent ....................................... 704
    Inventaire du couvent ................................ 705
    Registre des dépenses du couvent .................... 709
    Obituaire des Cordeliers ............................. 710
    Le couvent devenu caserne ........................... 713
Article II. — Le couvent des Capucins ...................... 714
Article III. — Couvent de la Congrégation de Notre-Dame.. 718
Article IV. — Couvent des Pères rédemptoristes ............ 723
Article V. — Couvent des Clarisses ......................... 724
Article IV. — Couvent des Sœurs de l'Espérance ............ 725

## CHAPITRE VIII

**Églises anciennes et modernes** ............................... 728

Article I. — Église Saint-André (ancienne) ................ 728
Article II. — Ancienne église Saint-Martin ................ 736
Article III. — Ancienne église des Cordeliers, devenue église Saint-André (nouvelle) ............ 739

| | Pages |
|---|---|
| Article IV. — Église Saint-Martial | 742 |
| I. Hospice Saint-Jacques | 746 |
| II. Crypte de la place Saint-Martial | 746 |
| Article V. — Église Notre-Dame ou des Capucins | 747 |
| Article VI. — Église Saint-Christophe | 748 |
| Article VII. — Église principale | 749 |

## CHAPITRE IX

| | |
|---|---|
| **Chapelles, signes religieux, processions, confréries** | 754 |
| Article I. — Chapelles | 754 |
| Article II. — Signes religieux | 757 |
| Article III. — Processions | 758 |
| § I$^{er}$. — Processions communes aux Églises chrétiennes | 758 |
| I. Fête des Rameaux | 758 |
| II. Fête des Rogations | 758 |
| III. Fête-Dieu | 758 |
| IV. Vœu de Louis XIII | 758 |
| § II. — Processions spéciales à la Ville | 758 |
| I. Processions abolies | 758 |
| II. Processions qui existent encore | 759 |
| Article IV. — Associations ou confréries, fêtes patronales | 760 |
| § I$^{er}$. — Confréries des corps d'état | 760 |
| I. Confréries anciennes | 760 |
| II. Confréries modernes | 762 |
| III. Confréries purement religieuses | 763 |

## CHAPITRE X

| | |
|---|---|
| **Hospices** | 764 |
| Article I$^{er}$. — Hospice de Châteauroux | 765 |
| I. Fondation et progrès successifs de l'Hospice | 765 |
| II. Service des Enfants assistés | 769 |
| Article II. — Dépôt de mendicité de Saint-Denis | 771 |

## CHAPITRE XI

| | |
|---|---|
| **La Prison** | 774 |
| I. Prisons anciennes | 774 |
| II. Prison nouvelle | 775 |

## CHAPITRE XII

| | |
|---|---|
| **Travaux publics** | 777 |

## TABLE DES MATIÈRES.

| | Pages |
|---|---|
| ARTICLE I<sup>er</sup>. — Service des Ponts et chaussées | 778 |
| I. Administration actuelle des Ponts et chaussées | 778 |
| II. Liste des ingénieurs en chef depuis 1800 | 779 |
| ARTICLE II. — Service de la voirie départementale | 779 |
| ARTICLE III. — Commission des bâtiments civils | 780 |

### CHAPITRE XIII

**Voirie urbaine** .................................................. 780

ARTICLE I<sup>er</sup>. — Rues, places, promenades, etc. ......... 780
 § I<sup>er</sup>. — Rues, ruelles, avenues .......................... 782
  I. Rues ................................................... 782
  II. Avenues ............................................... 783
 § II. — Les Places .......................................... 784
 § III. — Les Promenades .................................... 785
  I. La promenade d'Orléans ............................... 785
  II. La promenade Lafayette .............................. 786
  III. La promenade Sainte-Hélène ......................... 786
  IV. Le bois des Capucins ................................ 788
 § IV. — Les Avenues ........................................ 788
 § V. — Les Ponts ........................................... 789
 § VI. — Les Faubourgs ...................................... 790
  I. Le faubourg Saint-Christophe ......................... 790
  II. Le faubourg des Marins .............................. 790
  III. Le faubourg du Crucifix ............................ 791
  IV. Le faubourg Saint-Luc ............................... 791
  V. Le faubourg Saint-Fiacre ............................. 791
  VI. Le faubourg Saint-Denis ............................. 791
  VII. Le faubourg du Rochat .............................. 791
 § VII. — Les égouts ........................................ 791
 § VIII. — Le pavage et l'enlèvement des boues ............. 792
ARTICLE II. — Étymologie des noms de rues, places, etc. ..... 793
ARTICLE III. — Maisons remarquables ......................... 797

### CHAPITRE XIV

**Population** ..................................................... 800

ARTICLE I<sup>er</sup>. — ............................................. 800
 I. Recensements de la population ........................... 801
 II. Recensement de 1872 .................................... 802
 III. Répartition de la population dans les trois paroisses .... 804

|   |   | Pages |
|---|---|---|
| Article II. — Usages | | 804 |
| I. Le Bœuf villé | | 805 |
| II. Mariages populaires | | 807 |
| III. Costumes populaires | | 808 |
| IV. La danse | | 808 |
| V. Foires aux valets | | 809 |
| VI. Les brandons | | 810 |
| VII. Jeux de boules et de cartes | | 810 |
| Article III. — Mœurs | | 810 |
| I. Les Mœurs proprement dites | | 811 |
| II. La Religion | | 812 |
| III. Les Cercles | | 814 |
| IV. Le Langage | | 814 |
| V. La Musique | | 815 |
| VI. Expositions florales | | 816 |
| VII. Habitudes | | 816 |
| Article IV. — Inhumations | | 817 |
| I. Cérémonies funèbres | | 817 |
| II. Service des pompes funèbres | | 817 |
| III. Cimetières | | 818 |

## CHAPITRE XV

**Instruction publique** ........................................... 821
  Article Ier. — État ancien ................................. 821
  Article II. — État actuel ................................... 823
    § Ier. — Le Lycée ...................................... 824
      I. Enseignement classique ...................... 826
      II. — spécial ............................................ 827
      III. — primaire ........................................ 827
    § II. — École normale ................................... 828
      I. Candidats ............................................. 829
      II. Pensions ............................................. 830
      III. Enseignement ...................................... 831
    § III. — Institution Saint-Pierre ....................... 832
    § IV. — Écoles primaires supérieures pour les garçons 833
      I. École primaire supérieure congréganiste ........ 833
      II. École communale primaire supérieure laïque 835
      V. — Écoles communales primaires pour les garçons 835

|  |  | Pages |
|---|---|---|
| I. | Écoles communales primaires laïques............ | 835 |
| II. | École communale primaire congréganiste....... | 837 |

§ VI. — Écoles primaires communales congréganistes pour les petites filles.............................. 838
    I. École de la famille Balsan..................... 840
    II. École de la rue Saint-Martial.................. 840
    III. École de Saint-Christophe.................... 840
    IV. École gratuite des dames de Chavagnes......... 840

§ VII. — École primaire communale laïque pour les petites filles........................................ 841

§ VIII. — Pensionnats libres de jeunes demoiselles......... 841
    I. Pensionnat et externat congréganistes des dames de Chavagnes............................... 841
    II. Pensionnat-externat laïque de M$^{lles}$ Hébert...... 842

§ IX. — Écoles primaires libres......................... 843
    I. Écoles des sœurs, rue Descente-des-Cordeliers.. 843
    II. École des sœurs de l'institution Sainte-Marie.... 843
    III. École primaire de M$^{lle}$ Tertois................. 844
    IV. École primaire de M$^{lle}$ Charasson............... 844

§ X. — Asiles........................................ 844
    I. Asile municipal du Bois des Capucins.......... 844
    II. Asiles congréganistes......................... 845
        1° Asile Saint-Christophe .................... 845
        2° Asile du faubourg des Marins................ 846

§ XI. — Cours d'adultes............................... 846
§ XII. — Conférences publiques à l'Hôtel-de-Ville....... 847
§ XIII. — Résumé relatif à l'instruction publique.......... 848
    I. Instruction en général......................... 848
    II. Comparaison du prix de l'enseignement primaire laïque avec celui de l'enseignement primaire congréganiste................................ 848 / 849

## CHAPITRE XVI

**Établissements de bienfaisance** ....................... 850

§ I$^{er}$. — Petites Sœurs des pauvres........................ 850
§ II. — Bureau de bienfaisance ........................... 850
§ III. — Société de charité et Société maternelle............ 854
§ IV. — Société de Saint-Vincent de Paul.................. 855

TABLE DES MATIÈRES.                                         IX

|  | Pages |
|---|---|
| § V. — Service médical | 856 |
|     I. Médecins exerçants à Châteauroux | 857 |
|     II. Service des épidémies | 858 |
|     III. Conseil d'hygiène et de salubrité | 858 |
|     IV. Service médical des pauvres | 858 |
|     V. Service médical pour la constatation des décès | 858 |
|     VI. Pharmaciens et Sages-femmes | 858 |

## CHAPITRE XVII

**Institutions de prévoyance** ............................. 859

ARTICLE I<sup>er</sup>. — Sociétés d'assurance mutuelle contre l'incendie, etc. ............................. 859
ARTICLE II. — Institution des Sapeurs-pompiers ............ 863
  § I<sup>er</sup>. — Historique et organisation des Sapeurs-pompiers.. 864
  § II. — Association de Secours mutuels des Sapeurs-pompiers ............................. 868
    I. Situation de la Société au 31 décembre 1872.... 870
    II. Opération de la Caisse des retraites depuis sa mise en activité ............................. 870
ARTICLE I<sup>er</sup>. — Société de Saint-Pierre ............................. 874
ARTICLE II. — Sociétés de la Manufacture de draps ............ 875
    1° Société de Sainte-Agathe ............................. 875
    2° Situation de la Société au 31 décembre 1872 ............ 876
    3° Société de Sainte-Marie ............................. 877
  § III. — Société de la Manufacture des tabacs ............ 877
  § IV. — Association médicale de l'Indre ............ 878

## CHAPITRE XVIII

**Hommes remarquables** ............................. 881

ARTICLE 1<sup>er</sup>. — Hommes remarquables nés à Châteauroux.... 881
  § I<sup>er</sup> — Personnages anciens ............................. 881
    I. Eudes ou Othon ............................. 882
    II. Porcheron ............................. 882
  § II. — Personnages modernes ............................. 886
    I. Cousturier ............................. 886
    II. Guymon de La Touche ............................. 888
    III. Les frères Crublier ............................. 890
    IV. Le général Bertrand ............................. 891
    V. Moreau-Lucas ............................. 901

## TABLE DES MATIÈRES.

|  |  | Pages |
|---|---|---|
| VI. | Turquet de Mayerne | 902 |
| VII. | Devaux | 903 |
| VIII. | Bertrand de Greuille | 904 |
| IV. | Duris-Dufresne | 904 |
| X. | Lemor | 905 |
| XI. | Edmond Charlemagne | 906 |
| XII. | Damourette | 908 |
| XIII. | Eugène Grillon | 911 |
| XIV. | Le général Soumain | 912 |
| XV. | Desjobert, peintre paysagiste | 916 |
| XVI. | Napoléon Chaix | 919 |
| XVII. | Just Veillat | 921 |
| XVIII. | Prothade Martinet | 925 |

ARTICLE II. — Hommes remarquables ayant passé leur vie ou une partie de leur vie à Châteauroux, sans y être nés ............ 928

|  |  |  |
|---|---|---|
| I. | Martin Bouchet | 928 |
| II. | Boëry | 929 |
| III. | Legrand | 930 |
| IV. | Le docteur Testaud-Marchain | 930 |
| V. | Muret de Bort | 935 |
| VI. | Le comte Eugène de Bryas | 939 |
| VII. | Grillon des Chapelles | 943 |
| VIII. | François Rollinat | 944 |
| IX. | Le sénateur Amédée Thayer | 944 |
| X. | Masquelier | 947 |

ARTICLE III. — Personnages vivants nés à Châteauroux ...... 949
ARTICLE IV. — Légion d'honneur et Médaille militaire ....... 952
§ I<sup>er</sup>. — Légion d'honneur ............ 952
§ II. — Médaille militaire ............ 953
ARTICLE V. — Familles importantes de Châteauroux ......... 953

|  |  |  |
|---|---|---|
| I. | Famille Crublier | 953 |
| II. | Famille Bertrand | 955 |
| III. | Famille Lassée de Maron | 955 |
| IV. | Famille Duris-Dufresne | 955 |
| V. | Famille Girard de Vasson | 956 |
| VI. | Famille Grillon | 956 |
| VII. | Famille Patureau | 957 |

|   | Pages |
|---|---|
| VIII. Famille Charlemagne | 958 |
| ARTICLE VI. — Passage à Déols et à Châteauroux de personnages remarquables | 959 |

### CHAPITRE XIX

**Commune de Châteauroux en dehors des fossés de l'octroi** .......... 962
  § I<sup>er</sup> — Limites et principales localités de la Commune.... 962
  § II. — Château de Touvent et ses dépendances .......... 963
    I. Château de Touvent .......... 963
    II. Chapelle de Touvent .......... 966
    III. École de Touvent .......... 966

# TROISIÈME SECTION

**HISTOIRE COMMERCIALE ET INDUSTRIELLE** .......... 969

### CHAPITRE I<sup>er</sup>

**Administrations financières** .......... 969
  ARTICLE I<sup>er</sup>. — Trésorerie générale .......... 969
  ARTICLE II. — Des impôts de l'État .......... 972
    § I<sup>er</sup> — Anciens impôts .......... 972
    § II. — Impôts actuels .......... 975
      I. Contributions directes .......... 975
        Attributions .......... 975
        Personnel .......... 976
        Contenance imposable, etc .......... 977
        Produit des contributions, etc .......... 977
        Directeurs .......... 977
      II. Contributions indirectes .......... 977
        Attributions .......... 978
        Personnel .......... 978
        Directeurs .......... 978

|  |  |
|---|---|
| III. Enregistrement et Domaines | 979 |
| Attributions | 979 |
| Personnel | 979 |
| Produit | 980 |
| Directeurs | 980 |
| IV. Nombre des imposés suivant les diverses catégories de cotes | 981 |
| Tableau des divers degrés des cotes | 981 |

## CHAPITRE II

|  |  |
|---|---|
| ARTICLE I<sup>er</sup>. — Des anciens octrois | 983 |
| ARTICLE II. — De l'Octroi municipal moderne | 984 |
| I. Réglement de l'octroi | 985 |
| II. Tarif voté par le Conseil municipal, etc. | 986 |
| III. Frais de perception de l'octroi | 990 |
| IV. État des recettes de l'octroi depuis 1835 | 991 |
| ARTICLE III. — Droits de place, de mesurage et de pesage | 992 |
| I. Droits de place | 992 |
| II. Droits de mesurage | 994 |
| III. Droits de pesage | 994 |

## CHAPITRE III

**Budget de la Ville** .......... 995

| | |
|---|---|
| ARTICLE I<sup>er</sup>. — Recettes | 995 |
| ARTICLE II. — Dépenses. — Exercice 1871 | 997 |
| I. Dépenses ordinaires | 997 |
| II. Dépenses extraordinaires | 1000 |
| III. Dépenses supplémentaires | 1000 |

## CHAPITRE IV

**Établissements de crédit** .......... 1004

| | |
|---|---|
| ARTICLE I<sup>er</sup>. — De la succursale de la Banque de France | 1004 |
| ARTICLE II. — Maisons de banque particulières | 1007 |
| I. Banque Montagne et C<sup>ie</sup> | 1008 |
| II. Banque Gaudet et Fils et C<sup>ie</sup> | 1008 |

## CHAPITRE V

**Moyens de transports, de communications, de trafic** 1009

ARTICLE I<sup>er</sup>. — Services anciens .......... 1009

## TABLE DES MATIÈRES.

|   | Pages |
|---|---|
| § I<sup>er</sup>. — Poste aux lettres | 1009 |
| I. État ancien | 1009 |
| II. État actuel | 1012 |
| § II. — Poste aux chevaux | 1012 |
| § III. — Messageries anciennes et modernes | 1014 |
| Article II. — Services nouveaux | 1015 |
| § I<sup>er</sup>. — Le Télégraphe | 1016 |
| § II. — Le Chemin de fer | 1017 |
| I. Établissements de la Gare | 1018 |
| II. Services de la Gare | 1019 |
| 1° Service de l'exploitation | 1019 |
| 2° Service de la traction | 1019 |
| 3° Service de la voie | 1020 |
| 4° Service de commissariat | 1020 |
| 5° Le télégraphe de la gare | 1020 |
| 6° Bureaux pour les voyageurs | 1021 |
| 7° Gare des marchandises | 1021 |
| III. Transport des voyageurs et des marchandises | 1021 |
| Tableau | 1023 |
| § III — Chemins de fer projetés | 1024 |

### CHAPITRE VI

**Établissements industriels** .......... 1026
Article I<sup>er</sup>. — De la fabrication des draps à Châteauroux ... 1026
§ I<sup>er</sup>. — De l'ancienne fabrication des draps .......... 1027
§ II. — De la fabrication des draps dans la manufacture du Château du Parc .......... 1031
I. Fabrication ancienne de la manufacture .......... 1031
II. Manufacture sous la direction de la famille Balsan .. 1034
Article II. — Manufacture des tabacs .......... 1039
Article III. — Brasseries .......... 1047
§ I<sup>er</sup>. — Brasserie de Châteauroux .......... 1047
§ II. — Brasserie des Marins .......... 1052
Article IV. — Maison Hidien fils, constructeur de machines agricoles .......... 1053
Article V. — Imprimeries .......... 1057
I. Maison Migné .......... 1057
II. Imprimerie Nuret et Fils .......... 1059

|   |   | Pages |
|---|---|---|
| III. Imprimerie Centrale de l'*Ordre républicain* | | 1060 |
| IV. Mouvement de la presse périodique | | 1060 |
| ARTICLE VI. — Autres industries plus ou moins importantes | | 1064 |
| § I<sup>er</sup>. — Carrosserie | | 1064 |

§ I<sup>er</sup>. — Carrosserie .................................... 1064
    I. Carrosserie et sellerie de M. Chescaud ........... 1064
    II. Carrosserie et sellerie de M. Naudin-Bénard ..... 1065
    III. Carrosserie de M. Penin ........................ 1065
    IV. Maisons Darnault et Trumeau fils ................ 1065
§ II. — Scieries à vapeur, fabrique de meubles, de serrurerie, de charpentes, etc .................... 1066
    I. Maison Villaudière ............................... 1066
    II. Établissement de M. Massicot .................... 1067
    III. Établissement de M. Hippolyte Moreau ........... 1067
§ III. — Fonderies ........................................ 1068
    I. Fonderie de M. Cusson ............................ 1068
    II. Fonderie de M. Mahut ............................ 1069
§ IV. — Distilleries ...................................... 1069
    I. Distillerie agricole de Saint-Sébastien .......... 1069
    II. Distillerie de M. Haloche ....................... 1070
§ V. — Cordonnerie mécanique .............................. 1071
§ VI. — Confections pour le commerce et pour l'armée ...... 1072
    I. Confections pour le commerce ..................... 1072
    II. Confections pour l'armée ........................ 1073
        Établissement de M<sup>me</sup> veuve Boussin-Raiffey .. 1073
        — de M<sup>me</sup> Aufrère-Châtel ........ 1074
        — de M. Moreau-Verneuil ........ 1074
§ VII. — Industrie des Moulins situés dans les communes de Déols et de Châteauroux ............. 1075
    I. Moulin de Cantinier .............................. 1075
    II. Moulin de Mousseaux ............................. 1076
    III. Moulin de Bitray ............................... 1076
    IV. Moulin de Chambon ............................... 1076
    V. Moulin de Saint-Denis ............................ 1076
    VI. Moulin de La Rochette ........................... 1077
    VII. Moulin de Salle ................................ 1077
    VIII. Moulin-Neuf. — Fabrique de terre à porcelaine . 1077
    IX. Moulin de Vindoux ............................... 1078
    X. Moulin de Lavallas ............................... 1078

|  |  | Pages |
|---|---|---|
| XI. | Moulin de Vilaine | 1078 |
| XII. | Moulin de Valençay | 1079 |
| XIII. | Moulin de Vons | 1079 |
| XIV. | Moulins de La Jalousie et de Fonts | 1079 |
| XV. | Moulin de Marban, etc. | 1080 |

§ VIII. — La Photographie .................................. 1081
    I. Maison Verdot ...................................... 1081
    II. Maison Pacault .................................... 1082

## CHAPITRE VII

**Commerce de Châteauroux** ................................. 1083
  ARTICLE Iᵉʳ. — Matières qui font l'objet d'un commerce plus ou moins important .......................... 1083
    § Iᵉʳ. — Commerce des Blés et autres grains ............ 1083
      I. M. Péron-Vintroux ................................. 1084
      II. M. Raoult ........................................ 1088
      III. M. Perrin ....................................... 1088
      IV. M. Rouffilange ................................... 1089
    § II. — Commerce des Engrais ......................... 1090
      I. M. Boudier ....................................... 1094
      II. M. Sauvaget-Plat ................................. 1095
      III. M. Pearron ...................................... 1096
      IV. M. Moreau-Crespin ................................ 1097
      V. M. A. Godey ...................................... 1097
    § III. — Commerce des Laines ......................... 1098
    § IV. — Le Fer ....................................... 1101
    § V. — La Houille .................................... 1102
    § VI. — Le Bois et les écorces ....................... 1102
      I. Le Bois .......................................... 1102
      II. Les Écorces ..................................... 1103
      III. Le Charbon ..................................... 1104
    § VII. — Les Vins .................................... 1105
    § VIII. — Épicerie en gros ........................... 1106
    § IX. — La Chaux et le Plâtre ........................ 1107
      I. La Chaux ......................................... 1107
      II. Le Plâtre ....................................... 1107
  ARTICLE II. — Commerçants et industriels de Châteauroux ... 1109
    § Iᵉʳ — Nombre et espèces des commerçants et industriels . 1110

§ II. — Chambre consultative des Arts et Manufactures de l'arrondissement de Châteauroux............ 1112

## CHAPITRE VIII

**Agriculture**.................................................. 1113
ARTICLE I<sup>er</sup>. — Société d'Agriculture...................... 1113
ARTICLE II. — Comices de la Société d'agriculture et Concours régionaux ........................ 1132
  § I<sup>er</sup>. — Comices de la Société d'agriculture.............. 1132
  § II. — Concours régionaux............................. 1133
    I. Premier Concours régional...................... 1133
    II. Second Concours régional ..................... 1135
ARTICLE III. — Marchés et Foires de Châteauroux .......... 1141
  § I<sup>er</sup>. — Marchés ........................................ 1141
    Ventes à la criée.................................... 1144
  § II. — Foires ........................................... 1144
ARTICLE IV. — Pisciculture ................................ 1146

## CHAPITRE IX

**L'Éclairage, les Eaux, le Théâtre**...................... 1154
ARTICLE I<sup>er</sup>. — L'Éclairage .............................. 1154
ARTICLE II. — Les Eaux ................................... 1158
  Abonnements à robinet libre......................... 1167
  Abonnements réglés par un compteur................. 1168
ARTICLE III. — Le Théâtre................................. 1169
  RÉSUMÉ ET CONCLUSIONS............................... 1173
  ADDITIONS ET ÉCLAIRCISSEMENTS...................... 1180

# ERRATA

| Pages | Lignes | |
|---|---|---|
| 598 | 7 | remplacez entre les chiffres, les virgules par des points. |
| ib. | 8 | longitude, lisez longitude Ouest. |
| 600 | 24 | supprimez et. |
| ib. | 5 | note. Débris, lisez vestiges. |
| 601 | | article route à rectifier comme suit : |

 *Routes*. — La route nationale N° 20, de Paris à Toulouse traverse Déols et Châteauroux. — La route nationale N° 151, de Poitiers à Avallon, vient s'embrancher à Lothiers sur la route de Paris à Toulouse ; elle traverse Châteauroux et Déols et se sépare à Déols en se portant vers Issoudun.

 La route nationale N° 143, de Clermont à Tours, par Ardentes d'un côté et Villedieu de l'autre, traverse Châteauroux.

 La route nationale N° 156, va de Blois à Châteauroux, par Levroux.

 D'autres routes partent de Châteauroux : la route départementale N° 7, se portant à Châtellerault, par Vendœuvres ; — la route départementale N° 8, allant à Guéret, par Cluis. — Il en est de même du chemin de grande communication, N° 9, se dirigeant sur Lignières, par Vouillon ; et du chemin d'intérêt commun N° 40, se portant à Mosnay, par Velles.

| | | |
|---|---|---|
| 602 | 8 | l'évêque, lisez l'évêché. |
| 604 | 8 | note. Supprimez et. |
| 613 | 1 | une réparation, lisez une date de réparation. |
| ib. | 26 | élevée, lisez réédifiée. |
| 619 | 6 | pont de bois, lisez Pont-de-bois. |
| 630 | 1 | exposition, lisez expositions. |
| ib. | 5 | liste, lisez listes. |
| ib. | 19 | liste, lisez listes. |
| 631 | 4 | détermine, lisez oblige. |

# ERRATA.

| Pages | Lignes | |
|---|---|---|
| 634 | 8 | note. *Saint-Benoit*, lisez *Saint-Benoit-du-Sault*. |
| 640 | 27 | *Latouche*, lisez *La Touche*. |
| 648 | note | 1re — *Ortographe*, lisez *orthographe*. |
| ib. | 7 | 3e note. *Annnées*, lisez *années*. |
| 652 | 1 | *Cosme*, lisez *Côme*. |
| ib. | 22 | 1783, lisez 1803. |
| 656 | 25 | *la femme*, lisez *la Femme*. |
| 670 | | dernier §, ligne 2. Mettez une virgule après *élection*. |
| 686 | 1 | mettez une virgule après *Veillat*. |
| 703 | 23 | *terriers*, lisez *terciers*. |
| 717 | 24 | remplacez le point-virgule par un *point*. |
| ib. | 25 | remplacez le point par un *point-virgule*. |
| 720 | 11 | supprimez le point après Mgr. — *Philippeaux*, lisez *Phélippeaux*. |
| ib. | 15 | *couventuelle*, lisez *conventuelle*. |
| 724 | dernière | Supprimez le *point* après Mgr. |
| 727 | | note. Même correction. |
| 729 | 11 | *fond*, lisez *fonds*. |
| ib. | 5 | note. *Mubert*, lisez *M. Hubert*. |
| 731 | 2 | 1re note. *Cellerier*, lisez *cellerier*. |
| 738 | 20 | Toutes les cloches ne furent pas livrées à la fonte, puisque celle de 1576 existe encore. |
| 743 | 6 | *pieds droits*, lisez *pieds-droits*. |
| 744 | 23 | Le vaisseau dont il est parlé ici était un plat, une pièce de vaisselle d'argent. |
| 748 | 4 | *Saint-François*, lisez *saint François*. |
| 748 | 5 | *de Lebrun et une autre de Raphaël*, lisez *d'un Lebrun et une autre d'un Raphaël*. |
| 751 | 15 | *des*, lisez *de*. |
| 754 | 15 | *situé*, lisez *située*. |
| 756 | 4 | remplacez la *virgule* par un *tiret*, après *Pingaudière*. |
| 759 | 19 | au lieu de *lundi*, lisez *mardi*. |
| 760 | | note. *Duehé*, lisez *duché*. |
| 761 | 24 | remplacez le *point* par une *virgule* après *Clément X*. |
| 762 | 1 | *milles* (fin du mot famille), lisez *mille*. |
| ib. | 23 | *l'image bon patrons*, lisez *l'image de leurs patrons*. |
| 763 | 6 | *Chistophe*, lisez *Christophe*. |
| ib. | 5 | note. Mettez une virgule après *chêne*. |

# ERRATA.

| Pages | Lignes | |
|---|---|---|
| 776 | 16 | *depense*, lisez *dépense*. |
| ib. | 23 | *administratton*, lisez *administration*. |
| 793 | avant-dernière. | *Tendante*, lisez *tendant*. |
| 794 | 15 | *Bouquerie*, peut-être *Bouclerie*. |
| ib. | 22 | mettez une virgule après *friche*. |
| 795 | 11 | *fournissait*, lisez *fournit*. |
| 799 | 13 | mettez un point après *paysager*. |
| 804 | 4 | *soit 942*, lisez *soit 952*. |
| 806 | 4 | *usiers*, lisez *sieurs*. |
| 809 | 20 | au lieu de : *lorsque l'engagement est conclu*, lisez : *ceux qui veulent s'engager*. |
| 822 | 15 | *Sépulchre*, lisez *Sépulcre*. |
| 828 | 2 | ajoutez *dont 80 externes*. |
| 857 | 6 | *Cosme*, lisez *Côme*. |
| 869 | 7 | *sous-lieutemant*, lisez *sous-lieutenent*. |
| 870 | dernière. | *10,231 fr. 27 c.*, lisez *7,903 fr. 67 c.* |
| 876 | 20 | au lieu de : M$^{me}$ *Balsan*, lisez M$^{me}$ *Muret de Bort*. |
| 887 | note, | ligne 3. *Castri rodulph inatus*, lisez *Castri Radulphi natus*. |
| ib. | ib. | ligne 5. *Sectus*, lisez *sextus*. |
| ib. | ib. | ligne 8. *Marti*, lisez *martis*. |
| 889 | avant-dernière. | *L'épitre*, lisez *l'Épitre*. |
| 903 | 14 | *religieuses*, lisez *Religieuses*. |
| 906 | 22 | mettez une *virgule* après *cassation*. |
| 911 | 8 | mettez une *virgule* après *prêté*. |
| ib. | 18 | *ux*, lisez *aux*. |
| 923 | 24 | mettez un *point* après *Châteauroux*. |
| 924 | 9 | mettez un *point* après *étrangère*. |
| 936 | 11 | *La*, lisez *la*. |
| 942 | 29 | *M. Bryas*, lisez *M. de Bryas*. |
| 944 | 15 | *defunt*, lisez *défunt*. |
| 945 | 1 | *Américain*, lisez *américain*. |
| 947 | 23 | *du*, lisez *de*. |
| 949 | note 4 | *prouver*, lisez *éprouver*. |
| ib. | ib. 6 | *naugurés*, lisez *inaugurés*. |
| 962 | 13 | *Fonds*, lisez *Fonts*. |
| 963 | 3 | *le domaine*, lisez *les domaines*. |
| 967 | 16 | *Le sol*, lisez : *IV. Le sol*. |
| 979 | 5 | *Droit*, lisez *Droits*. |

# ERRATA.

| Pages | Lignes | |
|---|---|---|
| 979 | 5 | au lieu de *cautionnements,* lisez *cantonnements.* |
| 980 | 10 | *titiot,* lisez *tétiot.* |
| 980 | 12 | 1825, lisez 1835. |
| 981 | la 2ᵉ ligne après le tableau. — *Chapitre. Nous,* lisez *chapitre, nous.* |
| 981 | 2 | après : dans ce chapitre, ajoutez *une ;* — puis, au lieu de *Nous,* lisez *nous.* |
| ib. | 11 | au lieu de 1871, lisez 1872. |
| 985 | 21 | *a été a,* lisez *a été.* |
| 988 | 22 | *fondue,* lisez *fondus,* |
| ib. | 23 | *brut,* lisez *bruts.* |
| 992 | 4 | *octrois,* lisez *octroi.* |
| ib. | 23 | *denrée quelconque,* lisez *denrées quelconques.* |
| 1011 | 6 | *midi,* lisez *Midi.* |
| 1025 | 4 | *aux sieurs,* lisez *à MM.* |
| ib. | dernière *ponts,* lisez *Ponts.* |
| 1029 | 11 | après *fabrication,* mettez une virgule. |
| 1048 | 19 | après *consommation,* mettez une virgule. |
| 1052 | 12 | au lieu de *donné ce nom à,* lisez *ainsi appelé.* |
| 1063 | 17 | après *pittoresques,* supprimez la virgule. |
| ib. | 19 | au lieu de *en outre,* lisez *à la suite.* |
| 1067 | 12 | ajoutez : *Ses ateliers de la rue de l'Écho sont aussi pourvus d'une machine à vapeur.* |
| 1099 | 7 | *étaient,* lisez *sont.* |
| 1044 | 9 | *elles,* lisez *elle,* |
| 1112 | 3 | *frabicant,* lisez *fabricant.* |
| 1114 | 21 | *ainsi que,* lisez *ainsi que par.* |
| 1138 | 10 | *diverses races,* lisez *et diverses autres races.* |
| 1141 | 24 | *approvisionneurs,* lisez *particuliers.* |

# OUVRAGES DU MÊME AUTEUR.

**I. — Écrits médicaux relatifs aux maladies du foie et au diabète.**

La bile et ses maladies. Ce travail, présenté en 1846 à l'Académie royale de médecine, a obtenu son prix de 1,500 francs, et a été insérée dans le tome XIII<sup>e</sup> de ses *Mémoires*. — Mémoire sur la Cirrhose du foie, qui a obtenu, en 1847, un encouragement de 400 francs à la même Académie. — Traité de l'affection calculeuse du foie et du pancréas. Cette monographie, publiée en 1851, a été comprise, l'année suivante, pour une somme de 1,000 francs, dans les récompenses décernées par l'Institut de France. — Précis des maladies du foie et du pancréas, 1856.

Mémoires sur l'*Inflammation du système veineux abdominal*; — sur les *Hémorrhagies du foie*; — sur la *Curabilité des abcès hépatiques*; — sur l'*Ouverture par les bronches des abcès et des kystes acéphalocystes suppurés du foie*; — sur l'*Hépatocèle*; — sur les *Calculs biliaires et les accidents qui en résultent*; — sur le *Diagnostic et le traitement de ces calculs*; — *Traitement chirurgical de la tumeur biliaire*. — *Nouvelles observations sur la colique hépatique*; — *Essai de pancréatologie*; — *Considérations physiologiques, pathologiques et thérapeutiques sur le foie et ses dépendances*.

*Considérations sur le siège, la nature et le traitement du diabète*, 1857. — De l'*Influence du système nerveux dans la production du diabète; applications pratiques qui en découlent*; — des *Moyens de reconnaître et de doser le sucre dans les urines chez les diabétiques*, 1859; — *Guide du diabétique*, 1861; — *Lettres sur le diabète* (1867-1868).

*Lettres sur les eaux de Vichy*, 1851 et 1871; — d'*Uriage*, 1867; — de *Luchon*, 1868; — de *Royat*, du *Mont-Dore*, de la *Bourboule* et de *Saint-Nectaire*, 1871. — *Notice médicale sur les eaux d'Ems*, 1844. — Du *Traitement des maladies du foie par les eaux minérales*, 1857.

**II. — Autres écrits médicaux.**

Du *crétinisme, de ses causes, du traitement et de l'éducation des crétins*, 1846; — de l'*Utilité des préparations ferrugineuses en général et en particulier des pilules de Vallet*, 1861; — *Considérations thérapeutiques sur les préparations de quinquina*, 1866; — Communications diverses et rapports aux Sociétés de médecine; écrits variés dans les journaux médicaux.

### III. — Littérature médicale.

De l'*Usage de l'infibulation dans les temps anciens et modernes*, 1846 ; — *Projet d'élever un monument à la mémoire de Bordeu*, 1847 ; — *Souvenirs de la vie intime du docteur Bourdois de La Motte*, 1847 ; — *Notice médicale sur Molière*, 1848 ; — *Michel Servet*, 1848 ; — *Maladie et suicide du célèbre peintre Léopold Robert*, 1848 ; — *Guersant*, 1849 ; — Feuilletons variés dans le journal l'*Union médicale*.

### IV. — Écrits sur notre histoire locale.

*Notice explicative sur la Société du Berry*, 1867 ; — *Communications variées à cette Société* ; — *Rapport sur les preuves de l'histoire de la maison de Menou*, 1859 ; — *Rapport sur le catalogue raisonné des collections fournies à l'Exposition universelle et application au département de l'Indre*, 1867 ; — *De la pisciculture en général et dans le département de l'Indre en particulier*, 1868 ; — *Des anciens impôts considérés sous le rapport de l'agriculture*, 1869 ; — *Excursion au château de l'île Savary, à Châtillon et à Palluau*, 1869 ; — *Notice sur le couvent des Cordeliers de Châteauroux, actuellement église Saint-André*, 1869 ; — *Les Historiens du Berry*, conférence, 1869 ; — *Les trois châteaux de M. le comte de Bondy*, 1870 ; — *Visite à la Mer Rouge et au château du Bouchet*, 1870 ; — *Notice sur Crozant, Châteaubrun, Gargilesse, avec un appendice sur Argenton et Saint-Marcel et sur la station de Chabenet*, 1871 ; — *Le premier bataillon de la Garde mobile de l'Indre sous le commandement du lieutenant-colonel Armand d'Auvergne*, 1871 ; — *Le château de Sarzay et la famille de Barbançois*, 1872 ; — *La tour de la princesse de Condé*, 1872 ; — Discours divers aux expositions d'agriculture, des fleurs, aux Sociétés archéologiques, etc.

www.ingramcontent.com/pod-product-compliance
Lightning Source LLC
Chambersburg PA
CBHW060401230426
43663CB00008B/1348